REPORT ON AUTOMOBILE VOCATIONAL EDUCATION
DEVELOPMENT IN CHINA (2021)

中国汽车职业教育
发展报告
(2021)

中国汽车工程学会
教育部职业技术教育中心研究所
国汽（北京）智能网联汽车研究院有限公司
上海景格科技股份有限公司
主编

社会科学文献出版社
SOCIAL SCIENCES ACADEMIC PRESS (CHINA)

袁学兵　张小飞

展望与行动建议

刘学军　季玲莉　魏垂浩　张红伟　李志伟
甘　伟　张启森　董　刚　高宏超　李丕毅
黄云奇　谢　军　房殿风

主编简介

徐念峰 中国汽车工程学会汽车应用与服务分会秘书长；兼任全国汽车行业职业教育教学指导委员会秘书长，全国汽车职业教育集团秘书长，全国智能网联汽车产教融合创新联合体常务副理事长、秘书长，中德政府合作培训项目学友会常务副秘书长；长期参与工信部汽车行业中小企业领军人才培训项目及《智能网联汽车产业人才需求预测报告》《新能源汽车产业人才需求预测报告》调研与撰写工作；参与教育部组织的汽车专业目录、专业教学标准的修（制）订及国家教材奖的评审工作。国家汽车职业教育发展报告（2018－2020）项目负责人；《智能网联汽车测试装调1＋X系列教材》主编，参与编撰《中国智能网联汽车产业发展报告（2019）》；《智能网联汽车测试装调职业技能等级标准》和《智能网联汽车共享出行服务职业技能等级标准》制定牵头人，主要起草人之一。

白汉刚 教育部职业技术教育中心研究所政策法规研究室主任，长期参与国家重要政策文件的起草修订工作，如《国务院关于加快发展现代职业教育的决定》《现代职业教育体系建设规划（2014－2020年）》《教育部关于开展现代学徒制试点工作的意见》等。参与或主持多项国家重点课题和教育部重点课题，自2009年起，负责多年度中国职业教育发展报告的撰写工作。

序

当今世界正处于百年未有之大变局，新工业革命和数字经济正在加速改变世界格局。新技术、新产业、新业态、新模式层出不穷，已经并将继续在更大范围和更深层次上影响人们的生产和生活方式，人类正在加速进入智能网联时代。汽车产业是大家公认的跟时代最新科技和生产方式变革结合最紧密的行业之一，近年来汽车"新四化"（电动化、智能化、网联化和共享化）的进展突飞猛进，汽车成为新能源革命和智能网联的先行者和相关技术应用的最大载体。无论是从实现汽车强国梦来看，还是支撑国家"新基建""新消费""新出口"来看，新能源和智能网联汽车都是理想的解决方案，必将得到国家和社会的高度重视和全力支持。

我国在光伏、人工智能、大数据、区块链、云计算、5G 通信、工业互联网等新兴科技领域异军突起，拥有发展新能源和智能网联汽车的战略优势。发展新能源和智能网联汽车，有利于提升制造产业的基础能力，突破关键技术瓶颈，增强新一轮科技革命和产业变革的引领能力，培育产业发展新优势；有利于加速汽车产业战略性转型升级，培育数字经济，壮大经济增长新动能；有利于加快制造强国、科技强国、网络强国、交通强国、数字中国、智慧社会建设，增强新时代国家综合实力。

据有关方面规划，到 2025 年，中国标准的新能源和智能网联汽车的技术创新、产业生态、基础设施、法规标准、产品监管和网络安全体系将基本形成；实现有条件自动驾驶智能汽车的规模化生产和高度自动驾驶智能汽车在特定环境下的市场化应用；智能交通系统和智慧城市相关设施建设取得积极进展，新一代车用无线通信网络 LTE－V2X 等实现区域覆盖，5G－V2X 等在部分城市、高速公路开展应用，高精度时空基准服务网络实现全覆盖。到 2035

年，我国的新能源汽车核心技术要达到国际领先水平，质量品牌具备较强的国际竞争力，新能源汽车产业进入世界强国行列；纯电动汽车成为主流形式，燃料电池汽车实现较大规模的商业化应用，公共领域用车全面电动化。到2050年，中国标准的智能汽车体系全面建成和更加完善，成为安全、高效、绿色、文明的智能汽车强国。

在以上愿景引领下，新能源和智能网联汽车将为我国的经济和社会发展提供新动能，成为拉动经济增长的重要引擎；汽车产业将进入加速发展新阶段，形成高质量和持续发展的生动局面；催生跨汽车、能源、交通、信息、通信等多领域、多主体参与的"网状生态"，铸就融合开放发展的新特征；智能网联汽车最终将从代步工具，发展成为一种移动智能终端和能源终端。站在新时代、新征程的起点上，新能源和智能网联汽车必将为国家的"需求侧改革"和"双循环"大战略提供支撑，为国家形成"需求牵引供给、供给创造需求"的更高水平动态平衡做出无以替代的贡献。

在上述宏观大变局背景下，我国的职业教育（包括汽车职业教育）也正在面向新经济、新技术、新职业、新岗位加速改革和创新，着力培养高质量的技术技能人才。站在全面开启建设社会主义现代化国家的新的历史方位上，职业教育被作为一种独立的类型教育，其地位得到了应有的尊重。国家对职业教育也正在"下一盘大棋"，通过调整、完善和优化教育结构，全面提升内涵质量水准，促其尽快赶超国际先进职教水平。可以预计，职业教育长期存在的"不对接（社会需求），不衔接（职教层次），不先进（规格太低）"的落后面貌将逐渐得到改变，职业教育将紧扣产业升级、行业升级、企业升级、产品升级、工艺升级、设计升级、制造与服务升级等，全面实现专业与职业岗位对接，专业课程内容与职业标准对接，教学过程与生产过程对接，学历证书与职业资格证书对接，职业教育与终身学习对接。职业教育正在形成"社会地位提高，民众认同提升，投资热情增长"的生动局面，一幅"中国特色、世界水准"中国职业教育画卷即将展现在世人面前。

为了给我国汽车职业教育提质赋能，引领汽车职业教育可持续健康发展，为我国汽车产业转型升级造就优质的技术技能人才，中国汽车工程学会充分发挥自己在行业内的学术、教育、咨询、信息、人才等优势，与教育部职业技术教育中心研究所合作，汇聚各地的汽车职业教育特色院校力量，历时两年，共同开展了中国汽车职业教育发展的研究工作，并形成成果。

    本报告从需求端如实分析了我国汽车产业的发展及其对汽车技术技能人才的需求状况，从供给端总结了汽车职业教育发展的现状和多维度成效，并站在新时代的起点上分析了发展汽车职业教育的机遇、挑战，从对策端提出了汽车职教创新发展的目标路径和各方行动建议。总体上看，本报告的内容全面丰富，观点清晰，论述充分，可读性强，能够对我国的汽车职业教育起到引领和指导作用，为有关各方提供了工作参考。

    本报告完成和出版过程中，得到中国汽车工程学会、教育部职业技术教育中心研究所、国家智能网联汽车创新中心、武汉理工大学、上海景格科技股份有限公司、课题参与单位、专家指导组、接受调研行业企业和有关院校、社会科学文献出版社等机构及相关个人的大力支持，在此一并表示感谢。

付于武

2021 年 11 月

摘　要

《中国汽车职业教育发展报告（2021）》是在中国汽车工程学会和教育部职业技术教育中心研究所的共同主导下完成的一部力作，旨在全面摸清我国汽车职业教育的现状，对接汽车行业的新需求，结合新时代职业教育的新定位、新目标、新要求和新标准，探讨汽车职业教育未来的发展方向和发展对策。

本报告在形式上分为总报告和分报告两大部分。总报告是对分报告内容的提炼和集成，目的是方便本书读者能够快速阅读，并获得实质性的有效观点和信息；分报告则是对总报告内容的拓展和延伸，呈现更为详实的信息及其来源。

本报告调查和分析了我国汽车整车与零部件制造、汽车后市场及相关服务、新能源与智能网联汽车等汽车产业全链条的发展现状、发展趋势以及行业企业对汽车技术技能人才的需求。总体来看，汽车产业对汽车技术技能人才将持续保持旺盛需求。

本报告调查和分析了我国汽车职业教育发展的基本现状、汽车职业教育教学改革与创新、汽车职业教育国际化发展基本现状、汽车职业教育现状评价及分析。总体上讲，我国的汽车职业教育发展取得巨大成果，能够满足同期社会和产业发展的需要，教育教学改革卓有成效，国际化进程进展明显，但在招生（特别是中职）、人才培养质量和师资队伍建设等方面还存在一定的问题或差距。

本报告讨论了我国汽车职业教育在新时代面临的机遇与挑战，分析了汽车职业教育创新发展的目标与路径，提出了新时代汽车职业教育相关方的行动建议。认为国家高度重视职业教育、汽车产业升级、教育教学信息化等新趋势将为汽车职业教育带来新机遇，汽车职业教育要以立德树人、打造新型汽车工匠、促进汽车职教高质量发展为目标，并以优化专业布局、导入"1＋X"证书内容、推进"岗课赛证"融通发展、突出"三教"改革、促进产教融合、重视教育教学信息化等为路径，打造汽车职业教育新生态。政府部门要在促进产教融合、扩大办学自主权、充分发挥国家项目引领示范作用和提高技术技能人才待遇等方面加大政策支持；行业组织要发挥桥梁纽带、标准制定、监督评价等作用；企业和学校则要加强对接，充分发挥各自的办学主体作用，共同开展资源建设，共同促进汽车职业教育的发展。

关键词： 汽车职业教育　技术技能人才　教育教学改革　产教融合

目 录 ↰

Ⅰ 总报告

Ⅱ 产业发展与人才需求

Ⅲ 教育改革与发展

Ⅳ　展望与行动建议

总 报 告

R.1
汽车职业教育发展报告

徐念峰 张国方*

我国的现代汽车工业历经 70 年的发展，先后实现了"从无到有""从小到大"，甚至"从弱到强"的发展过程。特别是进入 21 世纪后，我国汽车产业保持持续、快速、健康发展态势，汽车产业运行机制实现国际接轨，自主创新取得重要进展。当前，我国汽车产业市场需求力量稳定，产业增长方式转换在加速，产业地位更加突出，企业综合素质大幅提高。2009 年以后，我国持续 12 年维持世界新车第一产销大国地位，我国的新车年度产销规模约占全世界的 28%~32%。汽车产品市场广（实质是对 GDP 贡献大）、产业链条长（实质是对上下游产业牵动力强）、科技含量高（实质是附加值高、能够促进产业升级和改进出口结构）、就业机会多（实质是就业容纳能力强），汽车产业是名副其实的支柱产业。

我国汽车工业的崛起不仅带动了相关产业的发展，也为汽车及相关行业提供了大量的劳动力市场。庞大的汽车工业造就了巨大的人才需求，特别是汽车制造业及其后市场快速成长，一直以来对高素质专业技能人才求之若渴。

目前，我国汽车产业正处于转型升级、变革重构的新时期，汽车人才是由

---

* 徐念峰，中国汽车工程学会汽车应用与服务分会；张国方，武汉理工大学。

汽车大国转向汽车强国的重要基石。人才资源是产业发展的第一资源，在新一轮的科技革命影响下，汽车市场竞争激烈，汽车产业跨界融合加速、边界愈加模糊，虚拟现实、大数据、云计算、智能网联等新技术不断创新并应用于汽车领域。未来对汽车技术技能人才的要求必将发生大的变革，知识更迭将不断加快，人才素质能力需求和知识结构将加速调整。汽车问世百余年，已经历三次重大变革，我国汽车产业正面临前所未有的机遇。然而汽车技术技能人才严重短缺，需要什么人才、如何培养人才、如何用好人才成为汽车产业和汽车职业教育共同面临的重大挑战。因此，准确分析汽车技术技能人才的现状和需求，在很大程度上影响着未来汽车人才培养的方向，对国家汽车产业与汽车职业教育意义重大。

一　汽车技术技能人才现状与需求

（一）汽车制造业技术技能人才

1. 现状分析

依据中国汽车工程学会的采样统计，现阶段我国汽车制造业技术技能型人才的基本现状呈现如下特征。

技能人才流动相对频繁。技能型岗位从业人员平均在职时间 2.5～3 年，部分岗位多于 4 年，5 年及以下从业人员占比高达 52.04%。可见技能型人才流动较为频繁，表明企业对技能型员工的激励和待遇保障机制有待改进。现阶段，一线技能岗位中职学历和高职学历人员的薪酬约为同龄本科技术人员的 50% 和 60%。

技能人才比例有待提高。汽车制造企业约有 13.5% 的人员（多为新型农民工）没有接受职业教育或高等教育，这部分人员将被接受过职业教育的员工取代。技能人才中，中职毕业生主要集中在产线岗位，高职毕业生则主要集中在装配制造生产线管理和研发辅助等岗位。

技能人才普遍年轻。汽车制造业技术技能人才中，15.22%（主要为高职）从事研发设计工作（研发部门工作），51.02% 从事装配制造工作。装配制造岗位 35 岁以下占 64.3%，员工比较年轻。

2. 需求分析

总体来看，未来中高端技术技能人才需求上升，普通技工需求下降。随着智能网联、智能制造和新能源技术发展，企业对创新型、高技能和职业化经营管理人才需求较以往愈加迫切。汽车制造企业要求未来各种人才不仅需要具备专业知识，更需要具备持续学习、工作创新等综合能力。相对而言，企业特别需求既掌握汽车专业知识，又具备数据处理与分析、物联网、控制及系统工程、新材料、人工智能、网络安全、经营规划等知识的高技能人才。

研发辅助类技术技能人才需求紧缺。预计到 2025 年汽车制造业的研发（含辅助类）技术技能人才数量将大规模增加，在研发队伍中的占比将从目前的 15.22% 提高到 22% 左右。研发辅助岗人才应具备较完整的调测专业知识，能够从事产品研发辅助（试制、中试、终试）、测试技术与文档编写、部件与系统性能指标调测、软件与硬件测试等工作。

装调类技术技能人才也比较缺乏。这类人才主要分布于生产及质量管理、自动化生产线运维及产品调试维修等岗位。随着智能制造发展，单纯"体力型劳动"逐步向管理与操作并行的"脑力与体力劳动相结合"方向发展。预计到 2025 年，高技能人才需求占比将从 9.3% 提高到 14%，而一线普工占比将从 41.72% 下降到 25.8%。

（二）汽车后市场技术技能人才

1. 汽车维修技术技能人才

（1）现状分析

汽车维修技术技能人才主要分布于 4S 店、独立汽车修理厂、连锁服务店等，岗位主要涵盖汽车（含新能源）维修维护服务（含车身修复）、汽车质保服务等相关技术服务领域，其人员的年龄结构为 35 岁以下从业人员占全部从业人员的 78.37%；学历结构为高职毕业生占 53.11%，中职毕业生占 19.54%。89.79% 的从业人员初始薪酬在 5000 元/月及以下，与其他非汽车行业服务型岗位相比，优势虽然不特别突出，但因汽车行业产业规模大，业务和收入相对稳定，对技能人才仍具有较强的吸引力。

（2）需求分析

从数量需求方面看，按照美国汽车养护协会数据统计，汽车保有量与后市场维修服务技术人员比例约为 30∶1，根据我国汽车保有量的增长数量推算，至 2030 年前我国每年新增汽车维修类技能人才需求应在 30 万人以上；从素质需求方面看，企业对从业者的劳动观念、工匠精神、职业素养、安全环保、团队合作以及终身学习意识等方面要求较高；从能力需求方面看，要求学生具备通信、传感、网络数据、智能化知识和使用新设备的能力（新能源汽车维修岗位还应具有高压安全防护、触电急救、"三电"技术能力）并掌握相应非技术能力，如沟通、营销和管理知识（可以胜任一岗多能）。

2. 汽车美容装饰从业人员

（1）现状分析

我国现有汽车美容装饰企业（含初级改装）20 多万家，从业人员约 200 万人（含企业兼顾维修和美容的人员），超过 90% 的私家车有一般美容与护理需求，30% 的中高档车会定期进行美容和专业护理。2018 年我国汽车美容和养护市场规模突破 9000 亿元，市场将继续保持增长态势。

（2）需求分析

汽车美容装饰包括常规美容和专业美容。常规美容从业人员经过简单培训就可上岗，专业美容从业人员必须经过专业培训，掌握一定专业技能才能胜任。从业人员需要掌握美容装饰专业知识，如修复翻新、车身涂装、漆面防护等技术，还要具备客户接待和沟通能力等综合能力。

3. 汽车改装从业人员

（1）现状分析

随着国家对汽车改装政策逐渐放开，国际汽车赛事、汽车文化交流日益增多，汽车改装越来越受到"80 后""90 后"新生代年轻人的青睐。2018 年我国汽车改装市场产值达到 1631 亿元，且目前我国汽车消费性改装车比例还不到汽车保有量的 3%，市场潜力较大。

（2）需求分析

汽车改装分为基本改装、智能改装、结构改装、性能改装四类，对智能改装、结构改装和性能改装从业者的专业技能要求较高。预计未来汽车改装从业人员需求将有明显增加。

4. 汽车回收从业人员

（1）现状分析

报废汽车绿色回收成为后市场业务增长的重要方向，主要涉及拆卸、分解、分类等，并将可重复利用的总成、配件进行再制造、再销售、再利用等工作。2019 年报废汽车已达 1384 万辆，从事报废汽车回收企业约有 760 家，回收网点 3200 个左右，从业人员上百万人。

（2）需求分析

未来汽车回收拆解行业将向作业机械化、营运互联网化、管理规范化方向发展。相关从业人员既要熟悉汽车结构，具备拆卸、分解、分拣等技术技能，还要具有一定的线上线下营运能力。

（三）汽车商务与金融从业人员

1. 现状分析

从业人员专业分布。汽车商务与金融从业人员主要包括从事整车和配件营销、汽车金融和保险理赔的人员。这类人员毕业于汽车营销与服务专业的约占 16%，来自其他相关专业并经培训上岗的约占 29%；另有 55% 的人员没有接受过专业培训，主要依靠"师傅带徒弟"模式，边干边学。

年龄与学历分布。人才年轻化在汽车商务与金融业中十分突出，35 岁以下员工占 78%。在学历结构上，从业人员具有高职学历的约占 59%，本科及以上学历的占 33%，中职学历的约占 8%。

就业岗位与薪酬。职业院校毕业生主要面向展厅销售顾问、网销顾问等近 20 个岗位。除备件专员、三包索赔员、理赔内勤员、事故调查员等岗位外，其他岗位初始薪酬均超过 4000 元/月。展厅销售顾问、网销顾问等岗位薪资最高（多为"基本工资＋绩效"模式）。

2. 需求分析

数量需求。截至 2019 年底，汽车经销商网络已达到 31813 家，直接从事汽车营销的人员约 50 万人。汽车经销商越来越重视网络媒体、视频网站、电商、垂直社区、社交媒体等资源，对新模式下的汽车金融服务人才需求迫切，需求强度超过 20 万人/年。

知识能力素质要求。企业对这类人员的要求往往是一专多能，要求能够胜任汽车销售、贷款、保险、服务接待、上牌、年检、拍卖、租赁等工作，因此这类人员需要有较强的综合素质，如个人能力（驾驶、软件操作、学习能力等）、团队合作能力（管理、协作、策划等）、客户服务意识（沟通、前置服务、换位思考等）等。随着"互联网＋"与数字技术发展，具备较强互联网和大数据专业技能的汽车商务与金融人才将成为抢手的人才。

（四）二手车从业人员

1. 现状分析

2019 年国家取消二手车限迁政策后，二手车交易进入快速发展期，全年实现交易 1500 万辆，同比增长近 8%。但相对汽车发达国家而言，我国二手车市场还有较大发展空间，预计未来 5 年交易量将保持年增 10% 的增长速度（即每年新增 150 万 ~ 200 万台）。

目前二手车行业在人才领域主要存在以下问题。①从业人员缺口较大。随着汽车保有量增加，交易政策放宽，鼓励二手车出口，导致二手车交易增量激增，但相应从业人员数量不足。②专业技术能力较低。二手车从业人员的专业能力水平普遍较低，有二手车交易专业知识和技能的人员相对紧缺。③人才培养缺乏标准。二手车虽属非标产品，但其鉴定评估、整备整修均有标准流程和规范，因此制定和实施二手车人才培养标准成为当前迫切需要解决的问题。

2. 需求分析

一是人员需求数量增加。目前全国二手车交易市场 1000 多家，从业人员约 100 万人。参照发达国家经验，我国二手车交易从业人员应达 130 万 ~ 150 万人。未来 5 年，二手车人才市场需求增量应在 30 万 ~ 50 万人。

二是综合能力要求提高。从业人员应熟知二手车评估行业政策、法规、规范，具备检查二手车手续是否齐备与合法、对车辆进行静态和动态检查（含事故车检测）、合理利用评估方法标注价格，并协助进行合法、合规交易等综合能力。

（五）产业延伸服务从业人员

1. 移动出行从业人员

（1）现状分析

交通运输部 2019 年 8 月公布的数据显示，全国网约车每天订单量 2000 万单左右，可以解决近 3000 万人次的出行需求。从业者本科及以上学历的占 89.5%、专科及以下学历的占 10.5%，前者主要从事上游技术研发、中游系统集成等工作，后者主要从事下游应用服务（出行、物流、数据管理等）等服务类工作。现阶段，移动出行行业岗位需求较大的人才有三类：一是核心工程师，主要从事创新技术研究、制定技术标准等工作；二是新能源、智能化、网联化专业人才，主要从事流程规范撰写、运营调度管理、数据处理等工作；三是具有多方面综合能力的技术技能人才，主要从事客户接待和沟通、技术服务、应急处理等工作。

（2）需求分析

移动出行领域需求的汽车职业人才主要包括两大类：一是运营车辆的日常维护和保养人才，要求具备现代智能汽车的结构、保养、维护和修复等专业知识和技能；二是移动出行系统的运维和管理人才，需要懂得通信与网络技术、大数据、信息安全、高精度地图与定位、市场营销等专业知识，能够从事移动出行平台（如滴滴、曹操出行等）的调度、运营维护、数据管理等相关工作，能够搭建小型营运平台系统（如景区无人观光车、区域无人快递、区域卫生清扫等运营维护）。

2. 充电桩换电站从业人员

据中国电动汽车充电基础设施促进联盟统计，截至 2020 年底，全国充电基础设施数量 168.1 万台，比 2019 年底增长 37.9%。其中，公共充电桩保有量 80.7 万台，增长 56.4%；私人充电桩 87.4 万台，增长 24.3%；换电站 555 座，增长 81.4%。根据公安部发布的最新数据，截至 2020 年底，全国新能源汽车保有量达 492 万辆，按此计算车桩比约为 3:1。可知，充电桩换电站对从业人员数量需求巨大。根据国家新能源发展规划，充电设备的安装将大大提速，因此安装、运维人员的需求量将大幅增加。

从业人员应具备扎实的电子技术基础知识、新能源汽车相关知识，懂得充电桩相关工作原理及高压电、低压用电相关安全知识，同时必须考取相关电工资格证。职业院校应高度重视这些新兴领域的人才需求。

二　汽车职业教育发展现状与成效

（一）汽车职业教育发展现状

1. 中职学校汽车类专业发展基本现状

（1）专业设置现状

依据《中等职业学校专业目录（2010）》及其专业增补情况，中职汽车类共开设8个专业，主要分布在交通运输大类（汽车运用与维修技术、汽车车身修复、汽车美容与装潢、汽车整车与配件营销、新能源汽车维修等5个专业）和加工制造大类（汽车制造与检修、汽车电子技术应用专业、新能源汽车装调与检修等3个专业）两个专业类别。

经过面向开设汽车类专业的中职学校调查，这些学校的平均专业设置数为16.2个，其中汽车类专业2~3个，占学校专业总数的比重为15%左右。

在8个汽车类专业中，2019年开设汽车运用与维修技术专业的学校占比最高（95.86%），其他依次为汽车整车与配件营销专业（32.14%）、汽车车身修复专业（28.86%）、新能源汽车维修专业（25.57%）、汽车美容与装潢专业（25.43%）、汽车制造与检修专业（24.29%）、汽车电子技术应用专业（11.14%）和新能源汽车装调和检修专业（7%）。

从增长率看，8个汽车类专业开设学校的数量占比都不同程度地得以增长，其中占比增长幅度最大的是新能源汽车维修专业，开办学校的比例从2016年的8.43%，增加到2019年的25.57%；增幅其次的分别是汽车车身修复专业和汽车制造与检修专业。

（2）专业招生现状

2019年中职学校汽车类专业总招生人数中，隶属于加工制造大类的占29%，隶属于交通运输大类的占71%。从时间轴来看，汽车各专业的招生总人数从2016年的平均812人/所，增加到2019年的平均848人/所，招生人数稳步增加。

分专业情况看，2019年各专业招生人数最多的依然为汽车运用与维修技术专业，但招生增长最快的是新能源汽车维修专业和新能源汽车装调与检修专业，而汽车制造与检修专业下滑较大，汽车电子技术应用专业也存在下降的趋势。预计随着汽车产销增长趋缓和社会保有量增加，汽车整车制造人才需求量会有所降低，对汽车后市场服务技能人才的需求量却会越来越大。从生源结构看，中等职业学校汽车类专业中初中生源是主要的来源，占94.26%。

（3）专业就业现状

从就业的区域分布看，83.02%的学生选择本地就业；从就业质量看，一次对口就业率2019年为87.69%；从离职率看，毕业工作后前三年的离职率逐年降低，第一年的离职率为 27.58%，而第三年则降为 17.39%，降了约 10 个百分点；从就业企业类型看，中职毕业生就业单位类型依次是整车与零部件生产企业（含专用车生产企业）、经销商集团（含 4S 店）、连锁服务网点或汽车电商、汽车保险公司、二手车企业、后市场改装企业、汽车租赁与共享企业等，还有学生获得对口升学机会。

（4）专业师资现状

截至 2019 年，中等职业学校汽车类专业教师，在学历结构上本科学历占比最大（76.07%），专科学历占比超过 15%，研究生学历占比较小（8.74%）；在职称结构上初级占比为 34.9%，中级职称占比为 47.02%，副高级职称占比为 16.95%，正高级职称占比为 1.13%；在职业资格上，拥有高级技师证书的占比为 22.6%、拥有技师证书的占比达到 30.31%，拥有高级工证书占比达到 47.08%；在师资来源上，高校应届毕业生占比最大（59.76%），企业引进教师数占 22.82%，同类学校交流引进的占比为 16.62%，海外引进的只有极少一部分。

2. 高职学校汽车类专业发展基本现状

（1）专业设置现状

依据《普通高等学校高等职业教育（专科）专业目录（2015 年）》，目前高职院校汽车类专业共开设 13 个，主要分布在装备制造大类（汽车制造与装配技术、汽车检测与维修技术、汽车电子技术、汽车造型技术、汽车试验技术、汽车改装技术、新能源汽车技术等 7 个专业）、交通运输大类（汽车运用与维修技术、汽车车身维修技术、汽车运用安全管理、新能源汽车运用与维修等 4 个专业）、电子信息大类（汽车智能技术 1 个专业）和财经商贸大类（汽车营销与服务 1 个专业）四个专业大类。

高职教育在我国大陆地区主要是专科层次，但经教育部批准，有部分国家示范性高职院校从 2008 年秋季开始举办四年制本科教育，而且扩大高职本科试点范围正在成为国家新一轮职业教育改革的方向。

由表 1 可见，装备制造和交通运输两个大类开设汽车类专业的院校数和在校生规模，2019 年与 2016 年相比均呈增长态势；电子信息大类（汽车智能技术）专业开设的院校和在校生规模保持大幅增长趋势；而财经商贸大类汽车营销与服务专业（包含 2015 年高职专业目录的汽车技术服务与营销、汽车营销与维修、汽车服务与管理、二手车鉴定与评估和汽车定损与评估等 5 个专业），虽然开设院校数增加了 20 所，在校生人数却减少了 2.27 万人。

表 1　2016 年和 2019 年专业大类中汽车类专业开设院校数和在校生数

单位：所，人

专业大类	年份	开设院校数	在校生数
装备制造大类	2016	567	245823
	2019	679	283730
交通运输大类	2016	200	42075
	2019	251	56927
电子信息大类	2016	5	411
	2019	33	1314
财经商贸大类	2016	488	72830
	2019	508	50182

资料来源：高等职业院校人才培养工作状态数据采集与管理系统。

分专业看，13 个汽车类专业中，汽车检测与维修技术、汽车营销与服务仍然是开办学校最多的专业，之后是汽车制造与装配技术、汽车电子技术、汽车运用与维修技术，而新能源汽车技术和汽车智能技术专业是开办学校家数增幅最快的专业，其他各专业不仅开办学校数量较少，且变化幅度也不大。

（2）专业招生现状

2019 年高职汽车类专业招生情况是，汽车检测与维修技术、汽车营销与服务是两个实际招生人数规模最大的专业，占高职院校汽车类专业总招生人数的 90% 左右，但这两个传统专业对考生的吸引力呈下滑态势，而新能源汽车技术专业对考生的吸引力最强，报考人数增幅大，入学报到率高。

在生源结构方面，2019 年高职汽车类专业各渠道的生源占比除汽车运用安全管理专业外（中职生源比例超过 90%），高中毕业生仍然是各专业生源的主渠道，但在汽车车身维修技术、汽车运用与维修技术、汽车检测与维修技术三个专业上，中职生源已经占到生源结构的约 1/3；中职生源在各专业呈增长态势。

（3）专业就业现状

在就业率方面，总体情况较好。2019 年，除汽车改装技术（78.4%）、汽车试验技术（85.2%）、汽车造型技术（88.1%）外，其他专业一次就业率均在90%以上，但相较于2016年汽车高职各专业就业率稍有下降趋势，这或许与近年整个汽车行业不够景气有关。

在就业区域方面，汽车类专业毕业生就业绝大多数在本地区、本省（市、区）范围内，跨大区域、跨省就业的总量较少，这比较符合职业教育主要服务于地方经济社会发展的特点。

（4）专业师资现状

从学历结构上看，2019年博士研究生、硕士研究生、大学本科和专科及以下学历占教师总数的比例分别为2%、31.5%、62%和4.4。2019年与2016年相比，高职院校汽车类专业专职教师总量增加近14%，其中博士研究生、硕士研究生、大学本科学历教师增长率分别为68.1%、39.1%、7.9%，专科及以下学历为负增长，硕士研究生及以上学历教师占增加教师的83.5%，说明高等职业教育对教师学历的要求越来越高。

从职称结构看，2019年高职汽车专业教师高级职称占30%、中级40%、初级17%、其他13%。2019年相比2016年，教师的职称晋升较为明显，中级职称和高级职称增加较多，职称结构趋于改善。

从职业资格看，2019年在高职院校汽车类专业持有高级工及以上职业资格证书教师中，高级技师占比为28.8%、技师占比为37.9%、高级工占比为33.3%，持有技师及以上等级证书的专职教师达2/3。

从师资来源看，高校应届毕业生数占比最高，比例为52%；企业引进教师数占比为36%，同类院校交流引进的占比为11%，海外引进的占1%。可见，高校应届毕业生仍然是现阶段高职教师的主要来源，他们专业理论强，但也存在实操能力弱的短板，从企业引进具有3年及以上工作经验和具有较高职业素养及技能水平的专、兼职教师将成为未来高职院校师资扩充的重要渠道。

（二）汽车职业教育教学改革与创新成效

多年来，全国汽车职业教育在办学体制机制改革与创新、人才培养模式改革与创新、教学方法改革与创新、课程体系与课程内容改革与创新、教育教学资源建设等方面取得巨大发展，成效显著。

1. 汽车职业教育办学体制机制改革

职业教育办学的体制机制发生重大变革，并形成"以政府举办为主，政府统筹管理、社会多元合作"的办学格局。

（1）民办职业院校办学体制机制改革

2016 年教育部发布《民办学校分类登记实施细则》，开启民办学校分类管理和体制机制改革健康有序发展的新时代，推动了民办职业教育的长足发展。截止到 2019 年 6 月，教育部公布全国独立举办的 1423 所全国高职院校中，民办高职院校 322 所，占比为 22.63%，民办职业教育成为我国职教整体的重要组成部分。

民办职业教育的体制就是要建立适应多元办学主体管理形式要求的学校董事会（理事会）制度；建设专业指导委员会，使之成为学校各专业教学指导机构，参与专业建设调整改造的决策；改革校务委员会，选择一批企业专业指导委员会成员加入校务委员会，参与学校办学重要事项决策。

民办职业教育的主要机制包括政府和社会资本的现代化多元合作管理机制，政、校、企三方联动的办学机制，学校内部建立"市场导向、以人为本、模式多样、质量优先"的运作制度。

国家发展民办职业教育，就是要鼓励和引入社会力量开展多种合作办学制度与模式，促进办学主体多元化，释放办学体制活力，为我国职业教育现代化探索出一条可行之路。近年来，在国家宏观政策支持下，我国民办职业教育充分发挥其"紧跟市场办教育，围绕就业抓质量"的办学优势，在管理组织、内部治理、制度建设、机制保障等方面不断实现了体制机制的改革创新。

（2）企业办学体制机制改革

具有前瞻性和较强综合实力的企业开办职业教育，能够更好地提升学生的专业技能，培养出更加适合企业发展需要的技能人才。发挥企业重要办学主体作用，鼓励有条件的企业特别是大企业举办高质量职业教育，已成为现阶段我国职业教育办学体制和机制改革的重要方向和目标。

在企业办学体制机制建设上，一是要改革学校管理体制和运作模式，改革内部治理结构和管理体制，弱化企业董事会在学校管理事务方面的控制权，增强学校自主研究、自主改革的决策权；二是改革办学主体投资体制，在有效争取国家教育资金支持的同时，建立企业多渠道筹集资金的投入机制；三是建立办学主体监督机制，教育行政部门要对企业办学建立相应的监督和评估机制。

企业办学能够获得更多的自主权和管理权，可以保障学校的良好运转；依靠企业，学校可获得更多的行业信息，可针对企业的用人标准，制定相应的人才培养方案，更好满足企业的用人需要；可以利用企业的工厂和生产基地，建立"工学结合"的职教培养模式；能够较好利用企业文化，引领职业教育高质量发展。如汽车制造企业举办汽车职业教育往往贯通汽车全产业链，技术更加密集，岗位群覆盖面更广，集汽车研发、汽车制造、汽车服务等多岗位于一体，工种类别较为齐全，对各类汽车技能人才的需求量也比较大；汽车销售企业举办汽车高职教育往往更加聚焦汽车后市场，具有很大的职业岗位空间，通常比较关注学生的服务意识与技能、销售技能和沟通能力的培养。

（3）汽车职业教育集团化办学

国家鼓励多元主体组建职业教育集团。经过20多年的探索实践，截止到2019年全国共建成职业教育集团约1400个，覆盖60%以上的职业学校和近3万家企业。在汽车类职业教育领域，集团化办学主要包括以下类型。

学会或协会牵头组建的汽车职业教育集团。全国现有两个学会及协会牵头组建了全国性汽车类职业教育集团——2014年11月，在教育部职成司的指导下，由中国汽车工程学会牵头在柳州组建的全国汽车职业教育集团；2017年，在全国交通运输职业教育教学指导委员会指导下，由全国交通运输职业教育教学指导委员会汽车技术类专业指导委员会牵头，在杭州组建的全国汽车服务职业教育集团。这类职业教育集团往往参与的学校数量较多，高层管理者素质较高，业务协作能力强，管理比较规范，对学校办学行为的指导和服务能力也更强。

高职院校牵头组建汽车职业教育集团。由一所高职院校牵头，政府—学校—行业组织—企业（以下简称政校行企）多方参与、共同合作组建汽车职教集团，属于办学联合体，通常不具有法人资格。这种模式下的牵头学校，往往也是专业实力强、示范效应好、辐射影响力大的高职院校，容易实现办学资源共享，办学经验和模式容易被复制推广等。

中职院校牵头组建汽车职业教育集团。由区域内汽车专业实力较为雄厚、办学示范性好、辐射力强、影响力大的某个中职学校牵头，根据双向选择原则吸纳一些其他中职学校而组建汽车职业教育集团。这种模式的特点是牵头学校至少在当地是办学口碑好和影响力大的学校。由于这类优质学校少，因此这类汽车职业教育集团发展不充分。

汽车职业教育集团模式促进了汽车职业教育的产教融合，越来越多的汽车企业通过与职业院校合作招生、协同创新、师资共享、举办订单班、实施学徒制等方式、模式，甚至直接在学校设立教学工厂或布局产线等方式，构建汽车职业教育共同体，成为促进汽车职业教育办学体制机制改革的有效引擎。

2. 汽车职业教育人才培养模式改革与创新

（1）"政—校—行—企"联合培养模式

政府主导的合作模式。由政府主导开展职业教育校企深度合作项目建设。政府主导的校企合作，是以政府之力推动和促成校企合作，促进新技术、新标准、新规范及时融入教学内容之中，改造提升专业内涵，并以此满足汽车企业的用人需求。在此种模式中，政府主导作用很强，并注重发挥合作企业（往往是行业龙头企业）的引领示范作用。

企业主导的合作模式。这种模式是汽车企业通过将自身的培训资源与国家教育资源高效整合，积极寻求校企合作，为企业培养适合自己需要的技能型人才的一种职业教育方式。众多以合资品牌为主的汽车企业，根据自身的人才需求纷纷与国内汽车类高职院校开展"政校行企"合作，采用工学交替、校企共育的人才培养模式。学生通过企业面试并与企业签订培养合同后进入校企合作项目学习，车企按照员工工作需求及自身经验设计课程体系，理论和实践并举，学习过程中学生完成"在校学习—企业实习—在校学习—结业考试"等环节，毕业后直接进入合作企业及其旗下的产业链就业。这种模式为汽车技能人才的培养提供了新的解决方案，符合现代职业教育对人才的培养规律。

（2）中高职衔接与联合培养模式

中高职衔接，指统筹中职和高职的教学环节，学生完成中职阶段的学习任务并经考核合格后，直接进入高职阶段学习的一种贯通式人才培养模式，主要存在四种方式。一是技能高考方式。中职学生通过技能高考进入对口高职院校相应专业学习。二是单独招生考试方式。中职学生通过单独招生考试方式进入高职阶段的学习。三是"3+2"方式。中职和高职联合贯通培养，由中职学校和高职院校联合办学招收相对优秀的初中毕业生，学制五年，前三年在中职学校学习，后对口高职院校组织考试，成绩合格者转入高职院校学习两年，获得专科学历。四是"五年一贯制"模式，即初中毕业学生直接报考经批准的高职院校的相关专业，在五年内完成相当于中职和高职阶段的课程。

中本贯通培养。"3＋4"中本贯通培养模式是由应用型本科院校和中职学校结对，共同设计培养方案和课程体系，学生前3年在中职学校就读，成绩合格者颁发中职学校毕业证书；之后经过统一的文化和技能考试，成绩合格者升入对应本科学校的对口专业继续就读4年，修完规定的本科课程且成绩合格者，获得全日制本科学历和学位证书。

专本联合培养。"3＋2"专本联合培养模式是由高职阶段与本科阶段打通培养的一种人才培养模式。它由高职院校与对口合作的应用型本科院校联合设计的人才培养方案，共同组织实施人才培养计划，前3年在高职院校就读，修业期满且成绩合格者，后2年直接到合作的本科院校同类专业就读，注册本科学籍，修读本科课程，成绩达到毕业要求后，获得普通全日制本科毕业证书，符合学位授予条例的可以获得学士学位。

（3）现代学徒制人才培养模式

现代学徒制是通过学校、企业"双主体"深度合作，教师、师傅"双导师"联合传授知识和技能，学生、学徒"双身份"学习，以技能培养为主的现代技能型人才培养模式。它要求校企共同制订人才培养方案，专业课程内容实现与职业标准对接，教学过程与生产过程对接。

现代学徒制必须建立以下四个机制。①招生机制：院校和企业必须联合招生，实现招生、招工一体化，必须保证学员同时具有"学生"和"学徒"的双重身份；②教学机制：校企共同承担人才培养工作，深化工学结合，在工学交替的过程中完成理论教学和实践教学，二者不能分离；③教师选拔和聘用机制：实行双导师制，学校导师主要负责理论教学，企业导师主要负责学生在企业生产实习实践中的指导，双导师实现紧密协作；④考核评价机制：校企共同组成考核小组，共同进行教学管理和各个教学环节的考核评价，共同确定考核成绩。

（4）订单班人才培养模式

订单班人才培养模式是指企业根据自身人才需求向合作的职业院校发出人才培养需求订单，学校接单后，按照企业的要求进行导入企业文化的教学并实施相应的人才培养过程，所培养的人才经企业考核合格后即被企业录用的一种人才培养模式。现实实践中，订单班的具体组织形式主要有两种。

全程订单，指企业等用人单位根据自己业务发展需要，在确定专业领域和员工新增计划基础上，寻找合适的职业院校，并与学校一起联合制订人才培养方案，共同确定教学计划，全面参与学校的教学过程。该模式下，学生进校时就可以知道将来的就业单位和大概的就业岗位，学习目标非常明确。

半程订单。这种模式是学生在完成一段时间的学习后（通常是完成基础理论学习后），用人单位再从对口学校和对口专业经双向选择，遴选合适的学生组建订单班，并根据企业要求设置后续学习内容，开展有针对性的培训，学生毕业后直接进入合作企业工作。这种模式有利于企业更好地考察和筛选学员，是企业更倾向的合作方式。

（5）1 + X 模式探索

为落实国务院"职教二十条"，2019 年 4 月教育部启动了"学历证书 + 若干职业技能等级证书"（简称 1 + X 证书）制度试点工作。截至 2019 年底，跟汽车职业教育相关的 1 + X 证书制度试点情况如表 2 所示。

表 2　教育部 1 + X 证书制度试点中与汽车专业相关的证书

序号	培训评价组织	证书
1	北京中车行高新技术有限公司	汽车运用与维修职业技能等级证书
		智能新能源汽车职业技能等级证书
2	国汽(北京)智能网联汽车研究院有限公司	智能网联汽车测试装调职业技能等级证书
3	中德诺浩(北京)教育科技股份有限公司	商用车销售服务职业技能等级证书
		智能网联汽车检测与运维职业技能等级证书
4	上海仪电(集团)有限公司	车联网集成应用职业技能等级证书
5	北京祥龙博瑞汽车服务(集团)有限公司	汽车油漆调色与喷涂职业技能等级证书

资料来源：根据中国职业教育与成人教育网教职所〔2019〕141 号整理。

国家鼓励职业院校积极参与和实施 1 + X 证书制度试点，将职业技能等级标准有关内容及要求，有机地融入专业课程教学，优化专业人才培养方案。国家将 1 + X 证书制度同步纳入促进全民终身学习的国家学分银行试点建设中，探索运用区块链等技术记录学员学分等有关工作机制，对学历证书和职业技能等级证书所体现的学习成果进行登记和存储，计入个人学习账号，尝试学习成果的认定、积累与转换。当学员进入高一级学历证书阶段学习时，学习积分可以兑换部分课程环节的学分。

3. 汽车高职教育教学方法改革与创新

（1）教学模式改革与创新

"职教二十条"提出狠抓教师、教材、教法等"三教"改革，打一场职业教育提质升级的攻坚战。随后教育部又提出推动大数据、人工智能、虚拟现实等现代信息技术在教育教学中广泛应用，普及项目教学、案例教学、情境教学、模块化教学等教学方式，广泛运用启发式、探究式、讨论式、参与式等教学方法，推广翻转课堂、线上线下混合式教学、理实一体化教学等新型教学模式，推动课堂教学革命。

翻转课堂教学模式。翻转课堂教学模式，强调的是教与学之间角色的转换，打破传统教学方式教师"满堂灌"的知识传授方式。在翻转课堂上，学生必须按照老师课前布置的任务基于互联网开展自主学习，课堂上教师组织学生一起讨论或分组讨论，让学生充分交流对知识点及其应用的理解，完成学习项目或学习任务；最后由老师开展分析点评，带领学生一道进行课程内容的提炼和总结；课后再开展学习答疑，深度解决部分学生存在的疑问等。翻转课堂教学方式有利于调动学生学习的参与热情，可以让学生理解和记忆得更加深刻，提高学生的学习收获和成效。

线上线下混合式教学模式。学生在线上教学平台观看视频、在线学习、在线讨论、在线完成作业和线上测试等，通过线上完成对基础知识的学习；而在线下课堂上则通过师生互动等方式讨论问题，或由学生一起完成合作学习项目等，从而达成知识学习目标。线上线下混合式教学模式有助于教师将教学精力和时间放在重点、难点内容以及对知识正确应用方法的讲授上，而不必花在一般基础性、概念性的知识点上。教师要运用好线上线下混合式教学模式，必须掌握"划分教学场景，区分线上线下""依托专业教学资源，开展线上教学""设计教学过程，实施线下教学"等要点。

理实一体化教学模式。理实一体化教学模式体现了理论性和实践性的融合，它把课堂车间化、把车间课堂化，通过模拟真实工作场景，设置任务模块，是采用"学中做、做中学"方式，实现"教、学、做"一体化的教学模式。

（2）新技术在教学中的运用

信息化教育平台及手机 App 在汽车职业教育的应用。中国大学 MOOC、超星、智慧树、学堂在线、雨课堂、学校平台、云班课、钉钉、ZOOM、微信等App与信息化教育平台交叉融合，平台教学资源多、App操作便捷且使用成本低，汽车专业理论课及实践课教学呈现立体化形态。

虚拟现实技术（VR）在汽车职业教育的应用。目前运用于汽车职业教育中的虚拟现实技术包括了桌面 VR 系统、沉浸式 VR 系统和分布式 VR 系统，它们突破了时间、空间限制，提升了教学条件，降低了实践课程操作危险系数，解决了资源不足问题和实现了对工厂真实场景的模拟。

大数据和人工智能在汽车职业教育中的应用。大数据主要用于汽车职业院校分析学生对学习的感兴趣程度，加强对学生基础知识的了解和分析，推动学生自主学习和运用主观能动性解决学习问题；构建学生对于课程基本信息、课程信息、专业知识掌握能力。人工智能则主要用于课堂监督、全过程开展职业规划与预测、设备智能化管理等应用方面。

4. 汽车职业教育专业课程改革与创新

2019 年 3 月，教育部、财政部印发《关于实施中国特色高水平高职学校和专业建设计划的意见》，要求深化课程改革，遴选认定一大批职业教育在线精品课程，开发具有国际影响力的高质量课程体系和课程标准，全面推进高等职业教育的课程改革与创新。

（1）精品在线开放课程开发

汽车专业精品在线开放课程资源建设。汽车专业精品在线开放课程的开发重在突出一个"精"字，必须以校企合作吸纳行业组织和企业专家参与课程建设为基础，将课程内容的知识性、专业性和职业性充分融合起来，使课程内容与职业工作内容对接、课程标准与职业标准对接，以保证精品在线开放课程的资源是高质量的，实现精品在线开放课程对于院校教学和企业培训的实用价值。

汽车专业精品在线开放课程教学应用。精品在线开放课程开发的目标是让学习者能够突破时间和空间的限制，自主自由方便地开展课程内容的学习。汽车精品在线开放课程，必须以"金课"的"两性一度"（高阶性、创新性、挑战度）标准，充分优化课程资源，破解汽车专业课程教学理论难懂、操作难练的问题，促进教学资源的优化，服务教学效果的提升。

（2）理实一体化课程开发与实施

一体化课程开发。一体化课程打破传统的"三段式"，即文化课、专业基础课、专业课相分离的课程体系模式，要求课程开发者深入汽车行业企业调研，提炼典型工作任务，构建基于工作过程的课程任务体系，并以具体工作任务为学习载体，突出职业能力主线，设计教学内容。一体化课程特别重视学生动手能力的培养，以学生获取从事某种职业所需的能力为课程教学和学生学习效果的评价标准，充分体现了职业教育的特性特点。

一体化课程教学。一体化课程教学让学生在学与练的交替活动中理解课程知识，以具体工作任务的"流程性""完整性""规范性""可操作性""技巧性"导入岗位技能，又通过进一步的"课堂"分析和得失总结，提升学生解决问题的能力，培养面向工作岗位的职业能力。

一体化课程校内外实训基地建设。一体化课程将教学活动从校内延伸到校外，特别注重建立校内、校外实训基地。例如，汽车维修技术课程的一体化教学，就要求参照汽车维修生产工位，建立真实的汽车维修实训教室，实现教学组织形式由"固定教室、集体授课"向"一体化教学工作站、实习车间"转变，教学手段由"口授、黑板"向"实物、多媒体、网络化、现代化教育技术"转变。通过校外实训基地，实行工学结合和产教融合的培养模式。

一体化课程教师培养。汽车专业教师在讲授理论课的同时，必须会操作、会示范；在指导实践操作的同时，能够给学生讲解知识原理和相关理论；能利用信息化教学手段进行辅助教学，解决理论教学和实践教学的难点问题。教师必须将专业理论与实践操作合二为一，实现由"单一型"教师向"双师型"教师转变。

（3）校企合作共建汽车专业课程

企业参与职业教育课程共建，主要体现在由企业提出需求、提供标准、参与过程、反馈评价等，实现课程目标与岗位要求对接、课程内容与职业标准对接、教学过程与生产过程对接，解决了汽车职业教育中长期存在的一些"教与学"及"学与用"脱节的问题。

校企合作做好汽车专业课程开发，需要遵循以下工作流程：课程开发前期必须认真调研岗位和工位的需求，将岗位/工位需求和职业课程体系进行有效对接，做出课程内容的初步设计；确定课程目标，课程必须以汽车专业知识和专业操作技能为基础，促成学生掌握相关岗位技能，培养综合职业能力；确定课程内容，梳理知识逻辑，再现生产和服务实际场景；做好课程教学设计，合理开发学习任务，内容包括"工作情境描述""学习任务描述""与其他学习任务的关系""学情分析""学习目标""学习内容""教学资源""教学组织形式""教学流程与活动""教学评价内容与标准"等；参考汽车企业岗位作业组织方式，以具体工作任务为学习载体，按照工作过程安排教学活动，组织教学实施。

（4）汽车新技术课程开发

新能源、智能网联、无人驾驶等技术催生了大量的汽车新知识、新技术、新技能的出现。职业院校课程体系的改革与创新必须适应汽车产业快速发展变革的需要，必须走在产业发展与变革的前面。

汽车新技术的涌现与课程体系的重构。汽车"新四化"促进了汽车新技术的快速涌现，汽车职业教育需要重构课程体系，彻底改变以机械知识为主的课程体系，搭建集机械与材料、电子与控制、信息与通信、计算机与软件等学科知识于一体的跨领域、跨学科课程体系。

汽车专业群建设与新技术课程构建。汽车专业群建设与发展的目的是密切跟踪汽车产业最新发展态势，全面对接和深度融入汽车产业链，根据汽车新技术特点，设置和拓展新专业或专业方向。而新技术课程构建则是在专业建设基础上，以精品在线课程、教学资源库建设等为内容载体形式，对课程体系及课程教学内容进行的再设计、再改造，旨在及时跟进设置超越汽车科技的现实发展。

教师队伍知识体系升级与新技术课程开发。传统专业教师缺乏跨越"汽车＋互联网技术＋AI"等多领域、多学科的专业基础理论和应用实践能力，人才队伍知识体系需要在智能汽车产业链以及信息技术高速发展的大背景下不断升级，因此需要组织跨学科、跨学校乃至跨地区的力量合作，共同开发面向汽车新技术、新职业、新岗位的新型课程体系。

5. 汽车高职教育教学资源建设

（1）教学资源库建设

教学资源库是为了培养高技术人才以及推动终身教育而建立的教学网络资源系统。因具有开放性和资源共享性，教学资源库能较好地满足教师教学和学生自主学习的需要。

教学资源库建设应适应"互联网＋职业教育"的发展需求，遵循"一体化设计、结构化课程、颗粒化资源"的建构逻辑。主要的资源类型包括：①基本资源，指汽车专业各工种专业教学标准（或专业教学基本要求）规定内容，覆盖汽车专业所有基本知识点和岗位基本技能点，其特点是颗粒化程度较高、表现形式多样，能支撑资源库结构化课程体系；②特色资源，指针对汽车产业发展需要和用户个性化需求开发建设的资源；③拓展资源，系"必要资源"以外的拓展资源，在数量和类型上往往大大超出结构化课程所调用的资源范围，实现课程资源的沉淀，以方便广大教师和学生自主搭建课程和拓展学习素材。

教学资源库内容具体有职业标准、技术标准、业务流程、作业规范、教学文件等规范标准，生产工具、生产对象、生产场景、校内教学条件等教学场景，生产过程、学生实训工作原理、工作过程、内部结构、课堂教学过程等知识内涵，虚拟企业、虚拟场景、虚拟设备以及虚拟实验实训实习项目等能力实训方式，企业案例、企业网站链接等拓展资源，数字化教材、教学课件等学习资源，习题库、试题库等作业测试库，与专业、课程、知识点相关的导学、助学系统等辅助资源。

（2）教材建设

职业院校专业教材开发要根据产业发展动态，融合行业发展新知识、新技术、新工艺、新方法，开发内容新且实用效果好的新型教材。

活页式、工作手册式一体化教材开发。活页式教材是根据用户需求定制教材，融入新技术、新工艺、新规范、新标准等，其内容可以灵活拼装。工作手册式教材以实际项目为载体，详细描述项目的完成过程，指导读者规范化地实现具体教学项目。活页式教材和工作手册式教材可以紧跟企业的生产实际需求和行业的最新发展趋势，内容更新及时。

资源库配套一体化教材开发。在资源库建设过程中，往往会形成教学课件、微课、动画及实操视频等配套的教学资源。目前，已有部分资源库课程开发了与之相匹配的新形态辅助学习资源，以二维码的形式出现在教材中，扫码就可以弹出供读者学习。

基于 AR/VR 技术的一体化教材开发，即基于 AR/VR 技术对教学内容进行虚拟展示的一种新型教材形式。AR/VR 技术一体化教材可以充分发挥智能手机的作用，使课程知识点立体化，增加学生学习的趣味性。

（3）校内实践教学资源建设

公共实训基地建设。公共实训基地奉行"集约建设、开放共享"的理念，集政、校、行、企各自的优势资源，共同投资建设公共实训基地，以满足区域内汽车专业共建发展的需要，以及社会培训和技术服务的需要。

生产性实训基地建设。采用多元投入模式，打造集教学、科研、社会服务等多功能于一体的实训条件，紧密结合一线汽车相关企业，建设"虚实结合"的生产性实训基地。学生在基地"学中做"完成"企业生产"任务，在反复训练中实现"做中学"。

（4）产教融合型企业与教学工厂建设

产教融合型企业建设。通过加强政府引导、强化企业主导，把数以万计产教融合型企业打造成为支撑高质量职业教育的"学习工厂"。当前，建设产教融合型企业面临十分有利的发展条件，越来越多的企业顺应高质量职业教育发展潮流，主动参与到职业教育办学和人才培养过程中，推动了职业教育改革和企业自身发展的双丰收。

教学工厂建设。源于南洋理工学院的"教学工厂"模式对职业教育改革产生了很大的促进作用。教学工厂以学校为主导，企业参与办学，"引教入企""引企入教"，发挥企业办学主体作用，将真实的汽车企业环境引进学校并与实际教学相结合，形成"学校、教学工厂、企业"三位一体的综合性人才培养模式。教学工厂可以使"产""教"充分有效融合，充分发挥"融合"优势。

（三）汽车职业教育国际化的现状与模式

1. 现状与成效

随着世界经济一体化、汽车产业全球化以及我国教育国际合作的全面展开，我国汽车职业教育的国际化取得重要进展。近年来，汽车职业教育国际化取得了以下主要成效。

总体成效比较突出。主要表现为国际化的战略意识普遍增强、国际化的发展环境日趋成熟、国际化的成效日益显现、国际化的影响力稳步提升等。

项目载体不断丰富。至 2019 年末，我国汽车职业教育国际化较有影响的项目有 351 个，其中，高职院校参与专业主要为汽车运用与维修技术、汽车检测与维修技术等专业（方向），中职学校项目合作专业主要是汽车运用与维修专业（方向）。这三个专业（方向）覆盖了92.2%的合作项目，呈现专业分布比较集中的特点。

体量规模不断扩张。351个汽车职业教育国际化合作项目分布在313所学校，占中高职院校总数的3.4%。国际化项目分布的学校中，高职学校137所，占比43.8%；中职学校176所，占比56.2%。合作项目招生11484人，其中，高职4794人，占比41.7%；中职6690人，占比58.3%。2019年汽车职业教育国际化项目在校生数约31500人（部分项目不是连续招生），接受国外留学生数约240人，留学在校生约700人。

合作伙伴日益广泛。351个项目中，与德国有关的项目184项，占52.4%；与美国有关的95项，占27.1%；与日本有关的34项，占9.7%；与英国有关的18项，占5.1%。"一带一路"倡议实施后，合作伙伴国家和地区得到进一步扩展。

当然，汽车职业教育国际化也存在一定不足，主要表现在汽车职业教育国际化的规模及其国际影响力有待提升，汽车产业国际化带动汽车职业教育国际化的力度有待加大，以汽车职业教育国际化师资为代表的核心资源建设有待加强。

2. 国际化主要模式

汽车职业教育国际化大体包括"引进来"和"走出去"两种模式，前者主要有德国"双元制"、美国通用ASEP课程、丰田T-TEP课程、悉尼协议等模式，后者主要是鲁班工坊模式。

（1）德国"双元制"模式

德国"双元制"（Dual System）是世界上最富特色的职业教育模式之一。它通过联合企业和职业院校两个主体，把学生的理论学习与企业实践紧密联系在一起，并以就业为导向，实现学校和企业的无缝对接。

"双元制"模式的"双元"的含义包括七个方面：一是培训主体双元，培训主体由职业院校和合作企业构成；二是学生主体双元，既是学生又是企业临时员工；三是学习内容双元，学生既要学习专业理论又要开展技能实践；四是师资主体双元，教师队伍中既有学校专职教师又有企业培训师；五是培训教材双元，既有理论教材又有实训教材；六是评价方式双元，学生既要通过理论知识考核又要通过实训技能考核；七是证书双元，学生毕业既要获得职业资格证书也要获得毕业证书。

"双元制"是一种校企协同，并以企业实践为主的产教结合模式，重视政府投入，对职教学生给予生活补贴，同时要求企业给予一定工作报酬；特别强调教师的实践技能，培养出的学生具有较强的综合职业能力、跨职业能力和就业竞争能力。我国自 20 世纪 80 年代开始引入德国"双元制"教育模式，已经为我国的职业教育发展积累了许多宝贵经验。

（2）美国通用 ASEP 课程模式

美国通用 ASEP（Automotive Service Educational Program）课程模式，是专门培养具有通用公司产品服务能力或专业汽车维修服务技工的教育培训模式。它是 1979 年美国通用（GM）汽车公司在北美地区首先创立的教育培训项目，采用校企合作、联合培养的方式，主要培训汽车维修技工。

ASEP 课程模式由校企共建教学中心，学校提供生源和培训场地，企业提供培训内容、培训设备、培训标准和培训流程等；授课主要由校内教学和顶岗实习两种模式组成，通过校企交替结合方式进行。教学过程以实际任务为载体，强调理实结合，重视实践，关注操作规范和自主学习能力的培养。学生就业实行双向选择和定向录用，进入通用体系的服务企业。

2004 年末，上海通用汽车公司（SGM）将 ASEP 模式引入我国，并与国内高职院校开启校企合作，实施定向培训。2008 年 SGM 与教育部在北京签定"上海通用汽车运用与维修专业校企合作项目"。经过多年发展，该项目规模不断扩大，影响力和知名度不断提升。

（3）丰田 T – TEP 课程模式

丰田 T – TEP（TOYOTA Technical Education Program）是专门从事汽车技术培训和教学的体系，其目的是为丰田公司提供汽车维修方面的人力资源。

T – TEP 课程模式的主要内容：一是在合作学校中建立丰田班，提前导入丰田公司开发的汽车维修专业训练课程；二是丰田提供自己开发的培训教材、教学设备和课程标准，企业和学校共同制订和实施教学计划；三是定期对合作学校教师进行丰田最新技术理论和实践操作培训；四是将企业的技术认证等级导入定向班学生的认证考试中，企业参与学生的技能考核，并安排学生到企业实习和就业，打通丰田汽车经销商与合作学校的人才供需通道。

T – TEP 具有四级体系认证，对应四级资格证书。学员经过半年到一年的课程培训，考核合格后可获得丰田的一级普通技术员或二级专业技术员认证证书，从二级考取三级诊断技术员则需要在丰田系企业工作 2 年及以上，从三级到四级诊断技师一般再需要工作 4 年及以上。学员只有在获得前一级证书并达到规定的工作时间后，才能申请下一级的培训。这种晋级机制要求员工必须不断学习，具有非常明显的终身教育特色。

T – TEP 课程模式起源于 1990 年，目前已在全球 50 多个国家（地区）的 400 多所职业学校实施。1994 年 T – TEP 模式被引入中国，2006 年丰田向我国捐赠汽车职教课程 TEAM21（Technical Education for Automotive Mastery in the 21st century），2010 年设立 T – TEP 中国事务局，2019 年中国 T – TEP 大会宣布将积极试点中心校—卫星校模式，预计 T – TEP 项目在我国将会得到更大的发展。

（4）悉尼协议模式

《悉尼协议》是一个由多个发达国家（地区）的工程教育学会/协会共同发起并签署的国际工程教育同质等效的互认协议。它于 2001 年签订，是目前国际上学历互认的权威协议之一，主要针对工程技术人员学历（一般为三年）资格的相互认可。

《悉尼协议》强调以学生成果（合格的毕业生）为导向，规范毕业生在工程相关领域的核心能力，从培养目标、学生发展、毕业要求、课程体系、教师队伍、支持条件、持续改进等七个方面提出了具体标准与要求。这些标准与要求为成员落实《悉尼协议》提供了基本遵循。

《悉尼协议》的理念：一是强调以学生为中心，从以教师的"教"为中心转向以学生的"学"为中心；二是强调以结果为导向，要求专业、合理设定培养目标，再依次确定毕业要求、课程体系和考核标准；三是倡导持续改进，要求建立和实施动态的、开放的、持续改进的质量保证体制机制。《悉尼协议》所代表的认证标准和专业建设范式，对我国当前高等职业教育的专业建设和教育教学改革具有重要的参考借鉴意义。

（5）鲁班工坊模式

鲁班工坊模式是我国推出的以鲁班"大国工匠"为形象化身的一种职业教育国际化的"走出去"模式。该模式遵循平等合作、因地制宜、优质优先、强能重技、产教融合等基本原则，由我国职教机构与海外教育机构合作，联合开展职业教育学历教育与技术培训。

　　鲁班工坊模式通常由中方职教机构负责合作项目的组织，依据中方企业的人才需求制定教学内容及实训标准，并负责外方教师培训，指导合作外方的教学活动和监控教学质量；海外的中方企业负责提供实训的机器设备和实习岗位，提供以工程实践创新项目为载体的教学场景；合作外方负责提供理论和部分实践训练的教学场地，承担教学工作，培训当地学生。

　　鲁班工坊模式在参照同类国际标准和水平基础上，主要依据中方企业的实际需求开发教学内容及标准；教学模式上通过创设工作情景氛围，借助典型工作项目，体现理实结合，突出工程实践创新能力培养。学生来源于当地，毕业后也主要面向当地的中方企业就职。鲁班工坊模式是我国职业院校开展境外办学的主要教学模式。

　　鲁班工坊模式重点面向东盟地区、中巴和中蒙俄经济走廊以及非洲和部分欧洲国家，输出中国的优质职业教育资源和先进产品技术，以建筑服务业、能源产业、交通运输业和现代制造业等领域为重点行业，为合作国培养培训熟悉中国产品、中国技术以及中国标准的本土技术技能人才，成为我国职业教育服务"一带一路"倡议、与世界对话交流的重要桥梁。

三　汽车职业教育现状评价及分析

（一）汽车中等职业教育现状评价及分析

1.汽车中等职业教育有效服务汽车产业发展

汽车中等职业院校积极响应汽车四化，通过专业建设、人才培养，尤其是形式不一、灵活多样的产教融合、校企合作，有效服务汽车产业发展。

（1）汽车中等职业教育专业建设取得新进展

专业建设紧跟产业发展。随着汽车"新四化"（电动化、智能化、网联化、共享化）的变革，新能源与智能网联汽车进入汽车中等职业教育体系。开办了新能源汽车维修、新能源汽车装调与检修等新兴专业，以服务汽车产业转型升级。

教学改革紧贴产业需要。汽车中等职业教育深化"三教"（教师、教材、教法）改革，构建基于工作过程的课程体系，实践理实一体化教学，改革成效获得了学生、家长、企业和其他社会各界的一致好评。汽车中等职业教育相关教学改革成果荣获 2018 年国家教学成果奖一等奖 1 项、二等奖 6 项。

人才评价紧靠产业要求。汽车中等职业教育拥有汽车维修工、汽车装调工等国家职业资格，由国家职业技能鉴定机构培训和考核。2019 年教育部启动 1 + X 证书制度试点，与汽车中等职业相关的已有 7 个证书参与。

（2）汽车技术技能人才培养满足社会需要

以专业建设为契机，培养汽车技术技能人才。目前，全国有 3000 余所中等职业学校开设汽车类相关专业，汽车中等职业教育在校生达 90 余万人，汽车中等职业教育的人才培养体系基本建成。

以技能大赛为载体，提升学生综合职业能力。2007 年国家正式启动全国中等职业教育技能大赛，通过"以赛促教、以赛促学、以赛促练、学练结合"全面推动汽车职业教育质量提升。目前，共设新能源汽车检测与维修、汽车运用与维修、汽车营销 3 个与中职教育相关的国家级职业技能大赛赛项。

（3）汽车产教融合和校企合作得以深化

参与或牵头组建汽车职业教育集团。就全国层面而言，2014 年，中国汽车工程学会牵头成立了全国汽车职业教育集团，参建单位有 38 所中等职业学校；就地方层面而言，有些地方已由当地优质中等职业学校牵头成立了省（市）级汽车职业教育集团。

参与汽车企业牵头的校企合作项目。全国中等职业学校参加较多的项目包括上汽通用汽车 ASEP 校企合作项目、"中德诺浩高技能汽车人才培养助推计划"等校企合作项目。

2. 汽车中等职业教育质量保证体系初步建立

为确保汽车中等职业教育专业人才培养水平和教学质量，教育部、人力资源和社会保障部分别探索建立了教学工作诊断与改进、ISO9000 系列标准、中等职业教育质量年度报告等标准制度。

（1）教学工作诊断与改进

2016 年，教育部组织成立了全国职业院校教学工作诊断与改进专家委员会，并在天津、河北、上海等 9 个省市 27 所中等职业教育学校开展职业院校教学诊改试点工作，其中开设汽车类专业的中等职业教育试点学校有 13 所，试点工作为期 3 年。

汽车中等职业教育教学诊断与改进的内涵在于以诊断与改进为工作手段，建立"五纵（决策指挥、质量生成、资源建设、支持服务和监督控制）、五横（学校、专业、课程、教师、学生）"的网络化内部质量保障体系，分别围绕专业发展、课程建设、师资队伍、学生发展制定诊改目标，将诊改要素融入学校内涵建设，提升人才培养质量，形成质量文化。

（2）ISO9000 系列标准

2002 年，原劳动和社会保障部出台了《关于推进国家级重点技工学校质量管理工作的通知》（劳社培就司函〔2002〕32 号），通过借鉴 ISO9000 质量管理体系的原则和方法，在国家级重点技工学校中试行了《国家重点技工学校质量管理标准（试行）》。

汽车中等职业教育 ISO9000 系列标准以技工学校学生、家长和用人单位的需求为出发点，按照汽车前、后市场要求设置专业，确定汽车中等职业教育培养目标。建立健全汽车中等职业教育质量管理体系，完善 ISO9000 质量方针和质量目标、质量手册等质量管理体系，稳步推进了汽车中等职业教育院校内部质量管理。

（3）中等职业教育质量年度报告

根据《教育部办公厅关于开展中等职业教育质量年度报告工作的通知》（教职成厅函〔2016〕2 号）要求，已验收通过的国家中等职业教育改革发展示范学校、国家级重点中等职业学校自 2016 年起，其他中等职业学校自 2017 年起发布质量年度报告，并及时面向社会公开；教育部同时印发了《教育行政部门中等职业教育质量年度报告编制参考提纲》。

《中国中等职业教育质量年度报告（2018）》显示，全国中等职业教育教学改革持续推进，专业建设不断加强。2017 年，教育部组织遴选了交通运输、装备制造类等 83 个专业示范点，其中汽车运用与维修、汽车制造与检修等中等职业教育汽车专业点 22 个。通过发挥中等职业教育汽车类全国职业院校示范专业点的示范带动，全面推动了中等职业教育汽车专业的建设，并形成中等职业教育汽车专业国家教学标准体系框架。

3. 汽车中等职业教育教学取得显著成效

（1）现状评价的关注维度

汽车中等职业教育现状评价指标体系涉及四个维度：一是满足度，即中等职业教育专业设置和毕业生数量是否能够充分满足当地汽车产业发展的需要；二是满意度，主要包括用人企业对中等职业教育学校培养的毕业生在汽车专业技能和素质方面的满意程度，以及毕业生对专业教学质量的满意程度；三是达成度，主要是指学生毕业时所具有的知识、能力和素质是否达到毕业要求和培养目标；四是保障度，主要是指汽车专业实践基地、师资水平、课程设置等教学条件能否稳定满足教育教学要求，反映的是汽车中等职业教育的基础教学能力建设水平。

（2）汽车中等职业教育的成效分析

从满足度看，汽车中等职业教育基本满足产业和社会需要。调研数据表明，78%的中等职业教育学校设置的汽车专业能够满足所在地汽车产业发展需求。汽车中等职业教育集团化办学、现代学徒制、课程开发、学生实习实训等满足度排序靠前。

从满意度看，汽车中等职业教育总体满意度和学生认可度较高。用人单位对毕业生的满意度在96%以上，其中专业知识和技能、责任心、主动性等排用人单位关注要素前列。学生对学校的满意度在90%以上，其中对师德情况、专业课程设置及教学内容、教学方法与手段等要素的满意度最高；对专业教师的专业水平、汽车专业实训条件的满意度次之；对后勤保障环境满意度偏低。

从达成度看，汽车中等职业教育达到毕业要求和人才培养目标要求。90%以上的在校生对就读的汽车专业比较了解或十分了解；98%以上的在校生对就读的汽车专业比较有兴趣或十分有兴趣；92%以上的在校生对自己的毕业去向比较清楚或十分清楚；92%以上的毕业生就业基本或完全对口；90%以上的毕业生认为在校期间所学专业知识和技能与岗位需求基本一致。

从保障度看，汽车中等职业教育教学条件能够满足教学需求。95%的汽车中等职业教育学校师资专业能力和教学胜任能力能够满足教学需要；90%的汽车中等职业教育学校设施设备条件、教学资源条件、企业实习条件、教学研究条件和教学经费保障均较好地满足了汽车中等职业教育的教学要求。

4.汽车中等职业教育面临的问题

（1）汽车中等职业教育基础地位有所动摇

近年来，中等职业教育汽车类专业特别是传统汽车专业，学生规模呈现下滑趋势，导致汽车类专业中等职业教育的基础性地位有所动摇。究其原因，一是受计划生育和人口政策影响，适龄学生人数的绝对规模处于逐年下降阶段；二是由于学生及家长对升学的意愿提升，中职学生生源的相对比例减小。

（2）汽车中等职业教育办学水平参差不齐

中西部汽车中等职业教育整体办学水平和人才培养质量与沿海发达地区有较大差距，实训设备和基础条件与满足汽车新技术教育教学要求的差距较大。部分中等职业教育学校的教学质量标准意识有待提高，尤其是在专业教学标准、课程标准、实习标准、实训条件建设标准（仪器设备配备规范）等内容的建设上还存在一定差距。

（3）企业参与汽车中等职业教育动力不足

当前产教融合、校企合作发展还面临不少瓶颈和制约因素，使汽车中等职业教育在人才培养和产业需求上依然存在"两张皮"现象——学校培养的人才社会不需要，企业需要的人才学校又培养不出来；校企合作依然存在"学校热、企业冷"的现象等。从企业端看，产生这些现象的原因主要是企业更多地关注其自身的生产状况和经济效益情况，将参与职业教育视为"非本职"工作，单纯认为这是在尽社会责任，在具体参与教学工作组织实施中也存在惧怕麻烦和担心安全隐患等现象；在学校端，主要还是因为深入企业不够，不能很好地满足企业需求，使企业对参与职业教育的内生动力不强，积极性不高。

（二）汽车高等职业教育现状评价与分析

1. 汽车高等职业教育有效服务汽车产业发展

（1）技能人才培养有效支撑汽车产业发展

人才培养快速响应产业需求变化。受近年来汽车产业规模扩张降速和汽车"新四化"的影响，汽车产业人才需求总量虽然变化不大，但呈现专业差别，社会需求向新兴细分产业集中，使新能源汽车技术、汽车智能技术、智能网联汽车等专业成为汽车高等职业教育的热点，而汽车营销与服务等传统专业热度下降。

人才培养服务区域汽车产业发展。全国高等职业教育汽车类专业设置与汽车产业布局基本匹配，特别是市州地区高等职业教育开设的汽车类专业往往跟当地的汽车相关产业特点密切相关。

（2）产教融合深化助推校企共同发展

校企合作常态化提升了人才培养质量。企业和高校以"共享"和"联动"

等举措为核心，加快构建科学、完善的网络化社会人才培养服务体系，让从业者通过入职前的工程教育和入职后的继续教育跟上时代前进的步伐。

多元化办学模式解决企业用人"痛点"。汽车高等职业教育领域已经实施学校牵头组建汽车职业教育集团、企业直接举办汽车类高职院校、校企合建汽车类院系、校企合作共建专业或班级等举措，解决了企业的用人难题。

（3）以优质社会服务扎实推进产教融合

汽车产业转型给汽车职业教育提供外在赋能。汽车高等职业教育统筹兼顾汽车新兴产业门类的发展，如新能源汽车产业及充电桩、汽车新型储能技术、动力电池梯次利用产业、智能网联汽车产业及车联网产业等，随着产业发展而不断调整专业及办学规模。

多样化培训助推技能人才梯队建设。高等职业教育学校纷纷贴近企业的生产实际需求，开发技能人才培训体系并实时更新培训资源，吸引汽车企业委托高等职业教育学校开展技能人才培养或技能鉴定等服务工作。

人才培养模式创新与时俱进。汽车高等职业教育不断探索和创新人才培养模式，如现代学徒制人才培养模式、"政行校企"联合培养模式、专本联合培养与中高等职业教育衔接模式、1＋X 模式等。面对农民工、退役军人、下岗职工、新型职业农民等四类人员百万扩招的新形势，各高等职业教育院校也都创新了人才培养方式。

（4）以资源库为代表的线上学习平台助推汽车人才培养

教学资源作为支撑教学活动的基本要素和条件，具有多样性、实践性、协同性、时效性、开放性和可开发性等特征。对于高速发展的汽车产业，教学资源建设的创新与改革是一种必然趋势，更是"互联网＋职业教育"发展的需求。截至 2019 年底，全国已建成 127 个国家级资源库，注册用户达 304 万余人，优质资源共建共享取得显著成效。

汽车类专业教学资源库建设是国家职业教育专业教学资源库的重要组成部分。近年来各院校主动适应职业教育大改革、大发展要求，引领汽车专业职业教育教学改革方向，以深化校企合作、校企共建共享共用教学资源，不断扩大专业优质资源的覆盖面，通过专业资源整合和结构优化，初步形成高水平汽车专业群建设的专业群课程资源体系。

2. 汽车高等职业教育质量保证体系初步建立

（1）诊断与改进推进汽车职业教育改革与发展

汽车类高等职业院校的诊断与改进工作主要依托教育教学信息化和大数据分析。就汽车高等职业教育诊断与改进而言，其工作流程如下。

建立诊改机构。通常包括诊改工作委员会（校级）和职能部门（二级单位）两级质量保证机构，明确校、部（院）质量保证职责。组建校内诊改专家团队，分析需要诊改的问题，提出诊改方向和思路，制定诊改目标和方案，对诊改工作实施指导和监督，针对性地解决诊改运行中的障碍。

构建质量保障体系。以国家质量保证体系框架为基础，以人才培养工作状态数据平台、内部质量体系监控平台、大数据诊断与改进平台为支撑，分层建设、上下衔接，打造"目标链""标准链"，推动"实施"、"条件"、"制度"和"信息"的系统化，形成全要素、全覆盖、网络化、即时性的"五纵、五横、一平台"内部质量保证体系框架，即纵向涉及学校、专业、课程、教师和学生等 5 个教育教学要素，横向涉及决策、生成、资源、支持和监控等 5 个相互协作的职能，以及大数据分析平台组成的框架。

（2）社会评估有效推动教育质量提升

社会评估包括有关高校的职业教育研究所发布的评价报告，如金平果职业教育年度报告、麦可思研究报告、部分数据咨询公司等，每年发布相应评价数据。这些权威的社会评估机构提供的数据往往能够很好地推动学校办学质量的提升。

（3）质量年度报告工作常态化开展

质量年度报告通过"省级年报""院校年报""企业年报"等方式，重点展示高等职业学校的办学绩效。它通过学生发展、教学改革、政策保障、国际合作、服务贡献、面临挑战等六项内容，以及"计分卡""学生反馈表""资源表""落实政策表""国际影响表""服务贡献表"等项目评价方式实施，已经成为我国高等职业教育发展保障体系中的重要监督环节。

3. 汽车高等职业教育迈入高质量发展新时代

（1）汽车高等职业教育具有更加广阔的改革空间

汽车高等职业教育通过专业群打造、课程建设、师资团队建设、"三教"改革、实训基地建设，发挥了国家专业教学资源库和"金课"的示范引领作用，展现了产教深度融合等方面的系列成果。随着"职教二十条"的深入推进，提升汽车职业教育教学质量的各项举措力度将会更大。

（2）"双高计划"促进学校苦练"内功"

2019年教育部针对高等职业教育共立项"中国特色高水平高职学校和专业建设计划"（以下简称"双高计划"）建设单位197个。

"双高计划"在财政投入模式上有了新的变化。一是投入周期长，通常不短于5年，有利于持续跟踪高等职业学校的人才培养质量和办学成效。二是分阶段实施，通过设定中期和远期目标，持续建设到2035年，这一举措有利于引导学校杜绝短期办学行为。三是投入力度大，以C档学校和A档专业群为例，平均每个建设点投入的力度相当于以前示范校、骨干校一轮建设周期的总投入。

（3）1+X试点打通书证融通

国家职业教育改革实施方案提出在职业院校启动实施1+X证书制度，鼓励学生在获得毕业证书的同时，积极考取多类职业技能等级证书，实现多元化成长。

4.汽车高等职业教育取得显著成效

（1）关注维度

本报告对我国汽车高等职业教育现状的分析，主要依据中国汽车工程学会的调查数据和高等职业教育状态数据平台的数据。为确保分析评价的科学性和有效性，学会组织专家组设计了汽车高等职业教育现状评价指标体系。跟中等职业教育一样，重点关注的四个维度仍然是满足度、满意度、达成度和保障度。

（2）现状成效分析

汽车高等职业教育紧跟产业发展，人才培养满足度较高。调查显示，90所代表性高等职业教育院校认为高等职业教育汽车专业设置能够满足所在地域汽车产业的发展需求，通过现代学徒制班、校企合作订单班等形式创新人才培养模式，能够较好满足产业对技能人才的需求。一些学校紧跟汽车产业发展新趋势，纷纷新增新能源汽车技术和智能汽车技术等新兴专业，深受产业界欢迎。评价结果还表明，汽车高等职业教育集团化办学、现代学徒制、课程开发、学生实习实训等方面的社会满足度较高。

外强合作，内强建设，汽车高等职业教育满意度非常高。总体来看，用人单位对汽车高等职业教育毕业生的满意率在98%以上；汽车高等职业教育师生对汽车高等职业教育的平均满意率在90%以上，其中99%以上的在校生对本专业教师的师德师风情况表示满意或十分满意；90%以上的在校生对学校汽车专业课程设置及教学内容表示满意或十分满意；92%以上的在校生对本专业教师的教学方法与手段表示满意或十分满意；92%以上的在校生对本专业汽车专业教师的专业教学水平表示满意或十分满意；92%以上的在校生对汽车专业实训条件表示满意或十分满意；95%以上的在校生对学校的学生管理制度及模式表示满意或十分满意；94%以上的在校生对学校在学生学习及生活的后勤保障方面的工作表示满意或十分满意；91%以上的毕业生对学校本专业人才的培养质量表示满意或十分满意。

质量年报等工作机制推动汽车高等职业教育目标有效达成。95%以上的在校生对就读的汽车专业比较了解或十分了解；92%以上的在校生对就读的汽车专业比较有兴趣或十分有兴趣；90%以上的在校生对自己的毕业去向比较清楚或十分清楚；85%以上的毕业生就业基本或完全对口；90%以上的毕业生认为在校期间所学专业知识和技能与岗位需求基本一致。

职业教育重大专项实施促进汽车高等职业教育保障条件日趋完善。汽车专业教学条件方面，90%以上的问卷结果显示汽车高等职业教育的专业师资队伍、设施设备条件、教学资源条件、企业实习条件、教学研究条件和教学经费保障达到了一般或满意水平；92%的问卷结果显示汽车专业的师资专业能力和教学能力能够保障人才培养需要。

5. 汽车高等职业教育面临的问题

（1）汽车高等职业教育办学水平参差不齐

受地方汽车产业特点、学校自身办学规模、办学资源及发展速度的影响，汽车高等职业教育在发展现状上呈现一定的差异性，各汽车高等职业教育学校在教育思想理念、人才培养模式、师资团队实力、社会服务能力、文化传承成效等方面，均表现出差异，形成办学水平参差不齐的现象。特别是一些学校未能主动深化校企合作，教师知识和技能更新步伐缓慢，未能跟上产业发展的步伐。

（2）企业参与汽车高等职业教育动力不足

企业参与职业教育的动力不足，未形成校企合作的有效模式。这种现象尤其在前市场领域表现得更为明显，校企合作开展得很不充分，还没有探索出一条较好的合作模式，无论是整车制造企业，还是零部件制造企业，与职业院校的校企合作还有很大的开拓空间。

企业不愿意参与校企合作的基本原因，主要是校企合作使企业管理成本增加，特别是汽车产业链前端制造类企业，需要对学生在开展专业实习实践活动期间提供后勤保障条件，导致企业的成本费用增加；同时也导致企业的安全管理风险增加，如若学生在实习过程中在企业内部发生伤亡事故，企业不可避免将要承担一定责任，加重了企业"能不接收就不接收学生实习"的心态；另外，企业没有从校企合作中获得显著的直接利益，如人才选择的优先权和能够筛选到足够的理想人才等。

（3）汽车高等职业教育国际化程度还有待提高

现阶段我国职业教育国际化培养的国际学生人数在高等职业教育总体规模中的占比还较低，国际化合作涉及的专业有限，智能网联、新能源汽车等专业的国际化合作几乎没有启动；在国际化合作模式上，特别是在"引进来"模式上还是以引入德国"双元制"等教育模式为主，其他形式开展的不多；在"走出去"模式上也主要依靠鲁班工坊模式，其他高质量的教学标准和人才培养输出模式还偏少。总之，汽车职业教育的国际化总体规模及国际影响还不够大，高等职业教育院校在加强国际交流与合作方面的动力和能力均显不足。

四　新时代汽车职业教育机遇分析

现阶段和未来相当时期，党和国家高度重视职业教育，汽车产业自身的创新发展和教育信息化技术手段的充分应用，必将为我国的汽车职业教育发展带来新的机遇，同时也会提出更高质量的要求。

（一）国家政策机遇

1. 政策机遇分析

国家高度重视职业教育为汽车职业教育提供政策机遇。党的十九大后，国家开始从教育现代化、支撑现代经济体系建设的高度，重视和发展职业教育，密集出台了一系列政策。尤其是国务院 2019 年印发的"职教二十条"，指出"职业教育与普通教育是两种不同的类型教育，具有同等重要的地位"，提出职业教育要"形成适应发展需求、产教深度融合、中职高职衔接、职业教育与普通教育相互沟通，体现终身教育理念，具有世界水平、中国特色的现代职业教育体系"，将职业教育摆在更加突出的位置，明确了新时期职业教育的新使命、新任务、新地位。这些政策为新时期职业教育的发展做好了顶层设计，必将促进职业教育的大发展。

国家绘制职业教育蓝图，"职教二十条"为职业教育改革提供了路线图、时间表、任务书和施工蓝图，给汽车职业教育指明发展方向。

以内涵发展为核心，提升汽车职业教育办学实力。高等职业教育院校的"双高计划"和中等职业教育学校的"品牌专业建设"，均是国家职业教育内涵发展的制度设计。汽车职业教育应围绕"1个加强"（加强党的建设）、"4个打造"（打造技术技能人才培养高地、技术技能创新服务平台、高水平专业群、高水平"双师"队伍）和"5个提升"（提升校企合作水平、服务发展水平、学校治理水平、信息化水平、国际化水平），强化内涵建设，实现高质量发展。

以社会服务为导向，构建校企协同育人机制。汽车职业教育将携手世界职业教育联盟，汽车厂商、经销商或其他服务商等，开展协同育人合作，引进国内外先进职业教育理念，借鉴企业优质培训体系，引入企业教育资源和培训方式，扎实推进"双主体、多元化"的育人模式。

1+X证书制度的试点将创新汽车职业教育人才素质新规格。1+X证书制度将有利于推进职业教育院校坚持学历教育和培训并举，及时将新技术、新工艺、新规范、新要求融入教学内容中，提高职业教育适应经济社会发展需求的能力；也有助于激发社会力量参与办学的内在动力。

"百万扩招"政策为汽车职业教育拓展更为广泛的生源。知识的更新、技术的换代、技能的升级，这些要素促使社会民众有越来越强的再教育需求。高等职业教育扩招，有助于打造民众求知的终身学习体系，为职业教育提供源源不断的生源。

2. 政策挑战分析

扩招给汽车职业教育高质量发展带来一定压力。在持续扩招背景下，职业教育必须面对数量巨大，生源情况更为复杂，年龄、背景经历、文化层次更为差异化的学员进入职业院校学习的状况。生源质量的参差不齐和教学时间的限制，均会给职业教育的教学组织、教学方式、质量把控、社会满意度和声誉等带来一定挑战。

"类型教育"面临一定挑战。如何提高全社会对职业教育的认知，改变职业教育就是"差生教育""低层次教育"的固有认识，深入普及职业教育作为不可替代"类型教育"的理念，还有待开展扎实而漫长的工作。

提高职业教育的社会认可度仍然是一项富有挑战的任务。职业教育受传统观念的影响仍然很深，一些地方对职业教育在解决民生、促进就业、服务产业、构建和谐社会等方面的地位和作用仍然缺乏足够的认识，部分家长把职业教育看作"差生教育"，职业教育毕业生就业也往往面临学历门槛限制等，因此如何办好职业教育，提高社会认同度，扭转职业教育形象，成为职业教育战线工作者必须面临的挑战。

（二）产业发展机遇

1. 汽车产业转型升级带给汽车职业教育的机遇

汽车产业作为制造业的集大成者，从研发、制造，到后市场、出行服务等，一直是科技进步、市场新模式探索和创新创业的重要领域。特别是近年来智能制造、3D打印、机器人、新能源、智能网联、人工智能、大数据、云计算、VR/AR、物联网等相关技术被应用到汽车领域，带动了汽车产业生态的变迁和升级，这些变化必将为汽车职业教育带来新机遇。

新能源汽车发展给汽车职业教育发展带来新机遇。作为全球最大的新能源汽车生产国和消费国，我国新能源汽车产业发展迅速，呈现产品、服务、标准全面发展的良好势头，国际竞争力显著提升。伴随新能源汽车的迅速发展，新能源汽车人才的需求与日俱增，部分稀缺人才如动力电池回收、充电桩换桩及故障维修、新能源汽车整车维保和检测等专业人才短缺，正在成为新能源汽车生产制造和服务营运企业的发展瓶颈。显然，汽车职业教育面向新能源汽车产业培养技术技能人才，将大有可为。

智能网联汽车技术发展也会给汽车职业教育带来机遇。面对高科技特点十分鲜明的智能网联汽车的崛起，从基础理论研究人才，到设计制造应用型技术人才，再到应用服务型技能人才，都显得特别匮乏。根据中国汽车工程学会调研，我国智能网联汽车技术人员缺口为每年10万人左右，人才需求远远大于现有的人才供给，涉及职业教育层面的主要工作岗位有智能网联汽车传感器标定测试、车辆改装、道路测试、智能网联汽车传感器的安装与调试等。由此可见，我国汽车职业教育在智能网联专业人才培养上，特别是针对智能网联汽车产业链培养应用服务型技术技能人才，是非常迫切的。

2.汽车产业转型升级带来的挑战

（1）汽车人才结构性变化，正加大汽车职业教育人才培养的难度

在汽车制造端，智能制造设备不断向工厂渗透，汽车制造智能化水平不断提高，生产制造人才的工作内容由原来对生产设备的操作转变为对智能生产系统的运维监管，要求一线技能人才必须掌握智能制造先进生产技术与工艺，能够完成生产过程数据的收集、处理和分析，对信息化平台进行管理、监控和维护等，而传统机械设备的操作和维护等工作将逐渐消失。

在汽车后市场和服务端，未来必将产生众多的全新商业模式，C2B的"大规模＋定制化"经营方式必将普及，汽车服务、汽车设计和生产制造越来越一体化，部分工作内容相互重合，使汽车营销服务直接连接客户及企业内部的业务部门。新型商业模式将促进汽车营销服务全新升级，如车联网将为客户提供更加生动、更加增值的服务和更加精准、更加高效的金融与保险服务等，这些新变化将为汽车营销服务人才提供新的工作内容。因此，汽车服务人才需要具备对营销服务平台进行管理、监控和维护的能力，同时还要具备对汽车大数据（主要包括车主数据、车辆使用数据、汽车后市场数据等）进行收集、处理和分析的能力。显然，现阶段的汽车职业教育现状是存在差距的，汽车技术技能人才培养难度增加了。

（2）汽车复合型人才培养给教师能力和师资建设提出新要求

要使汽车职业院校人才培养紧跟汽车产业发展步伐，教师成为最为关键的要素，必须全面提高教师的汽车新科技知识水平、专业实践能力和教育教学能力。当前，汽车类专业教师的学科背景普遍不够合理，特别是具备机械汽车、电子信息、软件应用等交叉学科背景的教师还非常缺乏。教师在体现新时代智能化、信息化专业能力的大数据分析、信息处理及智能编程等能力方面仍然不足，对这些教师的培训任务重，其中部分教师的转型难度大。从企业聘请教师也面临困难，那些具备智能网联汽车研发经验的工程技术人员不仅人数少，而且往往因为工作任务重，没有精力投入职业教育上来，这对汽车新型技术技能人才师资建设来说，无疑是一个挑战。

（三）教育信息化机遇

教育信息化就是要使教学手段科技化、教育传播信息化、教学方式现代化。汽车职业教育通过使用信息平台、精品课程网站、资源库等信息化教学资源，打破传统"满堂灌"的知识传授方式。翻转课堂教学、线上和线下混合式教学等教学模式的出现，现代教学小程序、App 的广泛应用等，让学习者突破了学习时间、学习空间的限制。教师能够更好地监督和引导学生的学习，适时掌握学生的学习情况，精准了解学生的学习需求，改进课堂教学的成效，满足和适应学生的学习需求。各类汽车虚拟仿真教学软件的应用，如三维动画视频、3D 虚拟原理、VR/AR 的教学应用，可以为教师与学生提供汽车仿真教学，缩短汽车零部件的拆装实训课时，减少对真实车辆实训拆装的磨损，提高汽车实训设备的使用效率，降低学员实训事故的风险。

教育信息化带来的挑战主要表现在部分中老年教师对现代教育信息化技术及教学资源了解不够、运用能力不够和创新能力不够。为此，必须全面提升教师的教育信息化水平，必须推动教师主动适应教育信息化、人工智能等新技术变革，积极推广新方式、新手段在教育教学中的应用。

五 新时代汽车职业教育的目标路径与行动建议

（一）汽车职业教育创新发展的目标分析

1. 坚持立德树人，培养新型工匠

（1）立德树人是新时代教育大计的根本任务

新时代的汽车职业教育，必须解决好培养什么人、怎样培养人、为谁培养人这个教育的根本问题，必须坚持职业教育的宗旨，培养与社会主义现代化建设要求相适应，德、智、体、美、劳全面发展，具有综合职业能力，在生产、服务一线工作的高素质劳动者和技术技能人才。

中高等职业教育学生正处于人生"拔节孕穗"的关键时期，更应注重其完善人格、自我学习、遵纪守法、团队合作等综合素质的培养，必须遏制"重技能、轻素质"或"重专业学习、轻职业素养"的现象。落实立德树人根本任务，仍是新时代汽车职业教育的首要目标。

（2）传承工匠精神是汽车职业教育的重要抓手

所谓"工匠精神"是指工匠对产品独具匠心、精益求精的价值追求，在工作中恪尽职守、耐心专注、专业敬业的精神品质。"精益求精"是汽车工匠精神的核心。在新的时代，传承汽车工匠精神应该作为汽车职业教育质量提升的重要抓手。

（3）融合新要求内涵，培养"新型汽车工匠"

汽车新技术的迭代升级、信息技术与汽车产业的加速融合，使汽车产业正从传统的"垂直线性产业价值链"向"交叉网状出行生态圈"演变，产业结构、企业结构正在发生颠覆性重构，由此催生了大量新职业、新工种、新岗位，需要越来越多高素质、复合型人才。

新的汽车产业对新的汽车人才赋予了"汽车工匠精神"新的内涵，也就是适应新时代的跨界学习、融会贯通、持续创新的"新工匠精神"，新的汽车人才要具有能够适应就业市场变化的职业迁移能力与职业创新能力。培养"新型汽车工匠"要求汽车职业教育在产教融合、培养方案、课程体系、教材教法、师资能力、资源支撑等方面深化改革创新。

2. 培养汽车新人才，服务发展新需求

汽车产业转型升级呼唤新型汽车人才。汽车"新四化"背景下的汽车产业边界正变得越来越模糊，汽车与其他产业之间、汽车前后市场之间、汽车后市场各领域间的跨界交融越来越快。汽车人才类型的分界日渐模糊，职业、岗位、工作内容正在发生重大变化，这对从业者的能力要求有了根本性的变化。新汽车人才应顺应发展趋势，跨产业链，"软硬"知识兼备，具备较强的职业、岗位迁移和创新能力。因此，汽车职业教育的培养目标必须由简单对接岗位转换向自主衔接产业需求转变，提升学生的自我迁移能力和创新能力，使学生拥有更强的市场适应能力和竞争能力。

3. 建设新汽车专业，推进高质量发展

汽车产业发展新趋势呼唤"新型汽车工匠"和"新汽车人才"，汽车职业教育需要以开创性思维重构汽车专业，建设新汽车专业。新汽车专业的建设应以专业群建设为路径，充分发挥专业群对应岗位与技能覆盖范围广、群内各专业组合灵活、知识口径宽等优势，建设能够满足汽车新技术与新兴业务发展需求、课程与教学资源先进、师资队伍能力强素质高的新汽车专业。

（二）汽车职业教育创新发展的路径分析

1. 以产业结构布局为依据，优化汽车专业布局

我国的汽车产业正经历前所未有的重大变革。从市场角度，一、二线城市汽车市场的刚需趋于饱和，三、四线城市乃至县乡刚需消费潜力正在释放，由此带来制造业布局向中西部梯度转移；从技术角度，汽车"新四化"已经彻底突破传统产业边界，造车新势力纷纷入场，结合新一轮区域产业升级，将彻底改变汽车产业布局；从汽车后市场看，随着汽车保有量增长，各区域后市场不仅容量不断加大，而且结构差异会越来越大，比如一、二线城市的换购必然使二手车市场越来越活跃，并给新能源、智能化、网联化汽车带来机遇。职业教育院校在进行汽车专业的布局调整时，应深入分析院校所在区域的主要产业分布、汽车产业结构、职业岗位分布、能力需求细节等基本情况，结合院校自身专业基础与优势，确定新建汽车专业或专业方向，避免盲目兴办新专业。

2. 以1+X证书制度试点为导向，重构专业课程

课程作为专业人才培养的基石，无疑是实现学历证书和职业技能等级证书融通（1+X）的重要载体和基础。以国汽（北京）智能网联汽车研究院有限公司制定发布的"智能网联汽车测试装调职业技能等级标准"为例，明确定义了智能网联汽车、智能网联汽车智能传感器、智能网联汽车计算平台、智能网联汽车底盘线控执行系统、智能网联汽车智能座舱系统、车联网、智能驾驶等7个智能网联汽车关键概念，分别给出了中等职业院校、高等职业院校、应用型本科院校相对应的专业和证书所面向的企业岗位群，明确了初级、中级、高级的职业技能等级划分及相应的工作领域、工作任务和职业技能等级要求。这为以1+X证书制度为导向重构汽车职业教育专业课程体系提供了有力支撑。

3. 以"三教"改革为中心，丰富汽车专业建设内涵

"三教"改革是推进汽车职业教育高质量发展的重要抓手。当前，汽车专业的"三教"改革仍存在许多突出问题。例如，教材方面由于缺少标准和规范，教材质量参差不齐，内容更新更是远远跟不上产业发展的实际步伐；教法

方面，如何提高新时代汽车技术技能人才的能力，应对教育信息化技术应用挑战，现有教学方法仍然不够丰富；教师方面，教师整体知识结构和实践能力明显滞后，缺乏电子信息、互联网、大数据、人工智能等方面的专业知识，"双师型"教师非常缺少等。这些问题严重制约着汽车职业教育的高质量发展。

针对汽车职业教育"三教"改革的现存问题，可以通过打通教材、教法、教师"铁三角"内涵建设这一核心路径，促进"教材先进、教法灵活、教师质优"的良性互动，稳步提升汽车职业教育人才培养质量，具体措施如下。

活化教材，建立教学内容动态更新机制。教材改革的核心目标应该是能对接汽车产业转型升级，在内容上及时融入产业发展新知识、新技能。注重开发活页式、工作手册式特色教材，配套开发多层次、多维度、高质量的多媒体资源，打造移动数字化、立体化特色教材。

优化教法，构建多元化的混合式教学模式。行业组织和学校要对教师开展教学研究，特别是对教学模式及方法的创新探索给予充分激励。建立分类组合教学模式库，针对普通全日制、中高等职业教育贯通培养、社会人员等不同生源特点，采取灵活多样的教学方法，并建立分类组合的教学模式库。以"理实一体化"教学模式为基础，引入虚拟仿真教学资源，构建"知识学习＋虚拟训练＋实操训练"的体验式教学模式。

突出能力，打造"双师型"教师成长平台。建设一支具有先进职业教育理念，及时掌握行业新知识、新技能，能授课、会操作，熟练运用多元教学方法，爱岗敬业的"双师型"教师队伍是汽车职业教育内涵建设和"三教"改革取得实质成效的关键。为此，必须推行教师分层培养，打造橄榄型教师队伍结构，促进"金字塔型"师资结构向"橄榄型"师资结构转变，使大部分教师具有较强的综合教学能力。

4. 以产教融合为主线，构建育人新机制

（1）完善校企合作运行机制，构建校企共同体

完善校企合作组织架构和管理制度。建立校企合作理事会，共同制定校企合作管理办法，明确各方职责、权利和义务，在人才培养、技术创新、社会服务、就业创业、文化传承等方面深度合作，探索中国特色的"双元制"技能人才培养机制。

完善专业与产业共享发展机制。专业应主动对接汽车产业，在人才培养、

技术创新、社会服务、就业创业、文化传承等方面积极与企业互动，吸纳企业资本、师资、技术、知识、设施、设备和管理等要素融入新时代的职业教育中，建立和完善校企合作、成果共享的共生共长发展机制。

（2）完善政校行企协同创新育人机制，资源共建共享

政校行企协同创新育人模式是职业教育界积极探索并已初见成效的一种模式，其内涵是在政府部门指导和政策支持下，围绕合作办学、育人、就业和发展目标，科学融合政府、学校、行业、企业等多方资源，在工学交替的基础上实施"共建、共培、共育、共管、共评"机制，实现对专业学生全过程、全方位、全视角的培育。

推进职业教育集团实体化运作，实现资源共建共享。在新的时代，应该更好推进职业教育集团实体化运作，完善集团内部治理结构，充分发挥人力资源合作、教育培训合作、产学研合作、基金管理等职能，加强集团各成员间的联系与沟通。

合作共建区域人才储备调剂中心。职业院校应与区域汽车企业共同探索建立区域人才储备调剂中心制度，健全人才、技术、项目、设备等校企科教资源与信息供需对接机制。

5. 以信息化建设为抓手，打造专业教学新生态

以信息化建设为抓手，加强汽车职业教育教学资源建设，为职业教育汽车专业人才培养提供丰富有力的资源支撑，具体路径如下。

（1）坚持"一体化设计、模块化课程、颗粒化资源"建设原则

专业教学资源库应遵循"一体化设计、模块化课程、颗粒化资源"的建构逻辑。以教学需求为导向，结合专业特点和信息化特征，统筹资源建设、平台设计以及共享机制的构建，形成整体系统的顶层设计；资源库的标准化课程要纳入专业人才培养方案，覆盖专业核心课程，展现教学内容与课程体系改革成果，融入思想政治教育与创新创业教育，满足网络学习和线上线下混合教学的需要；库内资源的最小单元须是独立的知识点或完整的表现素材，单体结构完整、属性标注全面，方便用户检索、学习和组课。

（2）聚焦汽车专业新技术教学难题，开发高品质虚拟资源库

汽车新技术多与电子信息、"互联网+"、大数据、人工智能等技术相关，为了解决好教学中知识"进不去、看不见、动不了、难再现"的难题，必须采取虚拟仿真等现代教育教学技术。职业院校应积极主动联合汽车相关科技企

业，面向危险程度高、场景再现难、实验成本高等教学难题，利用仿真或 AR、VR、MR 等虚拟现实技术，开发面向新能源汽车、智联网联汽车、汽车安全性能等课程的虚拟仿真教学资源。

（3）引入第三方参与，提升资源库管理与运营水平

第三方科技企业往往拥有专业的技术、规范化的平台管理和完善的管理机制，能够及时更新各类教学资源，实时维护资源平台与技术系统的稳定性，有利于提升职业院校教学资源库管理与运营的水平，充分发挥职业教育专业教学资源库在教师教学、学生学习中的积极作用。

（三）新时代汽车职业教育的行动倡议

1. 对政府部门的建议

（1）完善产教融合机制，打造供求对接互动体系

完善产教融合组织机制，确保行业企业的话语权。建议改革教育部职业教育行业教学指导委员会（简称行指委），确保行业、企业的话语权。行指委主要负责专业（群）发展的宏观决策、发展规划和政策建议，推进解决产教融合过程中的重大问题，协调校企成员之间的分工合作，搭建行业、企业与职业院校交流合作平台。

完善职业教育第三方评价机制，强化需求方评价主体地位。建立新型职业教育的评价体系和评价机制，以市场需求为导向建立相应评价标准，明确行业组织、企业作为第三方评价主体的作用，鼓励行业组织、企业承担第三方评价工作。

完善企业参与职业教育的激励机制，从根本上激发企业主动性。在激励机制设计上鼓励企业主动参与职业教育，是顺利推进产教融合的关键环节。要强化企业参与产教融合的信心，使推进产教融合的理念转化为企业的自觉行动；要建立参与企业获得优秀人才优先权的机制，增强企业参与产教融合的内生动力；制定财政、金融、人才等优惠政策，引导、激励企业投资和参与职业教育；将企业参与职业教育的情况纳入企业社会责任报告。

（2）扩大汽车职业院校办学自主权，增强职业教育发展活力

深化汽车职业教育"管、导、办、评"体制机制改革。按照"政府负责管理教育""行业负责指导教育""学校负责举办教育""社会负责评价教育"的思路加快政府职能转变，依法依规监督和管理职业教育，切实减少对职业院

校具体事务的干预。

引导职业院校完善治理结构，形成现代职业院校治理体系。建立健全职业院校理事会制度，组建由汽车行业组织、科研机构、企业、社区等利益相关方参与的理事会、专业建设指导委员会等，把各利益相关方充分吸纳到学校决策体系中来，有效发挥各利益相关方咨询、协商、议事、服务和监督作用。敦促职业院校健全内部管理制度，完善以学校章程为核心的现代职业学校管理体系，形成"自我管理、自我约束、自我激励和自我发展"的长效机制，推进职业院校治理能力的现代化。

（3）设立汽车职业教育国家项目，发挥示范作用

设立汽车"产教城"融合发展专项，发挥统筹布局示范作用。依据"产业、教育、城市"一体化建设和发展思路，遴选汽车产业和汽车职业教育相对集中的城市（区域），开展汽车"产教城"融合发展模式试点。引导职业院校根据区域产业需求错位发展、特色发展，形成与区域汽车产业发展相适应、水平高、特色鲜明的汽车专业布局。

设立汽车职业教育集团化办学专项，发挥产教融合示范作用。探索建立汽车职业教育集团规范运行的外部保障机制，促进汽车职业教育集团全面提升服务产业的综合能力。支持各利益相关方以"利益链"为纽带，建设集生产、教学、研发、培训、服务等功能于一体的生产性实训基地（产教融合型实训基地）和汽车技术创新平台，在汽车职业教育集团内部开展跨区域服务，深化招生就业、专业建设、课程开发、资源共享、学校管理等方面的合作，全面提升其服务产业发展的能力。

（4）营造有利氛围，切实提高技术技能人才待遇水平

加快推进人事制度改革，提高技能人才的政治待遇和社会地位。将全国劳动模范、全国技术能手以及享受省级以上政府特殊津贴的技术技能大师等领军人才纳入官方认定的专家库，给予专家待遇；建立技术技能领军人才在各级工会、共青团、妇联等群团组织挂（兼）职制度，提高政治待遇；保障高技术技能人才在落户、子女入托入学等方面的权益。

加快推进薪资制度改革，不断提高技术技能人才收入水平。鼓励企业参照高级管理人员标准设立特聘岗位津贴、带徒津贴，推动企业完善与经济效益增长挂钩的技术技能人才薪资增长机制，确保高技术技能人才平均薪资增幅不低

于本单位行政管理人员增幅；鼓励对高技术技能人才实行技术创新成果入股、岗位分红等激励方式。

加快推进人才评价模式改革，畅通技术技能人才成长通道。构建职业资格评价、职业技能等级认定和专项职业能力考核相互衔接的多元评价体系。建立企业竞赛、省级竞赛、国家竞赛与国际竞赛相衔接的职业技能竞赛体系。建立职业资格、技术技能等级与专业技术职称比照评定的制度，完善高技术技能人才参加工程系列专业技术职称评定的政策。鼓励引导符合条件的技能人才到车间一线管理岗位任职，打通其转为管理人才的通道。

2. 对行业组织的建议

（1）积极承接政府部门职能转移，促进产教融合

积极推动汽车职业教育产教融合组织机制改革。行业组织应动员业内龙头企业参与行指委的工作，为职业教育宏观决策、发展规划和政策建议提供智库支持。搭建行业、企业与职业院校交流合作平台，把处在同一个产业链上不同层次的院校及企业组织起来，建立与完善供需信息双向流动的机制。

积极承担汽车职业教育的第三方评价工作。积极承担对院校汽车专业办学质量和服务经济社会发展水平的第三方评价工作，并将评价结果向政府主管部门报告，同时向社会公布。

积极推动建立有利于校企合作的生态环境。促进政府制定产教融合或校企合作的激励政策，并推动落实；建立多元主体沟通协调机制，形成企业对职业教育的心理认同和责任意识，营造全行业热衷职业教育的良好氛围。

（2）积极参与标准制定，发挥标准体系建设主体作用

积极参与国家职业标准和相应专业教学标准的开发制定，从源头上保证国家职业标准满足产业人才需求，同时从源头上保证两个标准的一致性。推动加快汽车职业标准和相应教学标准的更新频率，促使两个标准与产业发展同步。

整合政、校、行、企各方资源，推动"五个对接"，即汽车专业与职业岗位对接、专业课程内容与职业标准对接、教学过程与生产过程对接、学历证书与职业资格证书对接、职业教育与终身学习对接。借力 1 + X 制度试点，重点推进职业标准与教学标准两个标准的对接。

（3）建立社会责任评价体系，督促企业履行社会责任

建立企业社会责任评价体系，推动企业履行人才培养的社会责任。依法建

立汽车产业企业履行社会责任评价体系，对企业参与职业教育的工作成效进行评价。建立企业参与职业教育的信息披露制度，对企业履行人才培养社会责任的情况进行评级。

3. 对汽车企业的建议

（1）提高对职业教育的认识，充分发挥人才培养主体作用

企业应该强化人才培养主体责任意识。面对人才紧缺的客观局面，用人企业应该切实树立并强化自身在人才培养上履行主体责任的意识，摒弃人力资源工作中"等靠要"的思想和恶意"挖人"行为，除了做好在职员工的培训以外，积极参与校企合作，从源头上促进人力资源开发。借鉴人才培养典型经验，响应政府、行业组织号召，在校企合作育人方面切实发挥主体作用。

企业应该通过校企合作，与院校共同完善专业设置、共同制定人才培养方案、共同开发课程标准、共同开发编写教材、共同建设师资队伍、共同打造实训实习平台、共同确定人才评价标准等，为推进协同育人机制的建立做出贡献。

（2）完善薪酬体系，落实技术技能人才待遇

企业应根据国家文件精神，持续提高技术工人的待遇水平，增强技术工人的获得感、自豪感、荣誉感，做到感情留人；通过科学设计薪酬体系，应建立适合本企业的技术技能人才薪酬体系和分配机制，创新技术技能导向的激励机制，优化基本工资与可变薪酬比例，增强技术技能人才队伍的安全感，减少技术技能人才的无序流动。制定本企业高技能人才标准，建立多元化薪酬考核制度，建立年薪制或股权期权激励机制，设立特殊贡献奖、安家补贴、特评特聘岗位津贴、带徒津贴等。设立技能大师工作室或工匠人才创新工作室等，创造良好的工作环境，切实提升高技能人才的经济待遇和社会地位。

（3）定期发布企业社会责任报告

强化社会责任意识，建立部门专司社会责任工作。提高员工对参与职业教育是企业应尽社会责任的意识，在企业内部建立社会责任部门（非营利事业部门），统筹推动企业社会责任工作，实现自身经济利益与社会共同利益的双赢。

建立企业社会责任报告定期发布制度。企业应将校企合作的理念、战略、方式方法、企业经营活动对人才培养和人力资源建设的作用影响、取得的成效及不足等信息，定期进行系统总结和梳理，并及时发布社会责任工作报告。

4. 对汽车职业院校的建议

（1）关注学生综合素质的培养

加强思想政治课程和课程思政建设，积极开展社会实践活动，以校企合作为契机挖掘企业思想政治教育资源。明确课程思政的重要性，利用校企合作契机，结合企业厚重的发展史充分挖掘企业的思想政治教育资源。在内容上融入贴近生活的思想政治案例，增加课堂趣味性；在教学方法上，增强以学生参与为主体的教学模式，注重引起学生的情感共鸣。积极开展世情、国情，甚至省情、市情等域情教育，增强学生社会责任感。探索社会实践与专业教学相结合、与服务社会相促进、与勤工俭学相呼应、与择业就业相对接的管理模式，树立学生"劳动光荣"的观念和健康的职业道德。充分发挥企业在学生思想政治教育方面积极而又潜移默化的作用。

加强基础文化教育，拓展选修课类型，为学生全面发展提供丰富课程资源。在内容建设上，一方面根据课程的功能性、专业普适性、社会需求及时代的先进性等挖掘教学内容；另一方面按照汽车行业对文化类课程的需求划分任务型模块，重组教学内容，根据学生特点，按照从易到难的方式编排。充分发挥选修课程的作用，为学生提供不同的学习项目（课程），以兴趣为出发点，全面激发学生学习热情和求知愿望。

发挥第二课堂的教育功能，全面提高学生的身心健康和文化修养。坚持将职业岗位胜任特质作为确定第二课堂活动的原则，具体可通过邀请企业家主持讲坛、举办职业礼仪或技能大赛、评选企业实习先进典型等活动来进行。创新第二课堂的教学方法，加强学生在表达沟通、自主学习、尽责抗压、协同创新、信息应用等方面能力的培养，使学生具备终身学习及适应社会发展变化的能力。

（2）优化师资结构，不断提高师资队伍整体素质

畅通校企人员双向交流合作渠道，多措并举选培教师，优化汽车专业教师团队。职业院校要创造条件激励教师进修、到企业参与专业实践、参加科研活动等，多措并举打造"双师型"教师队伍。

创新考评机制，激励专业教师不断提升教学水平。职业院校应创新考核考评机制，细化考评指标，同时调整绩效考核分配制度，适度向关键（重要）岗位、一线教学岗位、高层次人才、业务骨干和贡献突出教师倾斜；完善教师培养培训体系，鼓励教师到企业挂职，积极参与企业的技术研发和创新项目，

不断提升其汽车专业技术能力。

（3）建立教学质量保障体系，不断提高教学质量

建立以内部激励为主、外部推动为辅的全员、全过程、全面教学质量闭环监控体系。建立基于大数据的常态化、周期性内部质量诊断与改进的机制，构建网络化、全覆盖、具有较强预警功能的内部质量监控体系。建立日常教学管理与教学评估有机结合的教学质量保障体系，建立健全教学质量保障组织机构和评价体系，为提高人才培养质量提供组织保障。

产业发展与人才需求

ℝ.2
汽车产业发展现状与趋势

乐启清　欧阳波仪　章智群*

一　我国汽车工业发展的基本历程

新中国成立初期，中国的工业基础极度薄弱，百废待兴之际，现代工业尤其是汽车工业深受党中央重视，于是国家便开始筹划建立自己的汽车工业。到今天，我国的汽车工业从零基础发展形成全球最大的汽车生产体系，一些自主品牌车型尤其是商用车，还形成了较强的国际竞争力。我国汽车工业历经70年的发展，不仅实现"从无到有"的突破，而且实现"从小到大"，乃至"从弱到强"的飞跃。回顾我国汽车工业的发展历史，整个过程大体可分为三个阶段。

（一）基本建设阶段（1953～1978年）

基本建设阶段，汽车工业在国家高度集中的计划经济体制下运行。由于经济基础薄弱，国家采取了"集中力量、重点建设"的方式，先后建成了第一

---

* 乐启清、欧阳波仪，湖南汽车工程职业学院；章智群，中国汽车工程学会汽车应用与服务分会。

汽车制造厂和第二汽车制造厂等主机厂及一批汽车零部件厂，为我国汽车工业的发展奠定了基础。当时主要产品为中型载货汽车，全部由国家计划生产和计划销售。由于缺乏竞争机制和其他种种原因，在长达 25 年的时间内，汽车工业发展较为缓慢。这一阶段又可分为初创和自主建设两个时期。

1. 初创期（1953～1967 年）

我国的汽车工业发展史可追溯到 1953 年。这一年，第一汽车制造厂（简称一汽）在长春动工兴建。一汽用时三年建成，于 1956 年 7 月生产的第一辆汽车下线，同年 10 月开始批量生产载重量 4 吨的解放 CA10 系列货车，结束了中国不能制造汽车的历史。

1958 年，一汽研制出我国第一辆轿车——东风牌轿车。1966 年，该厂试制并小批量生产了红旗 CA770 型三排座高级轿车。

在一汽逐步扩大生产的同时，全国各地也相继建成了一批汽车制造厂。如济南试制并生产了黄河牌重型载货汽车（JN150），南京试制并生产了跃进牌轻型载货汽车（NJ130），北京试制并生产了吉普车车型（BJ212）。同期，全国各地也纷纷试制轿车，但由于技术和条件限制，产品质量较低，除上海牌轿车外，大多并未形成规模生产能力。

2. 自主建设期（1968～1978 年）

在此期间，一汽投产已有十年，积累了一定基础和潜力，但汽车产品在品类和数量上都满足不了当时经济发展和国防建设的需要，于是国家决定在内地再新建一批汽车工业骨干企业。1968 年，国家在湖北省十堰市动工兴建了当时国内规模最大的第二汽车制造厂（简称二汽）。1975 年，二汽的第一个车型 EQ230 诞生并生产。1978 年 7 月，二汽又开始投产其主导产品 EQ140。同期，我国又建成了生产重型汽车的四川汽车制造厂和陕西汽车制造厂。这批企业的建成，标志着我国汽车工业进入了能够自行开展工厂设计和车型开发的新阶段。

其间，部分省（区、市）利用本地资源也开始发展地方汽车工业，有的还形成了一定的生产能力。与此同时，一些行业如交通、林业、石油等的主管部门，也组织布点了一批汽车制造厂、改装厂，从事行业所需各类改装汽车的生产。

总之，经过第一阶段的发展，我国汽车工业实现了生产制造、工厂建设和车型开发"零"的突破。到 1978 年，汽车生产能力达到 15 万辆的规模。但相对来讲，汽车工业发展还存在生产增长速度慢，产品品种"缺重、少轻（即缺重型车、少轻型车），轿车近乎空白"的事实，不能满足国家进一步发展的需要，汽车工业尚待大发展。

（二）改革开放阶段（1978～2001年）

国家于1979年开始在农村实施家庭联产承包责任制，1984年开始全面推进城市经济体制改革，从而开启改革开放的新步伐。在这一过程中，汽车工业基本与宏观经济发展同步，增速前快后缓，结构调整不断深入，市场竞争逐步加剧。这一阶段，也可以分为两个时期。

1. 改革初期（1979～1993年）

随着改革不断深入，计划经济模式逐步被打破，市场配置资源的作用被不断加强，市场竞争机制逐渐发挥作用。同时，汽车工业逐步走出封闭发展模式，通过KD生产、技术引进、合资合作等形式寻求国际合作，先后建成北汽切诺基、上海大众、一汽奥迪、神龙汽车、天津夏利、广州标致等一批合资企业。汽车产品结构由单一的中型货车，转变为中型货车与重型、轻型、微型货车以及乘用车多品种车型同时发展，基本上改变了"缺重、少轻"的产品面貌，行业发展有了明显改观。

其间，在中央和地方积极的推动和市场需求的巨大拉动下，一批地方性和行业性的汽车企业应运而生。汽车生产能力获得了快速增长，产量迅速增加，从1979年到1993年汽车生产保持年均15.4%的增长速度。1992年产销量首次突破100万辆大关，我国成为世界汽车生产排名前十的国家。

在这个时期内，汽车产业产量和品种获得巨大发展的同时，也产生了投资散乱、生产集中度低等问题，产品质量、企业综合素质和市场竞争实力等并没有实质性提升。

2. 市场开放期（1994～2001年）

1994年起，我国全面进入社会主义市场经济建设时期。随着宏观经济持续实施"软着陆"的结构调整政策，即经济调控由主要依靠行政手段改为主要依靠经济手段，并通过推行"两个转变"，即由计划经济体制向市场经济体制转变，企业经营从粗放经营向集约化经营转变，我国经济增长速度和汽车需求相对放缓，市场竞争空前加剧，企业开始真正感到生存压力。

1994年国家颁布实施了第一个产业政策——《汽车工业产业政策》，在其引导下，汽车产业在企业、产品和用户需求结构等方面得到较大调整，企业综合素质得到明显提升，产量稳步增长，汽车产业整体实现由卡车产业向轿车及零部件产业转变；国际合作向纵深发展，上海通用、广汽本田、一汽大众等新一批合资企业诞生；同时，私人资本也被允许进入汽车领域，涌现吉利、长城等民营整车企业。尤其是产业政策规定"国家鼓励个人购买汽车……任何地方和部门不得用行政和经济手段干预个人购买和使用正当来源的汽车"，首次将汽车和家庭消费联系起来，汽车市场实现从单一的公费购车向多元化市场需求转变，轿车市场得以放开，家用轿车市场潜能被瞬间激发。这些变化为后来汽车产业应对入世，实现持续发展，打下了坚实基础。

总之，在这个阶段，我国的汽车产业在前后两个时期的发展速度前快后慢，在投资端实现对外资和民营资本的开放，在消费端实现对私人市场的开放，这极大地促进了汽车产业结构和产品结构的调整，汽车产业整体上获得较大发展。2001年总产量从1978年的15万辆发展到234万辆，中国汽车产量规模位居当年全球第八位。同时，车型种类得以丰富，产品性能和质量得到较大提高。特别是，这个阶段一批轿车工业项目得到大规模建设，主要通过合资方式先后建成数个轿车生产基地，2001年轿车生产量达到70万辆，在汽车总产量中的占比从阶段初期的微不足道提升至30%，很大程度上改变了汽车产业的整体面貌。

（三）国际接轨与自主创新阶段（2002年至今）

2001年12月10日，中国正式加入世贸组织（WTO），中国汽车产业进入一个不同寻常的新阶段。在这个阶段，我国汽车产业在赢来十年的快速发展和实现国际接轨后，开始转向自主创新和高质量增长的新常态发展模式。

1. 国际接轨发展期（2002~2012年）

入世后，我国抓住了国际市场需求旺盛、国内劳动力人口红利①释放、第一轮国企改革后活力被激发、民营经济迅速发展等内外部有利机遇，国家经济

---

① 人口红利是指一个国家的劳动年龄人口占总人口比重较高，抚养率比较低，为经济发展创造了有利的人口条件，整个国家的经济呈高储蓄、高投资和高增长的局面。研究表明，处于人口红利的国家，经济有更高、更显著的增长。

赢来近十年的快速发展，并在 2011 年 GDP 规模增长至世界第二。

伴随国家宏观经济和百姓收入的快速增长，我国汽车产业自 2002 年起，在私人消费潜力不断被释放的需求拉动下（2002 年被普遍认为是中国私人汽车普及元年），汽车产销也历经了 10 余年的高速增长（部分年份呈现井喷行情）。2012 年，当年实现新车产销 1927 万辆，10 年间平均增长速度保持 21%以上。其间，2009 年，新车生产 1379 万辆，首次超过美国，自此奠定了我国新车产销世界第一的大国地位。

经历这个快速发展时期，我国汽车产业实现了国际接轨。从汽车产品结构和市场消费结构看，乘用车占整个新车市场的比重从 2002 年的 30% 增加到 2012年的 78%，私人购车比例从不足 20% 增加到 80% 以上。这种生产与消费结构，已经与欧美等汽车发达国家基本一致，表明在产品和市场结构上实现与国际接轨。

另外，入世后的中国汽车产业全面参与国际经济大循环。根据 WTO 对我国汽车产业"入世"设定的制度安排，自 2002 年开始我国对汽车产业的保护性措施逐年递减，至 2006 年汽车进口管理完全达到 WTO 规定的发展中国家的平均水准，完成了汽车市场的对外开放。其间，各汽车企业持续推进了体制机制的改革调整，逐步建立了"产权明晰、权责明确、政企分开、管理科学"的现代企业制度，对汽车产品 QCD（质量、成本、交货期）的控制能力显著增强，并通过跨国并购、技术引进、模仿创新、自主发展等多种发展途径，加大了自主品牌的开发力度，一批自主品牌的乘用汽车纷纷问世。这些举措表明国家主要依靠经济手段和国际惯例实施行业管理和调控，国家对汽车产业的管理方式实现与国际接轨。

2. 自主创新发展期（2013 年至今）

2013 年以来，随着我国宏观经济进入新常态，经济增长速度逐步趋缓，加之汽车产业的总体产销规模已经达到较高水平，根据市场增长的"S 形"规律，汽车市场开始进入"平稳"形态。事实上，我国汽车市场在 2010s 年代经历连续数年微增长，并于 2017 年达到产销高峰，2018～2019 年连续两年小幅下降。这表明我国汽车市场增长大概率已经赢来发展拐点，市场需求进入饱和状态。

汽车市场的变化迫使企业必须转换发展方式，过去长期依靠需求快速增长、分享市场红利的时代一去不返，依靠土地、资金、劳动力等要素投入赢得发展的机会必然大大减少；未来的增长方式越来越依靠技术创新、产品创新、市场创新、品牌创新和管理创新，创新驱动成为新常态发展的必然趋势。特别地，当前汽车产业正处于深刻变革期，电动汽车、智能汽车、网联汽车（互联网汽车）以及传统汽车高新技术领域，是当今全球汽车产业竞争的制高点。

以上情况表明，我国汽车产业目前已进入创新发展期，企业兼并重组将促进产业组织创新，企业核心能力将依靠汽车科技创新，消费个性需求将催生服务模式创新。总之，以创新求发展成为我国汽车产业现阶段的时代特征。

二 我国汽车产业的发展现状与发展趋势

（一）总体发展现状与趋势

1. 市场趋于饱和，增长方式转换

进入 21 世纪后，尤其是入世后，我国汽车产业持续保持快速增长态势（部分年份还出现市场井喷行情）。继 2009 年汽车总产销量超过美国成为世界新车产销规模最大的国家以来，我国一直稳居汽车第一产销大国位置。至 2017 年，当年产销分别实现 2901.5 万辆和 2888 万辆，达到历史高峰；之后，2018 年和 2019 年产销呈现连续下降态势，2000～2019 年我国汽车产量如图 1 所示。

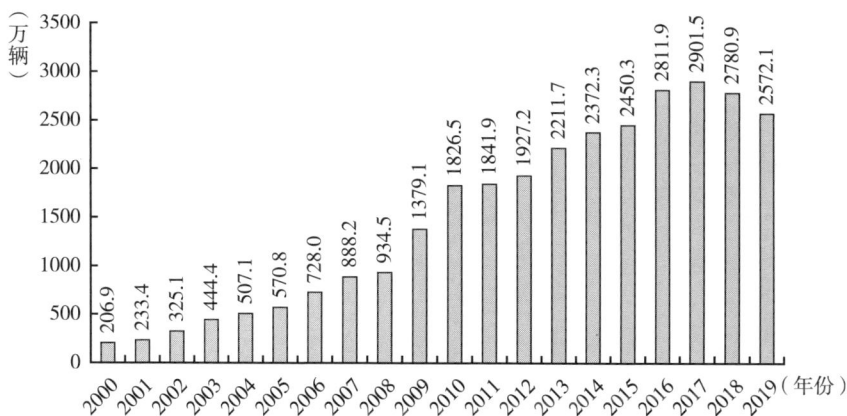

图 1　2000～2019 年中国汽车产量

资料来源：中国汽车工业协会公布数据。

根据产业增长遵循"S-曲线"规律，汽车产业在经历几十年的快速增长后，城市家庭基本实现了汽车消费的普及，汽车市场已经进入"S-曲线"尾部的"平稳、小波动"阶段，市场增长形态将在一个"厢型"区间内波动。当整体经济形势较好时，市场需求趋近区间上限；当整体经济形势较差时，市场需求趋近区间下限。

在市场"饱和"形态下，汽车产业的增长方式必将发生转变，即由过去注重规模扩张转向依靠内涵发展。在要素的运用上，从过去注重土地、资本、劳动力等要素的投入，转向注重汽车科技、品牌、管理和人才等要素的打造；汽车企业的市场竞争程度相较于以往更加激烈，在一个总量基本稳定的市场（即存量市场）上，富有竞争力的企业市场份额的增长，必然意味着缺乏竞争力的企业市场份额的下降。汽车企业的竞争手段从资源型要素运用转为创新驱动，汽车产业整体将实现提质增效。

2. 人均保有量将为汽车市场提供稳定力量

汽车产业和汽车市场在历经上述发展与变化的同时，我国的千人汽车保有量（指平均每千人拥有的可以上路行驶的汽车辆份数）在2019年末大约只有173辆/千人，刚刚达到世界平均水平。而发达国家的千人汽车保有量，美国达到837辆/千人，日本、欧洲等国家和地区则在600辆/千人左右，韩国等新兴工业化国家则在370余辆/千人。表1为世界银行发布的2019年全球20个主要国家的千人汽车拥有量数据。

表1 2019年全球主要国家千人汽车拥有量

单位：辆，美元

排行	国家	千人拥有量	人均GDP
1	美国	837	62600
2	澳大利亚	747	57300
3	意大利	695	34300
4	加拿大	670	46100
5	日本	591	39300
6	德国	589	48670
7	英国	579	42500

排行	国家	千人拥有量	人均GDP
8	法国	569	41500
9	马来西亚	433	11200
10	俄罗斯	373	11300
11	巴西	350	8921
12	墨西哥	297	9698
13	沙特	209	23200
14	土耳其	199	9311
15	伊朗	178	5258
16	南非	174	6340
17	中国	173	9201
18	印度尼西亚	87	3894
19	尼日利亚	64	2028
20	印度	22	2016

资料来源：世界银行。

较低的人均保有量，一方面意味着我国汽车市场还将面临较大的增长空间；但另一方面，我国的土地资源、自然资源、地理气候、人口数量及其空间分布等特定国情，决定了我国的汽车保有量不可能达到美国的水准，甚至也达不到欧洲、日本等国家（地区）的水平。参照韩国等新兴工业化国家的人均保有水准，我国的千人汽车保有量有望在现有基础上再翻一番，即达到350辆/千人左右，总量从2019年的约2.6亿辆再增加2亿辆，市场充分饱和后全社会的汽车保有量最终稳定在4亿~5亿辆。参照发达国家年销售新车约占其社会保有量6%~7%的比例测算，我国的汽车市场大概率会长期维持2400万~3000万辆，这个规模大约是美国汽车市场的两倍。

尽管我国现阶段的人均汽车保有水平还不高，但因为存在地区差距、城乡差距和贫富差距，且这些差距不可能在短期内立即消失，这就将使汽车市场的需求潜力呈现缓慢释放态势。进一步的研究分析可以发现，我国现阶段汽车需求的增长动力主要源自以下三种力量：一是以农村、小城镇和低收入群体为代表的普及性刚性消费；二是城市家庭的第二辆消费性汽车（或许以小型汽车为主）；三是城市家庭的更新换代需求（或许以中高级车型为主）。它们将使我国汽车市场在较长时期内保持需求的大体稳定。

3. 我国汽车产业在全世界的地位突出

2009 年，我国汽车产销分别实现 1379.1 万辆和 1365 万辆，超越美国，首次成为世界汽车产销第一大国。随后，这个领先优势进一步扩大，到现阶段我国的新车市场大约是美国市场的两倍，我国汽车市场"世界第一"的地位估计再难有其他国家超越，中国汽车产业在世界汽车产业的地位十分突出。

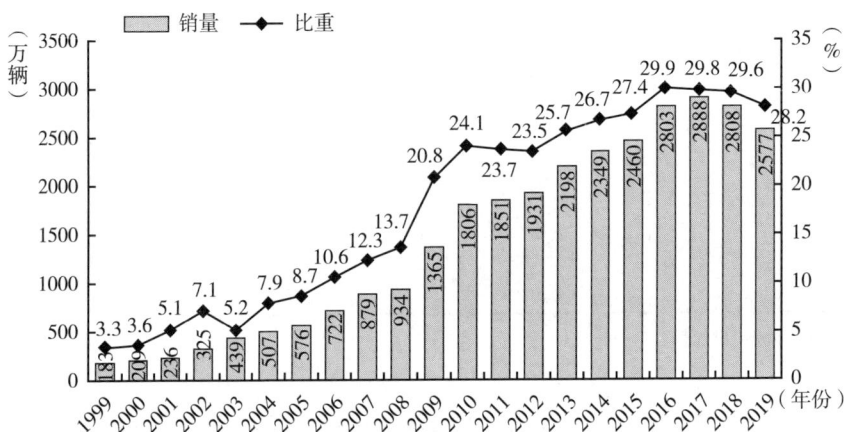

图 2　1999～2019 年中国汽车销量及在全球市场占比情况

资料来源：世界汽车工业协会（OICA）。

2000 年，我国汽车销量达 209 万辆，占世界汽车产量的比重为 3.6%；至 2019 年，拥有整车生产资质企业的 27 个省（区、市）共有整车企业（集团）264 家，整车销量达到 2577 万辆，占当年全球汽车产量的 28.2%。事实上，高峰时期的 2017 年，我国汽车销量 2888 万辆，占当年世界汽车产销量的 29.8%。从 2000 年至 2019 年，我国汽车产业规模增长 11.4 倍，复合增长率达到 14.2%，远高于全球同期增长率平均水平（2.5%）。

4. 汽车产业是我国国民经济的支柱产业

我国汽车产业是国民经济的支柱产业。从经济角度看，汽车产业对宏观经济及财政收入贡献突出。2019 年，全国 GDP 总量近 100 万亿元，而汽车整车及零部件产业实现的终端价值约 6 万亿元，零配件及维修行业终端价值 2 万亿元，汽车金融与保险服务产业 1.5 万亿元，燃油消耗 3 万亿元，其他商品或服务 1.5 万亿元，以上合计近 14 万亿元，约占 GDP 总量的

14%。税收方面,汽车生产企业缴纳的增值税、所得税、消费税及车主缴纳的车辆购置税、车船税等税收超过1.4万亿元;车主使用燃油缴纳的增值税和成品油消费税近6000亿元。汽车相关税收总计超过2万亿元,占到全国税收的10%以上。

从产业带动作用看,汽车产业带动了机械、电子、石化、橡胶、保险、维修等30多个相关产业的发展和技术进步,带动上下游产业的增值比例为1∶0.65∶2.63,即汽车制造业自身每1元的增值,可以带动上游产业增加0.65元,带动下游产业增加2.63元。从科技带动角度看,汽车产业一直跟同时代的最新科技紧密相连,如微电子产业和机器人技术兴起后,其在汽车产品和汽车生产制造领域的应用比例就非常高;当今以人工智能、大数据、云计算等为代表的新一代科技与汽车融合后就产生了智能网联汽车等。可以说,汽车产业是新科技最重要和最具代表性的应用领域,新科技不在汽车产业应用就不能充分彰显其价值。从就业带动效果看,汽车产业带动相关产业的就业比例是1∶7,现阶段汽车产业从业人数约500万人,汽车及相关产业从业人员则达到4000万人,约占全国城镇就业总人数的13%以上,这样的成效鲜有其他产业可比。

5. 汽车产业的空间布局相对集中

目前,我国汽车整车制造基地基本分布在一个"十字"交叉经济带上,其中纵向主要分布在由长春、沈阳、北京、天津、保定、郑州、武汉、长沙、广州、深圳等城市组成的南北经济带上,横向主要分布在由上海、苏州、南京、芜湖、武汉、西安、重庆、成都等城市组成的东西经济带上。

依托上述经济带,我国的汽车产业形成以长江三角洲、珠江三角洲、环渤海地区、东北地区、华中地区和西南地区为主的六大汽车产业区域集群。① 这六大集群,既是汽车整车的主要生产基地,也是汽车零部件产业的主要聚集产地。2019年,六大集群生产的汽车数量和汽车零部件价值均占全国总量的85%以上。

6. 中国汽车企业的综合素质全面提高

中国汽车企业从20世纪90年代开始("九五"计划期间),持续推进经

---

① 贺正楚:《中国汽车制造业产能和产量的地域分布》,《经济地理》2018年第38期,第118页。

营机制转换，通过剥离辅业，集中精力经营主业的方式，消除了企业包袱；通过改革产权、人事和分配三项制度，激发了企业活力；通过建立法人治理结构，企业成为具有自主经营、自负盈亏、自我发展和自我约束的经济实体。加之，大部分汽车整车企业与国际上各大汽车公司纷纷开展合资合作，大量引进国际上先进的管理理念、管理体系和管理标准，迅速提升了企业的软实力。

以上措施极大地提高了我国汽车企业的综合素质，企业在产品质量、生产成本和产品交付等方面的控制能力得到极大提高，企业应对市场竞争的能力也获得较大提升。2019年，国内主要汽车企业的总销量如表2所示。根据产销数量，整车企业集团大体可以分为三个层次，第一层次包括上汽、东风和一汽；第二层次包括北汽、广汽、长安、吉利等；其他企业集团则为第三层次。

表2 2019年中国主要汽车企业总销量情况

单位：万辆，%

集团类别	代表公司	销量	市场占有率
第一集团	上汽	624	24.2
	东风	361	14.4
	一汽	346	14.0
第二集团	北汽	226	8.7
	广汽	206	8.0
	长安	176	7.8
	吉利	136	5.3
其他集团	比亚迪、长城、华晨、奇瑞、江淮、江铃等		

注：据统计，2019年我国有6家汽车企业进入世界企业500强，它们是上汽集团（世界排名第41位）、东风集团（第68位）、一汽集团（第125位）、北汽集团（第137位）、广汽集团（第238位）、吉利集团（第343位）。

资料来源：根据各车企官方数据及乘联会和中汽协数据整理。

7. 汽车产业基本实现与国际接轨

我国汽车产业在规模上获得大发展的同时，在市场需求结构、购买主体分布结构等方面也实现与国际汽车产业接轨。如表3显示，我国汽车市场商用车的占比达到16.8%左右，私人购买的比例超过88%，表明产品车型结构和用户购买结构已经实现与国际接轨。

表3 我国汽车销量按照车型和购买者类型的分布情况

单位：万辆，%

年份	总销量	其中:商用车		购买者	
		销量	占比	个人	占比
2016	2787	365	13.1	2465	88.5
2019	2572	432	16.8	2264	88.0

从产品价格情况看，我国在经济型轿车和绝大部分商用车方面，价格低于国际市场；在中档车型方面，价格与国际市场基本一致；但在高档轿车方面，价格明显高于国际市场，这与我国对高档轿车实行限制性消费政策有关，国家不鼓励高档轿车在我国的过度消费，因此高档轿车在国内没有实施大规模生产，产品主要依靠进口。总之，我国汽车产品的价格基本实现与国际接轨。

8. 自主品牌建设取得积极进展

作为国民经济重要支柱的汽车产业，随着我国科技、经济的发展，依托多年的工业基础、技术创新和人力资源积累，初步形成了一定规模和品质的自主品牌格局。总体来看，在商用车和交叉型乘用车领域，自主品牌具有良好的性价比，已经占据了市场绝对主导地位，市场份额稳定在95%以上。

在以轿车为代表的狭义乘用车领域虽取得一定进展，但总体发展上存在不足。一是在产品车型上，自主品牌主要集中在中低档车型领域，在中高档车型上建树不明显，个别自主品牌中高档轿车的市场竞争力也难以令人满意；二是自主品牌市场占有率不高，且不太稳定，例如2017年自主品牌乘用车的市场占有率还能达到45%左右，而2019年市场占有率却下降到39%，主要原因就是2019年的市场竞争形势要比2017年更为严峻。市场份额的下降，表明自主品牌乘用车的市场竞争力还不强，自主品牌建设还面临艰巨任务。但令人欣慰的是，在当今新一轮科技革命中，我国在新材料、新技术、智能化、网联化及5G通信技术等领域的发展势头非常好，有可能使我国自主品牌汽车逐步在技术和品质上缩小与发达国家的差距。

未来，我国将全面加大品牌战略政策的扶持力度。政府层面将实施国家品牌战略工程，加大中央及各地媒体对中国品牌的宣传报道和推广力度；加大中国车企对外资车企并购、重组、控股等工作扶持；加大对中国品牌的支持力度，鼓励中国汽车品牌参与国际竞争等。行业层面将为品牌发展创造更加良好的发展环境，加强与企业、政府层面的沟通，为中国汽车企业争取良好的政策环境；加强行业自律和监督，维护中国汽车品牌形象；建立国外信息平台等，大力支持中国汽车企业"走出去"。企业层面将更加注重提升品牌质量及形象，减少合资依赖，加大对自主品牌的扶持力度；制定企业的品牌战略，并坚持战略的持续执行，注重企业的长期利益；加大科技创新，聚焦产品，为国内外消费者提供有竞争力的一流汽车产品和服务；注重产品营销和服务，树立中国汽车品牌形象。

9. 汽车产业国际化取得重大进展

汽车产业国际化体现在三个方面：一是开放国内汽车生产资质和汽车市场，在国内建立合资或外资企业；二是我国汽车企业"走出去"，通过 KD 方式在海外建立汽车生产基地，并实现产品在当地销售；三是汽车有形商品的进出口贸易。前二者也属于国际投资或技术贸易领域范畴，后者属于商品贸易范畴。

在开放国内市场方面，我国在改革开放初期就开展了有益的尝试。早在1984 年，我国就在北京市批准设立了第 1 个合资企业——北京切诺基汽车有限公司，随后又相继设立上海大众、一汽大众、一汽奥迪（后与一汽大众合并）、神龙汽车、广州标致（后清算）、广汽本田、天津夏利（后为一汽夏利）、广汽丰田、上汽通用、长安福特、一汽丰田、北京现代、北京奔驰、华晨宝马、东风本田、长安 - PSA 等一批合资企业。随着我国对外开放政策走向深入，汽车企业的合资股比限制逐渐放宽，至 21 世纪初外资已经可以占据50% 的股份份额。特别是 2018 年我国领导人在博鳌亚洲论坛上宣布，我国在汽车领域进一步放宽合资股比限制，具体包括自 2018 年在专用车、新能源汽车领域，2020 年在商用车领域，2022 年在乘用车领域均完全取消外资股比限制，同时取消外资在中国设立合资企业不超过两家的限制。这意味着政策全面放开，我国汽车产业对外开放将迎来一个真正自由、充分竞争的市场。回顾我国汽车产业的开放历程，我国通过合资等形式，尽管在促进自主品牌乘用车的发展方面成效相对有限，但也成功实现了汽车产品的进口替代，经受住了入世考验，对我国汽车的普及消费和促进经济社会发展，均做出突出贡献；而且在促进我国汽车零部件产业的发展和全面提升我国汽车企业的经营管理素质等方面，都取得巨大成效。

在"走出去"方面，我国汽车企业充分发挥了商用汽车性价比高的优势，纷纷在海外建立组装工厂，积极构建营销服务网络。中国汽车企业如东风、一汽、奇瑞、长城、吉利、五菱等自主品牌企业，在海外建厂和建立研发基地的逐渐增多，已经在海外建立了数十家生产基地，覆盖了广阔的发展中国家市场。另外，一些汽车企业积极开展海外并购，如吉利收购瑞典沃尔沃、澳大利亚自动变速器和奔驰旗下 Smart 品牌，为公司未来发展提供更先进技术和更广阔的国际舞台。

在有形商品国际贸易方面，2008 年以前，我国的汽车出口多年持续保持年均高增长态势，受当年金融危机影响，2009 年汽车出口大幅下降，自 2010 年开始实现恢复性增长，至 2018 年达到汽车出口历史最高水平（121.6 万辆），随后我国汽车整车出口大体保持稳步增长趋势。

总之，我国汽车市场持续保持对外越来越开放的发展态势，展现了中国汽车人的情怀，汽车企业也在不断地走向国际市场，且在商用车领域和在发展中国家（地区）市场上，取得了骄人的经营成绩。

（二）汽车与零部件制造业的发展现状与趋势

1. 专用汽车产业现状与发展趋势

（1）专用汽车产业现状

专用汽车系具有特定车身结构或专门机构、具备专门用途的汽车。根据专用汽车市场需求的规模，专用汽车各品类从大到小的排序依次是厢式专用车、普通/专用自卸车、仓栅式汽车、罐式汽车、特种汽车和举升作业汽车等六类。

我国是专用汽车最大的生产国和需求国，专用汽车是我国汽车产业和汽车市场的重要组成部分。其产业规模（市场销量）在 2010 年达到阶段性顶峰，当年实现销售 218 万辆。受 2008 年金融危机影响，我国在 2009 年开始主要面向基础设施建设领域投资了 4 万亿元，受这个投资拉动影响，我国的专用汽车市场需求在 2010 年呈现爆发式需求。随后，在固定资产投资和出口下滑的影响下，2012 年产量仅有 133 万辆，市场下滑 39%。在"十二五"后期，市场需求恢复增长。进入"十三五"后，专用汽车市场需求大体保持稳步增长态势，至 2019 年当年实现专用汽车销售 247 万辆。这种情况表明，专用汽车市场需求总量已经趋于饱和状态，而且其需求具有剧烈波动的特点，需求规模受国家基础设施建设领域的投资力度影响较大，与国民经济总体发展形势高度相关。

在专用汽车领域形成了山东梁山、湖北随州等产业聚集地（产业集群）。山东是我国专用汽车生产第一大省，省内在产企业达到 348 家。企业数量居前 5 省份（山东 348 家、湖北 128 家、河北 118 家、江苏 118 家、河南 85 家）拥有的在产企业数占全国企业总数的 58.12%，但近年来中西部地区开始出现专用汽车企业新增明显加快的趋势。

截至 2019 年底，我国公告内具有专用汽车生产资质的企业有 1600 余家，生产的车型覆盖六大类别的近万个品种。在产企业 1362 家，全年新增专用车企业 219 家，同比增长 23.03%。现阶段，我国专用汽车总产量占载货汽车总产量的比例接近 60%，大约比发达国家低 10 个百分点，说明我国专用汽车产业还有较大的发展空间。但在重型商用车领域中，专用汽车占载货车比重超过 70%，已接近发达国家水平，说明我国重型专用汽车细分领域的发展较为充分。

（2）专用汽车行业发展趋势

从市场需求端看，专用汽车产业的主要发展趋势包括：①固定资产投资重点向公共基础设施领域转变，将对工程建设类车辆在客户对象、车辆适应性、空间格局上带来变化；②在电子商务的快速发展下，适合物流企业需求的新材料、轻量化、车联网、新能源等运输类专用车辆需求增加；③产业链的发展，会带动专用汽车企业向产业链价值的共同分享转变，专用汽车企业需要开发产业链系统解决方案的产品；④社会化分工的精细化、专业化，会推动产品和服务的个性化需求。

从产业结构端看，专用汽车产业的主要发展趋势包括：①各大主机厂、大型企业集团、规模化生产企业所属的专用汽车板块，将在整体市场上影响规模化产品的发展方向，推动集团客户向其集聚；②以传统产品为主的中小型专用汽车生产企业，将更加受到规模化企业的市场挤压，面临更加残酷的市场竞争；③众多地方专用汽车集聚区中，传统集聚区面临转型升级压力，新兴集聚区面临市场考验（产品以低附加值产品为主，很难取得整体突破）；④以追求产品特色及产品边际贡献、以细分市场经营为主的个性化企业，仍将成为专用汽车行业的亮点。

从运作手段端看，专用汽车产业的主要发展趋势包括以下几方面。①互联网新思维趋势比较明显，并借此实现一体化定制能力的提升和经营创新。制造板块将会通过大数据，利用互联网工具，把客户需求信息—底盘信息—上装配套件信息—制造信息—后市场信息等融为一体。②制造系统向智能化、自动化，甚至无人化方向发展。③互联网销售模式呈现扩大化和普及化发展趋势。利用互联网思维，整合行业后市场资源，改变传统后市场运营模式，企业管理向数据化管理转变。④在统一的互联网平台上，传统技术和公共应用技术将不再是秘密，创新性技术可通过互联网平台虚拟完成，极大降低企业的产品开发成本，企业竞争力将更多体现在产品的综合性价比上。

从产业链价值导向看，企业竞争将向产业链闭环和提供系统解决方案或提供综合服务方向转变。例如，以 BT/BOT/PPP 等模式进行的环卫车系统解决方案；高速公路的维护保养、抢险救援系统解决方案；集高级商务车、旅居车产品开发、零部件配套、市场营销、后市场服务体系（如租赁、房车营地等）等于一体的综合服务业务；针对影视传媒行业开发功能更为齐全的专用车辆或系统产品（涉及众多各类专用车辆）。

（3）专用汽车的产品发展重点

结合上述专用汽车产业和市场需求的发展趋势，未来一定时期内，我国专用汽车应发展的重点产品有：①以轻量化、车联网技术、新材料为特征的现代物流专用车辆，如适合城际运输、城内运输、甩挂运输、冷链运输、危化品运输等领域需求的厢式汽车、轻微型纯电动厢式车、半挂厢式汽车、半挂车、冷藏保温车、危化品运输车等；②以短轴距、环保化、密封式、新能源等为特征的新型工程建设车辆，如短轴距密封环保自卸车、小方量混凝土搅拌运输车、随车起重运输车等；③具备系统解决方案的整体产品/服务（部分产品具备新能源特性），如各种形式的高空作业车、抢险救援车、道路清障车、工程车、排涝车、抑尘车、园林养护车、清扫车、垃圾车、管道疏通车等；④具备作业单元的系统性、匹配性等产品特性，适合高等级公路养护、抢险、救援体系的各种专用车辆等；⑤具备人性化、合理化、环保化特征，后市场服务系统性和保障性好的休闲服务类专用车辆，涵盖商务车、旅居车、福祉车、残障车等客厢改装类系统集成的车辆等；⑥适合现代影视传媒行业需求的各种专业车辆，如影视外景、婚纱拍摄、广告拍摄的专用车辆，视频宣传的广告车辆，商业活动、大型秀场、宣传推广需要的舞台车辆等。

2. 我国汽车零部件制造业发展现状与趋势

（1）汽车零部件产品现状

1992年，国家明确提出汽车工业的重心由卡车工业向轿车工业和零部件工业转变，极大地促进了汽车零部件产业的企业转制、经营转型、产品转换及整体发展。截至2018年底，根据对13019家规模以上汽车零部件企业的统计，全年累计主营业务收入为3.37万亿元，同比增长4.2%。[1] 同时，根据《美国汽车新闻》（*Automotive News*）发布的"2019年度全球汽车零部件配套供应商百强榜"（Top100 global OEM parts suppliers），中国（含香港地区）有7家企业入围百强名单，这体现了我国汽车零部件企业的国际竞争力不断增强，部分企业具备了国际竞争能力。

近年来，传统汽车零部件企业积极探索技术研发与突破，寻求转型升级，企业的研发投入持续增加。例如，2019年潍柴年度投入研发经费达到45亿元，而华谊集团研发投入超过企业产值的8%。企业持续重视产品研发和技术创新，使我国的汽车零部件产品质量快速提升，产品的国际竞争力迅速增强。

目前，我国汽车零部件产品的基本面貌呈现三个层次。①第一层次产品具备国际竞争能力。由于多年来国家整体制造水平的提高和汽车材料品质的改善，我国在传统机械类零部件产品方面能够实现充分的自主开发，且产品在国际市场上具有较强的竞争能力，这类零部件产品主要集中在劳动密集型产品上，如车桥、车轮、制动鼓、座椅、万向节与传动轴、保险杠、滤清器、驾驶室、火花塞、发动机缸体缸盖、曲轴连杆、凸轮轴、油底壳、铅酸电池、摩擦材料等。②第二层次产品国际竞争能力不足。这类产品主要是一些制造要求高、工艺复杂或对材质有特定要求的总成或部件系统，如高性能发动机、排气管与消声器、自动变速器、电机、气门弹簧、密封件、专用轴承、减振器、发电机、车灯、汽车音响、汽车空调、后视镜等。③第三层次产品缺乏国际竞争能力。主要涉及一些技术含量高、生产工艺要求高或材料特性特殊的产品，如汽车传感、机器识别、信号采集等感知类电子元器件，电子控制、智能控制等计算类（汽车电脑）软硬件，微电机等执行系统的核心部件等，以及高端润

---

[1]　中国汽车工业协会、中国汽车工程研究院股份有限公司：《中国汽车零部件产业发展报告（2018－2019）》，2019年12月1日。

滑油（脂）、液压密封、高档内饰等特定材质产品。

值得一提的是，我国由于在新能源汽车领域具有先发优势，不仅产业规模和产品销量居世界第一，而且在一些核心零部件上形成一定优势。例如以宁德时代、比亚迪为代表的动力电池企业，2019年我国动力电池装车量累计达到62.2GWh，同比累计增长9.2%。这些企业在新能源核心部件上取得较大进步，动力电池技术关键指标达到或超过国际先进水平。2019年，我国三元电池单体能量密度已达315Wh/kg，系统能量密度达220Wh/kg，正负极材料和电解液（质）均实现自产，动力电池整体进入国际领先水平行列。在动力链上，形成从驱动电机、电机控制器、变速器、电驱动总成，到主要关键零部件材料和制造的全产业链。在电动汽车的分布式、高容错和强实时控制系统，高效、智能和低噪声的电动化控制系统（电动空调、电动转向、制动能量回馈控制系统）、车载信息、智能充电及其远程监控系统等方面，形成较为完整的产品体系，并实现批量生产。

（2）汽车零部件产业组织现状

从汽车零部件产业与整车产业的组织关系看，主要有围绕整车企业的多层次协作模式和自主独立运作模式两种。

多层次协作模式呈现靶环状层次结构形态，中心是整车厂商，向外围依次是集成部件厂商、组合部件厂商、零件厂商等。依次构成一级供应商、二级供应商等。这种组织形式的运作机制是：①整车企业以图纸方式招标或选择一级供应商，一级供应商再发展自己的二级供应商，依次层层发展对外协作；②零部件物流由外围协作企业，汇至一级供应商，形成集成部件后再向整车企业供货，以满足整车企业生产或售后服务需要；③零部件企业不仅负责生产，也可以承担一定的零部件研发任务；④零部件企业除向整车厂商供货外，一般不能自行对外销售产品；⑤整车企业与部分这类零部件企业存在资本纽带或特定资源共享关系。

独立运作模式，这类零部件企业不属于整车企业集团，它们关系独立。零部件企业自行开展产品生产和销售，它们往往从整车企业那里获得零部件生产图纸或技术资料，或者自己通过逆向工程完成零部件的生产图纸和根据自己的技术积累确定生产工艺要求；所生产的产品往往被称为"汽车配件"，主要面向全社会销售或自主出口；国内销售时主要通过各地汽配城渠道面向独立维修企业（不属于4S店或特约维修体系）供货，服务对象以超过产品质量保修期的车辆为主。这类汽车配件相对整车企业售后体系供应的备品而言，往往具有价格优势；产品质量虽然参差不齐，但大部分产品也能够满足使用要求，有些企业还获得汽车维修行业管理办公室"同质件产品"认证。受需求规律的影响，这类汽车配件主要是交通肇事件（如车身前后保险杠、翼子板、车身覆盖件、散热器、车灯、车门、悬架、车轮、轮胎等）、易耗件（如雨刮器、"三滤"、油封、刹车片、火花塞、点火线圈、活塞、活塞环、排气管、蓄电池、线路或管路等）。这类零部件企业数量众多，经营素质差异较大，其中一些具有技术开发实力和产品质量控制能力的，也会发展成为整车企业的零部件供应商和国际供应商。

（3）汽车零部件产业的发展趋势

产业体系全球化。随着世界经济一体化进程加快，竞争性较强的汽车零部件产业表现出配套采购、产品研发、生产组织、市场运作、服务支持等全球化特征。

产业分布聚集化。随着精益生产方式在汽车产业广泛推进，零部件企业在整车生产中的参与程度提高。一级零部件供应商纷纷围绕整车厂设立生产工厂、装配车间或建立仓库，二级供应商则围绕一级供应商建立生产基地，从而形成产业聚集效应和汽车零部件产业集群。

技术进步加速化。围绕改善汽车的安全性、经济性、排放性和舒适性等，各类电子技术在汽车上的应用越来越广泛，汽车及零部件产业的技术进步呈日益加快的发展态势。

整零关系独立化。汽车零部件企业纷纷从整车企业集团中独立出来，作用和地位不断加强。一些大型零部件企业已自主或与整车企业联合，超前或与整车企业同步实施产品开发。处于多层次协作模式中的供应商，也越来越注重自身技术开发能力的建设，注重与整车企业的互动合作。

（4）国家针对汽车零部件产业链的发展政策

国家将着力夯实零部件配套体系，基本思路是依托工业强基工程，集中优势资源优先发展自动变速器、发动机、电控系统、新能源与智能网联化产品等核心关键零部件，重点突破通用化、模块化等瓶颈问题，具体举措包括以下几方面。

发展先进车用材料及制造装备。依托国家科技计划（专项、基金等），引导汽车产业加强与原材料等相关产业合作，协同开展研究。鼓励行业企业开展轻量化研究以及先进制造装备的集成创新和工程应用。推进安全可控的智能制造支撑技术在汽车制造装备的深化应用。

推进全产业链协同高效发展。构建新型整车—零部件合作关系，建立安全可控的关键零部件配套体系。推动完善国家科技计划（专项、基金等）项目遴选取向，建立关键零部件产业化及整车—零部件配套项目考核指标，鼓励整车和零部件企业协同发展。开展关键零部件和"四基"薄弱环节联合攻关，促进全产业链协同发展。

加强核心技术攻关。引导创新主体协同攻关整车及零部件系统集成、动力总成、轻量化、先进汽车电子、自动驾驶系统、关键零部件模块化开发制造、核心芯片及车载操作系统等关键核心技术，增加基础、共性技术的有效供给。加强燃料电池汽车、智能网联汽车技术的研发，支持汽车共享、智能交通等关联技术的融合和应用。

3. 汽车生产方式的现状与发展趋势

（1）汽车的精益生产

汽车生产方式影响到汽车企业的产品成本、产品质量和生产效率，其先进与否，直接关系到一个国家的汽车产业是否具有综合竞争能力。1913 年福特推行流水线生产方式，极大地提高了汽车的生产效率，大幅降低了生产成本，直接导致汽车产品不再是奢侈品，并进入普通百姓的消费领域。福特推行的流水生产方式也极大地促进了生产管理的科学化，拉开了人们对生产方式探索的序幕，此后人们就没有停止对汽车生产方式变革的追求。

1960 年代，日本丰田汽车公司发明看板管理生产方式，开启了人类历史上的第二次汽车生产方式的变革，并逐渐形成一种新的汽车生产方式——精益生产方式。自 20 世纪 90 年代，我国汽车行业开始全面导入精益生产方式，经过近 30 年的发展，我国汽车制造水平得到了极大的提高，精益生产方式已经成为现阶段汽车及其零部件制造企业最主要的生产方式。汽车企业尤其是资金压力大、经营效率低的企业，推进精益生产可以有效获得更好的管理优势，节约成本、提高产品质量和提升工作效率，支撑企业长远发展。

我国汽车产业在实施精益管理取得巨大成就的同时，还需要做出进一步的努力，以取得更大成效。

部分企业需要进一步转变观念，全面导入精益生产方式。"精益化"简单而言就是精细化管理，减少各个领域的消耗，提高整体运作效能。引入精益生产方式，是企业在基本不增加成本的情况下，最有效地提升生产效率的方法。因此，企业要引导员工改变观念，提高认识，深刻理解精益生产理念的内涵，梳理、规范、改进现有的生产和工艺流程，建立精益生产管理体系。

在实施精益生产的过程中，要注重结合企业实际推进创新。汽车产业企业在实施精益生产方式过程中，需依据自身的生产特点进行论证分析，既要学习借鉴他人的成功经验，接受第三方管理机构的指导/辅导，也要结合自己的实际，尝试创新和总结出属于自身的、富有企业特色的精益生产体系、规范和标准，这样才可以发挥精益管理的最大效能。

注重生产技术创新，适时向智能制造方向转型。汽车及零部件制造企业在推进精益生产方式的同时，应着力推动生产方式和制造技术的创新，实施向智能化生产模式转型。在汽车"新四化"（电动化、智能化、网联化、共享化）时代，汽车生产方式也在现有精益制造基础上向智能制造和互联网协同制造等新型生产方式方向发展。

（2）汽车的智能制造

制造业是国家重要的工业基础，是综合国力的重要基石。汽车制造业是我国的战略性支柱产业，市场需求和竞争形势的快速变化，要求汽车的生产制造系统表现出更强的灵活性、敏捷性和智能性。随着生产装备的智能化和机器人应用的广泛化等，汽车的智能制造成为一种必然的发展趋势。

促进工业化和信息化的深度融合，大力发展智能制造是我国贯彻高端制造战略的重要手段，是增强我国制造业发展优势的关键举措，是加速推动汽车产业由规模速度型向质量效益型转变的重要途径，也极可能是我国汽车产业赶超美欧日汽车工业先进水平的有效选择。

智能制造包括四个方面：①智能制造技术是制造技术与数字技术、智能技术及网络技术交叉融合产生的新技术；②制造过程的智能化，即涵盖产品全生命周期的设计、生产、管理及服务的智能化；③产品的智能化，包括智能装备及智能家电等；④产品定制化和个性化生产，具体体现为数字化车间和无人化工厂。

智能制造体系对生产过程提出了较高要求，如图3所示。

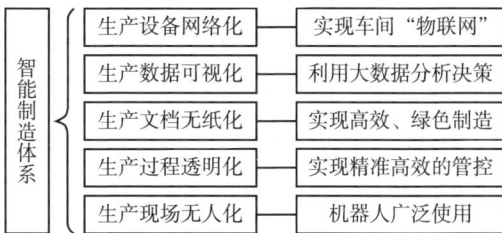

图 3　汽车智能制造生产体系

在现阶段，推进汽车智能制造应主要强调以下两个方面的工作。①定制化（或称个性化）生产。未来的汽车生产必须能够根据客户的需求进行产品的个性化配置，这就要求企业生产线上的产品必须适时进行零部件配置，开展柔性生产，而这个过程的处理和实现则完全依靠生产制造系统自动生成并处理生产任务。②无人化工厂。在智能制造时代，生产的全部过程（配料、输送、装配、调试等）均由机器人（或机械手）完成。整个系统不是由技师实时控制，而是根据客户（N 个客户）需求自动生成整个生产流程并被生产线所执行。

智能制造作为下一代汽车制造业发展的重要方向，在结合人工智能、物联网、大数据等技术的基础上，将彻底改变企业产品配置、生产计划和实时决策的方式，并最终提升企业盈利能力。

（3）汽车的互联网协同制造

互联网协同制造充分利用以 Internet 技术为特征的网络技术、信息技术，将串行工作变为并行工程，实现供应链内及供应链间的企业产品设计、制造、管理和商务等纵横合作，并最终通过改变业务经营模式与方式达到资源最大化利用的目的。

《关于积极推进"互联网＋"行动的指导意见》指出，"互联网＋"协同制造是重点行动之一，旨在推动互联网与制造业融合，提升制造业数字化、网络化、智能化水平，加强产业链协作，发展基于互联网的协同制造新模式。在重点领域推进智能制造、大规模个性化定制、网络化协同制造和服务型制造，打造一批网络化协同制造公共服务平台，加快形成制造业网络化产业生态体系。

通过应用"互联网＋"协同制造实施智能化改造是我国制造业转型升级的主要方式，包括设计、采购、生产、成本、库存、分销、运输、财务、人力资源配置等各环节业务模式和流程的创新。因此，未来的汽车"互联网＋"协同制造将从顾客需求开始，到接受产品订单、寻求合作生产、采购原材料或零部件、产品设计、生产组装，整个环节都通过互联网连接起来并进行实时通信和调控，从而确保最终产品满足大规模客户的个性化定制需求。

在汽车产业乃至全部制造业的变革转型期，"互联网＋"协同制造能够促进制造业的生产智能化，持续为制造领域实现数字化转型、推动数字经济发展贡献力量。

（三）我国汽车服务产业的现状与发展趋势

1.汽车服务产业的界定

现实生活中，人们对汽车服务的理解见仁见智。概括起来，汽车服务的概念有狭义和广义之分。狭义的汽车服务，泛指新车出厂进入销售流通领域，直至其使用后回收报废各个环节所涉及的所有技术的和非技术的各类服务和支持，如汽车的检测维修、新车销售、分销物流、质量保修、美容装饰、配件经营、金融保险、汽车租赁、二手车交易、回收解体等。

广义的汽车服务，除包括狭义内容外，还包括汽车生产领域的有关服务，如市场调研、原料供应、生产物流、工厂保洁、产品外包设计、新产品认证等，甚至还包括产业政策、技术法规、供应链信息服务、信息咨询和研究培训等行业顶层和全产业链的相关服务工作，如图4所示。

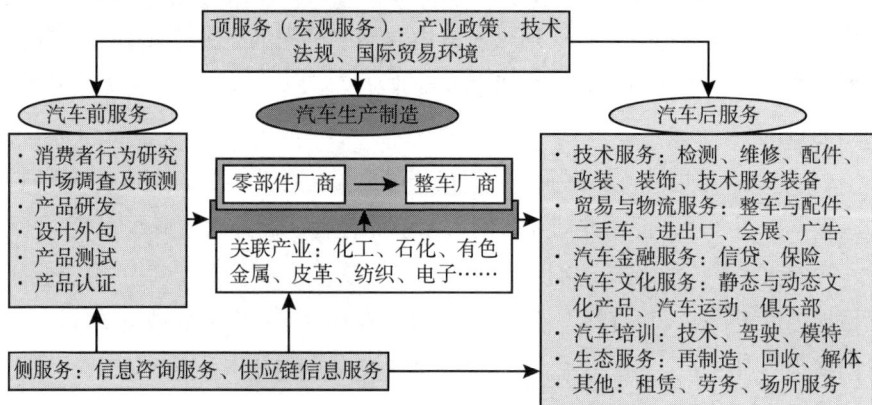

图4　广义汽车服务包含的工作内容

汽车服务,无论是技术类服务,还是非技术类服务,其工程特色都比较明显。技术类服务的大部分工作内容本身就属于机械、能源、电子、信息等工程范畴,而非技术类服务的工作内容也基本都属于管理工程的范畴。汽车服务的各项工作内容,始终围绕满足汽车用户、生产厂商和社会公众的需要而展开,它们组成一个有机协作的工程服务系统,并形成汽车服务产业。所以汽车服务产业指由各类与汽车相关的服务特别是汽车从出厂直到报废回收全过程所涉及的技术服务和非技术服务组成的经济部门。

需要指出的是,现实生活中很多人将汽车服务(产业)称为"汽车后市场"。但根据多数人的理解,"后市场"概念主要是指汽车维修服务体系,即以汽车检测、养护与维修服务,汽车配件及汽车用品营销,汽车保修设备及机具的开发和经营等业务为主要内容,也有人将"汽车后市场"的概念扩展为汽车出厂后的所有技术服务领域,甚至还有人延伸至非技术服务领域。因而"汽车后市场"这个说法在概念上比较混乱,内涵和外延很不统一,用"汽车后市场"代替"汽车服务产业"自然不是十分准确。

由于汽车服务包含的业务类别较多,各细分领域受社会关注的程度不一,相关统计数据和研究成果的丰富性差异很大,很难对所有的服务业务进行翔实研究。在此,只对那些业务体量较大的服务门类进行分析讨论。

2. 汽车维修产业的发展现状与趋势

汽车维修市场包括汽车维护(保养)、修理、美容及配件营销等业务,是汽车后市场的主要业务领域。改革开放以来,汽车维修市场大致经历了定点维修(用户根据地理位置选择片区内相对固定的维修企业)、特约维修(用户就近到4S店或汽车厂商的特约维修点)、多方式并存(特约维修与社会独立维修并存)和品牌连锁服务等四个阶段。现阶段,基于互联网平台的连锁服务(包括4S多功能连锁与专营连锁服务等)模式正处于快速发展过程中。

据不完全统计,截至2019年末,中国汽车保有量超过2.6亿辆,其中私家车保有量为2.07亿辆,占约80%;全国现有2.96万家4S店,近50万家社会维修店(含连锁服务门店),[①] 从业人员超过400万人。汽车保有量的增加,直接导致汽车维修市场规模的扩大,2019年全国汽车维修市场规模(营业额)

---

① 《2019年中国汽车市场年鉴》。

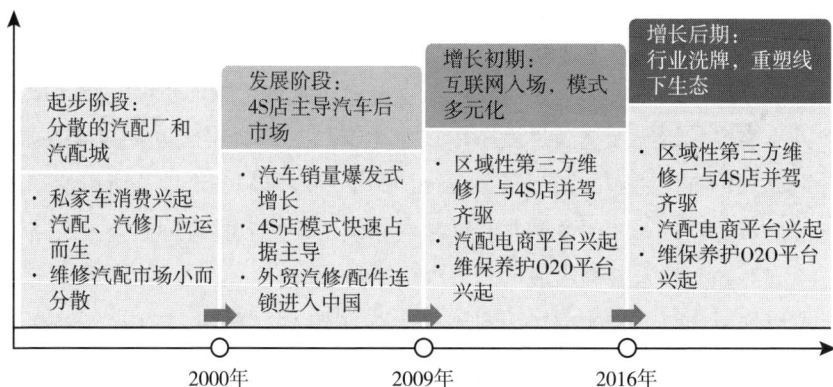

图 5　汽车维修市场发展历程

资料来源：《2019 年中国汽车维修市场白皮书》。

超过 2 万亿元，汽车维修领域一直是汽车产业链中服务环节较为稳定的利润来源。

由于我国目前尚处于汽车普及进程的后期阶段，全社会汽车平均保有车龄不长。未来随着平均车龄的增长和保有量的增长，我国汽车维修市场将处于扩张状态。截至 2019 年底，我国车辆平均保有车龄约 4.9 年，已开始进入车龄超过 5 年故障和维修增加的国际惯例阶段。

（1）汽车维修的业务模式发生改变

随着汽车新材料的出现、制造工艺的进步以及汽车智能化的发展，汽车品质较之前有了很大的提升。这导致现在的汽车维修模式相较于传统方式发生了很大变化，具体表现为以下几点。①维修变为保养。数据统计，现在车辆在正常行驶 10 万公里以内，只要按照要求完成常规保养和更换易损零件，90%甚至更高比例的车辆基本不会出现故障，所以汽车维修中的养护业务变得更为重要。②修理变为换件。由于用户经济承受能力的提高和汽车配件价格的不断下降，且部件的集成化程度越来越高，传统的元器件修理价值变得越来越小，所以汽车修理作业就被部件或总成更换予以替代。③经验诊断变为仪器测量。传统维修多靠维修技师进行经验诊断，现在随着车用电脑和检测仪器的发展，汽车故障基本都可以由车辆内部的感知器件检测出来，通过故障解码仪就可以直接读出，这大大降低了维修技师对汽车故障的诊断难度。

上述维修作业形式的变化，直接导致汽车维修产业的经营业态发生较大的转变。加之近年来国家对于汽车专营特权的逐步放开，使汽车维修由4S店（含汽车厂家的特约服务站）、社会独立维修服务机构两分天下的业态形势，转变为"4S店（含汽车厂家的特约服务站）＋社会独立维修服务机构＋服务品牌连锁机构"三足鼎立的行业格局。

（2）O2O线上线下和连锁经营模式快速兴起

互联网和通信技术的发展，使汽车后市场的很多服务项目得以在线上进行，如远程车辆故障诊断、网上采购配件、线上服务预约、网络信息传递、线上就近救援等业务活动已经成为新常态。

以汽车养护为例，电商渠道对汽车养护市场的渗透力度在逐渐加大，线上汽车养护景气度不断上升。2018年线上汽车养护在4S店体系以外的市场渗透率已经达到16%。① 根据途虎养车和腾讯联合发布的《2019中国汽车用户线上养护报告》，受中国电商行业发展和居民消费习惯的影响，中国85%以上的汽车用户都有网上采购汽车配件的经历；在线上汽车养护用户中，一线城市用户占比达到13.1%，二线城市用户占比达到46.8%，三线城市用户占比达到16.0%。

与此同时，汽车连锁服务模式也较好满足了广大车主对就近、便捷的需求。这种服务模式采取加盟方式，根据能够完成的作业项目，服务网点可以分为社区店（服务的区域半径范围1.5公里，辖区内汽车保有量500辆左右，以保养业务为主）、中心店（可以完成钣喷作业）、区域总店（具有维修和配件库存功能）等三级架构。这个网络可以完成大多数车辆的维修服务，目前发展势头迅猛，包括整车企业在内的众多企业形成连锁服务品牌如米其林驰加、上汽车享家、PSA线下欧洲维修加盟、神龙汽车阳光工匠、上汽通用车工坊、奇瑞车贝健等，旗下网点规模都在千家以上。这些连锁服务品牌，往往通过O2O模式——网上集客、线下体验相结合方式，不断扩大客户资源；同时采取集中批量采购方式，获取较为低廉的配件价格，且管理相对规范。因此这种经营形式表现出旺盛的生命力，有人预计其将成为后市场维保经营的主要模式。

---

① 前瞻产业研究院整理，https://m.sohu.com/a/368259385_473133。

3. 汽车金融及保险产业的发展现状与趋势

（1）汽车金融的发展现状与趋势

近年来，随着国家宏观经济增长趋缓和汽车市场波动，汽车销售已经彻底告别卖方市场，深度进入买方市场，汽车厂商及其经销商在新车销售环节的利润大幅下滑。在这种背景下，汽车厂商、金融机构（含银行和保险机构）携手开发汽车金融市场，以便开拓新的利润增长点；同时，国家为了维持社会商品零售总额和宏观经济基本面的相对稳定，不断出台汽车金融政策法规，以便鼓励汽车消费。

汽车金融指银行、保险公司或汽车金融公司（品牌整车企业与金融机构共同组建）等金融机构，向汽车购买者（个人或机构）提供购车贷款或向汽车经销商提供融资服务等金融业务活动。相对终端购买者而言，汽车金融主要包括新车购置贷（零首付贷、部分贷、置换贷）、二手车购置贷、保险贷等业务。

在国家相关消费拉动政策支持下，加之我国公民信用体系逐步完善，汽车金融近些年来获得快速发展，已经成为我国汽车企业和金融机构重要的利润增长点。但相对发达国家而言，我国的汽车金融市场仍有较大的拓展空间。据前瞻产业研究院发布的统计和预测数据[①]，2020 年我国的汽车金融市场规模已经达到 2.02 万亿元，2024 年将进一步上升到 2.98 万亿元，如图 6 所示。

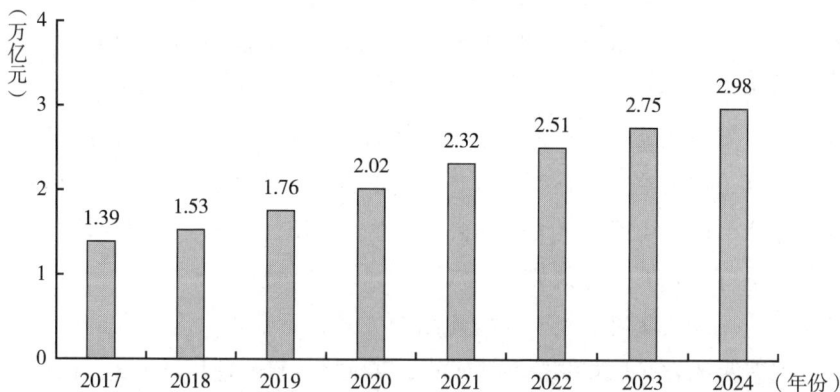

图 6　我国汽车金融市场规模统计与预测

---

① 前瞻产业研究院：《中国汽车金融行业市场前瞻与投资战略规划分析报告》，2020 年。

（2）汽车保险的发展现状与趋势

随着汽车保有量的增长，汽车保险市场的规模一直处于扩张阶段。2000年全国汽车保费收入400余亿元，至2019年增长到8188亿元，19年间平均年复合增长率达到17%以上。预计未来我国的汽车保有量增长将逐渐趋缓，汽车保险市场也将逐步进入成熟稳定期，车险保费收入增速也将逐渐趋缓。但车险收入仍然是各个财产保险公司的主要收入来源，汽车保费占财险总收入的比重一直高达70%以上。

从赔付端看，我国机动车辆保险赔付率（保险赔付金额占同期保费收入的百分比）经历了一个从上升到下降的转换过程。2014年前，赔付率是一个逐年增长的过程，而此后进入下降过程，如图7所示。长期来看，车险赔付有出险频次下降、案均赔款上升的趋势。

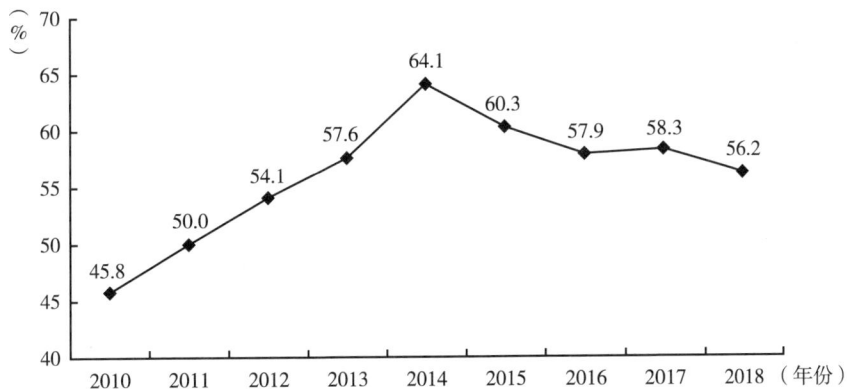

图7　车险赔付率的变化情况

随着互联网应用对各个行业的渗透，"互联网＋汽车保险"模式正在成为汽车保险行业越来越重要的销售形式。如近年来出现的惠折网、最惠保、保网、车险无忧等创业公司，阿里、腾讯、平安合资的众安保险推出的线上保险服务，还有安心保险、泰康在线也纷纷涉足车险业务。通过网络平台开展保险投保和理赔正在成为主要方式。

4. 二手车产业的发展现状与趋势

市场规模和交易额稳步增长。中国汽车流通协会发布的二手车数据显示，2019年二手车全年交易量近1500万辆，与新车交易的比例为1∶1.7。这个交易量相较于2018年，增长了7.96%，但增速下降了3.5个百分点，增速有所

放缓，如图 8 所示。但从交易金额看，2019 年全国二手车累计交易金额
9356.86 亿元，同比增长 8.76%，比 2018 年上升了 2.45 个百分点，如图 9
所示。

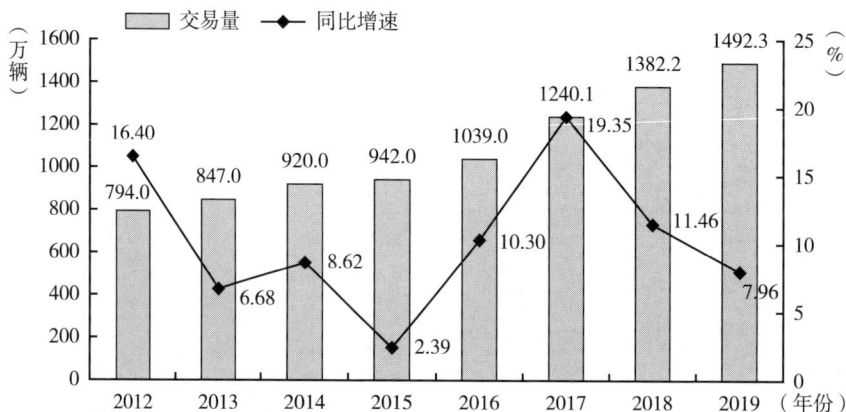

图 8　近年来我国二手车交易量及增长率

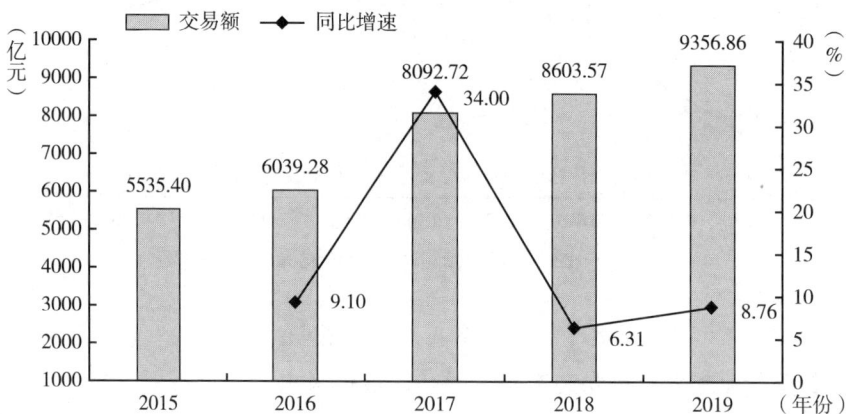

图 9　近年来我国二手车交易金额及增长率

欧美日等发达汽车市场上二手车年交易量是新车交易量的数倍（例如美
国为 4 倍、德国为 2.5 倍，日本为 1.5 倍），[①] 我国的二手车年交易量尚不足新

————————

① 中国汽车流通协会。

车交易量的 60% ，预示着我国的二手车市场还有极大的开发潜力。未来，随着汽车总保有量的增长以及社会保有车辆平均车龄的增长，车主换车频率将会相应增大；同时，由于城镇化进程加快，大量流动人口和新市民将对二手车产生较大需求，这有利于促进二手车的消费和市场规模增长。从发达国家二手车市场发展经验来看，未来我国汽车保有量在趋于稳定后（4 亿 ~ 5 亿辆），二手车市场的交易规模将达到每年 5000 万 ~ 8000 万辆，为现阶段市场规模的4 ~ 6 倍。

近年来，国家对二手车市场给予了扶植发展政策，先后出台了取消跨区域（省、自治区和直辖市）二手车交易车辆转籍的各种限制，给予税费优惠，鼓励二手车出口和规范交易行为等政策。这些举措无疑将会促进二手车市场的健康和持续发展。在经营模式上，将形成旧车专营、旧车拍卖、品牌专卖、电商售卖和直销、代销、租赁、拍卖、置换等多元交易模式，衍生集二手车金融、二手车保险、二手车维修保养（车辆整修）和二手车交易于一体的集成服务业务等。

随着 5G 通信、移动互联、大数据、人工智能等技术的推广与普及，二手车交易的信息化、数字化、智能化进程将大大加快。可以预见，未来国内二手车市场上独立二手车商的地位和作用将不断增强，涵盖 B2B、B2C、C2B、C2C 等商业模式的二手车电商形式将越来越普遍，市场交易受区域、距离、时间的限制将大大减弱。

5. 共享出行与汽车租赁行业发展现状与趋势

（1）汽车共享出行现状与趋势

近年来，共享经济理念被越来越多的百姓接受和认可，导致共享出行行业快速发展。2018 年，共享出行的交易额达到 2478 亿元，较上年增长 23.3%；截至 2019 年 6 月，网约出租车用户规模达到 3.37 亿，较 2018 年底增加了 670万，如图 10 所示。共享出行带来了新的就业机会和职业，如网约车司机、网络平台营运服务师等。

与此同时，私家车合乘（俗称"顺风车"）也是共享出行的另一种生态。由于其营运成本低，乘行价格便宜，受到百姓喜爱，因此合乘业务增长很快。2014 年，嘀嗒拼车进入合乘市场，此后滴滴出行、高德、哈啰出行和曹操出行等企业相继进入这一市场。至 2019 年第四季度，嘀嗒出行公布的用户数达

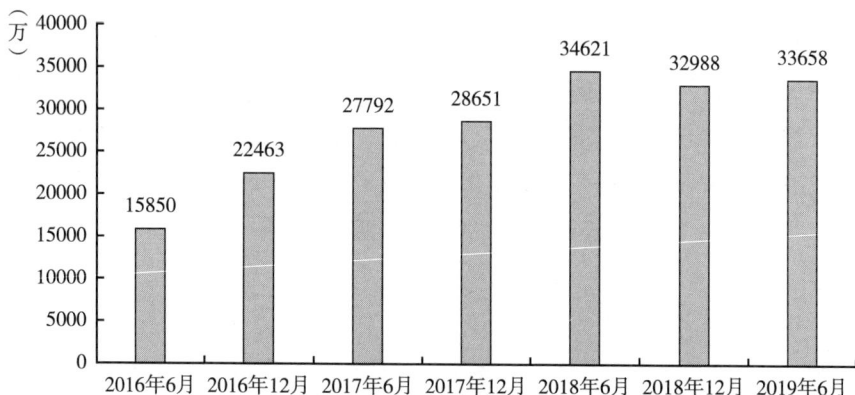

图10　网约出租车用户规模

1.3 亿，累计合乘出行达 230 亿公里；哈啰出行宣布合乘车主注册量突破 500 万，乘客量累计超过 1800 万，等等。

随着移动互联应用的广泛普及，人们通过手机叫车的网约服务形式已经成为共享出行最主要的服务方式。随着智能网联汽车的发展，未来必将迎来无人驾驶汽车时代，对共享出行行业的发展带来新的大发展机遇。2020 年长沙和北京等地，便相继宣布开展自动驾驶汽车试点服务，用户可通过相关 App 叫车，免费试乘自动驾驶出租车。

（2）汽车租赁行业发展现状与趋势

受消费能力的提升、生活方式的改变、自驾出行习惯的养成等因素的叠加影响，加之私家车面临维修、养护、年检和停车等麻烦，越来越多的消费者为了解决自己的用车需求，愿意选择租车方式，汽车租赁已经成为消费者新的出行选择。

数据显示，目前国内有 6300 余家汽车租赁经营主体，租赁车辆总数约达 20 万辆，并以每年 20% 左右的速度增长，2018 年汽车租赁市场规模超过了 800 亿元（见图 11），并涌现"一嗨租车"和"神州租车"等全国服务品牌。但总体来看，这个行业整体起步较晚，市场规模依然较小，尚处于发展的初级阶段。

随着国家公民诚信体系的建立与完善，车辆定位和远程监控技术的发展与普及，租车不再需要用户提供众多证明和大额押金，租车手续变得越来越简

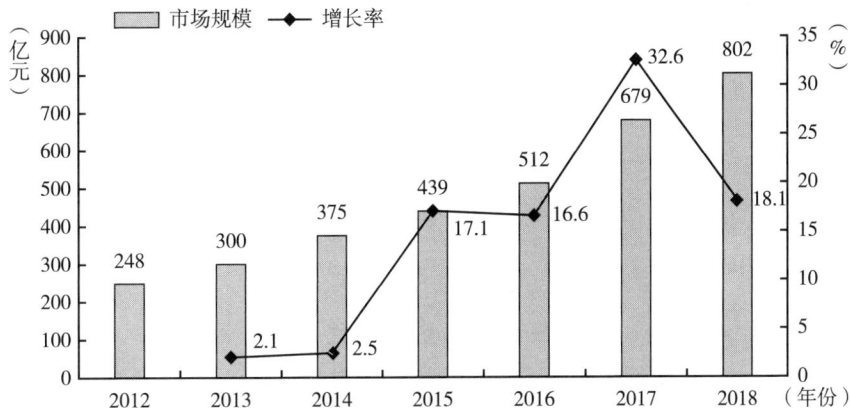

图 11　近年来我国汽车租赁行业市场规模及增长情况

单，这将非常有利于汽车租赁市场的发展。租车的手续简化，分时租赁或计时租赁（不再以 24 小时为计费周期），租赁车辆车型多样化，以及异地还车等便捷服务形式将越来越受欢迎，成为汽车租赁的主流。

随着移动互联、5G、定位和人工智能技术的快速发展，可以预见，未来的汽车租赁也一定会更加依托互联网进行，甚至实现无人化服务。在任何地方，一部手机就可以解决叫车、用车、还车、支付的全部过程。出行、用车、停车的烦恼将随之消失。由于共享化、无人化、互联网化，车辆空驶率降低，汽车的使用率更高，更加环保。未来区域之间的互联互通，甚至国际互联互通都将成为可能。

6. 汽车改装行业的发展现状和趋势

随着国家经济的快速发展，人们生活水平和汽车普及程度的提高，追求独立和差异化消费、富有个性的汽车爱好者（尤其是具有超前消费观念的"80后""90后"）越来越多，由此孕育出汽车改装市场，即在汽车出厂配置的基础上，对汽车进行各种个性化的改装而形成的消费市场。

受到我国汽车普及性消费的时间较短，以及公安交管部门对汽车改装的严格限制等因素的影响，多年来我国的汽车改装行业一直呈缓慢增长态势。据相关机构不完全统计①，2018 年我国汽车改装市场产值 1631 亿元（见图 12）。

---

① 《2019～2025 年中国汽车消费改装市场需求预测及投资未来发展趋势报告》。

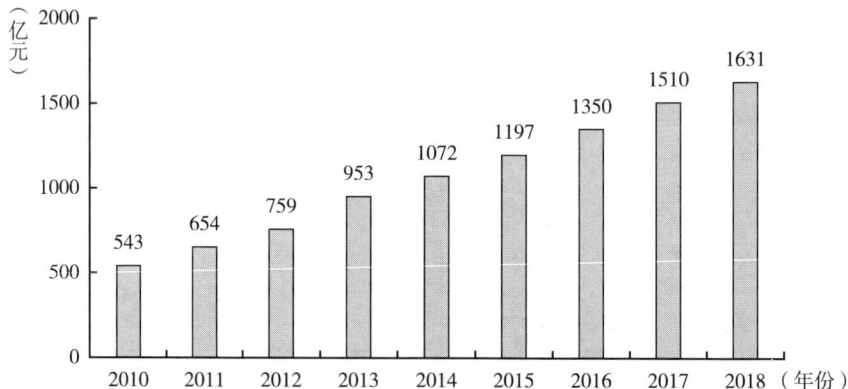

图12　近年来我国汽车改装行业生产规模变化情况

但值得关注的是，近几年国际汽车赛事对我国的影响增大，以及汽车车展和汽车文化交流活动的增多，唤醒了汽车消费者的个性化消费意识；政府部门为了拉动内需，对国内汽车改装的管理政策也趋于放宽，使我国汽车改装市场有了加速增长的趋势。2018年10月，国务院办公厅正式发布《完善促进消费体制机制实施方案（2018～2020年）》，明确指出"积极发展汽车赛事、旅游、文化、改装等相关产业，深挖汽车后市场潜力"；2019年9月，公安部发布新版《机动车查验规程》（GA802019），对汽车改装做了规范要求，新版规程减少了很多以前的限制。这些政策法规为汽车改装的合法推进提供了保障，受到汽车爱好者尤其是年轻人的关注，促进了汽车改装行业的发展。2019年相较于前一年，汽车改装市场规模递增速度超过30%。

目前汽车改装市场呈现两个特点。一是这个市场与区域经济发展程度正相关。在国内，汽车改装相对较为发达的地区有北京、上海、广州、深圳等一线城市，或珠三角和长三角等经济发达地区。二是改装作业由外观改装（含装饰装潢），逐渐向汽车结构与性能改装转变，改装作业的技术含量逐步提升。传统汽车改装多在于外形改变和部件增加等类别上，但随着汽车消费水平和档次的提升，汽车改装也在原有基础上逐步发展为结构改装（如排气管改道、发动机舱防滚架安装、底盘升高、非标轮胎更换、越野牵引绞盘安装等）和性能改装（如发动机参数调整、进排气道改装、自动变速改手动等），改装技术要求的层次和难度更高，改装市场的"高端化、品牌化、品质化、个性化、定制化"成为未来汽车改装的主流方向。

相对欧美和日本等发达国家（地区）汽车改装率超过80%的情况，现阶段我国汽车改装的比例还仅为5%，在汽车后市场上的营业额占比还很低。这预示着我国汽车改装行业尚处于起步阶段，未来广阔的市场前景值得期待，汽车改装市场拥有巨大的发展潜力。

7. 汽车文化产业的发展现状与趋势

（1）汽车旅游文化

2018年，国务院办公厅发布《关于促进全域旅游发展的指导意见》（国办发〔2018〕15号），指出旅游行业应加快建设自驾车房车旅游营地，推广精品自驾游线路，打造旅游风景道和铁路遗产、大型交通工程等特色交通旅游产品，积极发展邮轮游艇旅游、低空旅游。开发建设生态旅游区、天然氧吧、地质公园、矿山公园、气象公园以及山地旅游、海洋海岛旅游等产品，大力开发避暑避寒旅游产品，推动建设一批避暑避寒度假目的地。

在国家大力发展汽车旅游政策的推动下，汽车旅游营地、房车租赁等基础设备设施将会不断趋于完善，我国的汽车旅游事业必将迎来大发展。

（2）汽车运动文化

虽然我国已然成为汽车产销大国，国际上汽车运动开展的历史也比较悠久，但我国汽车运动和相关文化产业的发展仍然较为缓慢，具体表现在举办国际汽车运动的赛事少、影响小，民众关注和参与汽车运动的程度低，从事汽车运动的专业队伍人数少、专业水平也不高，缺乏具有国际影响力的赛车手，赛车的制造水平不高等。

近年来，随着我国经济发展和汽车保有量的增加，中国已逐步成为全球重要的汽车运动市场之一，初步形成以国家级锦标赛为核心、地方性赛事为支撑的赛事体系。2018年，国务院办公厅发布的《关于印发完善促进消费体制机制实施方案（2018~2020年）的通知》中指出，要培育汽车摩托车运动消费新业态，积极发展汽车赛事、旅游、文化、改装等相关产业，为汽车运动产业带来了新的机遇。随着汽车运动政策的出台，以及我国汽车产业综合实力的提升，汽车企业必将越来越重视借助汽车运动赛事平台展现自己的科技实力，汽车运动文化将会得到高度重视，拉动相关的市场消费规模增长。

2010年，中国汽车工程学会联合20所院校在上海举办了首届中国大学生方程式汽车赛，从而拉开这项竞赛的序幕。此后，中国大学生方程式汽车大赛每年举行，赛事已经发展出传统油车大赛、电动车大赛、巴哈大赛和无人汽车大赛等，极大地培养了车辆工程等汽车相关专业大学生（含职业院校学生）的科技创新能力，也对汽车运动和汽车文化的普及起到了有力的推动作用，促进了汽车运动文化在广大大学生中的启蒙教育。

8. 汽车报废与回收行业的发展现状与趋势

汽车报废是汽车生命周期不可缺少的过程，特别是在环境保护越来越受到重视的今天，对报废汽车进行科学回收便成为汽车产业链末端最重要的一个工作环节。

据有关机构统计和预测①，近些年来我国汽车报废量持续处于稳步增长状态，并开始转入快速增长阶段。2019 年汽车报废量达到 1300 余万辆，已经形成一个较大的产业。根据汽车消费发达国家市场的经验，年度汽车报废量约占其汽车保有量的 7% 左右。

我国虽然建立了报废汽车回收制度，但受这个行业发展的时间短，行业高度分散，受利益驱使操作不规范，各地从事汽车报废回收的企业素质参差不齐，大多仍然为手工拆解方式等因素的影响，大批报废车辆未进入国家或地方定点回收企业，而是流入一些作坊式小企业完成拆解。这种局面对环境保护（容易造成废弃物的二次污染）和这个行业的规范发展形成一定负面效应，行业现状远远不能适应快速增长的报废汽车的科学解体与回收要求。

未来汽车报废回收行业将向两个方向发展：一是随着国家政策越来越严格和规范，现有很多分散、采用手工拆解、造成二次污染的小型企业将逐步被淘汰出局；二是资金雄厚、规模较大的企业，作业方式逐步转变为机械化、自动化、规范化和互联网化，这类企业将会得到政府支持，从而获得快速发展。

总而言之，我国汽车服务企业必须正视未来汽车消费品质由中低端向中高端转变、消费心理由从众模仿向个性体验转变、消费形态由物质型向服务型转变、消费方式由线下向线上线下融合转变、汽车价值由个人向共享转变等发展变化规律，适时做出正确的经营决策。

---

① 《2019～2025 年中国报废汽车行业市场需求预测及投资未来发展趋势报告》。

三 新能源与智能网联汽车产业的发展现状与趋势

（一）我国新能源汽车产业的发展现状

新能源汽车是指采用非传统石化燃料作为动力来源（或使用常规的车用燃料、采用新型车载动力装置），综合车辆的动力控制和驱动方面的先进技术，形成的技术原理先进，具有新技术、新结构的汽车。新能源汽车主要包括三大类型，即插电式混合动力电动汽车（PHEV）、纯电动汽车（BEV）、燃料电池电动汽车（FCEV）等。非传统石化燃料指除汽油、柴油、天然气（NG）、液化石油气（LPG）、乙醇汽油（EG）、甲醇、二甲醚之外的燃料。

插电式混合动力电动汽车（Plug – in HEV 或 PHEV）依靠外部充电，用纯电模式行驶，电池电量耗尽后再以发动机驱动行驶，并同时向电池充电，包括插电式重混及增程式电动车（电池电量充足时发动机不参与工作，电池电量不足时发动机再对电池充电）。目前，弱混、轻混、中混电动汽车均不再被视为新能源汽车。纯电动汽车（Battery powered EV 或 BEV）完全依靠大容量动力电池和外部充电方式为汽车提供动力来源。而氢燃料电池电动汽车（Hydrogen Fuel cell EV）则是利用氢气等燃料和空气中的氧在催化剂（贵金属铂或铑）的作用下在质子交换膜中经电化学反应产生电能驱动汽车，其反应机理是将燃料中的化学能不是经过燃烧，而是通过电化学反应形成电能。

1. 我国新能源汽车产业进入成长期，产销规模居世界第一

我国新能源汽车从"十五"开始起步，至 2018 年产销规模突破 125 万辆，跃居世界第一。自 2001 年我国正式启动《"863"计划电动汽车重大专项》至今，新能源汽车产业经历了战略规划期（2001 ~ 2008 年）、市场导入期（2009 ~ 2015 年）、市场成长期（2016 年至今）三个发展阶段。2010 年我国新能源汽车销量仅 8159 辆，2018 年销量突破 100 万辆达到 125.6 万辆；2019 年受政府补贴政策退坡影响，销量只实现 122 万辆，9 年内复合增速达到 74.4%。据 EV Sales 统计，我国已连续五年占据全球第一，2018 年和 2019 年我国新能源汽车销量均超过其余国家总和。在全球销量前 20 的车企里我国占据 11 个，销量前 10 的厂商中本土品牌占据 5 席。

中国新能源汽车产业已从市场导入期走入市场成长期，未来增长空间巨大。2015 年后，由于销量基数变大与补贴退坡等，我国新能源汽车产销增速有所放缓，但仍处于快速增长轨道。从渗透率来看，2019 年我国新能源汽车销量达到 122 万辆，约占当年全部汽车销量的 4.74%，成长空间巨大。根据 EV Sales 网站公布的数据，2019 年全球共售出约 220 万辆新能源乘用车，同比增长 10%，市场份额仅仅只有 2.5%，表明新能源汽车在全球未来的市场中潜力更大。

2. 实施双积分和开放政策有利于构建长效、竞争和高质量的发展机制

（1）政府补贴加速退坡，从补贴购置转向补贴运营和基础设施建设

政府补贴自 2017 年明显退坡，2019 年加速退坡，原计划 2020 年完全退出补贴，但受新冠肺炎疫情影响，国家将退坡政策延长至 2022 年。

从 2013 年至今，工信部联合其他部委先后发布 6 份新能源汽车购置补贴通知，4 次调整财政补贴标准以便引导市场健康发展。①退坡力度加大。以 150km≤R（续驶里程）<250km 纯电动乘用车为例，相比 2013 年，里程补贴标准的退坡力度为 5%（2014 年）、10%（2015 年）、10%（2016 年）、28%（2017 年）、52%~70%（2018 年）、100%（2019 年），逐年加大。②鼓励高能量密度、低电耗技术。以纯电动乘用车为例，2013~2016 年财政补贴只考核续航里程，2017~2019 年分别增加了单位载质量百公里电耗、电池系统能量密度、车辆带电量等三项指标，补贴向高能量密度、低电耗新能源汽车倾斜。③补贴转向运营端和基础设施建设。2018 年 11 月工信部等四部委印发了《关于〈提升新能源汽车充电保障能力行动计划〉的通知》，要求引导地方财政补贴从补贴购置环节转向补贴营运，支持充电基础设施建设。

（2）双积分政策有利于构建新能源汽车发展的长效机制

相比需求侧的财政补贴而言，双积分政策着力于供给端，既可以起到降低新车平均油耗、新能源汽车积分占比等硬性约束，又可以促进建立积分交易、转让的价格信号制度，在后补贴时代对新能源汽车产业健康发展具有重要意义。

2019 年 7 月，工信部发布《乘用车企业平均燃料消耗量与新能源汽车积分并行管理办法》修正案（以下简称新《积分办法》），主要体现三点变化。①传统燃油车油耗趋严，鼓励发展低油耗车型。新《积分办法》将传统燃油

车测试方法从 NEDC 调整为 WLTC 工况，中汽中心数据显示其油耗将较 NEDC 工况恶化 10%。这些举措让企业面临更大的油耗挑战，促使企业提升节能技术应用或增加新能源汽车生产比例。②NEV 积分下调，比例要求提高。根据新《积分办法》，2021 年至 2023 年新能源积分比例分别为 14%、16% 和 18%，逐年上调 2 个百分点。单车积分公式变化，同等技术条件下纯电动和燃料电池汽车积分减半。③NEV 积分允许结转，延续中小企业考核优惠。新《积分办法》允许 2019 年 NEV 正积分等额转接，2020 年正积分按 50% 比例结转，一定程度上增加了 NEV 积分结转与交易的灵活性，助推新能源汽车发展。

新《积分办法》的出台意味着新能源汽车发展重回节能减排的初衷，国家大力发展新能源战略不变，但对能耗要求提高，鼓励低油耗车型、插电混动车型等多技术路线发展。新办法将推高新能源积分价值，保障新能源汽车增速，为行业发展保驾护航。

（3）放开新能源汽车外资股比限制，有利于扩大开放和鼓励竞争

外资车企合资股比限制放开，将提高外资新能源车企在华建厂的积极性。2018 年 6 月，发改委、商务部联合发布《外商投资准入特别管理措施（负面清单）（2018 年版）》，指出从 2018 年 7 月底起取消专用车、新能源汽车的外资股比限制。该政策极大地激发了外资新能源车企在华建厂的积极性。例如 2018 年 7 月，特斯拉 CEO 马斯克亲赴中国，与上海临港签署纯电动车项目投资协议，年产 50 万辆纯电动整车的特斯拉超级工厂在上海临港落户。

国内动力电池市场也再次迎来 LG、三星等海外巨头企业。2019 年 6 月，工信部发布公告称，自 2019 年 6 月起废止《汽车动力蓄电池行业规范条件》（以下简称《规范条件》），动力电池领域竞争彻底放开，将迎来更加激烈的行业竞争。

3. 纯电动乘用车成为市场的主流，需求显现大型化、高端化趋势

（1）从车型看新能源乘用车销量超过新能源汽车的九成

从增速上看，自 2016 年起，新能源乘用车市场增速一直超过新能源商用车，且优势不断扩大。中汽协数据显示，2019 年我国新能源乘用车、商用车的销售比例为 9∶1；与传统燃油车市场一样，乘用车是市场的绝对主力。形成这种局面的原因有两个：①2016 年国家发布补贴新政，新能源巴士（属于商用车范畴）退坡力度更大，不仅最高补贴从 50 万元下滑到 30 万元，而且还增

加了"单位载质量能量消耗量"和"累计行驶里程超过 3 万公里"等硬性要求，不仅补贴金额降低，而且获取难度加大，使电动大巴企业热情大减；②商用车大多为政府采购，基本是替代需求，总量比较固定，且受政府开支影响较大。

（2）纯电动车型销量占新能源汽车的比重接近八成

据中汽协数据，2019 年我国纯电动汽车、插电混动汽车约占 80% 和 20%的市场份额。2012 年科技部发布《电动汽车科技发展"十二五"专项计划》正式确立"纯电驱动"技术战略，之后从未动摇。受益于政策倾斜，几乎历年纯电动汽车无论是销量还是增速均高于插电混动汽车，成为新能源汽车市场的主流车型。究其原因：①插电混动汽车技术难度更大，插电混动汽车结合了电动技术和燃油技术，动力耦合和整车控制难度更大；②厂商动力不足，政府对插电混动汽车商用车的补贴远少于纯电动商用车。

（3）销量主要集中于一、二线与限牌城市，并逐渐往其他城市渗透

现阶段新能源乘用车的销量，主要集中在一、二线城市和限购传统汽车的城市。2019 年国内新能源乘用车销量前六名皆是限牌城市，从高到低依次是深圳、北京、广州、上海、杭州、天津等。跨区域看，销量高度集中于东南部沿海省份。但从趋势来看，新能源汽车逐渐往二、三线城市和非限牌地区渗透。2019 年，我国非限牌地区新能源乘用车的销量已经占据半壁江山，增长率自 2017 年起连续两年超过限牌地区的销量增速。

（4）新能源乘用车开始呈现大型化、高端化消费趋势

我国新能源乘用车正在往大型化、高端化方向发展。根据乘联会数据，2019 年上半年共销售 EV 乘用车 50.7 万辆，其中 A00、A 型车分别销售 13.7万、26.7 万辆，A 型车市场占有率 52.7%，已取代 A00 成为 EV 乘用车的市场主力；同期共销售 PHEV 乘用车 13.7 万辆，A 型车市场占有率 54.0%，较2017 年下降了 27 个百分点，而 B 型车的市场占有率增加。

EV 乘用车往高端车型转变，主要受政策和市场两方面因素驱动。①补贴政策要求的续航里程门槛提升。A00 级等小型电动车显然在续驶里程上没有优势，导致市场占有率下降。②私家车"代步工具"属性下降。A00 车型主要是代步车，几乎无其他属性，之前因其成本小、价格低，叠加共享汽车市场爆发，销量大增。后由于安全系数低、质量较差，销量下滑，恰逢 2018 年蔚来

ES8 等大型车上市，C 型 EV 乘用车销量开始增长。

PHEV 乘用车往高端车型转变也是受政策和市场两因素驱动，不过驱动因素有所不同：①双积分政策倒逼部分高端车企生产 PHEV 乘用车；②明星车型推动，2018 年宝马推出的 530Le 和 2019 年奥迪上市的 A6Le，皆为 C 型车，且均获得市场青睐，这些优质车型推动了 PHEV 市场 C 型乘用车销量的增长。

由此可见，新能源汽车市场还相对不够成熟，一些明星车型的出现往往会改变市场格局。

（5）私人消费购买新能源汽车的市场占比提升

私人消费者已成我国新能源汽车领域的购买主力。2018 年我国私人领域新能源汽车销售 55.5 万辆，占比 53.9%，连续两年占比过半。公共领域新能源汽车销售 47.5 万辆，其中出租租赁、企事业单位、城市公交占大头，合计占据 39.4% 的市场份额。2019 年继续沿袭这一趋势，私人购买的比例继续扩大。

4. 新能源乘用车市场形成三大阵营，外资车企开始发力

新能源乘用车生产企业按照背景可分为三大阵营：传统自主品牌、造车新势力、外资品牌。目前造车新势力仍处于量产初期，仅蔚来、小鹏、理想、威马等少数几家企业实现量产交付，不过销量均未超过 2 万辆。受此前股比限制与补贴影响，外资新能源车企发力较晚，当前主要以合资形式进入本土市场，如大众与江淮、宝马与长城、奔驰与比亚迪等合资形式。

目前国内新能源乘用车市场仍是传统车企居主导。根据中机中心合格证数据统计，2019 年国内新能源乘用车市场销量前十名皆为传统汽车品牌，排名从高到低依次是比亚迪、上汽、北汽、吉利、长安、江淮、长城、奇瑞、广汽、华晨。从趋势上看，前三名的市场总份额保持基本稳定，但前五名、前十名的累计份额持续下降，表明新进入新能源汽车行业的企业在增加，这也是行业还未走向成熟的标志。

据中机中心合格证数据披露，2019 年新能源商用车市场前十名企业占据 76.0% 的市场份额，相比 2016 年上升 4 个百分点。新能源巴士市场集中度一直在提升，显现龙头品牌效应，尤其是龙头宇通客车，市场份额从 2017 年的 17.6% 提升到 2019 年的 28%。

5. 技术方面"三电"技术水平快速提升

新能源汽车尽管具有插电混合动力、纯电动和燃料电池三种类型（通常称为"三纵"），但都存在电池、电机和电控系统等三类技术问题（通常称为"三横"），它们组成新能源汽车的技术体系，如图 13 所示。

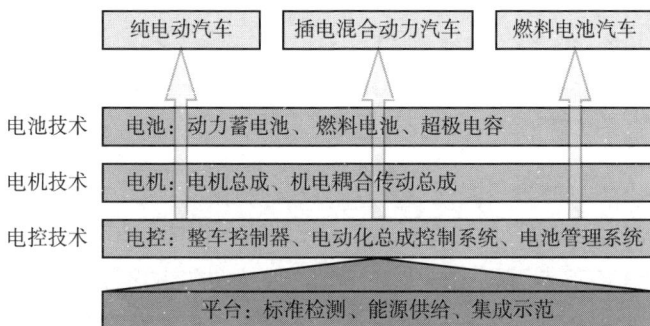

图 13　新能源汽车的技术体系

（1）整车技术呈现续航里程明显提升、百公里电耗显著下降态势

近年来我国纯电动乘用车技术水平不断提升，尤其是续航能力和电耗水平提升显著。2017 年第 1 批推广目录中的纯电动乘用车型平均续航里程仅 202km，到 2019 年第 7 批推广目录时，平均续航里程增长到 361.9km，两年半时间续航里程提升了 79%，有效缓解了里程焦虑问题。此外，我国纯电动乘用车电耗水平也有很大提升，单位载质量百公里电耗不断下降，平均值从第 1 批免征目录的 12.7 Wh/100km·kg 下降到第 25 批的 8.6Wh/100km·kg，节能效果显著。

（2）电池技术水平持续提升，整体水平处于世界第一阵营

动力电池作为新能源汽车三大核心零部件之一，不仅占据整车成本的 40% 左右，而且其性能好坏直接决定了整车的安全性和续航里程的高低，其重要性不言而喻。新能源汽车产业快速增长，直接催生了配套动力电池的技术进步，一方面动力电池正极材料从磷酸铁锂转向三元材料，另一方面由普通三元往高镍方向转变，这些努力共同促进了动力电池系统能量密度的显著提升。例如，从工信部推广目录统计数据来看，新能源纯电动乘用车配套动力电池系统能量密度平均值从 2017 年第 1 批的 100.1Wh/kg 攀升到 2019 年第 7 批的 150.7Wh/kg，提升了 50.5%。从合格证统计数据来看，2019 年动力电池装机

三元材料占比 72.0%，是 2015 年的 2.6 倍。

我国动力电池领域整体水平位居世界前列。电池产销规模居全球第一，2019 年，我国动力电池整体处于正增长态势，产量为 85.4GWh，同比增长 21%；销量为 75.6GWh，同比增长 21%。本土动力电池厂商已处于全球第一阵营的先进行列。高工产业研究院（GGII）发布的《新能源汽车产业链数据库》统计显示，2019 年全球新能源汽车销售约 221 万辆，同比增长 15%，动力电池装机量约 115.21GWh，同比增长 22%。其中，排名前 10 动力企业合计装机量约为 102.4GWh，占全球动力电池装机量的 89%。2019 年全球动力电池装机量前 10 企业中，中国电池企业占据 5 席，3 个企业进入前 5 名，宁德时代居首位，市场占有率达到 25.4%，比第 2 名的松下高出 5 个百分点以上，领先优势非常明显。GGII 数据显示，2020 年全球动力电池装机量前 10 企业依次是宁德时代、LG 能源、松下、比亚迪、三星 SDI、SKI、中航锂电、远景 AESC、国轩高科和亿纬锂能。对比 2019 年，宁德时代再次夺得冠军实现四连冠，比亚迪保持第 4，远景 AESC、国轩高科和亿纬锂能位列第 8、第 9、第 10，而中航锂电装机猛增进入全球前 10，排名第 7；LG 能源和 SKI 分别上升至第 2 和第 6，三星 SDI 保持第 5；松下则下滑至第 3。

（3）电机技术基本完成国产替代，"三合一"集成成为趋势

电机驱动系统是新能源汽车动力链的主要动力执行结构，其性能好坏直接决定了新能源汽车的加速、爬坡以及最高车速等动力性指标高低，其性能评价参数主要有峰值效率（%）、功率密度（kW/kg）、峰值功率（kW）、最高转速（rpm）等。按工作原理划分，驱动电机的形式主要有直流电机、感应电机、永磁电机、开关磁阻电机等，其中永磁电机以其高功率密度、高峰值效率等优势成为市场的主流类型。据工信部统计，我国新能源乘用车搭载永磁同步电机的占比高达 92% 以上。

多年来，我国新能源汽车电机配套供应商中，自主品牌一直占据绝对份额。据中汽协统计，我国驱动电机自主配套比例达到 95% 以上，新能源公交、纯电动卡车、纯电动物流车等领域全部采用国产驱动电机。

目前集驱动电机、电机控制器、减速器"三合一"的动力总成已经成为行业的发展共识。近年来，我国多家电机企业如上海电驱动、汇川技术、比亚迪、精进电动等，纷纷推出"三合一"动力总成产品。相比传统驱动电机而

言，"三合一"电驱动系统具有以下明显优势：①成本大幅度下降；②结构紧凑，重量轻，体积小，方便布局；③电机和控制器共用一套水冷却系统，散热好，工作效率高。

在2018年北京车展上，比亚迪发布了33111全新e平台"三合一"驱动系统。据介绍，该系统可实现扭矩密度提升17%，功率密度提升20%，重量降低25%，体积降低30%，总成本降低33%的骄人成绩。

近年来，新型驱动电机形式开始得到探索和研究，集中式、轮边式和轮毂式驱动电机开始逐步被使用，驱动电机的技术向着电机本体永磁化、电机控制数字化和电机系统集成化方向发展。

（4）电控系统核心器件IGBT实现国产突破，但对外依存度仍然较高

新能源汽车电控系统包含三部分，分别是整车控制器、电机控制器和电池控制器（BMS），其中新能源整车控制器、电池控制器相对成熟，但电机控制器相对落后，主要是因为核心零部件IGBT 90%以上的用量还需要依赖进口。

电机控制器是新能源汽车中连接电池与电机的电能转换单元。在电动汽车行驶过程中，电机控制器将动力电池直流电，逆变成驱动电机所需要的交流电，以驱动电动汽车行驶。电机控制器主要由IGBT功率半导体模块及其关联电路等硬件部分，以及电机控制算法及逻辑保护等软件部分组成。其中，IGBT占据电控系统成本40%以上，折合到整车上约占总成本的5%左右，如果加上充电系统中的IGBT，成本占比更高。纯电动新能源汽车中IGBT的成本占总成本的比重在7%~10%。

值得欣慰的是，近年来本土厂商已在新能源汽车用IGBT上实现突破，但整体上仍然严重依赖进口。2018年12月，比亚迪发布了在车规级领域具有标杆意义的IGBT 4.0技术，其综合损耗比主流产品低20%、电流输出能力高15%、温度循环寿命做到了同类主流产品的10倍以上，产品性能不亚于国际先进水平。目前国内能够量产高压大功率IGBT芯片并用于车辆生产的企业，只有中车时代和比亚迪两家，我国IGBT领域的进口依存度仍然高达90%左右，仍面临"卡脖子"风险，国产替代任重道远。

（5）氢燃料电池汽车技术

氢气作为汽车能源无论是对环境保护还是对续驶里程，都具有很大优势。从成本看，目前技术下氢燃料电池可使汽车每公里的燃料运行成本只有汽油车

的60%左右。

氢燃料电池汽车作为新能源汽车的一种，由于受到一些技术瓶颈制约，我国在很长一段时期内只将其作为研究跟踪的科技方向，而没有在产业化方面进行重点推进，直到2018年春季国务院主要领导人考察了日本丰田汽车公司后（其推出的Mirai氢燃料汽车，续航里程超过600公里，充氢时间仅3~5分钟），我国氢能源汽车发展进程才得以加快，掀起一股建设热潮。

截至2019年，我国有佛山、张家口、郑州等14个城市开通了氢燃料电池公交线路，预计将会有越来越多的城市开通氢燃料电池公交车。事实上，氢燃料电池很适宜作为商用车的动力源，2018年以来氢燃料电池大型物流车商品化发展很快。作为中国唯一的"联合国开发计划署氢经济示范城市"，江苏省如皋市已开展可再生能源制氢、燃料电池汽车示范运营、燃料电池分布式发电、燃料电池热电联供等从制氢、储氢、加氢到终端应用的示范项目。广东佛山成立了氢燃料电池国家重点实验室和产业化基地。可以预见，未来氢燃料电池汽车及相关技术将成为新能源汽车发展的主要方向之一。

6. 基础设施端：充电桩保有量快速提升，充电难问题有所改善

受益于国家政策激励和下游需求拉动，我国充电基础设施建设快速发展。据统计，2014年我国充电桩保有量3.3万个，至2019年底我国公共充电桩保有量约为51.6万个，私人充电桩共计51.1万个，二者合计达到102.7万个。相较于2018年的77.7万个增长了32%。对应的，新能源车与充电桩的比例从2014年的6.7∶1降低到2019年底的约4∶1，充电难问题得到大幅缓解。

2015年10月，工信部联合其他部委发布《电动汽车充电基础设施发展指南（2015~2020）》，指出到2020年我国将新增集中式充换电站超过1.2万座，分散式充电桩超过480万个，以满足全国500万辆电动汽车的充电需求。有资料预计，到2025年我国将建成超过3.6万座充换电站以及超过2000万个交直流充电桩，构建覆盖全国的充电服务网络；2030年将建成超过4.8万座充电站以及超过8000万个交直流充电桩，进一步完善全国充电服务网络。

与上述要求和发展态势相比，现阶段我国公共充电桩和私人充电桩的数量还有很大差距。2019年7月，充电联盟发布针对91万余辆新能源车的采样信息，统计数据显示未能配建充电桩的占33.79%。其中居住地业主不配合、居住地没有固定停车位、居住地报装接电难度大等，是未能配建充电桩的主要原

因。此外，充电桩布局不合理、不通用、不共享、被占用、整体利用率偏低、充电时间长等问题，需要得到高度重视，这些问题阻碍了充电桩的使用和新能源汽车的普及与推广。

7. 降成本和提升竞争力是新能源车企现阶段的努力重点

（1）后补贴时代降低成本是新能源汽车发展的急迫任务

政府补贴逐渐退出后，带来的直接影响就是新能源汽车的购置成本上升，如何缓冲其对市场销量的负面冲击，是政府和新能源车企迫切需要解决的首要问题。与传统燃油车相比，新能源汽车具有购置成本高、使用成本低的特点，全生命周期内整体经济性与行驶里程、使用寿命高度相关。以当前纯电动乘用车主流 A00 和 A 型车为例，根据中国汽车工程学会推演，在补贴退出情况下，2030 年可以实现与传统同级别燃油车整车成本持平，考虑到使用成本、税收减免、路权优惠等政策，预计可在 2025 年取得经济性优势。

可以预计，2020 年后新能源汽车市场的销量与后补贴时代的政策力度和车企降成本的成效高度相关。由于整个新能源汽车市场技术水平参差不齐，部分降成本成效较快的整车企业，会进一步扩大市场优势。

新能源整车企业降成本的主要路径大概有四个维度：①商务维度，即产业链上下游企业分摊降成本的压力，尤其是电池厂和核心零部件厂更是要加大降低成本的力度；②技术维度，通过驱动系统集成化和零部件模块化等途径降低成本；③结构维度，通过整车轻量化，削减部分冗余结构设计，减少部分材料使用或寻找更廉价替代材料，或使用标准化产品等路径降低成本；④规模维度，通过整合产线、扩大产能、增加批量采购等途径，利用规模经济效应降低成本。

商务维度降成本关键在于电池和电控系统，两者的成本占比高，撬动效应明显，尤其是动力电池。以 2019 年度畅销车型 EU R500 智风版为例，其补贴后售价 13.29 万元，电池包容量 53.60kWh，按 1 元/Wh 计算，电池价格在 5.36 万元左右。假设电池价格下降 10% ~20%，其整车成本可下降 4% ~8%。

技术维度降成本关键在于系统集成化，为降成本各大车企纷纷推出"三合一"动力总成和"三合一"充配电总成。以"三合一"动力总成为例，据比亚迪公司介绍，相比传统新能源汽车企业将电机、电控、减速器分开设计，"三合一"集成化后，系统成本可下降 40% 左右，折合整车成本可降低约 10%（按照电机、电控、减速器占整车成本的 25% 左右）。

结构维度降成本关键在于轻量化和使用标准化产品，前者可减少材料重量并增加续航，后者可减少设计实现批量化生产和采购，预计成本可降低2%~5%。

规模化维度降成本关键在于整合产线、联合采购措施，不仅企业内部要整合产线，减少固定成本支出，而且企业之间可联合生产和采购，提升规模效应。

（2）后合资时代自主品牌亟须提升综合竞争力

据中汽中心评估，在中国、美国、德国、日本、韩国五个国家中，我国新能源汽车产业整体竞争力排名第三，而基础竞争力和企业竞争力排名第五、产品竞争力排名第四。尽管我国发展新能源汽车已取得部分先发优势，但如果自主品牌不及时提高核心技术与产品竞争力，在外资企业发力电动化转型后仍可能重演行业大而不强，产品低端、同质化竞争的历史。

外资进入新能源汽车领域首先冲击的是PHEV乘用车市场，也会冲击EV乘用车市场。在国内，无论是体量还是增长速度，PHEV乘用车比EV乘用车都要小得多。而与国内不同的是，海外新能源车企除特斯拉外，像宝马、大众、通用、奥迪等世界一流车企结合自身传统汽车平台的优势，皆优先发展PHEV乘用车，如530 Le、帕萨特、VELITE5、A6 e – tron等。当前国内PHEV市场上外资品牌暂时只有宝马和奥迪，后续外资全面进入后，一定会给本土厂商增加极大的市场竞争压力。

本土企业保持市场竞争力的途径主要有三种。①降低产品成本，提升性价比，重点开发大众化、普及型的新能源产品，实现不同价位的差异化竞争。以比亚迪宋Pro为例，纯电动补贴后的售价比燃油版高出了整整1倍，而日产朗逸只高出了38%。相比而言，自主品牌电动汽车的经济成本差了一大截。②智能化、网联化赋能，扩大价值差异化优势，加快对燃油车的替代。截止到2019年我国新能源汽车保有量达到400万辆，而传统燃油车保有量达到2.5亿辆，新能源汽车保有量渗透率约为1.5%，假设通过智能网联赋能，推动新能源汽车每年多渗透0.4个百分点，就可以增加100万辆的新能源汽车销量。③扩大主场作战优势，优化服务体验。利用更熟悉消费者偏好、产业链布局更完善、售后服务响应更快等优势，提升满意度，保持顾客黏性，不断扩大顾客数量。

（二）我国智能网联汽车产业的发展现状

当今世界正经历百年未有之大变局，新一轮科技革命和产业变革方兴未艾，智能网联汽车已成为全球汽车产业发展的战略方向。

1. 智能网联汽车的概念及分级

智能网联汽车指搭载先进的车载传感器、控制器、执行器等装置，并融合和运用现代通信与网络技术、人工智能等新技术，实现车与 X（包括车、路、人、云端等）智能信息交换、共享，具备复杂环境感知、智能决策、协同控制等功能，可实现"安全、高效、舒适、节能"行驶，并最终实现替代人操作（自动驾驶）的可作为智能移动空间和应用终端的新一代汽车。智能网联汽车集智能汽车（数字汽车）与车联网技术于一体，因此又被称为智能汽车、自动驾驶汽车等，其最高级形式就是无人驾驶汽车（智能化程度最高）。广义地讲，智能网联汽车也属于城市智能交通系统（ITS）的重要组成部分。

智能网联汽车根据其智能化程度，从低到高可以分为 L1～L5 级，各级的名称、功能及其应用场景如表 4 所示。

表 4　智能网联汽车的分级

分级	名称	功能	应用场景
L1	辅助驾驶	根据环境信息，只能执行转向和加减速中的一项操作	可在车道内、高速公路无车道干涉路段，以及停车工况实现自动驾驶
L2	部分自动驾驶	根据环境信息执行转向和加减速操作	可在高速公路及市区无车道干涉路段，以及换道、环岛绕行、拥堵跟车等工况实现自动驾驶
L3	有条件自动驾驶	能够完成所有驾驶操作，驾驶人在系统请求时提供适当干预	可在高速公路、市区无车道干涉路段实现自动驾驶
L4	高度自动驾驶	特定环境下系统会向驾驶人提出响应请求，驾驶人可以对系统请求不进行响应	可在高速公路全部工况及市区有车道干涉路段实现自动驾驶
L5	完全自动驾驶	系统可以完成所有道路环境下的驾驶操作，不需要驾驶人介入	可在所有行驶工况实现自动驾驶

2. 智能网联汽车的战略地位

首先，智能网联汽车已成为全球汽车产业发展的战略方向。从技术层面看，汽车正由人工操控的机械产品逐步向电子信息系统控制的智能产品转变。从产业层面看，汽车与相关产业全面融合，呈现智能化、网络化、平台化发展特征。从应用层面看，汽车正在由单纯的交通运输工具逐渐转变为智能移动空间和应用终端，成为新兴业态最重要的载体之一。从发展层面看，一些跨国企业率先开展产业布局，一些国家积极营造良好的发展环境，智能网联汽车已成为汽车强国的战略选择。

其次，发展智能网联汽车对我国具有重要的战略意义。发展智能网联汽车，有利于提升产业基础能力，突破关键技术瓶颈，增强新一轮科技革命和产业变革引领能力，培育产业发展新优势；有利于加速汽车产业转型升级，培育数字经济，壮大经济增长新动能；有利于加快制造强国、科技强国、网络强国、交通强国、数字中国、智慧社会建设，增强新时代国家综合实力；有利于保障生命安全，提高交通效率，促进节能减排，增进人民福祉。

最后，我国拥有智能网联汽车发展的战略优势。中国特色社会主义制度和国家治理体系能够集中力量办大事，国家制度优势显著。我国汽车产业体系完善，品牌质量逐步提升，关键技术不断突破，发展基础较为扎实。互联网、信息通信等领域涌现一批知名企业，网络通信实力雄厚。路网规模、5G 通信、北斗卫星导航定位系统水平国际领先，基础设施保障有力。汽车销量居世界首位，新型城镇化建设快速推进，市场需求前景广阔。更难能可贵的是，我国目前在人工智能、大数据、区块链、云计算、5G 通信、工业互联网等新兴科技领域异军突起，整体发展不落后于世界先进水平，而智能网联汽车也起步较早，积累了一定的基础，相较于传统汽车领域，我国在智能网联汽车方面与世界先进水平的差距更小，因此我国具有发展智能网联汽车的战略优势。

3. 智能网联汽车的技术进展

电动化、智能化、网联化天生具有互补互融、相辅相成的特性。电动汽车反应时间短（电动车约 30 毫秒、燃油车约 500 毫秒）、电池容量大（停车时可长时间给车联网通信模块供电），是汽车智能化、网联化最好的载体；反过来智能化、网联化又可极大地提升电动汽车的驾驶体验，扩大新能源汽车差异化竞争优势。

2016 年，节能与新能源技术路线图战略咨询委员会和中国汽车工程学会在发布的《节能与新能源汽车技术路线图》中提出了智能网联汽车"三横两纵"技术架构。"三横"是指智能网联汽车主要涉及的车辆、信息交互与基础支撑三个领域技术，"两纵"是指支撑智能网联汽车发展的车载平台以及基础设施条件。之后，又在 2017 年修改为"三纵三横"新技术架构，如图 14 所示。"三横"强调技术，包含车辆/设施关键技术、信息交互关键技术、基础支撑技术等；"三纵"强调场景，对应公路自动驾驶、城区自动驾驶、共享自动驾驶等。

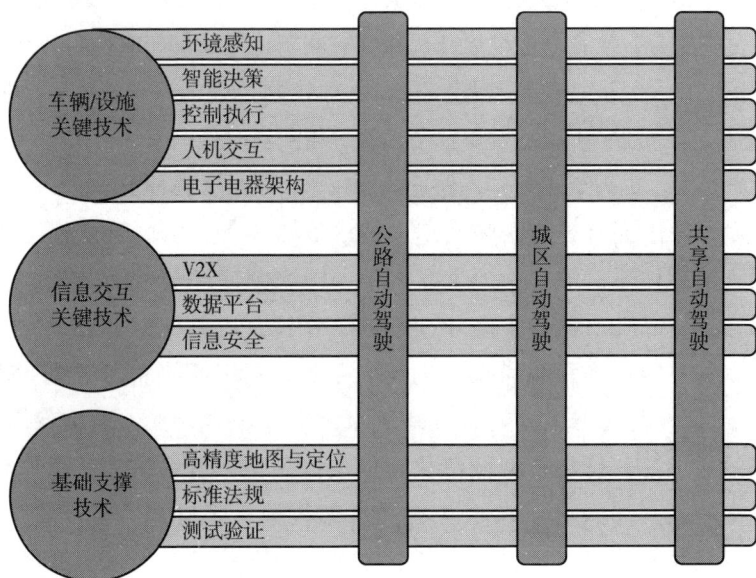

图 14　智能网联汽车技术架构

目前，智能网联汽车技术已经取得很多重要进展，随着不断的创新研发和技术迭代，自动驾驶经过较长时间的发展已经逐步趋于成熟。自动驾驶技术分为 L2/L3 和 L4 两条大的技术路线，L2 是部分自动驾驶，即具备了干预辅助类的 ADAS 功能，包括自适应巡航（ACC）、紧急自动刹车（AEB）、车道保持辅助（LKA）等；L3 升级了辅助功能，并使机器成为驾驶主体，人类仅仅需要紧急接管。相比之下，L4 实现了质的飞跃，它是不需要配备人类驾驶员的高度无人驾驶，但要求限定区域（如园区）或限定环境条件（如白天、晴天）。由于 L5 要求机器在所有条件下都能完成驾驶的定义过于理想化，L4 实际瞄准的就是开放区域和全部环境条件。

目前，L2/L3 已经实现商业化应用，L4 还不能实现盈利，但后者的商业天花板更高。L2/L3 对应园区配送、环卫清扫、自动泊车等相对较小空间的应用场景，而 L4 对应了自动驾驶规模相对比较大的三个目标场景——跨城物流、同城物流和自动驾驶出租车，具体如图 15 所示。

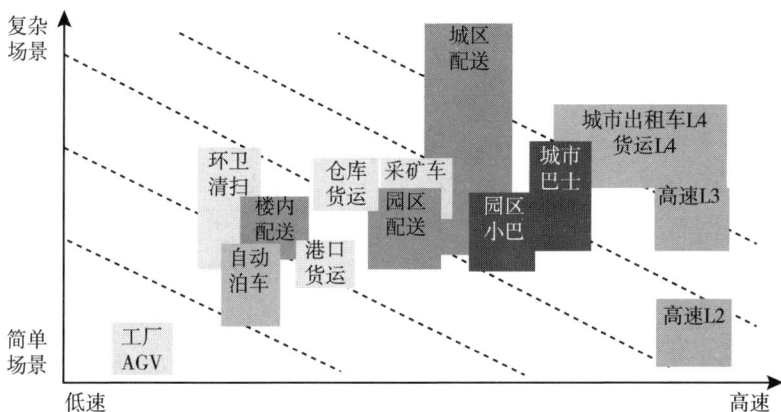

图 15 自动驾驶落地场景比较

资料来源：美团无人配送，中信证券研究部。

但总体上看，L4～L5 级智能网联汽车技术还面临很多挑战，核心原因是部分关键技术未能得到根本突破，如传感技术、车载操作系统、数据平台技术、高精度地图与定位技术等。

（1）传感技术

传感技术用于环境感知，主要分两种技术流，即以摄像头为代表的视觉派和以毫米波、激光为代表的雷达派。其中摄像头成像识别能力强，但是受盲区，且受雾霾雨雪等恶劣天气影响大，目前摄像头从单目朝着多目方向发展。雷达目前仍以毫米波雷达为主，并从 24GHz 朝着 77GHz、79GHz 中长距离发展。由于两种技术各有优劣，现在整体上正朝着相互融合方向演变，以"摄像头→毫米波雷达→激光雷达→摄像头"为主，雷达为辅。目前我国雷达芯片对外依存度非常高。在毫米波雷达市场，博世、大陆、德尔福等企业占据 60% 以上份额；在激光雷达市场，Velodyne 一家独大，市场占有率在 70% 以上，国内厂商面临着巨大的竞争压力。

（2）车载操作系统

车载操作系统作为驾驶员与汽车交互的接口，备受各大厂商关注。目前国内以百度、阿里、华为三者较为领先。2017 年初，百度推出 Duer OS，之后又发布 Apollo 操作系统；2017 年 9 月，阿里与上汽合资的斑马公司推出 Ali OS 操作系统，并在荣威、名爵等多款车型中使用；2019 年 8 月，华为发布手机、车载设备、PC 端皆可使用的鸿蒙 OS 操作系统。

（3）数据平台技术

数据平台需要对前端输入的大量数据进行实时处理以实现环境感知，必须具有超强的计算能力。智能网联汽车硬件平台由计算处理、接口通信、V2X 通信、存储单元四部分构成，计算处理芯片是核心。按计算处理单元类型不同，计算处理芯片可分为 GPU、FPGA／ASIC、DSP 三大类。目前，GPU 领域被 Intel、NVIDIA、AMD 三家企业垄断。据 JPR 数据统计，2017 年这三家企业 GPU 的市场份额分别是 71.1%、15.8%、13.1%，国内目前仅有景嘉微部分实现 GPU 产业化。FPGA 芯片亦呈现三寡头垄断格局，据 Gartner 统计，2018 年中国市场 Xlinix、Altera、Lattice 占据的市场份额分别为 52%、28%、13%；国产厂商如紫光同创、上海复旦、华微电子等企业合计的市场份额只有 4%。DSP 领域基本也被 TI、ADI、Motorola 三家公司垄断，国内国睿科技、四创电子有所涉及，但总体竞争力不够。

（4）高精度地图技术

普通电子地图用于导航，忽略了道路细节，将道路直接抽象成一条直线，精度在 10 米左右。高精度地图用于自动驾驶时，除道路拓扑关系更精准外，还包含道路的坡度、斜率、航向等更多信息，精度需达到 20 厘米，其难点在于多源数据的融合、提取、规模化制图与更新升级的成本。目前国内四维图新、高德、百度、腾讯等机构布局较早，总体技术水平基本与国际保持同步。

（5）高精度定位技术

准确描述当前车辆位置，是实现复杂环境下自动驾驶的关键技术，尤其是在 L4、L5 级体系下，对实时动态高精度定位的要求是刚性的。当前我国北斗导航系统已在全国推广，预计 2020 年全部建设完成后可为我国智能网联汽车提供高精度、低成本的定位方案。

（6）智能网联汽车标准体系

随着智能网联汽车产业的快速发展，中国智能网联汽车标准体系在逐步建立及完善。2018 年 6 月，工信部与国家标准化管理委员会印发《国家车联网产业标准体系建设指南（总体要求）》，旨在从智能网联汽车标准体系、信息通信标准体系、智能交通相关标准体系、车辆智能管理标准体系以及电子产品与服务标准体系五方面构建完整的车联网产业标准体系。同年 8 月，全国汽车标准化技术委员会等多家行业组织共同编制了《智能网联汽车自动驾驶功能测试规程（试行）》，为自动驾驶汽车道路测试规程提供可量化的标准。2018 年 4 月，工信部、公安部及交通部出台《智能网联汽车道路测试管理规范（试行）》，确定了智能网联汽车测试管理的基本框架，在国家层面准许地方开展自动驾驶道路测试。截至 2019 年 8 月，共有 13 个城市发放了自动驾驶路测牌照（179 张）。其中，仅北京经开区、顺义、海淀及房山就有 44 条开放测试道路，上海在嘉定划定了全球首个全面支持多种通信模式 V2X 测试的智能道路，武汉在沌口也划定智能网联汽车运行示范区。

4. 智能网联汽车的产业发展

中国智能网联汽车发展已上升至国家战略层面，发展定位从原来车联网概念的一个重要组成部分，向智能制造、智能网联等智能化集成行业转移。顶层设计上，《汽车产业中长期发展规划》、《智能汽车创新发展战略》及《车联网（智能网联汽车）产业发展行动计划》等指导性规划文件密集出台。发改委、工信部、交通部等各部委，在贯彻落实国务院对于智能网联汽车领域的战略部署之外，同样在各自所负责的产业规划、产品准入、安全监管、场景应用等领域积极主动作为。

在产业化方面，智能网联汽车产业链由上游企业（包括感知系统、决策系统、执行系统、信息通信系统、基础支撑技术、智能座舱零部件等企业）、中游企业（包括自动驾驶解决方案、智能座舱等企业）、下游企业（主要为整车企业）、后市场和应用服务企业（包括共享出行服务、智慧物流、数据增值服务、售后服务等企业）等环节组成。

智能网联汽车产业涉及的企业主要为两类企业，一是传统汽车企业，二是造车新势力，即那些原来从事控制、IT、人工智能或大数据事业的ICT企业（物联网信息企业）及从事资本运作的风险投资企业等。从目前看，两类企业推进智能网联汽车的路径稍有不同。传统汽车企业较为务实，希望从L1、L2级较低智能化程度做起，步步为营向前推进，对成熟的技术实时推进产业化应用，例如国内整车企业在智能网联汽车领域就已经取得部分进展：①智能端：上汽、广汽、长安、吉利等主流车企已实现L2级新能源乘用车量产；②网联端：上汽、吉利、荣威、比亚迪等主流车企皆已推出人机交互系统，不过当前仍以语音控制、娱乐导航为主。

造车新势力则大多位居产业链的上游或中游，高起点涉足智能网联汽车，凭借其在人工智能、大数据应用、通信技术或资金上的优势，直接瞄准L4级甚至L5级智能网联汽车的核心科技领域攻关，希望在掌握核心竞争力后再整合产业资源，形成完整的造车实力。当然，这种路径难度较大，需要长期的高投入，需要厚积薄发，持之以恒，方可拨云见日。目前以互联网巨头或通信业巨头（它们有的也与传统车企开展深度合作）为代表的造车新势力，已经取得越来越多的核心科技，并正在改变传统汽车产业的面貌。

由于出租车或共享汽车一直是国内外造车新势力热衷探索的应用场景，下面以自动驾驶出租车（Robotaxi）为例，阐述智能网联汽车产业的发展情况。

（1）Robotaxi的技术方案

Robotaxi是基于L4的无人驾驶出租车，主要涉及三个技术领域：路况信息识别、计算和控制。在路况信息识别方面，目前主要采用"摄像头＋激光雷达＋毫米波雷达"的混合方案，具有单车智能和V2X车辆协同两种主要模式。

不同厂商的配置大致相同，但因为场景和技术背景的差异而在硬件的选择上会存在差异。其中，雷达可分为激光雷达、超声波雷达和毫米波雷达，各种雷达的工作原理和特性如表5所示。厂商一般根据不同类型雷达的成本、探测性能、抗干扰性能以及系统需求配置不同的雷达组合。随着激光雷达厂商的不断加入，自动驾驶汽车搭载激光雷达的成本在不断降低。

表5　不同环境识别技术的工作原理与特性

技术方向	工作原理	具体实现功能	优劣势比对
毫米波雷达	发射24GHz及77GHz波段电磁波,接受反射波,通过解算回波频率变化计算物体方位、速度	24Ghz:盲区检测、泊车辅助等。77Ghz:自动紧急制动、自适应巡航等	优势:成本适中(比激光雷达低);不受天气影响。劣势:精度较低,低分辨率难以形成完整信息环境
激光雷达	发射红外波段的激光脉冲,接收反射激光,通过光线飞行时间演算物体位置、速度。通过光电传感器将脉冲转化为点云数据,形成周边环境的3D建模	自动紧急制动、自适应巡航车辆高精度定位、高精度地图形成	优势:精度极高,可形成带深度信息的3D环境建模。劣势:数据运算量大,成本高,车载方案仍不够成熟
超声波雷达	发射12KHz以上的超声波,接收声波反射,通过回波时间差计算与物体距离	倒车辅助	优势:成本最低。劣势:声波速度慢,作用距离短;无法形成环境图像信息

（2）Robotaxi 的营运情况

国内外厂商争相进入 Robotaxi 领域,已呈星火燎原之势。目前,国外具有代表性的公司主要有 Waymo、Uber、Lyft 等,国内具有代表性的公司主要有文远知行、百度、滴滴、Momenta、Pony AI、AutoX 等,它们均在此领域展开了布局（见表6）。

表6　国内外有关厂商进入 Robotaxi 领域的营运情况

公司	初次运营时间	车辆提供	运营地区	运营场地	特点
Waymo	2018年12月	菲—克 FCA、捷豹、路虎	美国加州、亚利桑那	加州凤凰城约100平方英里(约259平方公里)	谷歌背景、技术领先
Uber	2016年8月	沃尔沃 XC90	美国旧金山、匹兹堡、亚利桑那	旧金山12万平方米测试场地	网约车平台、率先布局、场景和数据优势
Lyft	2018年5月	宝马5系	美国拉斯维加斯	20平方英里	网约车平台、多方合作力求赶超

续表

公司	初次运营时间	车辆提供	运营地区	运营场地	特点
博世	2019 年 12 月	奔驰 S 级	美国加州	10 万平方米的测试场	硬件优势、自研计算平台 DASy、精准定位
文远知行	2020 年 6 月	日产纯电动车	广州、上海	广州黄埔区、广州开发区核心区域超 144 平方公里	解决复杂场景、率先开展 5G 应用测试
百度	2019 年 9 月	一汽红旗	沧州、长沙	2020 年上半年覆盖长沙开放的 135 公里道路	自研系统 Apollo、高精度地图
滴滴	2020 年 6 月	沃尔沃 XC60、比亚迪、林肯	上海	仅限于在上海开放测试道路 53.6 公里	网约车平台、场景和数据优势
AutoX	2019 年 6 月	菲亚特克莱斯勒(FCA)、比亚迪、林肯 MKZ	深圳、上海、美国加州	150 平方公里	中美同时布局、系统兼容、感知能力强
Momenta	2018 年 7 月	林肯 MKZ	苏州	阳澄生态新区 10 平方公里的研发社区	自动驾驶算法、苏州的政策支持
小马智行	2019 年 4 月	雷克萨斯、广汽新能源	广州、美国加州	50 平方公里	中美同时布局、自研系统

目前全球自动驾驶出租车 Robotaxi 最活跃的地区是美国，这里有 Waymo、Uber、Lyft、BotRide、Yandex 和 xTaxi 等公司在开展示范运营。其中具有 Google 背景的 Waymo 是 Robotaxi 商业试运营最早、道路测试时间最长和估值最高的公司，在自动驾驶技术方面保持领先优势，并于 2018 年底率先正式推出付费服务项目 Waymo One。Waymo One 基于单车智能技术路线，实时通过传感器、处理器和控制器去感知识别、做出决策并进行控制，完全模拟出类似人类司机的机器人司机，这对造车要求较高，但无须协调政府等部门建设智能道路。Waymo One 技术成熟后可以行驶在现有人类司机驾车可以到达的任何道路。因此继 Waymo 之后，Uber 以及传统汽车厂商均采取这一思路。在道路测

试方面，Waymo 累计在实际道路测试的公里数远高于行业其他厂商，至 2019 年底 Waymo 自动驾驶车辆在公路上的累计行驶里程达到 3218 万公里，是第二名 Yandex 测试里程的 10 倍，因此 Waymo 被认为是在全球自动驾驶技术领域的领头羊。其他公司如 Uber 起步较早，也积累了比较丰富的测试数据；博世则掌握着硬件方面的主导权，如激光雷达、毫米波雷达等；后起新秀 Lyft 力求通过多方合作实现赶超。

从国内来看，文远知行、百度、小马智行、Momenta、AutoX 等在自动驾驶技术方面均有技术创新优势；滴滴具有网约车平台优势，能够使 Robotaxi 更快地被消费者接纳和认可；小马智行、AutoX 还获得中美双牌照，参与国际 Robotaxi 市场竞争与合作的积极性很高。

文远知行是中国首家得到全球汽车制造商投资的 L4 级自动驾驶初创企业，也是国内最早实现全对外开放 Robotaxi 运营服务的厂商。2018 年 11 月，文远知行于广州启动测试，在广州黄埔区 144 平方公里的城市开放道路面向全公众开放，其无人驾驶车队已经超过 100 辆，其中 40 辆用作 Robotaxi、60 辆进行专项测试。2020 年 4 月，随着疫情逐渐好转，文远知行 Robotaxi 表现稳步提升，完成的订单数、乘客数、服务订单里程等数据都有了显著回升，环比均增长 2 倍左右。

文远知行的快速成长与其采取的"铁三角"营运模式紧密相关，如图 16 所示。"铁三角"模式涉及的公司包括提供 AI 算法和自动驾驶解决方案的公司、主机厂、网约车或出租车平台。文远知行本身就是提供 AI 算法和自动驾驶解决方案的提供商，提供 L4 级别自动驾驶技术以及全栈式软硬件解决方案，产品技术包括高精度地图及定位技术、多传感器融合感知技术、自动驾驶规划与控制技术和仿真技术等；"雷诺—日产—三菱联盟"旗下的 Alliance 公司扮演主机厂角色，主要负责建立车队；文远知行与广州白云出租汽车公司、科学城（广州）投资集团共同组建合资公司文远粤行 WeRide Robotaxi，加速 Robotaxi 在广州的落地，广州白云出租汽车公司作为出行公司主要负责拓展用户。

百度自 2014 年成立无人驾驶项目组，于 2017 年借用"阿波罗登月计划"之含义，发布 Apollo 计划打造无人驾驶系统，旨在搭建一套属于自己的完整的自动驾驶方案。历经几年的研发投入，百度一次性获得 45 张"载人测试"自

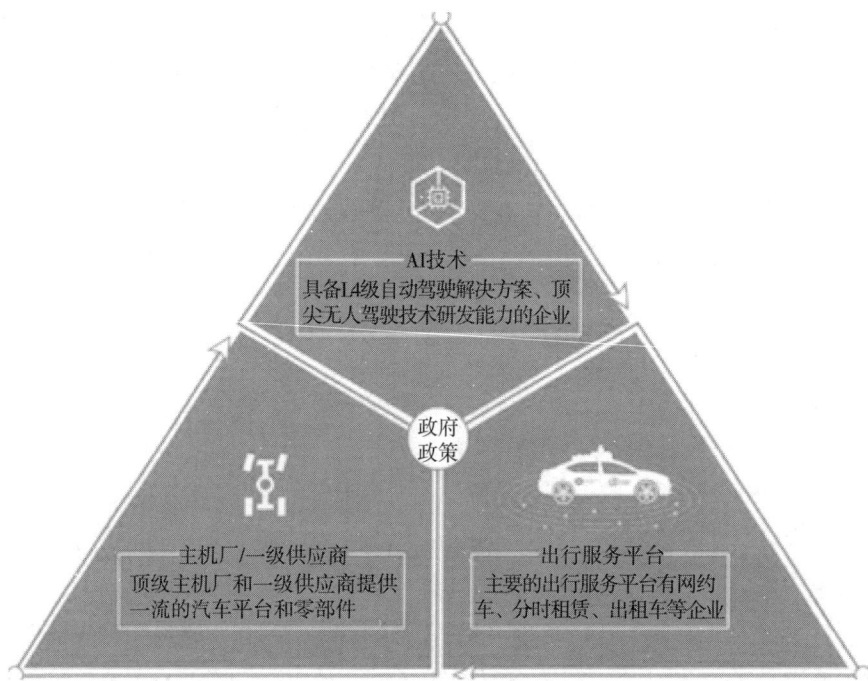

图 16　文远知行"铁三角"营运模式

资料来源：36 氪。

动驾驶牌照，正式开启大规模 Robotaxi 测试，并于 2019 年 9 月在长沙完成测试。目前百度无人驾驶车在沧州和长沙共计 60 辆。

2019 年 9 月底，百度 Apollo Go 约车页面在湖南长沙正式上线，首批 45 辆 Apollo 与一汽红旗联合研发的"红旗 EV"Robotaxi 自动驾驶出租车队在该市部分开放测试路段试运营。百度和一汽红旗紧密合作，对 Robotaxi 自动驾驶套件安装方案以及整车电子电气架构进行了重新设计，最大限度地以前装的方式整合自动驾驶模块和原整车架构，减少改装、拆装带来的信号干扰等问题。2019 年底，Apollo Robotaxi 车队在长沙的试运营道路覆盖了 50 公里左右，2020 年上半年计划覆盖长沙当前开放的 135 公里道路。目前百度 Apollo Robotaxi 仅在湖南长沙部分区域面向全公众开放，用户可通过百度地图、百度 App「Dutaxi」小程序免费试乘。

滴滴出行自 2016 年开始组建自动驾驶研发团队，截至目前已经获得北京、上海、苏州、美国加州等地的路测资格，并于 2019 年 9 月获得上海颁发的首批载人示范应用牌照，2020 年 6 月首次在上海面向公众开放自动驾驶服务。滴滴出行提供的自动驾驶网约车服务所使用的车辆为沃尔沃 XC60，在车顶装载了一个高线束和两个低线束激光雷达以及 7 个摄像头，全车共有 20 余个传感器。据滴滴发布的数据，其目标是到 2030 年通过其平台运营超过 100 万辆自动驾驶汽车。按照计划，滴滴 2020 年将在北京、上海和深圳推出自动驾驶出行服务，2021 年扩展到中国以外地区。与此同时，自动驾驶定制车型量产计划也已经启动。2020 年 6 月，北汽与滴滴自动驾驶公司签署战略合作框架协议，双方将通过在汽车、人工智能及共享出行领域（L4 级以上自动驾驶、智能出行等领域）的深度合作，共同研发高级别自动驾驶定制车型，推动创新技术在地方产业落地。相比其他厂商，滴滴在自动驾驶领域的起步较晚，但其优势在于场景和数据。自动驾驶技术的研发需要大量路测和交通数据，滴滴平台上数百万网约车生成的数据正好可以成为其数据来源；滴滴作为国内最大的出行平台，能够将自动驾驶网约车服务与用户的出行场景进行无缝衔接，成为人们日常出行的切实补充。

Momenta 定位于打造自动驾驶大脑，其核心技术是基于深度学习的环境感知、高精度地图、驾驶决策算法，产品包括不同级别的自动驾驶方案以及衍生的大数据服务。2019 年 12 月，Momenta 正式发布了 L4 级自动驾驶技术，可实现城市场景下的完全无人驾驶，而 Robotaxi 就是其中一个重要的商业化应用方向。此前，Momenta 于苏州相城的道路测试过程中，面对各种复杂场景可以应对自如，测试路线经过 30 余个红绿灯路口，既包括无保护左转等典型场景，也含有非机动车混行、立交桥下长路口等复杂路段。2020 年 6 月，Momenta 获得苏州第一块 Robotaxi 示范应用牌照，将拥有在指定公开道路上进行自动驾驶出租车载客测试的资质，证明其 L4 级别自动驾驶技术在安全性和综合表现等方面具有良好的综合实力。

总体来看，技术和平台是影响 Robotaxi 落地和发展的两个主要因素，其中技术决定 Robotaxi 推广的深度，平台则关系其应用的广度。

目前在全球自动驾驶出租车领域领先的国家是美国和中国，尽管从两者车队数量和规模来看美国仍然存在明显优势，但近年来国内 Robotaxi 厂商文远知行、百度、滴滴、Momenta 等发展迅速，结合中国出行市场发展潜力巨大的背景，未来中国有望在自动驾驶出租车领域实现弯道超车。

（3）Robotaxi 的市场前景

目前基于 L4 级的 Robotaxi 正处于发展的初期阶段，未来随着无人驾驶和共享出行的进一步渗透，行业增长前景将更为广阔。根据工信部数据，预计 2020 年全球 Robotaxi 车队的规模将达到 1 万辆，2025 年达到 50 万辆，其中完全无安全员的 Robotaxi 会在车辆和行人都比较少的局部区域开始上路示范运营。据 Allied Market Research 估计，2023 年全球无人驾驶技术在 Robotaxi 的市场规模为 10.3 亿美元，到 2030 年全球 Robotaxi 市场价值将超 386.1 亿美元，市场增速平均年度增长率达到 67.8%。中国电动汽车百人会智能网联研究院报告预测，随着城市人口出行次数不断攀升，预计到 2050 年国内出行将达到每天 25 亿人次，共享出行占城镇整体出行的比重将从 2020 年的 15% 上升至约 32%。

总体来看，未来随着人们出行需求的日益提升，Robotaxi 将会迎来更为广阔的发展前景，预计未来全球市场空间将会达数千亿元。由于中国具有人口基数大、城市集中度高和出行场景需求旺盛的特点，Robotaxi 市场增速或将高于全球平均水平，达到全球领先地位。

（三）新能源与智能网联汽车产业发展展望

根据工信部在 2019 年底发布的《新能源汽车产业发展规划（2021～2035 年)》（征求意见稿）和此前发改委发布的《智能汽车创新发展战略》，我国新能源汽车及智能网联汽车的发展前景将非常可期。国家将继续坚持电动化、网联化、智能化、共享化的发展方向，坚持实施发展新能源和智能汽车的国家战略，以融合创新为重点，突破核心关键技术，提升产业基础能力，构建新型产业生态，完善基础设施体系，优化产业发展环境，推动高质量发展，加快建设汽车强国，使我国的汽车产业实现对欧美日的赶超。

1. 总体愿景

在新能源汽车领域，到 2035 年我国的新能源汽车核心技术要达到国际领先水平，质量品牌具备较强的国际竞争力，新能源汽车产业进入世界强国行列；纯电动汽车成为主流形式，燃料电池汽车实现较大规模的商业化应用，公共领域用车实现全面电动化。

在智能网联汽车领域，到 2025 年中国标准的智能汽车技术创新、产业生态、基础设施、法规标准、产品监管和网络安全体系基本形成；实现有条件自动驾驶的智能汽车达到规模化生产，实现高度自动驾驶的智能汽车在特定环境下市场化应用；智能交通系统和智慧城市相关设施建设取得积极进展，新一代车用无线通信网络 LTE – V2X 等实现区域覆盖，5G – V2X 等在部分城市、高速公路开展应用，高精度时空基准服务网络实现全覆盖。到 2050 年，中国标准的智能汽车体系全面建成且更加完善，中国成为安全、高效、绿色、文明的智能汽车强国，智能汽车能够充分满足人民日益增长的美好生活需要。

2. 总体发展趋势

新能源汽车为世界经济发展注入新动能。新能源汽车融会新能源、新材料和大数据、人工智能等多种变革性技术，推动汽车从单纯交通工具向移动智能终端、储能单元和数字空间转变，带动能源、交通、信息通信基础设施改造跃升，促进能源消费结构优化、交通体系和城市运行智能化水平提升。近年来，世界主要汽车大国纷纷加强战略谋划、强化政策支持，跨国汽车企业加大研发投入、完善产业布局，新能源汽车成为全球汽车产业转型发展的主要方向和促进未来世界经济持续增长的重要引擎。

新能源汽车在我国进入加速发展新阶段。我国汽车产业电动化进程正在跻身世界前列，网联化、智能化的发展势头保持强劲态势，共享化应用市场兴起并蓬勃发展，产业进入叠加交会、融合发展的新阶段。当然，也面临市场竞争日益加剧、发展动力亟待转换、核心技术供给不足、产业生态尚不健全等新问题。国家将促进企业抢抓战略机遇，充分发挥我国在基础设施、信息通信等领域的优势，提升核心竞争力，推动新能源和智能汽车产业的高质量持续发展。

融合开放正在成为新能源汽车发展的新特征。产业生态正由零部件、整车研发生产及营销服务企业之间的"链式关系"形式，逐步演变成汽车、能源交通、信息通信等多领域、多主体参与的"网状生态"形式。

智能网联汽车将成为移动智能终端。随着汽车产品向智能化与网联化的方向发展，汽车产业与通信、电子以及互联网产业的融合不断加速；未来汽车使用数据端产生的大量数据将加速汽车产品的迭代，汽车必将由代步工具向移动智能终端转变。

3. 技术创新能力将不断增强

新能源汽车和智能汽车将继续围绕各自的"三纵三横"研发布局开展工

作。①强化整车集成技术创新，"三纵"布局整车技术或应用场景创新链。新能源汽车领域将研发新一代模块化高性能整车平台，攻关纯电动汽车底盘一体化设计、多能源动力系统集成技术，突破整车智能能量管理控制、轻量化、低摩阻等共性节能技术，提升电池管理、充电连接、结构设计等安全技术水平，提高新能源汽车的整车综合性能。②突破关键零部件技术，"三横"构建关键零部件技术供给体系。将开展先进模块化动力电池与燃料电池系统技术攻关，探索新一代车用电机驱动系统解决方案，加强智能网联汽车关键零部件及系统开发，突破计算和控制基础平台等技术瓶颈。③突破关键基础技术，智能网联汽车方面将开展复杂系统体系架构、复杂环境感知、智能决策控制、人机交互及人机共驾、车路交互、网络安全等基础前瞻技术研发，将在新型电子电气架构、多源传感信息融合感知、新型智能终端、智能计算平台、车用无线通信网络、高精度时空基准服务和智能汽车基础地图、云控基础平台等共性交叉技术上取得重点突破。

国家将加快建设共性技术创新平台。聚焦核心工艺、专用材料、制造装备等短板弱项，加强研发攻关；引导汽车、能源、交通、信息通信等跨领域合作，建立面向未来出行的新能源汽车与智慧能源、智能交通融合创新平台，联合攻关基础交叉关键技术，提升新能源汽车、智能网联汽车及关联产业的融合创新能力。

行业公共服务能力将进一步提升。国家将统筹推进资源共享、成果转化等各类创新服务平台的共建共享，提高技术转移、信息服务、人才培训、项目融资、国际交流等公共服务支撑能力；应用虚拟现实、大数据、人工智能等技术，建立汽车电动化、网联化、智能化虚拟仿真和测试验证平台，提升测试评价能力；建立健全智能汽车测试评价体系及测试基础数据库，研发虚拟仿真、软硬件结合仿真、实车道路测试等技术和验证工具，以及多层级测试评价系统，汽车企业、第三方技术试验及安全运行测试评价机构能力将获得极大提升。

4.新型产业生态将得以构建

产业链的核心企业将获得优先发展。国家将鼓励新能源汽车、能源、交通、信息通信等领域企业跨界协同，围绕多元化生产与应用需求，通过开放合作和利益共享等机制，催生涵盖解决方案、研发生产、运营服务等产业链关键环节的"生态主导型"企业；以资本市场为依托，充分发挥各类基金的协同作用，推动新能源和智能网联汽车整车、动力电池等零部件企业优化重组，提高产业集中度；推进车载高精度传感器、车规级芯片、智能操作系统、车载智能终端、智能计算平台等产品的研发与产业化，在产业基础好、创新要素集聚的地区，发挥龙头企业的带动作用，培育若干上下游协同创新、大中小企业融通发展、具有国际竞争力的新能源和智能汽车产业集群，提升产业链的现代化水平。

促进关键系统创新应用。加快车载操作系统开发应用。以整车企业需求为牵引，发挥龙头企业和国家制造业创新中心等创新平台作用，坚持软硬协同攻关，集中开发车规级车载操作系统。围绕车载操作系统，构建整车、关键零部件、基础数据与软件等市场主体深度合作的开发与应用生态。建立健全动力电池模块化标准体系，加快突破关键制造装备，提高工艺水平和生产效率。完善动力电池回收、梯级利用和再资源化的循环利用体系，建立健全动力电池运输仓储、维修保养、安全检验、退役退出等环节管理制度，加强全生命周期监管。

提升智能制造水平。加快新能源汽车智能制造仿真、管理、控制等核心工业软件开发和集成，开展数字化车间/智能工厂应用示范。支持设计、制造、服务一体化示范平台建设，整体提升新能源汽车全产业链智能化水平。

强化质量安全保障。充分利用互联网、大数据、区块链等先进技术，健全产品全生命周期的质量控制和追溯机制，以提升质量和服务水平为重点加强品牌建设；加快智能化系统推广应用，培育具有国际竞争力的新能源和智能汽车品牌；健全安全保障体系，强化企业对产品安全的主体责任，落实生产者责任延伸制度；健全新能源汽车整车、零部件以及维修保养、充换电等安全标准，完善安全法规制度。

培育新型市场主体。整合优势资源，特别是在智能汽车领域组建产业联合体和联盟，鼓励整车企业逐步成为智能汽车产品提供商，鼓励零部件企业逐步成为智能汽车关键系统集成供应商，鼓励人工智能、互联网等企业发展成为自动驾驶系统解决方案的领军企业，鼓励信息通信等企业发展成为智能汽车数据服务商和无线通信网络运营商，鼓励交通基础设施相关企业发展成为智慧城市交通系统方案供应商。

创新产业发展形态。积极培育道路智能设施、高精度时空基准服务和智能汽车基础地图、车联网、网络安全、智能出行等新业态。加强智能汽车复杂使用场景的大数据应用，优先在封闭区域探索开展智能汽车出行服务等。

推动新技术转化应用。开展军民联合攻关，加快北斗卫星导航定位系统、高分辨率对地观测系统在智能网联汽车相关领域的应用，促进车辆电子控制、高性能芯片、激光/毫米波雷达、微机电系统、惯性导航系统等自主知识产权军用技术的转化应用，加强自动驾驶系统、云控基础平台等在国防军工领域的开发应用。

5. 产业融合发展将得到极大改观

新能源汽车与能源融合发展。新能源汽车与电网（V2G）实现能量互动，小功率直流化技术应用加快，柔性配电网络得以建设；国家将鼓励地方开展V2G示范应用，统筹新能源汽车充放电、电力调度需求，综合运用政策及经济性手段，实现新能源汽车与电网能量高效互动，降低新能源汽车用电成本，提高电网调峰、调频和安全应急等响应能力；新能源汽车与可再生能源实现高效协同，新能源汽车与气象、可再生能源电力预测预报系统实现信息共享与融合，新能源汽车能源利用与风电光伏协同统筹调度，可再生能源应用比例得到提升；一批"光储充放"（分布式光伏—储能系统—充放电）多功能综合一体站得以建设。

新能源汽车与交通融合发展。一体化智慧出行服务得到发展，诞生涵盖前端信息采集、边缘分布式计算、云端集中管控的新型智能交通管控系统；新能源汽车在分时租赁、城市公交、出租汽车、场地用车等领域的应用步伐加快；汽车生产企业和出行服务企业将共建"一站式"服务平台，精准匹配个体出行需求，构建"出行即服务"的交通出行服务新模式；智能绿色物流运输体系将诞生，新能源汽车在城市物流、农村物流、港口短驳等领域得到广泛应用；智慧物流营运模式实现创新，模块化运输、单元化物流、无人物流等新模式获得推广与应用，形成安全高效的物流运输服务新业态。

新能源汽车与信息通信融合发展。互联互通和信息交互能力被加强，以蜂窝无线通信、定位导航等技术为支撑，实现车辆与道路交通、信息通信基础设施广泛互联和数据交互，为多级联动的自动驾驶控制决策提供保障，实现以数据为纽带的"人—车—路—云"高效协同。基于汽车感知、交通管控、城市管理等信息，构建"人—车—路—云"多层数据融合与计算处理平台并加以应用。信息安全保障体系充分发展，汽车身份认证和数据管理体系，数据、应用服务在汽车全生命周期的分级分类管理和访问控制，风险评估、预警监测、应急响应机制等均得以完善，以保障"端—管—云"各个环节的信息安全。

实现标准对接与数据共享。通过建立新能源汽车与相关产业融合发展的综合标准体系，明确车载操作系统、车用基础地图、车桩信息共享、云控基础平台、车用无线通信等技术接口标准，跨行业、跨领域的综合大数据平台将促进各类数据实现共建共享与互联互通。

6.基础设施进一步完善

充换电网络建设将受到高度重视。在充换电基础设施建设方面，将依托"互联网＋"智慧能源，形成适度超前、慢充为主、应急快充为辅的充电网络；换电模式受到重视和应用，智能有序充电、大功率充电等新型充电技术得以开发。在充电基础设施服务水平方面，企业将联合建立充电设施运营服务平台，实现互联互通、信息共享与统一结算，并通过规范无线充电设施电磁频谱，提高充电设施安全性、一致性、可靠性。在商业模式创新方面，充电场站与商业地产紧密结合，建设智能立体充电站，提升公共场所充电服务能力，实现增值服务。

协调推动智能路网设施建设。新一代无线通信网络建设受到高度重视，低时延、高可靠、大带宽的网络通信服务，将极大地满足高级别自动驾驶智能网联汽车的应用。智能化道路基础设施也会受到重视，促进交通标志标识等道路基础设施的数字化改造，交通信号灯、交通标志标线、视频监控设施、通信设施、车载终端之间实现智能互联，差分基站建设加快，北斗卫星导航系统在高精度定位领域应用步伐加快等。

氢燃料供给体系建设受到重视。围绕提高氢燃料制储运的经济性，各地将因地制宜开展工业副产氢及可再生能源制氢技术的应用，加快推进先进适用储氢材料的产业化；开展高压气态、低温液态及固态等多种形式储运技术的示范应用；探索建设氢气运输管道，逐步降低氢燃料储运成本，健全氢气制储运、加注等环节的标准体系；氢营运相关企业会根据氢燃料供给、消费需求，合理布局加氢基础设施。

智能化道路基础设施的规划建设力度加大。通过科学制定智能交通发展规划，建设智慧道路及新一代国家交通控制网。分阶段、分区域推进道路基础设施的信息化、智能化和标准化建设。结合 5G 商用部署，实现 5G 与车联网的协同建设。通过统一通信接口和协议，使道路基础设施、智能网联汽车、运营服务、交通安全管理系统、交通管理指挥系统等信息实现互联互通。

车用无线通信网络实现广泛覆盖。国家将采用车用无线通信专用频谱使用许可方式，快速推进车用无线通信网络的建设；统筹公众移动通信网部署，在重点地区、重点路段建立新一代车用无线通信网络，提供超低时延、超高可靠、超大带宽的无线通信和边缘计算服务；在桥梁、隧道、停车场等交通设施部署"窄带"物联网，并建立信息数据库和多维监控设施。

形成覆盖全国的车用高精度时空基准服务能力。充分利用已有的北斗卫星导航定位系统基准站网，建设全国统一的高精度时空基准服务能力，加强导航系统和通信系统的融合，建设多源导航平台；实现北斗通信服务和移动通信双网互通，并建成车用应急通信系统，完善辅助北斗系统，形成快速辅助定位服务能力。

建成覆盖全国路网的道路交通地理信息系统。通过开发标准统一的智能网联汽车基础地图，建立完善的包含路网信息的地理信息系统，提供实时动态数据服务。制作并优化智能网联汽车基础地图信息库模型与结构，建立智能网联汽车基础地图数据和卫星遥感影像数据共享机制，建成道路交通地理信息系统快速动态更新和在线服务体系。

建设国家智能网联汽车大数据云控基础平台。将充分利用现有设施和数据资源，统筹建设智能网联汽车大数据云控基础平台，重点开发建设逻辑协同、物理分散的云计算中心，标准统一、开放共享的基础数据中心，风险可控、安全可靠的云控基础软件，逐步实现车辆、基础设施、交通环境等领域的基础数据融合应用。

7. 新能源和智能网联汽车的法规标准体系趋于完善

法律法规得以健全。通过强化智能网联汽车"机器驾驶人"认定、责任确认、网络安全、数据管理等法律问题及伦理规范的研究，明确相关主体的法律权利与义务，出台规范智能汽车测试、准入、使用、监管等的法律法规，并适时修订和完善道路交通安全和地理测绘等法律法规。

技术标准得到完善。将构建智能网联汽车的中国标准体系，重点是要制定车载关键系统、智能汽车基础地图、云控基础平台、安全防护、智能化基础设施等技术标准和规范，以及"人—车—路—云"系统协同的车用无线通信技术标准和设备接口规范；通过建立智能网联汽车等级划分及评估准则，制定智能网联汽车产品认证、运行安全、自动驾驶能力测试标准，完善仿真场景、封闭场地、半开放场地、公共道路测试方法。制定人机控制转换、车路交互、车车交互及事件记录、车辆事故产品缺陷调查等标准。

建立认证认可机制。建立健全企业自评估、报备和第三方技术检验相结合的认证认可机制，构建覆盖智能网联汽车全生命周期的综合认证服务体系。开展关键软硬件功能性、可靠性、安全性认证，制定面向不同等级智能网联汽车的认证规范及规则，推动测试示范区评价能力和体系建设。

8. 智能网联汽车网络安全体系实现全面高效

安全管理联动机制得以完善。国家将严格落实网络安全法律法规和等级保护，完善智能网联汽车网络安全管理制度，建立覆盖汽车制造企业、电子零部件供应商、网络运营商、服务提供商等产业链关键环节的安全责任体系，建立风险评估、等级测评、监测预警、应急响应等机制，定期开展网络安全监督检查。

网络安全防护能力得以提升。将通过搭建多层纵深防御、软硬件结合的安全防护体系，加强车载芯片、操作系统、应用软件等安全可靠性设计，开展车载信息系统、服务平台及关键电子零部件安全检测，强化远程软件更新、监控服务等安全管理；实施统一身份权限认证管理，建立北斗系统抗干扰和防欺骗安全防护体系；按照国家网络安全等级保护相关标准规范，建设智能网联汽车网络安全态势感知平台，提升应急处置能力。

数据安全监督管理得以加强。通过建立覆盖智能网联汽车数据全生命周期的安全管理机制，明确相关主体的数据安全保护责任和具体要求；实行重要数据分类分级管理，确保用户信息、车辆信息、测绘地理信息等数据安全可控；完善数据安全管理制度，加强监督检查，开展数据风险、数据出境安全等评估。

9. 开放合作的发展路径将得到深化

扩大开放和加强国际交流合作的力度更大。国家将加强与国际通行经贸规则的对接，全面实行准入前国民待遇加负面清单管理制度，发挥多双边合作和高层对话机制作用，促进国内外企业、科研院所、行业机构开展更加广泛的交流合作；我国也会更加积极地参与国际经贸规则的制定，促进形成开放、透明、包容的新能源和智能网联汽车国际化的市场环境。

全球价值链的融入步伐趋于加快。国家将引导企业制定国际化发展战略，加大国际市场开拓力度，推动产业合作由生产制造环节向合作研发、市场营销等全链条延伸，引导企业建立国际营销服务网络，在重点市场共建海外仓储和售后服务中心等服务平台，助力我国新能源和智能网联汽车走向国际市场。

ℝ.3
汽车技术技能人才现状与需求

王福忠　张　力　余宝星*

一　汽车技术技能人才概述

改革开放以来，我国汽车工业获得了长足的发展，形成了比较完善的生产布局和产品系列，逐步成为国民经济的支柱产业。汽车工业的崛起不仅带动了相关产业的发展，也为汽车及相关行业提供了庞大的劳动力市场。庞大的汽车工业造就了巨大的人才需求，特别是汽车制造业及其后市场快速成长，一直以来对高素质专业技能人才求之若渴。

目前，我国汽车产业正处于转型升级、变革重构的新时期，汽车人才是由汽车大国转向汽车强国的重要基石。汽车产业变革迫切需要新型高质量人才，传统汽车人才面临新技术对汽车产业的冲击，现有的知识和能力"不匹配"现象愈加凸显。对比传统车企和新造车企业在跨界人才方面的巨大差异，可明显感知到汽车产业正在倒逼新一轮的人才布局。在新一轮的科技革命影响下，汽车市场竞争激烈，汽车产业跨界融合加速、边界愈加模糊，虚拟现实、大数据、云计算、智能网联等新技术不断创新并应用于汽车领域。汽车人才的边界将更加宽泛，包容性更强，未来汽车技术技能人才的发展必将迎来大的变革，知识更迭将不断加快，人才素质能力需求和知识结构将加速调整。

汽车问世百余年，已经历三次重大变革。我国汽车产业正面临前所未有的机遇，然而汽车技术技能人才严重短缺，需要什么人才、如何培养人才、如何

---

* 王福忠、张力，山东交通职业学院；余宝星，中国汽车工程学会汽车应用与服务分会。

用好人才成为汽车产业和汽车职业教育共同面临的重大挑战。因此，准确分析汽车技术技能人才的现状和需求，很大程度上影响着未来汽车人才培养的方向，对国家汽车产业与汽车职业教育意义重大。

二　汽车制造业技术技能人才现状与需求

2000 年以来，我国汽车产业迅速发展，近 3 年产销量虽有所下降，但总规模仍居世界第一。随着新技术革命和智能制造时代到来，汽车产业正在发生深刻变革，对汽车人才专业水平和能力素质提出了新要求，对高素质技术技能人才的需求仍然保持旺盛态势。

（一）汽车制造业技术技能人才现状分析

"人才是企业发展第一资源"。随着职业教育发展，汽车制造业相关人才的总体质量不断提升，人才结构不断优化，有力促进了汽车产业的创新发展。

资料表明，汽车制造业规模以上整车和零部件企业①对受过职业教育的技术技能人才吸引力更大，集聚度更高。大型企业技术技能人才优势非常突出，带动了产业整体创新能力的提高，同时也提升了自主品牌的市场竞争力。随着做大做强汽车产业战略的实施、装备制造技术和相应企业的规范发展，中小型汽车制造企业对汽车技术技能人才的吸引力也在逐渐增强，从业人员规模逐渐扩大，但由于受到企业规模、个人待遇、区域经济发展和个人发展空间等因素影响，这类企业对人才的吸引力仍然稍显不足，员工发展空间有限，离职率也相对较高。

汽车制造业从业人员规模虽有所扩大，但面对汽车产业技术进步及国内外激烈的市场竞争，人才需求从追求数量转变为追求质量，尤其是对汽车技术技能人才的知识结构和综合素质能力如职业化管理、智能网联、新能源、自动生产线工艺设计和管理、机器人技术、创新精神等方面的要求变得更高。总体而言，汽车技术技能人才虽然在整体上大体能够满足汽车产业的现状需求，但也

---

① 指主营业务达到 2000 万元以上的企业，含汽车、摩托车生产和改装车生产、车用发动机生产和零部件生产企业。

存在知识和技能的结构性矛盾，新型高质量人才仍显缺乏。

通过采样统计数据，这里主要分析汽车制造业技术技能人才的现状，包括从业规模、学历结构、年龄结构、岗位分布和薪资待遇等基本情况。现阶段我国汽车制造业技术技能人才的基本现状呈现如下特征。

1. 从业人员规模不断扩大，但增速放缓

在过去的十余年间，随着我国汽车产业的蓬勃发展，汽车行业的从业人员大幅增长。据《中国汽车工业年鉴》的不完全统计，汽车制造业规模以上整车和零部件企业的从业人数从 2001 年的 151 万人攀升到 2018 年的 551 万人，如图 1 所示。预计到 2020 年和 2025 年，这一数字将分别达到 555 万人和 628 万人左右。[①] 这些数据充分说明了汽车制造业的人才规模庞大，同时也表明重视汽车技术技能人才培养的重要性。

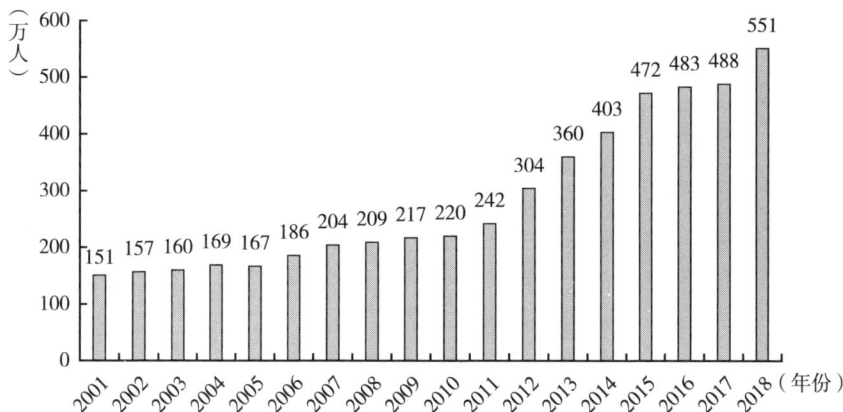

图 1　2001～2018 年规模以上整车及零部件企业从业人数

由教育部、人力资源和社会保障部、工业和信息化部联合印发的《制造业人才发展规划指南》显示，目前我国新能源汽车人才约 30 万人，预计到 2022 年人才需求在 150 万人左右，届时将面临 120 万人左右的缺口。[②] 可知，我国新能源汽车技术技能人才储备存在明显不足。

[①]　中国汽车工程学会、中国人才研究会汽车人才专业委员会：《中国汽车产业中长期人才发展研究》，北京理工大学出版社，2018。

[②]　https：//www. sohu. com/a/339792570_ 810459。

2. 人才管理机制不尽完善，流动频繁

由于企业对劳务型岗位和接受过职业教育的技术技能型员工的激励机制和待遇保障措施不够完善，很多从业者在企业工作一段时间后，要么跳槽至其他同类企业，要么转行从事其他行业，以获取更高薪资或寻求更好的发展空间，导致汽车技术技能人才的频繁流动，工作的稳定性不够高。

3. 接受职业教育的技能人才比例有待提高

走访发现，近年来汽车制造企业从业人员整体学历水平呈现逐渐提高的趋势。本科及以上人员主要集中在研发岗位，职业教育学历（含高职和中职）人员主要集中在制造岗位，少部分高职学历者在研发辅助岗位，其余学历人员（多为新型农民工）主要集中在一线制造岗位。从发展角度看，最后一部分人员有待接受过职业教育的员工予以取代，以提高员工队伍整体素质。

拥有高职学历的从业人员大多集中在对技术技能要求较高的装配制造生产线管理和研发辅助等岗位。随着生产自动化程度提高，拥有高职及以上学历者从事生产线工艺设计与管理或辅助研发岗位的占比越来越高，企业对复合型技术技能人才需求增加。

4. 技能型岗位从业人员普遍年轻

技能型岗位从业人员平均年龄多在 35 岁以下[1]，特别是装配制造岗位员工比较年轻。这与这类岗位生产节奏较快，对员工体能要求相对较高有关。

5. 技术技能人才的岗位分布较为广泛

汽车制造业技术技能人才中，少数从事研发设计工作（研发部门工作），近半数从事装配制造工作。其中，高职学历多参与如部件耐久性、工艺优化测试等研发辅助工作，其余（含中职）主要集中在除管理和研发之外的技能岗位，如生产及质量管理、自动化生产装配制造等。

6. 技能型人才的薪资待遇偏低

走访企业发现，受过中等职业教育且从事装调类工作的从业者平均初始薪酬多在 3000 元/月以下，相应受过高等职业教育从业者初始月薪酬高于中职学历 1000～2000 元。鉴于企业性质、区域及城市经济发展水平不同，薪酬及待遇有一定差异。

---

[1] 《中国汽车工业年鉴》整理数据。

（二）汽车制造业技术技能人才需求分析

由上文可知，汽车企业从业人员的整体学历在逐年提高，但随着智能网联、智能制造和新能源技术发展，企业对创新型、高技能和职业化经营管理人才需求较以往愈加迫切。可以预期，5 年内从业人员的学历结构将发生明显变化，高技能人才队伍将继续扩大，一线普工数量将逐步下降。汽车制造类企业未来需求人才不仅需要具备专业知识，更需要具备持续学习、工作创新等综合能力。[①]

未来汽车制造类企业技术技能人才既要掌握汽车及相关专业知识，又要具备数据处理与分析、物联网、控制及系统工程、新材料、人工智能、网络安全等新知识，以及包括企业经营管理和发展规划等在内的管理知识。这对职业教育课程设置和培养模式提出了新的要求。《中国汽车产业中长期人才发展研究》对人才需求的预计如表 1 所示，到 2025 年，中高端技术技能人才需求稳中有升，而普通技术工人有所下降。

表 1　2025 年汽车制造业整车企业人才需求及占比预测

单位：%，个百分点

项目	在总体人员结构中占比		
	2019 年预计	2025 年预计	变化幅度
经营管理人才	4.2	4.2	不变
研发设计人才	15.22	22	6.78
工程技术人才	22.26	28	5.74
高技能人才	9.3	14	4.7
普通技术工人	41.72	25.8	-15.92
营销人才	7.3	6	-1.3

1. 研发辅助类技术技能人才需求紧缺

根据产品研发流程，处于开发过程中的样品如汽车零部件和总成，都需要进行技术指标验证、适应性、耐久性、工艺优化及整车调校试验等定型前的各种测试与验证工作。与该类工作相关的辅助工作通常被称为研发辅助岗，并与

---

① 中国汽车工程学会、中国人才研究会汽车人才专业委员会：《中国汽车产业中长期人才发展研究》，北京理工大学出版社，2018。

设计岗位相对独立，多由高职等专科学历的从业人员担任。

随着企业自主研发和创新意识逐步增强，产品研发更加规范，对研发辅助岗人才的需求也愈加强烈。预计到 2025 年汽车制造业的研发（含辅助类）技术技能人才数量将大规模增加，在研发队伍中的占比将从目前的 15.22% 提高到 22% 左右（通常研发设计岗与研发辅助岗比例为 1∶1，可见缺口仍然较大）。[①]

研发辅助岗人才除需要具有相应专业的基本知识之外，还应具备较完整的调测专业知识，如产品研发流程（设计、中试、终试）、测试理论与文档编写、部件与系统性能指标调测、软件与硬件测试等。因此，职业院校在汽车制造类专业的课程设置时应加强专业相关理论与实践训练，以满足企业需求。值得注意的是，目前高职院校中还鲜有开设辅助研发及产品测试等方面专业的。

2. 装调类技术技能人才也比较缺乏

装调类技术技能人才主要指生产及质量管理、自动化生产线运维及产品调试维修等岗位从业人员。随着智能制造技术发展，装调类技术技能人才的工作重心由产品制造操作转变为自动化设备操作、运行管理与维护等，即装调类技术技能人才由单纯"体力型劳动者"逐步向管理与操作并行的"脑力与体力劳动者"方向发展。[②] 如某车型生产线，同时要定制生产 3 种不同配置的车型，就需要现场工程师对该生产线工艺流程按需设计定制。由表 1 得知，到 2025 年高技能人才需求占比将提高到 14%，而一线普通技术工人占比将下降至 25.8%。

智能制造，强调的是机器与人的协同，白领和蓝领的界限不再明显，对单一机器操作和维护要求逐渐降低，自动生产线、智能控制与定制化工艺流程设置与操作重要性明显增强。产业转型升级对人才的知识结构、技术和素质能力提出了新的要求，不再简单追求人数的增加。目前，虽然多数企业对职业院校培养的创新型、综合性、复合型高素质技术技能人才有较高认可度，但汽车类职业院校仍需要结合产业、专业和技术发展情况进一步提升学生的技术、技能等综合能力。

---

① 中国汽车工程学会、中国人才研究会汽车人才专业委员会：《中国汽车产业中长期人才发展研究》，北京理工大学出版社，2018。

② 中国汽车工程学会、中国人才研究会汽车人才专业委员会：《中国汽车产业中长期人才发展研究》，北京理工大学出版社，2018。

三　汽车后市场技术技能人才现状与需求

（一）汽车后市场技术技能人才现状与需求

1. 现状分析

据公安部交通管理局 2020 年 1 月 7 日发布信息，截至 2019 年底，全国汽车保有量达到 2.6 亿辆，其中小型载客汽车保有量 2.2 亿辆，而私家车（私人小微型载客汽车）保有量达到 2.07 亿辆，首次突破 2 亿辆。新能源汽车保有量达 381 万辆，占各类汽车总保有量的 1.46%。

基于近五年的汽车保有量及其增量的统计数据，后市场（含汽车维修、二手车等相关分支）产值不断提高。但与欧美相比，我国汽车后市场的相对规模（单位保有量对应的后市场服务产值）仍处于较低位，发展空间较大。

随着汽车材料、制造工艺的进步，汽车质量有了较大提高，其维修服务模式也发生了较大改变，保养和更换逐步成主流形式，从而对传统维修技术技能的要求逐步降低。汽车后市场服务逐步形成 4S 店、汽车修理厂、连锁服务店"三足鼎立"格局。汽车 4S 店由于维修价格偏高，技术壁垒被突破，市场份额趋于缩小；汽车修理厂（4S 店以外独立经营的维修企业）虽有价格优势，但从业人员技能水平较低，管理不够规范，配件渠道有限；汽车连锁服务近些年来悄然兴起，以社区为中心的 500 米汽车维修养护圈正在逐步形成。

2. 需求分析

（1）人员数量需求

汽车保有量增加，需要更多的后市场服务人员。按照汽车工业发达国家数据统计，汽车保有量与后市场维修服务人数比例约为 30∶1（数据来自美国汽车养护协会发布 2020 年度调研报告）。据此推算，我国汽车后市场维修服务人员需求量应超过 800 万人，而现状是这类从业人员只有约 400 万人；按照每年新增车辆数测算，每年需新增汽车维修类技能人才应在 30 万人以上，而汽车职业教育每年汽车维修类毕业生远赶不上需求，有较大缺口。

根据节能与新能源汽车技术路线图中对 2020 年、2025 年、2030 年新能源汽车销量规划，其后市场从业人员新增数量预测如图 2 所示。2019 年受购车补贴退坡影响新能源汽车销量走低，新增人员需求略有下降。

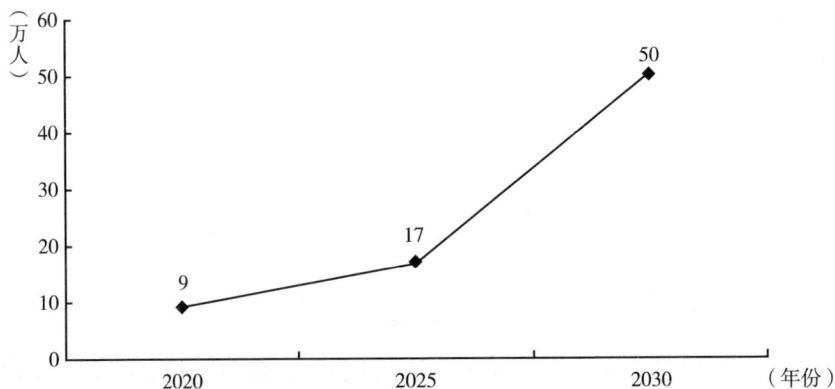

图 2 2020～2030 年新能源汽车新增后市场从业人员预测

（2）综合能力要求

通过走访企业发现，在素质要求方面，企业普遍重视从业者敬业精神、团队协作能力、沟通能力，同时对从业者的劳动观念、工匠精神、职业素养、安全环保意识等方面也提出新的要求。在知识和能力方面，调研院校和企业均反馈职业学校学生现有知识和能力存在一定不足和不匹配，希望加强自主学习能力和意识，拓宽技术技能。随着汽车新技术增加及质量提升、服务模式及市场格局的变化，从业人员除掌握汽车专业知识外，还要具备相应通信、传感、网络数据、智能化知识和使用新设备的能力（新能源汽车维修岗位还应具有高压安全防护、触电急救、"三电"技术能力）并掌握相应非技术能力，如沟通、营销和管理知识（即由 4S 店"一人一岗"转变至连锁服务的"一人多岗"），以适应未来后市场新服务模式发展的需求。

（二）二手车从业人员现状与需求

1. 现状分析

中国汽车流通协会发布的 2019 年二手车数据显示，全年交易量近 1500 万辆，同比增长 7.96%（见图 3），新旧车交易比达 1.7：1；交易金额为 9356.86

亿元，同比增长 8.76%，如图 4 所示，相对 2012 年以来交易规模的增长，增幅有所放缓。相对发达国家二手车市场交易量比新车销量要高来言，还有较大发展空间。

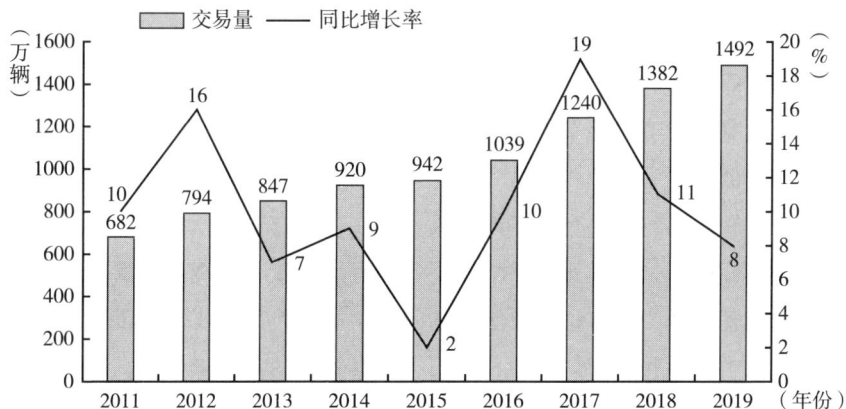

图3　2011～2019 年中国二手车年交易量及同比增长率

资料来源：中国汽车流通协会，http：//www.cada.cn/Data/list_ 86_ 1.html。
注：数据为四舍五入保留整数的结果。

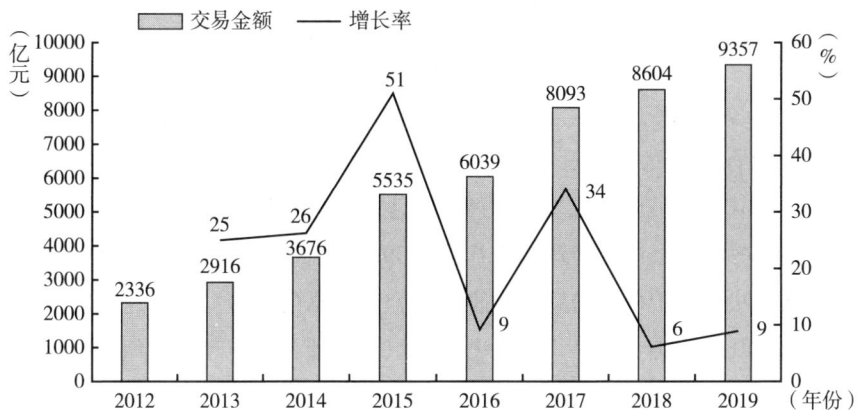

图4　2012～2019 年中国二手车行业交易金额及增长率

资料来源：中国汽车流通协会，http：//www.cada.cn/Data/list_ 86_ 1.html。
注：数据为四舍五入保留整数的结果。

2019 年 4 月国家取消二手车限迁政策，二手车市场进入快速发展期。根据历史数据可以预测，未来 5 年我国二手车市场交易量将保持年均 10% 的增长速度（即 150 万～200 万台/年）。随着网络及通信技术进步，二手车电商平台等线上交易市场快速发展，越来越多的人（首次购车的新手、异地工作临时使用、小企业过渡性使用等）倾向购买二手车。

目前行业主要存在以下问题。第一，从业人员缺口较大。汽车保有量增加，政策放宽，导致二手车交易增量增加，但相应从业人员不足。第二，专业技术能力较低。二手车从业人员专业能力水平普遍较低，有专业学习和培训经历的人员紧缺，制约二手车市场的高质量发展。第三，人才培养缺乏标准。二手车虽是非标产品，但其鉴定评估、整备均有标准流程和规范，因此二手车人才标准化培养成为当前迫切需要解决的问题。第四，市场规范程度不足。现有二手车市场上，行驶与维修信息不透明、不真实，缺乏权威数据，市场规范度不足。

2. 需求分析

（1）人员数量需求

随着我国二手车迁移政策的放宽，二手车流通越来越方便，这使近年来我国二手车交易量逐步上升。目前全国二手车交易市场 1000 多家，从业人员约 100 万人。[①] 参照发达国家二手车从业人员人均月处置 35 辆车，预计从业人员应达 130 万～150 万人。因此，未来 5 年，二手车人才市场需求增量应在 30 万～50 万人，缺口较大。

（2）综合能力要求

二手车从业人员应熟知二手车评估行业政策、法规、规范，具备检查二手车手续是否齐备与合法，对车辆进行静态和动态检查（含事故车检测），合理利用评估方法标注价格并协助进行合法、合规交易的综合能力。这就需要二手车从业人员既要熟悉各种车型，又要具备汽车构造等基本理论知识；既要熟悉新车市场动态，又要掌握检测方式与价格评估知识。

[①] 中国汽车工程学会、中国人才研究会汽车人才专业委员会：《中国汽车产业中长期人才发展研究》，北京理工大学出版社，2018。

（三）汽车美容、改装、回收从业人员现状与需求

汽车美容装饰、改装、回收业务虽然相差较大，但因为三者同属于技术技能范畴，故纳入至一类加以表述，其中汽车改装相对汽车美容和汽车回收而言，专业能力要求更高。

1. 汽车美容装饰从业人员现状与需求

（1）现状分析

20世纪90年代初期，我国汽车美容行业初现，发展势头迅猛，现有汽车美容装饰企业（含初级改装）20余万家[①]，从业人员约200万人（含企业兼顾维修和美容的人员）。在近年出现的汽车服务连锁店中，大多含有美容和初级改装业务。其规范化较前几年有所提升，但仍有大量汽车美容装饰店存在规模较小、设施条件较差、从业人员专业水平较低、工作规范不够等问题。

调研数据显示，超过90%私家车都有一般的美容护理需求，约有30%的中高档车主会定期进行美容和专业护理。2018年汽车养护市场规模突破9000亿元，如图5所示。随着中高档车销量增大，汽车养护市场的服务需求将会进一步增加。

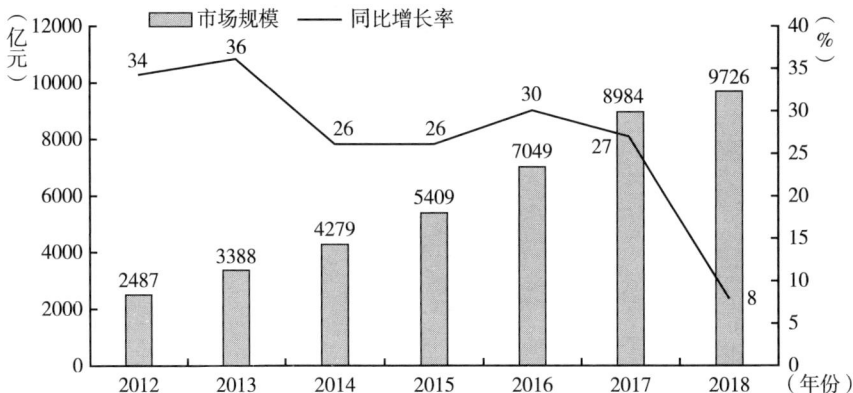

图5　2012～2018年汽车养护市场规模及同比增长率

[①]　2019～2024年中国汽车美容行业市场分析与投资前景评估报告。

（2）需求分析

汽车美容装饰分为常规美容和专业美容，不同项目对从业人员的技能要求差异很大。常规美容从业人员经过简单培训即可上岗，专业美容必须经过专业培训，掌握一定专业技能的人员才能胜任。

随着行业快速发展，新的管理理念、营销方式、技术应用、服务手段不断出现，新岗位、新职业应运而生，从业人员既需要掌握专业知识，如修复翻新、车身涂装、漆面防护等技术，又要具备相应的综合能力，如客户接待和沟通能力等。

2. 汽车改装从业人员现状与需求

（1）现状分析

汽车改装在国内尚属起步阶段，随着汽车的普及，追求个性、时尚生活，具有超前消费观念的"80后""90后"新生代，成为汽车消费主力。近年来，国家汽车改装政策逐渐放开，国际汽车赛事、汽车文化交流也日益增多，汽车改装文化越来越受到年轻人的青睐，出现较大的市场商机。

我国汽车改装市场整体呈稳定快速增长趋势，中国汽车改装市场产值2010年仅仅为543亿元，2014年突破千亿元，2018年达到1631亿元，如图6所示。分析可知，2018年中国汽车改装市场产值是2010年的3倍。伴随汽车改装政策的开放，未来中国汽车改装市场将开拓新的局面。

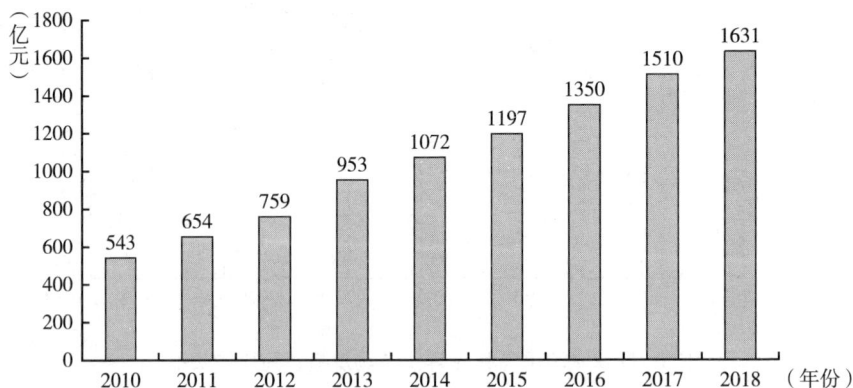

图6 2010～2018年中国汽车改装市场产值

资料来源：前瞻产业研究院：《2021－2026年中国汽车改装行业市场调研与投资预测分析报告》，2019。

目前我国汽车改装车比例还不到汽车保有量的3%，受保有量逐年增加、政策放开、消费群体年轻化、消费需求个性化等因素影响，汽车个性化改装、智能化改装等新兴服务业务将会逐步增长，市场潜力较大。

（2）需求分析

汽车改装分为基本改装、智能改装、结构改装、性能改装四类，不同类别改装对从业人员的专业技能要求也完全不同，尤其是结构及性能改装要求更高，其岗位能力要求如表2所示。从业人员既要对汽车的结构、性能、智能设备非常熟悉，又要有较强的操作技能。基于改装市场的需求分析（2019年产值超过2000亿元），预计未来汽车改装从业人员需求将明显增加。

表2　汽车改装主要岗位能力分析

项目	分类	任职能力要求	任职能力程度
汽车改装	基本改装	能对汽车最基本的设备和部件进行改装和加装，如大灯、音响、隔音、轮胎、轮毂改装、倒车雷达、行车记录仪加装等	中等
	智能改装	能对现有汽车加装智能设备进行加装或改装，如自适应灯光和雨刷、道路偏移、发动机自动启停、自动泊车等	较高
	结构改装	对汽车部分结构进行改装，如底盘升高、非标轮胎、排气管改道、牵引装置、发动机舱防翻滚架等	更高
	性能改装	能对汽车的动力、底盘转向等系统或部件进行改装，如发动机参数调整、悬架系统改装、差速器改装、制动器改装、电动转向改差速转向等	更高

3.汽车回收从业人员现状与需求

（1）现状分析

随着汽车保有量和使用年限增长，绿色环保的汽车报废与回收业务必然成为增长的方向。我国2019年报废汽车已达1384万辆，从事报废汽车回收的企业约有760家，回收网点3200个左右，从业人员约230万人[1]，主要从事报废回收及拆卸、分解、分类等工作，并将可重复利用的总成、配件进行再制造、

---

[1]　智研咨询：《2019－2025年中国报废汽车行业市场需求预测及投资未来发展趋势报告》，2019。

再销售、再利用等，如做成配件、样本、教具等。

报废机动车回收管理办法于 2019 年 6 月 1 日开始实施，允许将具备再制造条件的报废机动车"五大总成"出售给再制造企业，并针对回收、拆解过程制定了更严格的环保规定。因此，未来汽车回收拆解业务逐步向机械化、互联网化、规范化方向发展，整体自动化程度快速提高，技术落后及不规范经营企业将逐步被淘汰出局。由此分析，未来该行业的机械化、自动化、智能化水平将提升，管理更加规范，市场发展前景较好。

（2）需求分析

随着汽车回收报废业务的规范化、专业化发展，行业对相关从业人员的技能提出了相应要求，一类人员需要熟悉汽车结构，具备拆卸、分解、分拣等技术技能；另一类人员需要具有经营与管理（包括对政策的把握，经营线上与线下相融合的回收与处理渠道等）营运能力。前者的技能门槛要求较低，但需求量较大；后者需求量较小，但对人员的素质要求高，人员紧缺，薪酬待遇高。

（四）产业延伸服务从业人员现状与需求

智能及网联技术的融合创新，带来了出行业态和交通服务方式的重大变化，共享出行成为一种新的出行模式。一方面，共享单车、网约（出租）车、顺风车（拼车）、分时租赁、定制公交等多种移动出行方式近年来蓬勃发展，直接促进了对共享出行设备维护和业务运营从业人员需求的增加。另一方面，氢燃料及生物燃料汽车、智能引导车（AGV）、智能网联汽车的推广及普及，催生了汽车产业新兴的延伸服务类岗位，对相关从业人员的需求量也越来越大。

1. 移动出行现状与需求

数据显示，2018 年网约出租车完成客运量约 200 亿人次，占出租车客运总量的 36.3%，这一比例较 2015 年增长了 26.8 个百分点。[①]

交通运输部 2019 年 8 月公布的数据显示，全国网约车每天订单量 2000 万单左右，按照一辆车平均搭载 1.5 人次测算，网约车一天可以解决近 3000 万人次的出行需求。从地域分布来看，网约车用户群体已经覆盖我国大部分地

---

① 国家信息中心分享经济研究中心：《中国共享经济发展年度报告（2019）》，2019 年 2 月。

区，其中经济较为发达的中东部地区使用率较高。从用户年龄结构来看，20～39 岁年龄段的网约车用户比例较高。[①]

（1）现状分析

2018～2019 年，汽车人才研究会面向一汽、上汽、蔚来、小鹏、奔驰、宝马、博世、大陆、通用、福特、航盛、地平线等 96 家知名企业进行了调研。调研数据显示[②]，新兴交通服务行业（共享出行）主要在车辆/设施关键技术、信息交互关键技术（大数据、通信与网络技术、信息安全技术）、基础支撑技术（高精度地图与高精度定位、标准法规、测试评价）等领域存在人才缺口。而且，这些新型人才大多集中于新能源车企、IT 和通信企业，传统汽车企业的缺口较大。

现阶段移动出行行业岗位需求较大的人才有三类：一是核心工程师，主要从事创新技术研究、技术标准制定等工作；二是新能源、智能化、网联化专业人才，主要从事流程规范撰写、运营调度管理、数据处理等工作；三是具有多方面综合能力的技术技能人才，主要从事客户接待和沟通、技术服务、应急处理等工作。

（2）需求分析

2019 年，中国人才研究会汽车人才专业委员会对传统车企（一汽、上汽等）、零部件企业（博世、哈雷、航盛等）、新兴车企（蔚来、小鹏、奇点等）、IT 和通信企业（百度、腾讯、阿里巴巴等）、高等院校内从事智能网联汽车研发、企业管理和教育工作的相关人员进行调研。[③] 数据显示，现阶段该行业从业者的学科背景主要为机械大类（33%）、电气工程与自动化（21%）、计算机（20%）、通信工程（11%）等四大专业类。学历占比上，本科及以上占89.5%，专科及以下占10.5%。其中本科及以上学历从业者主要从事上游技术研发、中游系统集成工作；专科及以下学历从业者主要从事下游应用服务（出行、物流、数据管理等）等服务类工作，高职院校应该加强培养相关专业学生，使其具备出行平台系统搭建、系统运营调度与维护、数据维护管理等能力。

---

① 中国互联网络信息中心，http://www.cnnic.net.cn。
② 中国人才研究会汽车人才专业委员会，2019 年 8 月。
③ 《中国汽车行业智能网联研发人才发展研究》（2.0）。

汽车类职业院校面向移动出行领域的人才培养可针对两大类岗位群的需求进行人才培养定位。第一，运营车辆的日常维护和保养。熟悉智能汽车的结构、保养、维护和修复等相关专业知识，这是以汽车为主线的中高职院校人才培养的重点方向。第二，移动出行系统的运维和管理。该类人才需求主要分为两大类。一是从事移动出行平台（如滴滴、曹操出行等）的调度、运营维护、数据管理等相关工作的从业者。这部分从业人员既需要丰富的汽车专业知识，又需要懂得通信与网络技术、大数据、信息安全、高精度地图与定位、市场营销等多专业相关知识。二是小型平台系统搭建类技术人才（如景区无人观光车、区域无人快递、区域卫生清扫等运营维护）。这部分从业人员需要具备车辆、智能网联技术等多专业复合型知识储备。针对这种情况，部分中高职院校（主要为高职）也已开设相关专业，预计自 2020 年起，将有更多的职业院校开设智能网联汽车技术及相关专业。

目前，已开设相关专业院校分为以车为主线（由原有车辆工程等专业衍生）和以电子技术为主线（由原电子或计算机类专业衍生）两种类型。两者在课程设置、实训手段、就业导向等方面也有所差异。

2. 智能引导车从业人员现状与需求

近年来，智能引导车（Automated Guided Vehicle，AGV）（基于移动平台服务机器人应用）以低速、智能等特点，得到很大应用和发展，如港口无人自动卸货车，景区无人观光车，医院无人消毒车，物流公司智能快递、智能分拣车，马路无人清扫车等，有些智能引导车甚至在军事上也得到越来越多的应用。

（1）现状分析

AGV 自 2010 年进入市场，行业保持快速增长趋势。2013～2019 年销量如图 7 所示，由 2013 年的 2380 台到 2019 年的 33400 台，2019 年市场规模达到61.75 亿元[1]，未来应用领域将大大拓宽（电商、快递、新能源、医疗、服务等），市场发展前景看好。

相对而言，AGV 具有安全低速、区域特定、任务特别三个特点，正好

---

[1] 中国移动机器人联盟、新战略机器人产业研究所，2020 年 2 月，https://www.sohu.com/a/376829238_ 115035。

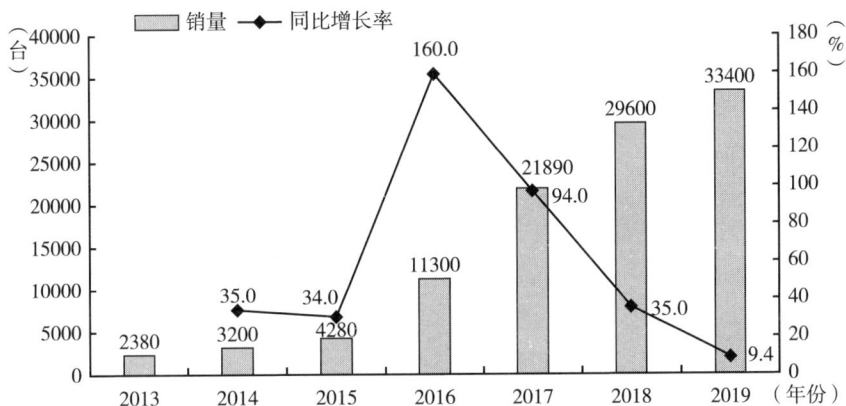

图7　2013～2019年智能引导车销量及同比增长率

可以解决无人驾驶汽车目前难以大规模商业应用的困难。

（2）需求分析

随着AGV向智能化、自动化、高精度化、集群化等方向发展，感知识别、网络通信、控制系统等先进技术不断提高，应用愈加广泛，从业人员不仅要掌握传统汽车专业知识，还要具备多学科新技术综合能力。因此，职业院校开设智能网联汽车及相关专业时，应涉及AGV技术运用与维护、小型车系统设计、运营调度相关课程内容，这将有效提升该专业学生就业竞争力。

3.充电桩换电站人才需求和现状

（1）现状分析

截至2019年底，全国公共充电桩和私人充电桩总保有量为121.9万个①，2020年充电桩将达到450万个，充换电站数量将达到1.2万个②，需要大量的充电桩维修维护从业人员。按照每站配备4～6名人员，充换电站从业人员需求量预计在5万名左右。根据国家新能源发展规划，充电设备的安装将大大提速，因此安装、运维人员的需求量将大幅增加，职业院校汽车类专业应加大对该类技术技能型人才的培养力度。

---

① 中国电动充电基础设施促进联盟：《充电桩运营数据》，2019年12月。
② 国家能源局：《电动汽车充电基础设施建设规划》，2016年4月。

（2）需求分析

从业人员应具备扎实的电子技术基础知识、新能源汽车相关知识，懂得充电桩相关工作原理及高压电、低压用电相关安全知识，同时必须考取相关电工资格证。具备上述能力的高素质技术技能人才将会受到企业的重视和欢迎。

教育改革与发展

ℝ.4
汽车职业教育发展现状

周勇　刘海峰　孙海波　侯朋朋*

一　中等职业学校汽车类专业设置基本情况

（一）基础数据

1. 大类专业设置基础数据

为了推动信息技术与制造业深度融合，服务智能制造、新能源汽车等产业发展，2017年教育部组织开展了《中等职业学校专业目录（2010）》（职教成〔2010〕4号）（以下简称《中职专业目录》）修订工作，研究并确定增补46个新专业。其中新增设的两个汽车类专业为新能源汽车装调与检修专业和新能源汽车维修专业。《中职专业目录》中汽车类专业及对应所属专业大类情况如表1所示。①

---

* 周勇，常州工程职业技术学院；刘海峰，山东交通技师学院；孙海波，常州工程职业技术学院；侯朋朋，山东交通技师学院。

① 本文中等职业教育部分后续图表中所展示的各专业统计数据均以此表所列专业为依据。

表 1   中等职业学校汽车类专业目录

专业名称	专业代码	专业类别
汽车运用与维修	082500	08 交通运输类
汽车车身修复	082600	08 交通运输类
汽车美容与装潢	082700	08 交通运输类
汽车整车与配件营销	082800	08 交通运输类
汽车制造与检修	051700	05 加工制造类
汽车电子技术应用	051800	05 加工制造类
新能源汽车维修	083400	08 交通运输类
新能源汽车装调与检修	053700	05 加工制造类

资料来源：教育部网站（http：//www. moe. gov. cn/）。

目前，中等职业学校（简称中职学校）汽车类专业共有 8 个，主要分布在交通运输大类和加工制造大类两个专业类别，分别为汽车运用与维修、汽车车身修复、汽车美容与装潢、汽车整车与配件营销、汽车制造与检修、汽车电子技术应用、新能源汽车维修和新能源汽车装调与检修。其中交通运输类专业有 5 个，加工制造类专业有 3 个。新增加的新能源汽车维修（专业代码 083400）属于 08 交通运输类；新增加的新能源汽车装调与检修（专业代码 053700）属于 05 加工制造类。

中等职业学校专业设置主动服务经济提质增效、产业转型升级、制造强国建设、"一带一路"建设、"互联网＋"行动等，以适应新技术、新产品、新业态、新商业模式催生的新职业（群）的需要。新增设的两个汽车类专业——新能源汽车维修专业和新能源汽车装调与检修专业，也是国家新能源战略发展汽车工业的体现。

2019 年，中国汽车工程学会采用调查问卷方式对全国中高职院校、在校生和毕业生开展了随机抽样调查，调研问卷分为定量问卷、定性问卷、在校生问卷和毕业生问卷四种类型。回收中职组有效定量问卷 186 份，有效定性问卷 187 份，有效在校生问卷 754 份，有效毕业生问卷 564 份；后面涉及中等职业学校的各类统计数据均来自本次抽样调研数据。

交通运输类和加工制造类两个专业类别在 2016 年和 2019 年招生比例如图 1 所示。2016 年中等职业学校汽车类专业总招生人数中，隶属于加工制造大类的占30%，隶属于交通运输大类的占70%；2019年上述数据分别为29%和71%，隶属于交通运输大类的汽车相关专业招生人数的相对比例略有增加。可见，交通运输大类汽车相关专业培养了大部分的中职汽车类专业毕业生。

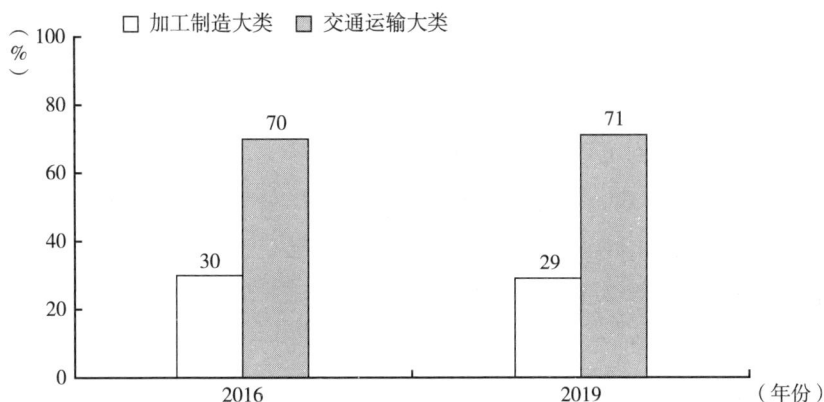

图1　2016年和2019年中等职业学校专业大类占汽车类专业总招生人数比重

资料来源：根据中国汽车工程学会调研数据（2019）绘制。

2. 规模基础数据

从中等职业学校汽车类专业基础数据（见表2）可以看出，在专业数量上，每所中等职业学校平均设置专业数达16.2个，其中汽车类专业占比15%，即平均每所中等职业学校汽车类专业达到2~3个；从在校学生人数来看，每所中等职业学校平均在校生达到4614人，其中汽车类专业学生数占比也达到15%，即每所中等职业学校汽车类专业平均在校生有692人。

表2　中等职业学校汽车类专业基础数据

平均设置 专业数（个）	平均汽车类 专业占比（%）	平均 在校生数（人）	平均汽车类 专业学生数占比（%）
16.2	15	4614	15

资料来源：中国汽车工程学会调研数据（2019）。

平均每所学校汽车类专业占比和在校生占比均达到15%，由此可以看出由于汽车产业是国民经济的支柱产业，汽车普及程度逐年增高，产品的使用日益广泛，职业需求数量大，技术性、知识性较强的汽车类专业得到了社会和家庭的普遍认可。

（二）开设汽车类专业学校数据

在 8 个汽车类专业中，2016 年和 2019 年开设各专业的学校数与调研学校总数的比例关系如图 2 所示。3 年间，8 个汽车类专业开设学校的数量占比都不同程度地增长。其中增长幅度最为明显的是新能源汽车维修专业，由 2016 年占比 8.43% 增加到了 2019 年的 25.57%，增加了 17.14 个百分点。主要原因是随着新能源汽车的推广和普及，社会对新能源汽车专业人才的需求也越来越大。教育部调整专业目录后，开设新能源汽车维修专业的学校数量也随着社会对新能源汽车人才需求量的增大而大幅增加。

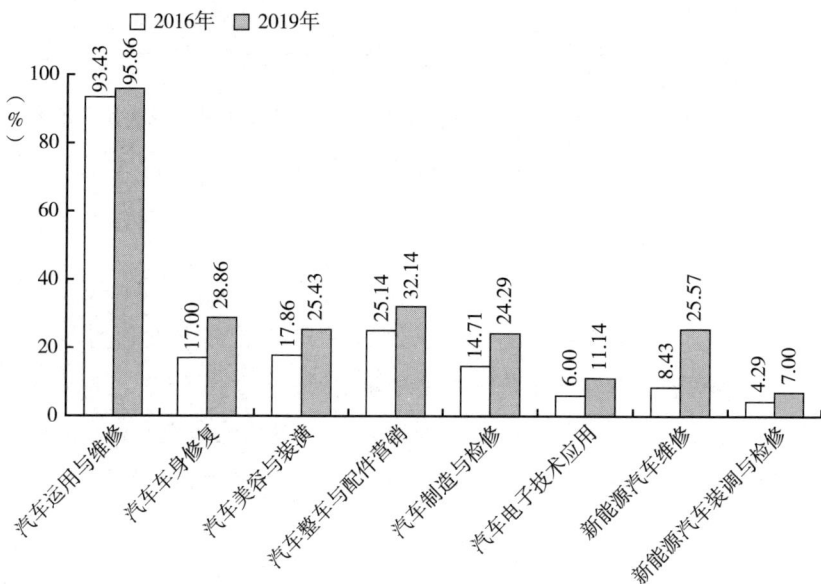

图 2　2016 年和 2019 年中等职业学校含汽车类专业学校数占比

资料来源：根据中国汽车工程学会调研数据（2019）绘制。

汽车运用与维修专业一直为开设学校数最多的专业，该专业在 2016 年和 2019 年中等职业学校含汽车类专业学校中占比高达 93.43% 和 95.86%。由此可见，汽车运用与维修专业是中职汽车类专业的传统专业，开设该专业的学校比例相较于其他汽车类专业的学校比例是最高的。

汽车车身修复专业和汽车制造与检修专业所占比重增幅也较大，仅次于增幅最大的新能源汽车维修专业，分别由 2016 年的 17% 和 14.71% 增加到 2019 年的 28.86% 和 24.29%，增幅均在 10 个百分点左右。这一数据增长的原因在于社会对车身修复和汽车制造与检修人才需求量增加。随着汽车保有量连年增加，车身修复行业将会有更大的市场；社会对于汽车制造和检修人员的需求也随着汽车生产数量的增加而增长，但近年来汽车生产开始下降或转稳，预计该专业毕业生的需求不会再明显增长。

汽车美容与装潢专业、汽车整车与配件营销专业、汽车电子技术应用专业和新能源汽车装调与检修专业所占比重，分别由 2016 年的 17.86%、25.14%、6% 和 4.29%，增长到 2019 年的 25.43%、32.14%、11.14% 和 7%，增幅分别为 7.57 个、7 个、5.14 个和 2.71 个百分点。这些专业的增幅随着汽车市场的扩大也在增加，社会对于此类人才的需求量不同导致专业增幅比例不同。

二 高职院校汽车类专业设置基本情况

相对于普通高等教育培养学术型人才而言，高等职业教育偏重于培养高等技术应用型人才。高等职业教育在我国大陆地区主要是专科层次，经教育部批准亦有部分国家示范性高等职业院校（简称高职院校）建设单位从 2008 年秋季开始举办四年制本科教育。教育部"高等职业院校人才培养工作状态数据采集与管理系统"数据显示，2016 年全国高等职业院校共有 1303 所，2019 年共有 1359 所，三年增加了 56 所，全国各省（区、市）以及新疆生产建设兵团高职院校分布情况如表 3 所示。

表 3　2019 年全国高等职业院校分布情况统计

单位：所

序号	省（区、市）	数量	示范（骨干）国家级			示范（骨干）省市级			其他
			合计	其中		合计	其中		
				示范	骨干		示范	骨干	
1	北京市	25	6	4	2	6	6	0	13
2	天津市	23	6	3	3	10	10	0	7
3	河北省	59	8	4	4	11	11	0	40
4	山西省	49	4	2	2	13	13	0	32

序号	省（区、市）	数量	示范(骨干)国家级			示范(骨干)省市级			其他
			合计	其中		合计	其中		
				示范	骨干		示范	骨干	
5	内蒙古自治区	34	4	2	2	13	13	0	17
6	辽宁省	43	7	4	3	16	16	0	20
7	吉林省	26	4	4	0	7	7	0	15
8	黑龙江省	42	7	4	3	12	2	10	23
9	上海市	21	4	2	2	6	6	0	11
10	江苏省	89	16	8	8	27	27	0	46
11	浙江省	47	12	7	5	11	11	0	24
12	安徽省	72	8	3	5	13	13	0	51
13	福建省	50	6	2	4	12	12	0	32
14	江西省	53	5	1	4	10	10	0	38
15	山东省	75	13	6	7	17	17	0	45
16	河南省	73	8	5	3	22	21	1	43
17	湖北省	58	9	4	5	8	8	0	41
18	湖南省	70	8	5	3	33	29	4	29
19	广东省	86	11	4	7	16	16	0	59
20	广西壮族自治区	37	5	2	3	9	9	0	23
21	海南省	13	2	1	1	0	0	0	11
22	重庆市	40	6	3	3	8	5	3	26
23	四川省	72	11	6	5	19	19	0	42
24	贵州省	40	2	1	1	8	8	0	30
25	云南省	47	3	2	1	14	6	8	30
26	西藏自治区	2	1	1	0	0	0	0	1
27	陕西省	38	6	3	3	12	12	0	20
28	甘肃省	27	5	2	3	3	3	0	19
29	青海省	8	2	1	1	1	1	0	5
30	宁夏回族自治区	10	3	2	1	1	1	0	6
31	新疆维吾尔自治区	25	4	3	1	5	5	0	16
32	新疆生产建设兵团	5	1	1	0	0	0	0	4
	合计	1359	197	102	95	343	317	26	819

资料来源：高等职业院校人才培养工作状态数据采集与管理系统。

为贯彻落实全国职业教育工作会议精神和《国务院关于加快发展现代职业教育的决定》（国发〔2014〕19号），进一步扩大省级政府教育统筹权和学校办学自主权，引导高等职业学校科学合理设置专业，促进高等职业教育人才培养与经济社会发展实际需要更好地吻合，教育部对现行的《普通高等学校高职高专教育专业设置管理办法》和《普通高等学校高职高专教育指导性专业目录》进行了修订，形成了《普通高等学校高等职业教育（专科）专业设置管理办法》和《普通高等学校高等职业教育（专科）专业目录（2015年）》（教职成〔2015〕10号）（以下简称《高职专业目录》），目前全国高职院校均按此《高职专业目录》设置专业和招生。《高职专业目录》设置了"专业方向举例""主要对应职业类别""衔接中职专业举例""接续本科专业举例"等四项内容，共分农林牧渔大类、装备制造大类、交通运输大类、电子信息大类、财经商贸大类等19个专业大类；并按专业大类进一步划分为99个专业类和747个专业，列举专业方向749个，主要对应职业类别291个，衔接中职专业306个，接续本科专业344个。在《高职专业目录》中，汽车类相关专业目录（清单）及对应专业大类情况见表4。

表4　高等职业教育院校汽车类专业目录

序号	专业名称	专业代码	所属大类	专业类别
1	汽车制造与装配技术	560701	56 装备制造大类	5607 汽车制造类
2	汽车检测与维修技术	560702	56 装备制造大类	5607 汽车制造类
3	汽车电子技术	560703	56 装备制造大类	5607 汽车制造类
4	汽车造型技术	560704	56 装备制造大类	5607 汽车制造类
5	汽车试验技术	560705	56 装备制造大类	5607 汽车制造类
6	汽车改装技术	560706	56 装备制造大类	5607 汽车制造类
7	新能源汽车技术	560707	56 装备制造大类	5607 汽车制造类
8	汽车运用与维修技术	600209	60 交通运输大类	6002 道路运输类
9	汽车车身维修技术	600210	60 交通运输大类	6002 道路运输类
10	汽车运用安全管理	600211	60 交通运输大类	6002 道路运输类
11	新能源汽车运用与维修	600212	60 交通运输大类	6002 道路运输类
12	汽车智能技术	610107	61 电子信息大类	6101 电子信息类
13	汽车营销与服务	630702	63 财经商贸大类	6307 市场营销类

资料来源：教育部网站（http://www.moe.gov.cn/）。

（一）基础数据

1. 专业大类规模基础数据

目前高等职业院校共设置汽车类专业13个，主要分布在装备制造大类、交通运输大类、电子信息大类和财经商贸大类等四个学科大类，2016年和2019年四个学科大类的汽车类专业开设院校数和在校生人数如表5所示。装备制造大类开设汽车类专业院校数2019年与2016年相比增加了112所，在校生数增长3.79万人；交通运输大类开设汽车类专业院校数2019年与2016年相比增加了51所，在校生人数增加1.49万人。上述两个大类中，开设汽车类专业的学校数量和汽车类专业的在校生数量均呈增长态势。

表5　2016年和2019年专业大类中开设汽车类专业院校数和在校生数

单位：所，人

专业大类	年份	开设院校数	在校生人数
装备制造大类	2016	567	245823
	2019	679	283730
交通运输大类	2016	200	42075
	2019	251	56927
电子信息大类	2016	5	411
	2019	33	1314
财经商贸大类	2016	488	72830
	2019	508	50182

资料来源：高等职业院校人才培养工作状态数据采集与管理系统。

目前电子信息大类中的汽车类专业只有一个汽车智能技术专业，2016年仅有5所学校开设，至2019年已经有33所院校开设，在校生规模也保持同步增长。随着信息化、智能化技术与设备在汽车上的广泛应用，汽车智能方面的应用性人才需求日渐增加，开设此专业的高职院校逐年增加，这也反映了专业调整是与行业和社会人才需求相对应的。

财经商贸大类的汽车营销与服务专业，2019年与2016年相比，虽然开设院校数增加了20所，但在校生人数减少了2.27万人，主要原因是目前该专业人才培养目标、课程内容与日益变化的汽车营销模式和人才需求之间存在偏差。

2. 规模基础数据

2016年和2019年13个汽车类专业开设院校数和在校生人数统计见表6。

依据教育部对原专业目录修制订（合并、更名、保留）和专业大类分布，将 2016 年 19 个汽车类专业归属对应至 2019 年 13 个汽车类专业，图表中所示 2016 年 13 个专业开设院校数和在校生人数均为相应原专业的在校生人数总和。汽车制造与装配技术专业对应原汽车制造与装配技术和汽车摩托车零部件制造专业，汽车运用与维修技术专业对应原汽车运用技术和汽车运用与维修专业，汽车车身维修技术专业对应原汽车整形技术专业，新能源汽车技术专业对应原新能源汽车技术专业（交通运输大类），新能源汽车运用与维修专业对应原新能源汽车维修技术专业（制造大类），汽车营销与服务专业对应原汽车技术服务与营销、汽车营销与维修、汽车服务与管理、二手车鉴定与评估和汽车定损与评估等 5 个专业，汽车运用安全管理专业为 2016 年之后新增设专业，其他专业均为保留专业。

表 6　2016 年和 2019 年汽车类专业开设院校数和在校生人数

单位：所，人

专业名称	年份	开设院校数	在校生人数
汽车制造与装配技术	2016	143	26391
	2019	176	25076
汽车检测与维修技术	2016	497	185380
	2019	569	186927
汽车电子技术	2016	248	32222
	2019	266	27878
汽车造型技术	2016	1	147
	2019	1	178
汽车试验技术	2016	1	255
	2019	2	196
汽车改装技术	2016	11	603
	2019	16	761
新能源汽车技术	2016	27	2486
	2019	344	42714
汽车运用与维修技术	2016	144	24542
	2019	186	44106
汽车车身维修技术	2016	82	7573
	2019	87	8248

专业名称	年份	开设院校数	在校生人数
汽车运用安全管理	2016	0	0
	2019	1	38
新能源汽车运用与维修	2016	20	825
	2019	44	4535
汽车智能技术	2016	5	411
	2019	33	1314
汽车营销与服务	2016	488	72830
	2019	508	50182

资料来源：高等职业院校人才培养工作状态数据采集与管理系统。

（二）开设汽车类专业院校数据

13 个汽车类专业中，2016 年和 2019 年各专业开设院校数与开设汽车类专业院校总数的比例关系如图 3 所示。

汽车制造与装配技术专业、汽车造型技术专业和汽车试验技术专业主要是面向汽车前市场，其中开设汽车制造与装配技术专业的学校占比由 2016 年的 8.7% 下降至 7.9%，而汽车造型技术专业和汽车试验技术专业 2016 年均只有 1 所高职院校开设，2019 年开设的高职院校分别为 1 所和 2 所，数量极少。这三个专业之所以呈现"不兴旺"态势，其原因可能是汽车制造与装配技术专业虽然具有一定的市场需求，但由于该专业主要侧重于汽车生产技能，毕业生多数就职于汽车制造车间的生产线或流水线岗位，劳动强度相对较大，而个人提升空间相对较小，所以高职学生的报考热情不高；而汽车造型技术专业和汽车试验技术专业对于学生的专业理论知识要求较高，社会需求主要面向本科及以上层次的毕业生，所以开设这类专业的高职院校非常少。

除以上三个服务于前市场（制造端）的专业外，其他 10 个专业都是服务于汽车后市场（应用服务端）的。开设这 10 个专业的学校总占比（指占举办汽车类专业的学校总数的比重）达到 92% 左右，其中占比最高的两个专业是汽车检测与维修技术专业和汽车营销与服务专业，但是这两个专业的占比由 2016 年的 30.3% 和 28% 分别下降为 2019 年的 25.4% 和 22.7%。一方面，是

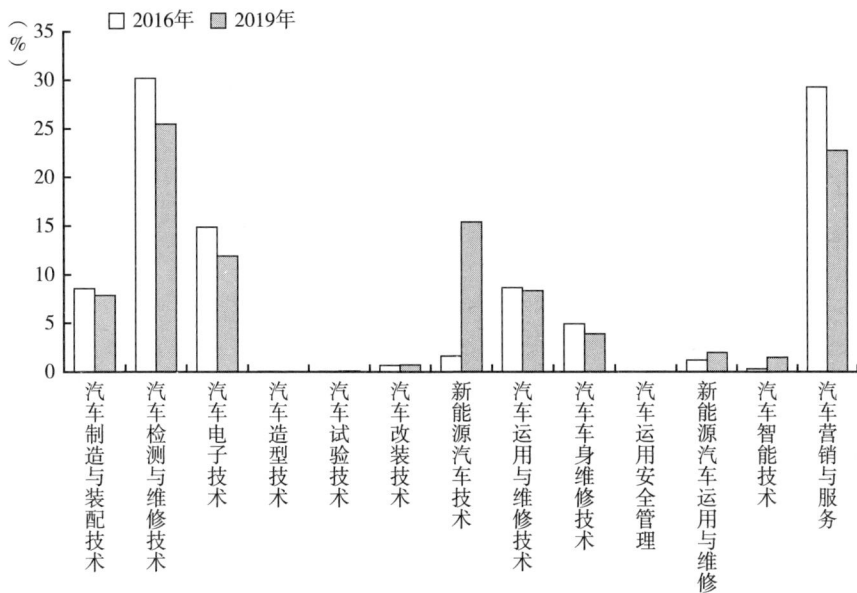

图3　2016 年和 2019 年开设汽车类各专业院校数占比

资料来源：根据高等职业院校人才培养工作状态数据采集与管理系统数据绘制。

因为这两个专业是汽车类高等职业教育的传统专业，学生和举办学校的数量规模基数大，就业岗位逐渐趋于饱和；另一方面，新能源汽车人才需求的不断增加以及汽车营销人才培养目标与市场对汽车营销人才需求之间的差异也是重要原因。

开设汽车电子技术、汽车运用与维修技术和汽车车身维修技术3个专业的学校占比一直落后于开设汽车检测与维修技术和汽车营销与服务专业的，且呈现微降态势。究其原因，汽车电子技术专业由于定位不是特别清晰，且专业理论相对难学，所以在高等职业学生中的欢迎度在下降，导致开设院校数下降；至于汽车运用与维修技术专业和汽车车身维修技术专业，由于更多地侧重于技能操作，"劳务"含量有余，"技术"含量相对不足，对考生的吸引力不够，高等职业学生填报志愿的热情不高，所以开设院校数量也逐渐减少。

统计数据中变化比较大的两个专业是新能源汽车技术和汽车智能技术。新能源汽车技术专业开设院校数由 2016 年的 27 所，猛增到 2019 年的 344 所；

汽车智能技术专业也由 5 所增加到 33 所。其原因可能是，近些年随着国家对新能源汽车的政策扶持，新能源汽车保有量迅猛增长，相应的后市场人才需求量也大幅增长，专业对学生的吸引力强，所以开设院校数激增。与此同时，近年来国家也加大了对汽车智能技术的推广和应用，所以相应的专业开设院校数也有了较快增长，而且可以预测后续增长的势头会更猛。这些情况都说明国家宏观政策引导和汽车科技自身发展对高职生源和专业建设的导向作用非常明显。

（三）开设汽车类专业院校的区域①分布

汽车制造与装配技术专业开设院校各地区分布如图 4 所示。总体来看，2016 年与 2019 年相比呈现稳步上升的趋势，其中华中地区增长最多，新增学校达 11 所，这与该专业大多毕业生在当地汽车制造企业就业机会增加有关，近年来有多家大型车企在湖北和湖南投资总装企业以扩大产能；而东北地区的汽车制造业是当地经济的重要支柱产业，华东和华北地区因为汽车制造业比较发达，而且就业区域吸引力强，因此这三个地区开设汽车制造与装配技术专业的院校相对较多。相比较而言，华南虽然也是汽车制造大区，但这一区域的劳动力主要依靠外来农民工，本地青年学生就读该专业意愿不足；而西南、西北地区，除重庆外，当地的汽车制造产业不够发达，因此汽车制造与装配技术专业的开设院校也就相对较少。

图 5、图 6 显示汽车检测与维修技术和汽车电子技术两专业开设院校数量。华东地区由于经济发达，人口规模大，汽车的社会保有量高，所以一直是汽车职业教育的领先地区，因此这两个专业的开办学校数量相对其他地区要多。

13 个汽车类专业中，汽车运用安全管理专业是 2015 年高职高专院校专业目录中新增设的专业，2016 年没有院校开设，2019 年也只有华东地区 1 所学校开设；而汽车造型技术专业和汽车试验技术专业因社会需求量较小以及专业性要求高，开设院校数相对较少，2019 年也仅有华东和东北地区的两所院校开设。

---

① 这里涉及的区域为我国大陆地区的华北、东北、华东、华中、华南、西南和西北等七个大地区的 31 个省、自治区、直辖市以及新疆生产建设兵团，暂不包括台湾地区、香港特别行政区和澳门特别行政区。

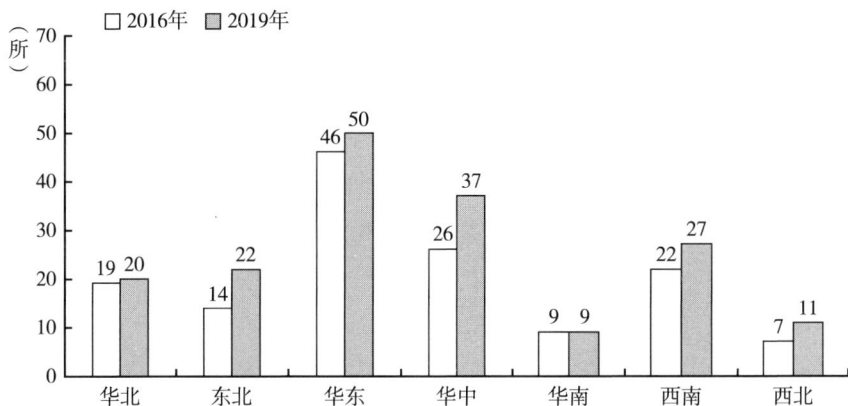

图4　2016年和2019年汽车制造与装配技术专业各地区开设院校数

资料来源：根据高等职业院校人才培养工作状态数据采集与管理系统数据绘制。

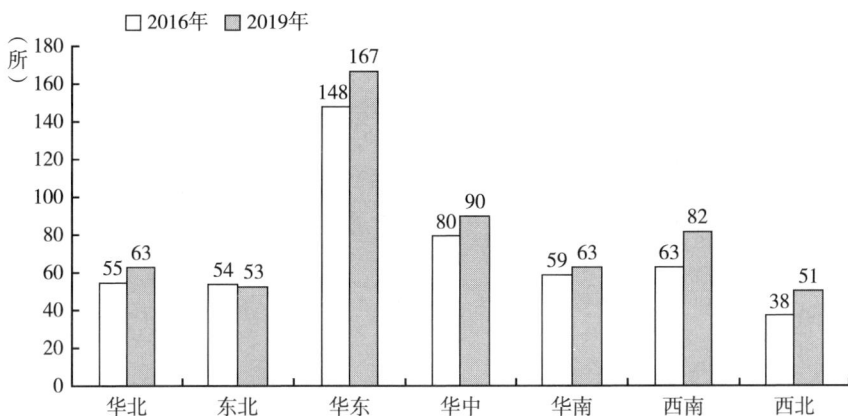

图5　2016年和2019年汽车检测与维修技术专业各地区开设院校数

资料来源：根据高等职业院校人才培养工作状态数据采集与管理系统数据绘制。

汽车改装技术专业开设院校各地区分布如图7所示，2016年全国有11所院校开设，但华北、东北、华南地区没有院校开设；2019年有16所院校开设，全国仅华北地区没有院校开设。这表明随着汽车改装行业的兴起和市场规模的扩大，相应的专业技术人员需求也在增长。至于各区域开设汽车改装技术专业院校分布的不均衡，主要是由于该专业属于新兴专业，不同区域的学校对这个专业的认识程度不一致等。

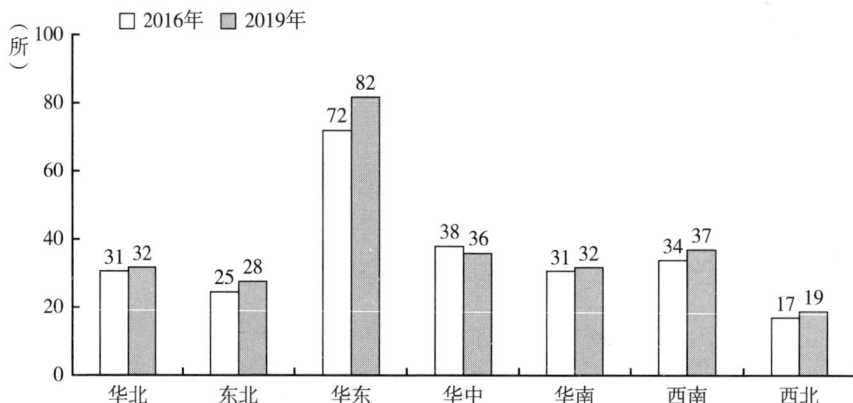

图6　2016年和2019年汽车电子技术专业各地区开设院校数

资料来源：根据高等职业院校人才培养工作状态数据采集与管理系统数据绘制。

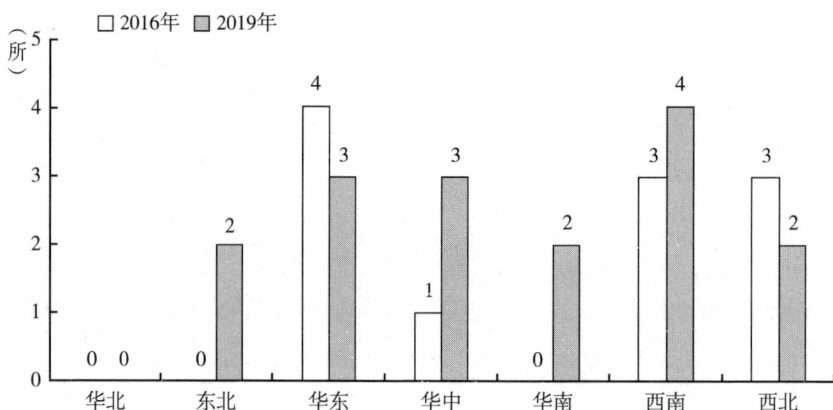

图7　2016年和2019年汽车改装技术专业各地区开设院校数

资料来源：根据高等职业院校人才培养工作状态数据采集与管理系统数据绘制。

新能源汽车技术专业开设院校数在近三年的增速最快。如图8所示，2016年全国仅有27所院校开设，而到2019年则增至344所，3年增长近12倍，其中华东和华中地区分别达到了94所和72所学校。开设该专业院校数量猛增的原因，或与国家近年来在新能源汽车领域的扶植政策和宣传力度息息相关，在国家宏观政策下，新能源汽车产量和销售量快速增长，这就促使越来越多的高职院校着重培养新能源汽车制造、维修保养等领域的新型专业技术技能人才。

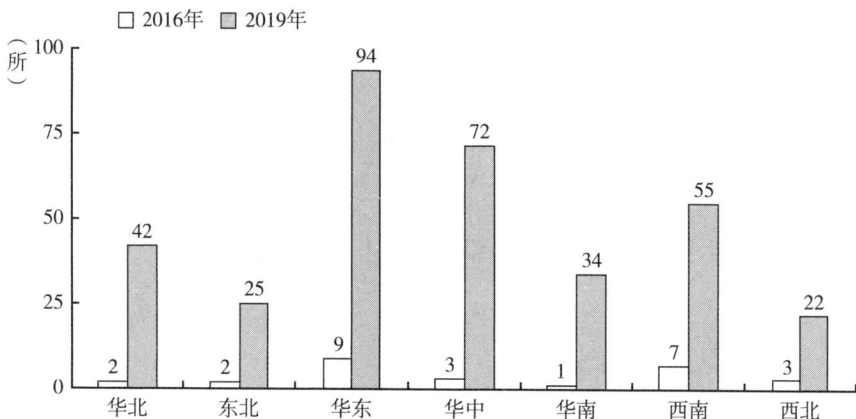

图 8　2016 年和 2019 年新能源汽车技术专业各地区开设院校数

资料来源：根据高等职业院校人才培养工作状态数据采集与管理系统数据绘制。

　　汽车运用与维修技术专业开设院校数各地区分布如图 9 所示。2016 年数据为原交通运输大类的公路运输类中的汽车运用技术专业开设院校数，2019 年与 2016 年相比，增加了 42 所开设院校，其中西南地区增加了 15 所，华北、东北和华中地区也有明显增加。这个专业属于高职汽车类传统专业，其举办学校的区域分布跟各个区域的经济体量和汽车保有量基本保持一致。

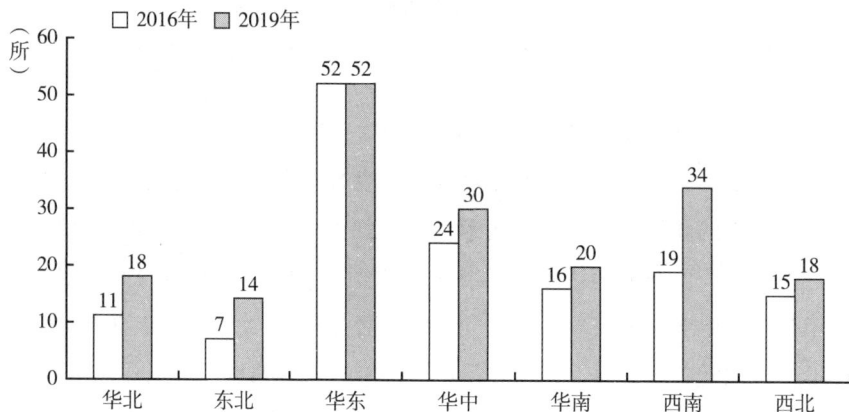

图 9　2016 年和 2019 年汽车运用与维修技术专业各地区开设院校数

资料来源：根据高等职业院校人才培养工作状态数据采集与管理系统数据绘制。

汽车车身维修技术专业开设院校数各地区分布如图 10 所示。该专业在 2015 年专业目录中划定在交通运输大类的道路运输类中，而在之前的专业目录中并没有该专业，与之对应的是制造大类的汽车类中的汽车整形技术专业，因此图 10 中所示的 2016 年各地区开设院校数实际为汽车整形技术专业开设情况，2019 年则为汽车车身维修技术专业开设情况。相比之下，2016 年和 2019 年开设院校基本持平。该专业毕业生受到用人单位青睐，但由于工作环境相对恶劣，学生就读意愿不强。

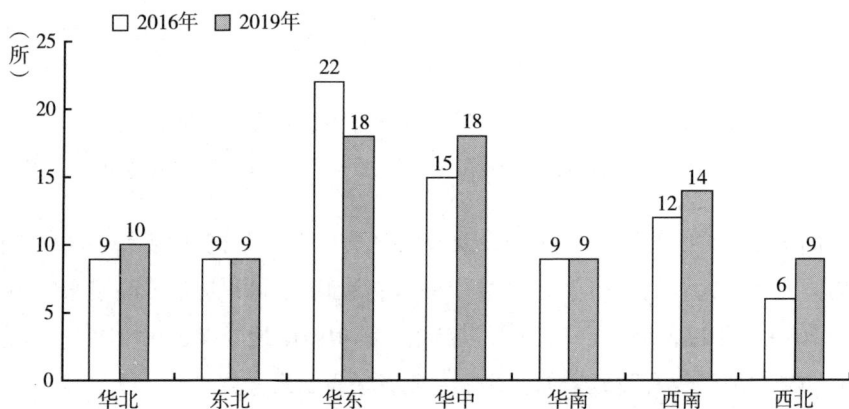

图 10　2016 年和 2019 年汽车车身维修技术专业各地区开设院校数

资料来源：根据高等职业院校人才培养工作状态数据采集与管理系统数据绘制。

新能源汽车运用与维修专业在 2015 年专业目录中划定在交通运输大类的道路运输类中，在之前使用的专业目录中并没有该专业，与之对应的是制造大类的汽车类中的新能源汽车维修技术专业。如图 11 所示，2016 年各地区开设院校数量实际为原新能源汽车维修技术专业开设情况，2019 年则为新能源汽车运用与维修专业开设情况。2016 年有 20 所院校开设，2019 年则有 44 所院校开设，说明随着新能源汽车保有量增长，其售后维修和保养人员需求同步增长，而且该专业毕业生社会存量少，全社会对这个专业毕业生的需求比较旺盛，这促使开设新能源汽车运用与维修专业的学校数量在三年间成倍增长。

汽车智能技术专业开设院校数各地区分布如图 12 所示。2016 年是教育部同意该专业招生的第一个年份，当年全国仅有 5 所院校开设该专业，至 2019

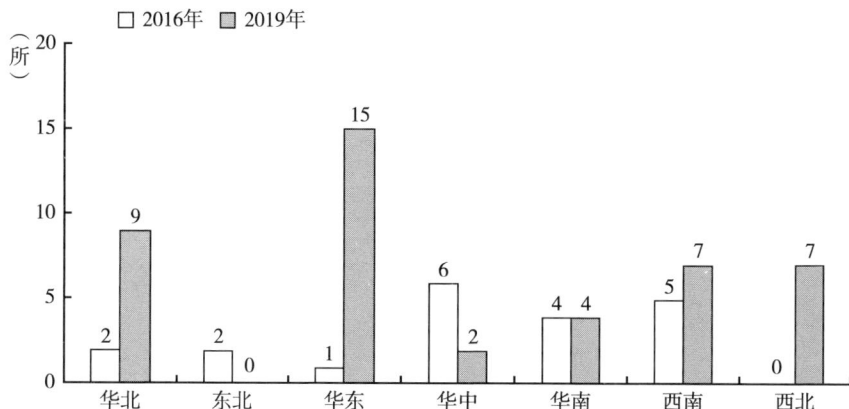

图 11　2016 年和 2019 年新能源汽车运用与维修专业各地区开设院校数

资料来源：根据高等职业院校人才培养工作状态数据采集与管理系统数据绘制。

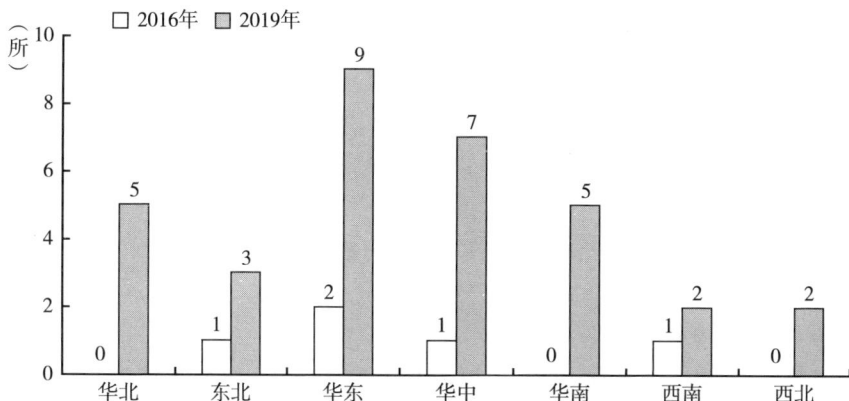

图 12　2016 年和 2019 年汽车智能技术专业各地区开设院校数

资料来源：根据高等职业院校人才培养工作状态数据采集与管理系统数据绘制。

年有 33 所院校开设。该专业属于电子信息大类中的电子信息类专业，从人才培养方案的培养目标和开设的专业核心课程来看，其更加聚焦于汽车的电子控制系统专业目标定位，与传统汽车类专业人才需求存在明显差异。随着汽车信息化、智能化技术的快速发展，从事汽车电子元器件及其系统的安装调整、维修保养、诊断检测等专门作业的人才成为紧俏的人力资源，因此汽车智能技术专业开设院校数的增长是必然现象。

汽车营销与服务专业开设院校数各地区分布如图 13 所示。该专业是近年来变化调整较为复杂的一个专业，因专业调整归并，至 2019 年汽车营销类专业仅有财经商贸大类中汽车营销与服务专业。与 2016 年相比，2019 年该专业开设院校数仅增加了 20 所，增幅不大，该专业在校生人数却减少了近 2.27 万人。结合"高职发展智库"2019 年发布的数据，发现近三年撤销备案专业的 TOP 20 专业名单中，汽车营销与服务专业连续两年位居撤销榜榜首。

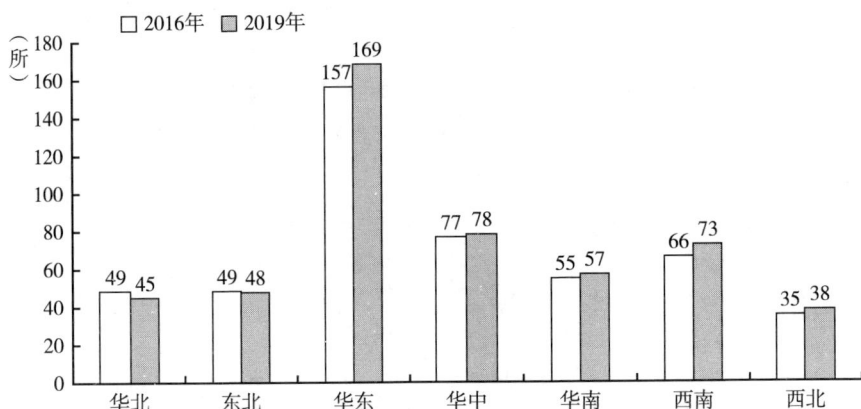

图 13　2016 年和 2019 年汽车营销与服务专业各地区开设院校数

资料来源：根据高等职业院校人才培养工作状态数据采集与管理系统数据绘制。

专业撤销和学生人数减少的原因虽然是多方面的，但总体而言与专业不符合社会发展和市场需要、专业重置率高以及生源认知程度等因素有关。一些曾经热门的专业（如原汽车技术服务与营销专业）被撤销，折射出高职专业设置时，盲目追赶时髦、追求专业大而全是有问题的。

近年来，汽车营销服务智能化、大数据营销、电子商务、互联网营销等新型汽车营销方式和汽车营销业态的快速发展，对汽车营销服务人员已经有了新的更高的专业化的技能要求。该专业归并到财经商贸大类后，由依托传统纯商科性质的市场营销专业演化成新的"汽车营销与服务"专业，丢掉了原来在制造大类中"技术＋市场"的技术优势，人才培养定位与专业核心课程设置不能让学生获得核心职业能力，毕业生不具备汽车技术和产品知识，导致了毕业生不能较好满足汽车营销服务行业需求，因此报考人数出现下降，专业被撤销案例增加。同时，由教育部主办的全国职业院校技能大赛从 2017 年起暂停举办高职汽车营销赛项，也对该专业开设产生一定负面影响。

综上所述，华东地区在所有汽车类高职专业中均居于规模最大的地位，也是新兴专业增加最多的区域，这与其经济社会发展程度高和汽车职业教育强区的地位是相称的；而汽车类高职专业在其他区域的发展情况，则与各区域的经济社会发展水平、汽车产业特色和社会保有程度密切相关，发展表现各有千秋。

三　中等职业学校汽车类专业招生就业基本情况

（一）基础数据

1. 招生规模

近年来，国家越来越重视职业教育，并先后出台了一系列政策，例如《国务院关于加快发展现代职业教育的决定》（国发〔2014〕19 号）、《国家职业教育改革实施方案》（国发〔2019〕4 号）、《中国教育现代化 2035》（中共中央、国务院印发）等。在政策引领下，中等职业学校资金投入逐年增加，专业建设越来越强，无论办学规模、办学质量还是社会声誉都有了较大提升，社会影响力越来越大。

如图 14 所示，2016 年和 2019 年各专业招生人数最多的为汽车运用与维修专业，这与汽车后市场持续向好的发展态势有很大的关系。但是 2016 年招生人数排第二的汽车制造与检修专业在 2019 年大幅下滑，究其原因是汽车产业增速下滑、工作岗位劳动强度大、个人提升空间小等，专业对学生的吸引力有所下降。数据增长最明显的是新能源汽车维修专业和新能源汽车装调与检修专业，招生人数从 2016 年的平均 42.80 人/所、42.60 人/所上升到 2019 的平均 86.00 人/所、115.86 人/所，这与国家对新能源持续向好的政策及汽车行业的未来发展预期有很大的关系。汽车电子技术应用专业招生存在下降的趋势，这与专业的就业和学习难度较大有很大的关系，社会对汽车电

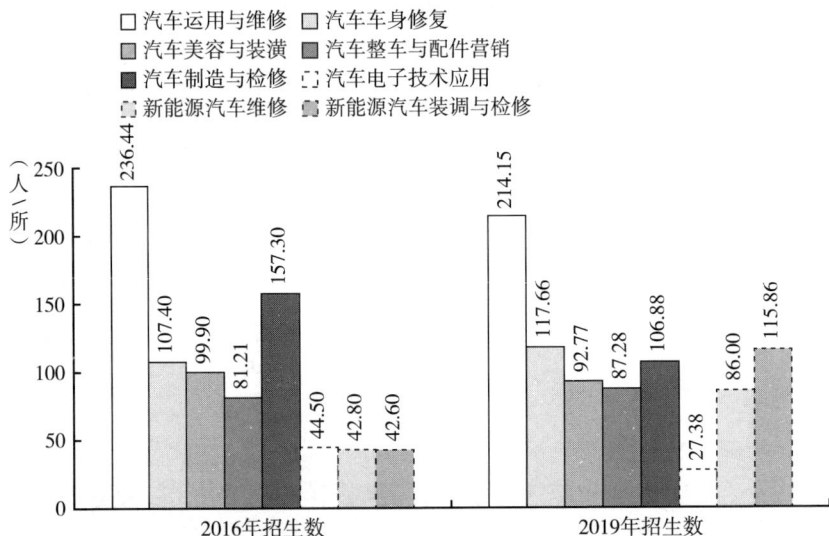

图例：
- 汽车运用与维修
- 汽车车身修复
- 汽车美容与装潢
- 汽车整车与配件营销
- 汽车制造与检修
- 汽车电子技术应用
- 新能源汽车维修
- 新能源汽车装调与检修

图14　2016年和2019年中等职业学校汽车类专业招生规模

资料来源：根据中国汽车工程学会调研数据（2019）绘制。

子技术应用专业的需求主要是高职和以本科为主的研发类岗位，中职学生由于基础薄弱，比较难以适应这个专业的学习。

总体来看，虽然汽车各专业的招生数有所改变，但从纵向来看，总人数从2016年的平均812.15人/所增加到2019年的平均847.98人/所，学生人数在持续稳步增加。今后，随着汽车产销增长趋缓和社会保有量增加，社会对汽车整车制造人才的需求会有所降低，而对汽车后市场的需求却会越来越大，预计汽车后市场各专业招生将会继续保持一定的增长态势。

2. 在校生规模

在校生规模分年限对比情况如表7所示，2016年平均在校生数为310.74人/所，2019年平均在校生数为592.37人/所，增加281.63人/所。数据显示，汽车类专业在校生人数持续增加，这种增长趋势主要得益于人才市场需求增加、国家政策鼓励、社会认可度提高、产业体量规模大等的贡献。尤其是近年来，国家不断出台支持职业教育发展的政策，使职业教育的社会认可度不断提高，越来越多的家长、学生认可并选择了职业教育。

表7 2016年和2019年中等职业学校汽车类专业在校生规模

单位：人/所

年份	平均汽车类专业在校生数
2016	310.74
2019	592.37

资料来源：全国中等职业学校人才培养工作状态数据管理系统、中国汽车工程学会调研数据（2019）。

3. 生源结构

如图15所示，中等职业学校汽车类专业中初中生源是主要的，占比达到94.26%。

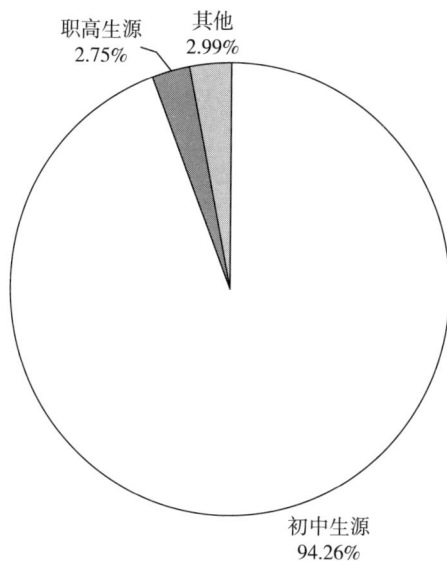

图15 2019年中等职业学校汽车类专业生源结构占比

资料来源：根据中国汽车工程学会调研数据（2019）绘制。

（二）就业情况

1. 毕业生人数

中职在校生人数持续增加，由此可以确定中职毕业生人数也呈现增长趋势。在校生人数主要受入学时国家产业政策、学生入学专业选择意向、学生家庭背景等因素影响。产业的发展状况对中职学生的专业选择起着基础性影响作用，总体来看就是哪个行业发展状况好、就业前景好、需求量高、就业待遇好，学生就会选择满足该行业所需的对应专业。例如，国家相继出台《汽车产业中长期发展规划》（工信部联装〔2017〕53号）、《节能与新能源汽车产业发展规划（2012~2020年)》（国发〔2012〕22号）、《车联网（智能网联汽车）产业发展行动计划》，使新能源汽车专业迎来较大发展机遇，学生就读人数和毕业生人数不断增加。

2. 毕业生就业区域分布

中职学校毕业生有83.02%选择在本市就业，这也符合职业教育特别是中职教育服务区域经济的根本宗旨。当然，数据也受经济社会发展水平影响较大，随着经济的不断发展，中西部地区经济逐渐崛起，职业院校学生在本地的消化能力越来越大，这也导致了很多东部沿海地区出现"用工荒"现象。预计未来随着经济结构的持续调整、产业优化转移的加快，中职生源的主要贡献地——中西部区域会有更多的学生选择留在本地就业。

3. 就业质量

2019年相对2016年，中职汽车类专业学生的一次对口就业率有所下降（见表8）。其原因或与国家产业政策、社会人才需求变化、学校专业设置、学校对学生个人职业指导、学生个人及家庭观念有较大关系。但总体上讲，国家经济结构和社会发展方向直接决定了学生对口就业率的高低。当然，学校对学生个人职业规划的指导也很重要，会影响学生的就业选择和就业质量。

表9显示了中等职业学校汽车类专业毕业生步入社会工作前三年的离职率变化。从表中数据可以看到，汽车类专业毕业生前三年的离职率逐年降低，第三年的17.39%比第一年27.58%的离职率，约降了10个百分点。

表8　2016年和2019年中职汽车类专业学生一次对口就业率

单位：%

年份	一次对口就业率
2016	88.51
2019	87.69

资料来源：中国汽车工程学会调研数据（2019）。

表 9　中等职业学校汽车类专业毕业生离职率

单位：%

第一年离职率	第二年离职率	第三年离职率
27.58	20.06	17.39

资料来源：中国汽车工程学会调研数据（2019）。

中职毕业生就业初期离职率相对较高，随着工作时间延长离职率趋于下降。呈现这种现象的原因，一方面是来自毕业生自身，由于毕业时自身期望值较高，加之年轻冲动，学生容易选择离职；但在经历过一次次的社会历练后，学生心理预期开始慢慢调整，期望变得更加符合实际，加之才干增长，对岗位适应能力增强，心智也趋于成熟，离职率就会逐年下降。另一方面则是来自用人单位，企业往往存在急功近利的思想，希望在较短的时间内筛选到需要的人才，因此会对新入职员工强化考核要求，在新员工的容错、纠错上也特别苛刻，毕业生在入职初期往往因为业绩"不达标"或出现工作失误，直接离职。除了学生自身、用人单位的因素外，毕业生离职还受学校的课程设置局限、家庭因素等影响。

因此，毕业生要不断提升自己的综合职业能力，明晰自己的职业规划，根据自身的实际情况选择适合自己的工作岗位。企业及家庭也应该在毕业生可塑性较好的时期给予正能量引导，形成包容性强的容错纠错机制，同时中职学校要继续以市场为导向优化教学内容、完善培养模式，提高毕业生的职业能力。

4.就业企业类型

中职汽车类专业毕业生就业单位主要包括整车生产企业（含专用车生产企业）、零部件生产企业、经销商集团、4S店、连锁服务网点、汽车电商、保险公司、二手车企业、后市场改装企业、汽车租赁与共享企业、国家行政机关和企事业单位等，也有部分毕业生获得对口升学机会。图16显示了2016年和2019年中职汽车类专业毕业生就业（含升学）单位类型的分布。

2016年，中等职业学校汽车类专业毕业生去4S店就业的最多，占比为31.97%；其次为整车生产企业（含专用车生产企业），占21.57%；第三为对口升学，占11.58%。2019年，中等职业学校汽车类专业毕业生去整车生产企

157

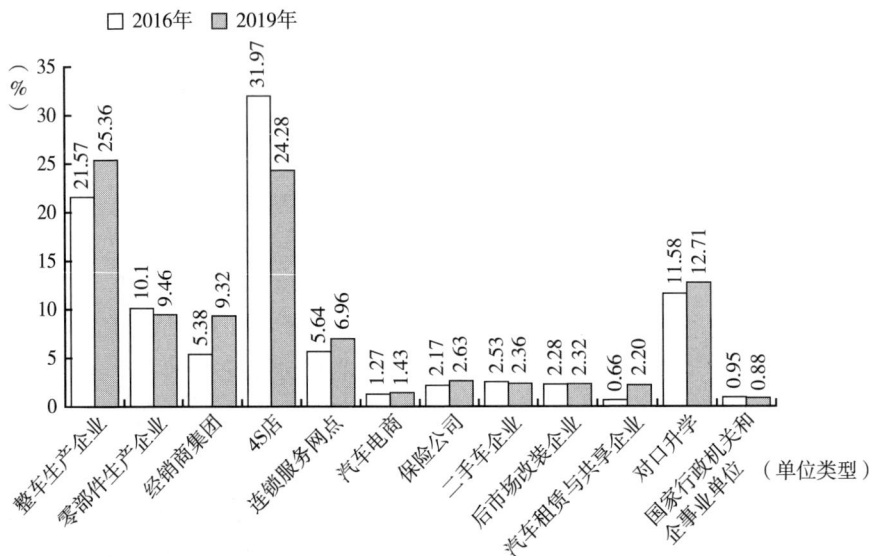

图16 2016年和2019年中等职业学校汽车类专业毕业生就业单位类型占比

资料来源：根据中国汽车工程学会调研数据（2019）绘制。

业（含专用车生产企业）最多，占25.36%；其次为4S店，占24.28%；第三为对口升学，占比12.71%。

2019年与2016年数据进行对比后发现，就业占比上升的有整车生产企业（含专用车生产企业）、经销商集团、连锁服务网点、汽车电商、保险公司、后市场改装企业、汽车租赁与共享企业、对口升学；数据对比下降的有零部件生产企业、4S店、二手车企业、国家行政机关和企事业单位。其中4S店的就业占比由2016年的31.97%下滑到2019年的24.28%，下降7.69个百分点，导致这一现象的原因或许为4S店生意受到快保市场挤压，业务量下降，进而减少了对中职毕业生的需求。《消费者权益保护法》第九条规定：消费者享有自主选择商品或者服务的权利，作为车主也有权利选择车辆维修、保养的经营者，汽车"三包"政策要求4S店不能强制车主进店保养，这些规定在一定程度上影响到4S店的业务量，从而影响4S店的用工需求。

整车生产企业（含专用车生产企业）用工需求保持增长，主要是由企业实施高质量增长战略和劳务型人才市场自身特点决定的。一方面，国家通过出台《进一步优化供给推动消费平稳增长促进形成强大国内市场的实施方案（2019 年）》（发改综合〔2019〕181 号）等促进汽车消费，对汽车产业发展和产品质量高度关注；另一方面，汽车市场竞争不断加剧，在数量规模扩张空间渐小的现实压力下，企业也认识到提高产品质量的重要性，发展战略纷纷转向高质量增长模式，随着企业对劳动者素质的要求越来越高，中职学校毕业生的综合素质理应随之提高，以满足企业的用人需要。

受产业结构调整及物联网大数据、共享经济发展的影响，未来中等职业学校毕业生的就业单位会逐渐向销售商集团、连锁服务机构、汽车租赁及共享出行经营者、汽车电商等就业领域转变。

2016 年与 2019 年中等职业学校汽车类专业毕业生就业单位性质基本趋于稳定。如图 17 所示，不同性质就业单位占比排名依次为民营企业、国有企业、外商独资或合资企业、其他企业。民营企业依旧是中职汽车类专业毕业生就业的主要去向，而国有企业往往由于受到用人机制限制，对毕业生学历门槛要求较高，对中职毕业生的接纳能力有限。

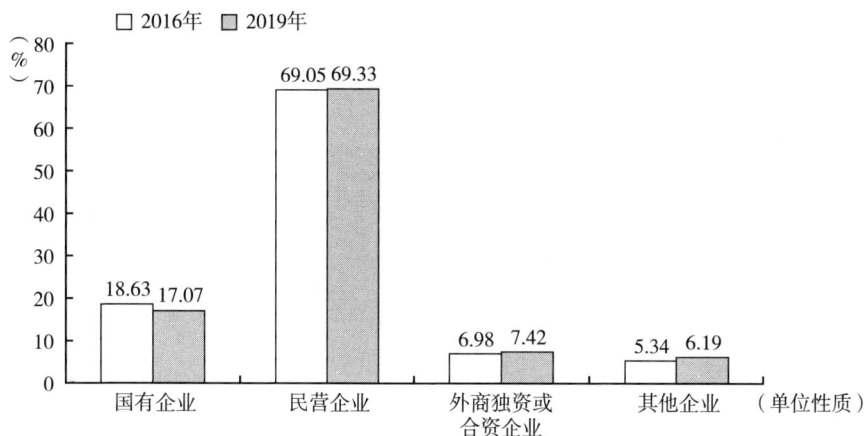

图 17　2016 年和 2019 年中等职业学校汽车类专业就业单位性质分布

资料来源：根据中国汽车工程学会调研数据（2019）绘制。

四 高等职业院校汽车类专业
招生就业基本情况

（一）招生基础数据

1. 招生规模

2019 年和 2016 年高等职业院校汽车类专业招生数据分别如表 10 和表 11 所示。可以看出，汽车检测与维修技术专业和汽车营销与服务专业始终是两个招生规模最大的专业，实际录取人数总体上仍少于计划招生数，表明这两个传统的汽车类专业对考生的吸引力不足。

表 10　2019 年高等职业院校汽车类专业招生人数统计

单位：人，%

序号	专业名称	计划招生数	实际录取数	实际报到数	实际录取率	实际报到率
1	汽车制造与装配技术	12919	8715	7612	67.5	87.3
2	汽车检测与维修技术	82970	65467	56187	78.9	85.8
3	汽车电子技术	14066	8914	7772	63.4	87.2
4	汽车造型技术	93	76	75	81.7	98.7
5	汽车试验技术	74	46	40	62.2	87.0
6	汽车改装技术	668	299	241	44.8	80.6
7	新能源汽车技术	35401	33029	29314	93.3	88.8
8	汽车运用与维修技术	22561	18001	15399	79.8	85.5
9	汽车车身维修技术	4988	3458	3002	69.3	86.8
10	汽车运用安全管理	65	52	36	80.0	69.2
11	新能源汽车运用与维修	4411	3638	3011	82.5	82.8
12	汽车智能技术	1766	962	862	54.5	89.6
13	汽车营销与服务	29525	18010	15189	61.0	84.3

资料来源：高等职业院校人才培养工作状态数据采集与管理系统。

表11　2016年高等职业院校汽车类专业招生数据统计

单位：人，%

序号	专业名称	计划招生数	实际录取数	实际报到数	实际录取率	实际报到率
1	汽车制造与装配技术	11840	12065	10267	101.9	85.1
2	汽车检测与维修技术	79803	86228	73234	108.1	84.9
3	汽车电子技术	17131	14440	12646	84.3	87.6
4	汽车造型技术	50	46	42	92.0	91.3
5	汽车试验技术	100	93	88	93.0	94.6
6	汽车改装技术	746	615	416	82.4	67.6
7	新能源汽车技术	1821	2398	1864	131.7	77.7
8	汽车运用与维修技术	14791	14507	12347	98.1	85.1
9	汽车车身维修技术	4525	3697	3087	81.7	83.5
10	汽车运用安全管理	0	0	0	0.0	0.0
11	新能源汽车运用与维修	1348	1118	966	82.9	86.4
12	汽车智能技术	278	202	176	72.7	87.1
13	汽车营销与服务	38230	31454	26719	82.3	84.9

资料来源：高等职业院校人才培养工作状态数据采集与管理系统。

2. 在校生规模

2019年和2016年高等职业院校汽车类专业在校生规模如表12所示。与2016年相比，2019年在校生规模总体变化不大，新增的新能源汽车技术和新能源汽车运用与维修两个专业有较大的增量，这也表明了专业创新的重要性。

表12　2019年和2016年高等职业院校汽车类专业在校生数据统计

单位：人，%

序号	专业名称	2019年		2016年	
		在校生规模	所占比重	在校生规模	所占比重
1	汽车制造与装配技术	25076	6.39	26391	7.26
2	汽车检测与维修技术	186927	47.67	185380	50.98
3	汽车电子技术	27878	7.11	32222	8.86
4	汽车造型技术	178	0.05	147	0.04
5	汽车试验技术	196	0.05	255	0.07
6	汽车改装技术	761	0.19	603	0.17

续表

序号	专业名称	2019 年		2016 年	
		在校生规模	所占比重	在校生规模	所占比重
7	新能源汽车技术	42714	10.89	2486	0.68
8	汽车运用与维修技术	44106	11.25	34542	9.50
9	汽车车身维修技术	8248	2.10	7573	2.08
10	汽车运用安全管理	38	0.01	0	0.00
11	新能源汽车运用与维修	4535	1.16	825	0.23
12	汽车智能技术	1314	0.34	411	0.11
13	汽车营销与服务	50182	12.80	72830	20.03

资料来源：高等职业院校人才培养工作状态数据采集与管理系统。

3. 生源结构

2019 年和 2016 年高等职业院校汽车类专业生源结构如表 13 和表 14 所示。从生源结构来看，2019 年除汽车运用安全管理专业（新增）外，其他专业学生绝大部分来源于普通高中起点，中职生源在各专业均呈现增长趋势，甚至是个别专业（如汽车运用安全管理）的主要生源。

表 13　2019 年高等职业院校汽车类专业生源结构统计

单位：人，%

序号	专业名称	普通高中起点	中职起点	其他	总人数	普通高中起点所占比重	中职起点所占比重	其他所占比重
1	汽车制造与装配技术	19458	4952	666	25076	77.6	19.7	2.7
2	汽车检测与维修技术	125987	56631	4309	186927	67.4	30.3	2.3
3	汽车电子技术	21839	5673	366	27878	78.3	20.3	1.3
4	汽车造型技术	178	0	0	178	100.0	0.0	0.0
5	汽车试验技术	196	0	0	196	100.0	0.0	0.0
6	汽车改装技术	712	39	10	761	93.6	5.1	1.3
7	新能源汽车技术	35976	6015	723	42714	84.2	14.1	1.7
8	汽车运用与维修技术	29500	14002	604	44106	66.9	31.7	1.4
9	汽车车身维修技术	5298	2916	34	8248	64.2	35.4	0.4
10	汽车运用安全管理	3	35	0	38	7.9	92.1	0.0

续表

序号	专业名称	普通高中起点	中职起点	其他	总人数	普通高中起点所占比重	中职起点所占比重	其他所占比重
11	新能源汽车运用与维修	3530	973	32	4535	77.8	21.5	0.7
12	汽车智能技术	972	304	38	1314	74.0	23.1	2.9
13	汽车营销与服务	38952	10488	742	50182	77.6	20.9	1.5

资料来源：高等职业院校人才培养工作状态数据采集与管理系统。

表14　2016年高等职业院校汽车类专业生源结构统计

单位：人，%

序号	专业名称	普通高中起点	中职起点	其他	总人数	普通高中起点所占比重	中职起点所占比重	其他所占比重
1	汽车制造与装配技术	23541	2476	566	26583	88.6	9.3	2.1
2	汽车检测与维修技术	159093	26163	4458	189714	83.9	13.8	2.3
3	汽车电子技术	28588	3454	340	32382	88.3	10.7	1.0
4	汽车造型技术	147	0	0	147	100.0	0.0	0.0
5	汽车试验技术	255	0	0	255	100.0	0.0	0.0
6	汽车改装技术	524	7	72	603	86.9	1.2	11.9
7	新能源汽车技术	2167	64	29	2260	95.9	2.8	1.3
8	汽车运用与维修技术	28978	5253	853	35084	82.6	15.0	2.4
9	汽车车身维修技术	6167	1335	130	7632	80.8	17.5	1.7
10	汽车运用安全管理	0	0	0	0	0	0	0
11	新能源汽车运用与维修	759	64	3	826	91.9	7.7	0.4
12	汽车智能技术	371	0	40	411	90.3	0.0	9.7
13	汽车营销与服务	64509	896	2400	73030	88.3	1.2	3.3

资料来源：高等职业院校人才培养工作状态数据采集与管理系统。

（二）就业情况

1. 毕业生人数

2019年和2016年高等职业院校汽车类专业毕业就业人数与就业率如表15、表16所示。从表中可以看出，毕业生人数方面，2019年汽车检测与维修技术专业有较大幅度增长，汽车营销与服务专业却有较大幅度的下降。同时，汽车运用安全管理专业是新增专业，至2019年还没有毕业生。

表15 2019年高等职业院校汽车类专业毕业就业情况统计

单位：人，%

序号	专业名称	毕业人数	就业人数	就业率
1	汽车制造与装配技术	9127	8373	91.7
2	汽车检测与维修技术	70078	63473	90.6
3	汽车电子技术	10857	10033	92.7
4	汽车造型技术	42	37	92.4
5	汽车试验技术	88	75	85.2
6	汽车改装技术	241	189	78.4
7	新能源汽车技术	5155	4648	90.2
8	汽车运用与维修技术	16721	15209	91.0
9	汽车车身维修技术	2821	2673	94.8
10	汽车运用安全管理	0	0	0.0
11	新能源汽车运用与维修	552	505	91.5
12	汽车智能技术	242	224	92.6
13	汽车营销与服务	19716	18413	93.4

资料来源：高等职业院校人才培养工作状态数据采集与管理系统。

表16 2016年高等职业院校汽车类专业毕业就业情况统计

单位：人，%

序号	专业名称	毕业人数	就业人数	就业率
1	汽车制造与装配技术	7827	7422	94.8
2	汽车检测与维修技术	53169	49210	92.6
3	汽车电子技术	10206	9703	95.1
4	汽车造型技术	49	42	85.7
5	汽车试验技术	99	79	79.8
6	汽车改装技术	95	86	90.5
7	新能源汽车技术	288	269	93.4
8	汽车运用与维修技术	11843	11357	95.9
9	汽车车身维修技术	2202	2042	92.7
10	汽车运用安全管理	0	0	0.0
11	新能源汽车运用与维修	181	179	98.9
12	汽车智能技术	117	116	99.1
13	汽车营销与服务	24166	22820	94.4

资料来源：高等职业院校人才培养工作状态数据采集与管理系统。

汽车类各专业就业率总体情况较好，多数专业毕业生的一次就业率在90%以上，但从2019年与2016年数据对比来看，就业率总体趋势有所下降，这与整个汽车行业近年来的增长率下降有一定的关系。其中，2019年汽车改装技术专业的就业率为78.4%，在有毕业生的各专业中排位最后，这一局面或与我国现行汽车改装市场还不成熟、相应的运行规范与岗位标准还在调整与完善有关，该专业的就业市场还有待进一步成熟和完善。

2. 毕业生就业区域分布

2019年和2016年高等职业院校汽车类专业毕业生就业区域统计如表17和表18所示。可以看出，汽车类专业毕业生绝大多数在本地市、本省市、本区域范围就业，跨大区域、跨省就业的人数较少，这也符合职业教育主要服务于地方经济和社会发展的特点。

表17 2019年高等职业院校汽车类专业毕业生就业区域统计

单位：人

序号	专业名称	毕业人数	就业人数	本地市就业人数	本省市就业人数	本区域就业人数	其他
1	汽车制造与装配技术	9127	8373	3395	5906	6282	2091
2	汽车检测与维修技术	70078	63473	26725	46060	48471	15002
3	汽车电子技术	10857	10033	4637	7508	7858	2175
4	汽车造型技术	42	37	8	8	8	29
5	汽车试验技术	88	75	43	44	44	31
6	汽车改装技术	241	189	54	144	151	38
7	新能源汽车技术	5155	4648	1864	3072	3245	1403
8	汽车运用与维修技术	16721	15209	7425	11436	11899	3310
9	汽车车身维修技术	2824	2673	1445	2148	2216	457
10	汽车运用安全管理	0	0	0	0	0	0
11	新能源汽车运用与维修	552	505	253	392	403	102
12	汽车智能技术	242	224	69	150	151	73
13	汽车营销与服务	19716	18413	9375	14845	15364	3049

资料来源：高等职业院校人才培养工作状态数据采集与管理系统。

表18 2016年高等职业院校汽车类专业就业区域统计

单位：人

序号	专业名称	毕业人数	就业人数	本地市就业人数	本省市就业人数	本区域就业人数	其他
1	汽车制造与装配技术	7827	7422	2989	4949	5387	2035
2	汽车检测与维修技术	53169	49210	20771	37778	39664	9543
3	汽车电子技术	10206	9703	4613	7525	7889	1814
4	汽车造型技术	49	42	23	24	24	18
5	汽车试验技术	99	79	54	57	59	20
6	汽车改装技术	95	86	36	67	74	12
7	新能源汽车运用与维修	288	269	88	174	177	92
8	汽车运用与维修技术	11843	11357	4917	8013	8367	2974
9	汽车车身维修技术	2202	2042	1041	1544	1628	414
10	汽车运用安全管理	0	0	0	0	0	0
11	新能源汽车技术	181	179	81	148	152	27
12	汽车智能技术	117	116	0	44	44	72
13	汽车营销与服务	24166	22820	10278	16983	17896	4924

资料来源：高等职业院校人才培养工作状态数据采集与管理系统。

3. 就业质量

高等职业院校汽车类专业毕业生就业对口率数据如表19、表20所示。其中对口率最高的专业是汽车造型技术和汽车试验技术专业，其原因主要是这两个专业的布点少、专业性较强、办学历史长形成固定就业渠道等。

表19 2019年高等职业院校汽车类专业人数与就业率统计

单位：人，%

序号	专业名称	毕业人数	就业人数	对口率
1	汽车制造与装配技术	9127	8373	69.6
2	汽车检测与维修技术	70078	63473	75.1
3	汽车电子技术	10857	10033	73.5
4	汽车造型技术	42	37	94.6
5	汽车试验技术	88	75	96.0
6	汽车改装技术	241	189	64.0
7	新能源汽车技术	5155	4648	70.0
8	汽车运用与维修技术	16721	15209	73.3

序号	专业名称	毕业人数	就业人数	对口率
9	汽车车身维修技术	2824	2673	77.7
10	汽车运用安全管理	0	0	0.0
11	新能源汽车运用与维修	552	505	78.8
12	汽车智能技术	242	224	75.9
13	汽车营销与服务	19716	18413	73.0

资料来源：高等职业院校人才培养工作状态数据采集与管理系统。

表20　2016年高等职业院校汽车类专业人数与就业率统计

单位：人，%

序号	专业名称	毕业人数	就业人数	对口率
1	汽车制造与装配技术	7827	7422	68.8
2	汽车检测与维修技术	53169	49210	73.2
3	汽车电子技术	10206	9703	75.9
4	汽车造型技术	49	42	97.6
5	汽车试验技术	99	79	98.7
6	汽车改装技术	95	86	76.7
7	新能源汽车技术	288	269	88.1
8	汽车运用与维修技术	11843	11357	73.8
9	汽车车身维修技术	2202	2042	65.6
10	汽车运用安全管理	0	0	0.0
11	新能源汽车运用与维修	181	179	80.4
12	汽车智能技术	117	116	47.4
13	汽车营销与服务	24166	22820	69.5

资料来源：高等职业院校人才培养工作状态数据采集与管理系统。

五　中等职业学校汽车类专业师资队伍基本情况

（一）学历结构

截至2019年，中等职业学校汽车类专业教师的学历[①]调查数据显示（见

---

① 本次调研统计学历范围指专科及专科以上学历。

图 18），本科学历占比最大，达到 76.07%；专科学历占比超过 15%；研究生学历占比较小，为 8.74%。电子技术在汽车产业应用增加及智能网联汽车快速发展，将会对相关专业教师的学历提出更高的要求，中等职业学校对研究生学历教师的需求呈增长趋势。

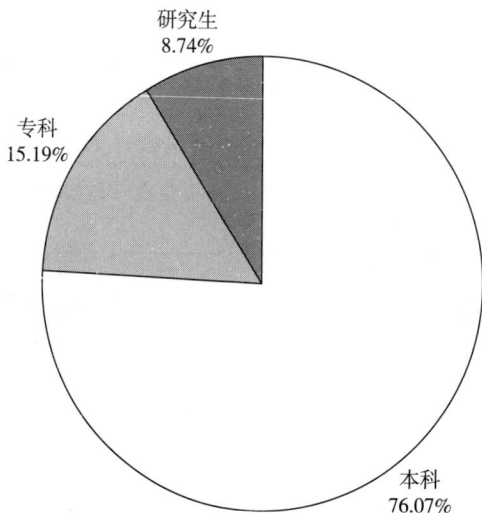

图 18　2019 年中等职业学校汽车类专业教师学历结构

资料来源：根据中国汽车工程学会调研数据（2019）绘制。

（二）职称结构

2019 年中等职业学校汽车类专业初级及以上教师职称结构如图 19 所示，其中初级职称教师的占比为 34.90%，中级职称占比为 47.02%，初级和中级两个职称层次合计占比超过 80%；副高级职称占比为 16.95%，正高级职称占比为 1.13%。可见，中等职业院校汽车类专业教师初、中级职称占比高，高级职称尤其是正高级职称占比非常小。形成这种格局的原因，主要是中等职业学校前些年的师生比严重失调，远没有达到教育部 1∶20 的要求。① 为了缓解教学和学生管理压力，近几年中等职业学校汽车专业新进了较多教师，大量刚

---

① 《中等职业学校设置标准》（教职成〔2010〕12 号）。

毕业的大学生进入各中职学校，造成初级职称教师比例较高。这种情况也反映了近几年汽车专业招生增速较快，师资力量相对紧缺的现象。

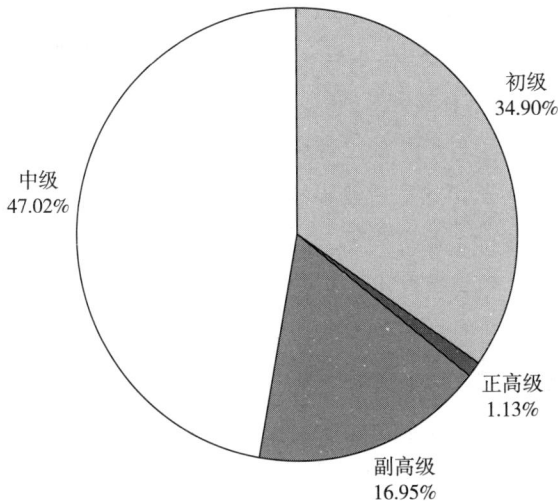

图 19　2019 年中等职业学校汽车类专业教师职称结构

资料来源：根据中国汽车工程学会调研数据（2019）数据绘制。

（三）职业资格

教育部明确提出，要改革中等职业教育教学内容和教学方法，加强学生职业技能培养，体现"做中学、做中教"的职业教育教学特色。[①] 这就要求专业教师不仅要能讲授理论知识，而且要能带领学生进行技能操作。2019 年中等职业学校汽车类专业高级工及以上职业资格教师中，高级技师占比为 22.6%、拥有技师证书的占比达到 30.31%，拥有高级工证书的占比达到 47.08%。由此可见，中等职业学校汽车类专业教师几乎都持有高级工及以上的技能证书，持证比例接近 100%，部分年轻教师因工作年限而无法拿到技师、高级技师等高级别职业资格，随着他们工作时间的增长，以及参与企业实践经历的积累，持技师、高级技师证书的教师占比将会进一步提高，汽车类专业"双师型"教师结构将会进一步改善。

---

① 《教育部关于进一步深化中等职业教育教学改革的若干意见》（教职成〔2008〕8 号）。

（四）师资来源

目前，中等职业学校汽车类专业教师来自高校应届毕业生的占 59.76%，占比最大；企业引进教师数占 22.82%，位居次席；同类院校交流引进的占 16.62%；海外引进的只有极少一部分，如图 20 所示。调研发现，高校应届毕业生从学校直接到讲台，大多存在"理论强，实操弱"的问题，这跟职业学校主要培养技能型劳动者队伍的宗旨是不相适应的。为此，教育部等七部门于 2016 年印发《职业学校教师企业实践规定》（教师〔2016〕3 号），要求职业学校教师根据专业特点每 5 年必须累计不少于 6 个月到企业或生产服务一线实践，没有企业工作经历的新任教师应先完成专业实践再上岗。经过多年发展，各学校从企业聘请的兼职教师数量不断增加，跟职业学校兼职教师管理办法的要求基本相当，[①] 但随着职业教育教学理念更新及对实践能力要求的不断提高，从企业引进具有较高职业素养和技能水平的兼职教师比例还会进一步增加。

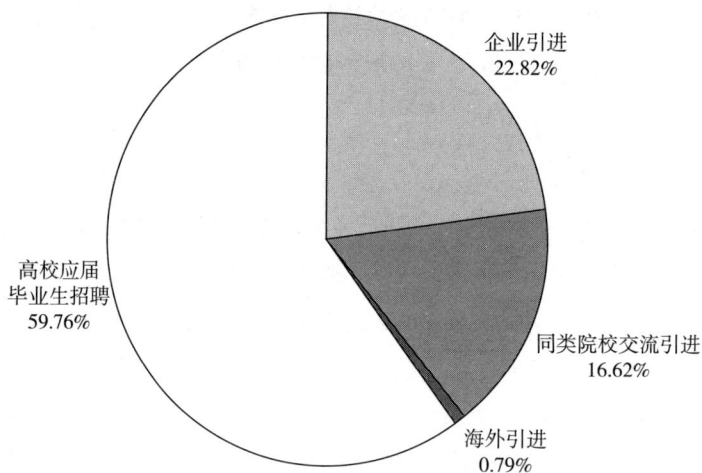

图 20　中等职业学校汽车类专业师资来源

资料来源：根据中国汽车工程学会调研数据（2019）绘制。

[①] 《教育部财政部人力资源和社会保障部国务院国有资产监督管理委员会印发〈职业学校兼职教师管理办法〉的通知》（教师〔2012〕14 号）。

六　高等职业院校汽车类专业师资队伍基本情况

（一）学历结构

如表 21 和表 22 所示，与 2016 年相比，2019 年高等职业院校汽车类专业专职教师总量增加近 14%，其中博士研究生、硕士研究生、本科学历教师增长率分别为 68.1%、31.57%、7.9%，专科及以下学历为负增长，硕士研究生及以上学历教师占增加教师的 68.55%，说明高等职业教育对教师学历的要求越来越高；从各专业增量上看，汽车检测与维修技术专业和汽车运用与维修技术专业教师的增量最大，这也符合这两个传统专业学生体量最大的现实状况。

表 21　2019 年高等职业院校汽车类专业专职教师学历结构统计

单位：人

序号	专业名称	总人数	学历				
			博士研究生	硕士研究生	本科	专科	专科以下
1	汽车检测与维修技术	9033	171	2622	5802	346	92
2	新能源汽车技术	2728	65	908	1658	78	19
3	汽车电子技术	2684	78	939	1572	79	16
4	汽车制造与装配技术	2087	37	682	1248	80	40
5	汽车改装技术	139	3	42	80	11	3
6	汽车造型技术	4	0	3	1	0	0
7	汽车试验技术	4	1	1	2	0	0
8	汽车运用与维修技术	2486	34	712	1606	114	20
9	汽车车身维修技术	692	10	208	440	33	1
10	新能源汽车运用与维修	268	7	88	168	5	0
11	汽车运用安全管理	7	0	1	6	0	0
12	汽车智能技术	139	8	52	76	3	0
13	汽车营销与服务	4516	82	1568	2725	117	24
	小计	24787	496	7826	15384	866	215

资料来源：高等职业院校人才培养工作状态数据采集与管理系统。

表22　2016年高等职业院校汽车类专业专职教师学历结构统计

单位：人

序号	专业名称	总人数	学历				
			博士研究生	硕士研究生	本科	专科	专科以下
1	汽车技术服务与营销	4989	66	1525	3160	183	55
2	汽车电子技术	2856	55	807	1834	124	36
3	汽车制造与装配技术	1876	23	529	1212	92	20
4	汽车整形技术	828	13	202	560	44	9
5	汽车运用与维修技术	363	3	91	246	19	4
6	新能源汽车维修技术	145	6	41	93	4	1
7	汽车改装技术	99	4	16	78	1	0
8	二手车鉴定与评估	71	0	13	54	1	3
9	汽车服务与管理	66	1	18	44	3	0
10	汽车营销与维修	31	0	7	21	3	0
11	汽车试验技术	17	1	6	10	0	0
12	汽车造型技术	11	0	4	7	0	0
13	汽车检测与维修技术	8360	94	2155	5583	405	123
14	汽车运用技术	1821	27	462	1212	97	23
15	新能源汽车技术	180	2	56	115	7	0
16	汽车智能技术	41	0	16	25	0	0
	小计	21754	295	5948	14254	983	274

资料来源：高等职业院校人才培养工作状态数据采集与管理系统。

从学历结构上看，2019年博士研究生、硕士研究生、本科和专科及以下学历占教师总数的比重分别为2%、31.6%、62.1%和4.4%，而2016年博士研究生、硕士研究生、本科和专科及以下学历占教师总数比重分别为1.4%、27.3%、65.5%和5.8%，可见教师的学历结构在改善，增量教师以研究生及以上的高学历为主。

（二）职称结构

相比2016年，2019年高等职业院校汽车类专业教师的职称晋升较为明显，中级职称和高级职称增加较多（当然初级职称和无定级的教师人数也增加较大，如表23和表24所示），表明教师队伍数量在增加，职称结构在改善，能够支持汽车类专业职业教育的发展。

表23 2019年高等职业院校汽车类专业专职教师职称结构统计

单位：人

序号	专业名称	总人数	职称			
			高级	中级	初级	无级
1	汽车检测与维修技术	9033	2662	3514	1520	1313
2	新能源汽车技术	2728	778	1030	453	453
3	汽车电子技术	2684	809	1084	428	356
4	汽车制造与装配技术	2087	639	815	337	295
5	汽车改装技术	139	47	53	20	19
6	汽车造型技术	4	0	4	0	0
7	汽车试验技术	4	2	1	1	0
8	汽车运用与维修技术	2486	816	929	439	292
9	汽车车身维修技术	692	202	281	126	73
10	新能源汽车运用与维修	268	74	111	55	28
11	汽车运用安全管理	7	3	2	0	2
12	汽车智能技术	139	44	55	19	21
13	汽车营销与服务	4516	1277	1897	761	565
	小计	24787	7353	9776	4159	3417

资料来源：高等职业院校人才培养工作状态数据采集与管理系统。

表24 2016年高等职业院校汽车类专业专职教师职称结构统计

单位：人

序号	专业名称	总人数	职称			
			高级	中级	初级	无级
1	汽车技术服务与营销	4989	1317	1953	1018	701
2	汽车电子技术	2856	874	1102	523	357
3	汽车制造与装配技术	1876	536	680	395	265
4	汽车整形技术	828	232	307	185	104
5	汽车运用与维修技术	363	105	121	74	63
6	新能源汽车维修技术	145	35	54	29	27
7	汽车改装技术	99	36	20	16	27
8	二手车鉴定与评估	71	16	19	24	12
9	汽车服务与管理	66	20	20	10	16
10	汽车营销与维修	31	13	4	5	9
11	汽车试验技术	17	3	11	3	0
12	汽车造型技术	11	1	7	2	1
13	汽车检测与维修技术	8360	2329	3024	1706	1301
14	汽车运用技术	1821	547	685	356	233
15	新能源汽车技术	180	59	65	34	22
16	汽车智能技术	41	13	19	3	6
	小计	21754	6136	8091	4383	3144

资料来源：高等职业院校人才培养工作状态数据采集与管理系统。

（三）职业资格

汽车类专业职业技能工种目前主要有汽车修理工、汽车电工、汽车装配与调试工等，少数地区已经有新能源汽车维修工的职业技能鉴定。当然，随着我国经济参与国际化程度的提高，以中国科协牵头、相关行业学会组织参与的国际工程能力认证体系也在快速发展，也会对申请人员开展工程能力国际评价并发放相应级别的认证证书。

根据中国汽车工程学会的调研数据，2019 年高职院校汽车类专业持有高级工及以上职业资格证书的教师中，高级技师占比为 28.8%、技师占比为 37.9%、高级工占比为 33.3%。持有技师及以上等级证书的专职教师达 2/3，在汽车类专业教师中占据比例较大，如图 21 所示。

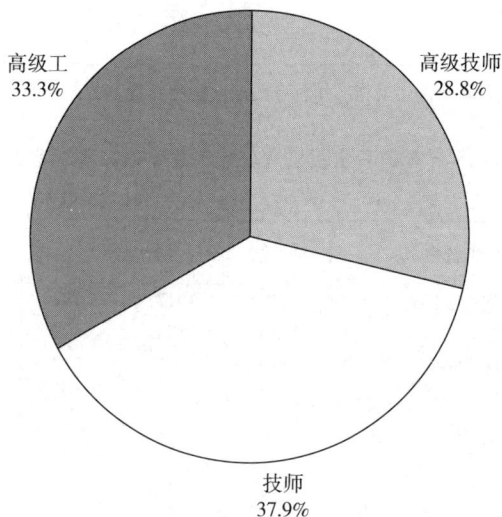

图 21　2019 年高等职业院校汽车类专业教师职业资格占比

资料来源：根据中国汽车工程学会调研数据（2019）绘制。

（四）师资来源

按中国汽车工程学会 2019 年的调研数据，高等职业院校汽车类专业教师的来源分布如图 22 所示，其中高校应届毕业生招聘、企业引进和同类院校交流引进的所占比重分别为52%、36%和11%，海外引进教师占比为1%。可以发现，高校应届毕业生仍然是当今高等职业院校汽车类专业教师的主要来源，他们普遍存在理论强、实操弱的短板，这与职业院校主要培养专业技术技能人才的宗旨是相悖的。随着职业教育教学理念的普及及社会对实践能力要求的不断提高，从企业引进具有3年及以上工作经验和具有较高职业素养及技能水平的专兼职教师将成为未来高等职业院校师资扩充的主要渠道。

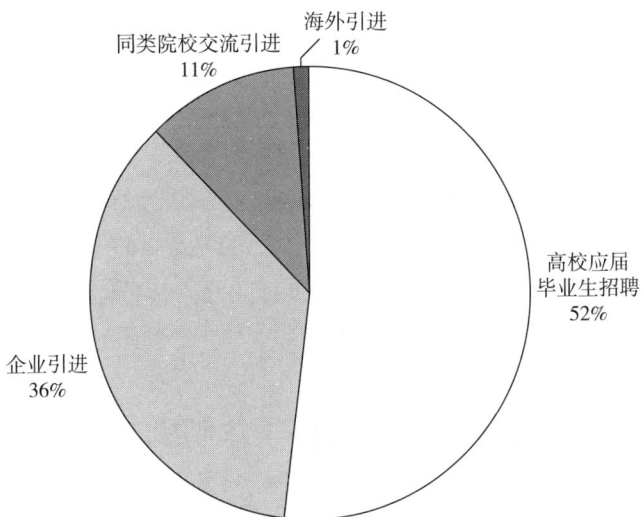

图22 高等职业院校汽车类专业师资来源

资料来源：根据中国汽车工程学会调研数据（2019）绘制。

R.5
汽车职业教育教学改革与创新

肖云林　古雅明　贾建波　郑超文*

多年来，全国汽车职业教育在办学体制机制改革与创新、人才培养模式改革与创新、教学方法改革与创新、课程体系与课程内容改革与创新、教育教学资源建设等方面与全国职业教育同向发展，稳步提高了汽车职业教育教学的实际效果，为我国汽车产业的发展提供了技术技能人才支撑。特别是2019年1月国务院印发了《国家职业教育改革实施方案》（国发〔2019〕4号，以下简称"职教二十条"），要求职业教育以实践为导向，进一步推进了职业教育的全面改革与创新。

一　汽车职业教育办学体制机制改革

办学体制改革发端于教育体制及教育管理体制改革。改革开放以前，在高度集中的计划经济体制下，政府是唯一办学主体，办学规模、专业设置、投资制度、招生规模，甚至教学内容等全都由政府确定。20世纪80年代以来，中国对职业教育体制实行全面改革，变政府唯一办学主体为"一主多元"办学主体。1985年5月，《中共中央关于教育体制改革的决定》颁布，开启我国教育体制机制改革进程；1993年2月，中共中央印发《中国教育改革和发展纲要》，提出办学体制改革的目标任务；1997年7月，国务院颁布《社会力量办学条例》，从总体上明确社会力量办学的重点和方向，把我国办学体制改革推向新阶段。

2017年9月，中共中央办公厅、国务院办公厅印发《关于深化教育体制机制改革的意见》，强调要健全行业企业参与办学的体制机制和支持政策，支持行

---

* 肖云林，荆州职业技术学院；古雅明，广西交通技师学院；贾建波，荆州职业技术学院；郑超文，广西交通技师学院。

业企业参与职业教育人才培养全过程，促进职业教育与经济社会需求有效对接。

2019 年 1 月，国务院印发"职教二十条"，更加明确了职业教育"由政府举办为主向政府统筹管理、社会多元办学格局转变"。

（一）民办职业院校办学体制机制改革

1. 背景

2002 年 12 月，第九届全国人大第三十一次会议通过《中华人民共和国民办教育促进法》，2018 年修正版第三条规定"民办教育事业属于公益性事业，是社会主义教育事业的组成部分。国家对民办教育实行积极鼓励、大力支持、正确引导、依法管理的方针。各级人民政府应当将民办教育事业纳入国民经济和社会发展规划"。这些规定有力推动了民间资本进入教育领域，打破了长期以来限制民办教育发展的桎梏，促进了民办教育行业向优质、特色、高水平方向发展。

2010 年我国颁布了《国家中长期教育改革和发展规划纲要（2010～2020年)》，明确提出建立"办学主体多元，办学形式多样，充满生机活力的办学体制"，指出"民办教育是教育事业发展的重要增长点和促进教育改革的重要力量"。2017 年，国务院又印发《关于鼓励社会力量兴办教育促进民办教育健康发展的若干意见》，提出创新办学体制机制，对民办教育改革发展做出全面部署，为民办教育在新起点上实现健康发展指明了方向。随着国家政策的调整和实施，民办职业教育成为我国职业教育整体的重要组成部分。特别是"中国制造 2025"战略的推进和"交通强国、制造强国"战略的实施，民办汽车类职业教育也将迎来新的机遇和挑战。

截止到 2019 年 6 月，教育部公布全国独立举办的 1423 所全国高职院校中民办高职院校有 322 所①，占比 22.63%。而根据教育部公布的"2019 年全国教育事业发展统计公报"获悉，全国现有中等职业学校 1.01 万所，其中民办中等职业学校 1985 所，占比 19.7%。

在民办高职院校中，轻资产的商科院校相对较多，占比较高；而汽车类专业高职教育，由于对专业教师、设施设备、产教融合、校企合作等办学条件的门槛要求相对较高，因此社会性的私人资本办学主体进入汽车职业教育相对比

---

① www. moe. gov. cn/jyb_ xxgk/s5743/s5744/201906/t20190617_ 386200. html。

较困难，但汽车行业一些龙头企业陆续加入，在举办汽车职业教育方面已经表现出良好的势头，成为汽车民办职业教育的主力。

2. 主要内容

当前，民办汽车类职业学校正在积极探索新的办学形式，多元合作办学已成为民办学校发展方向。2016年教育部等部门发布《民办学校分类登记实施细则》，开启民办学校分类管理和体制机制改革健康有序发展的新时代，推动了民办汽车职业教育的长足发展。

（1）改革目的

民办职业学校体制改革的方向是完善机制、多元合作、开放创新。改革目的在于借鉴国内外先进经验，鼓励和引导社会力量参与开展多种多样合作办学制度与模式，推动办学主体多元化，尊重办学主体自主权，实现对内和对外办学的开放，释放办学体制活力，在积累教育领域改革实践经验基础上，不断推进职业教育的现代化。

（2）改革举措

围绕民办职业院校办学体制机制的改革，主要实施了以下举措。

一是完善管理机制，构建现代化多元合作管理体系。从政策调控向法律规范转变，为民办职业学校特别是改革中变化发展较快的中等职业学校的发展提供了稳定的制度框架。在完善相关法律制度前提下，探索政府和社会资本合作，支持社会各类主体以知识产权及其他资产形式参与学校建设管理，尝试委托管理、特许管理等多样化办学模式和管理方式，有力地构建了现代化多元合作学校管理体系。

二是创新办学体制机制，加强与地方政府和地方企业合作。融入并积极响应国家的公益办学政策，加快创新公益办学的体制机制，不断拓宽社会力量办学的发展空间，特别注重与地方政府和地方企业合作，构建政、校、企三方联动的办学机制，助力民办职业学校的改革与发展。

三是出台具体措施，建立稳定的合作机制。从经费投入及政策实施上予以支持。职业教育实训基地建设计划、职业院校教师素质提升计划等重大政策，均涵盖民办学校；在国家资助政策体系中对民办学校学生一视同仁，符合条件的民办学校学生可以享受相应的国家助学政策；在中央财政的引导和带动下，地方财政结合本地实际，也制定了相关政策措施，通过安排生均拨款、奖励性补助等多种方式，积极支持社会力量举办职业教育。从税收优惠和政策实施上予以扶持。根据现行税法规定，从事学历教育的学校取得的教育劳务收入免征营业税。对符合条件的非营利组织的非营利性收入，免征企业所得税。包括教育在内的公益事业的捐赠，企业可按年度利润总额的30%进行税前扣除；土地、房屋权属用于教学的，免征契税。对学校、幼儿园经批准征用的耕地，免征耕地占用税。投资举办学校的，可按规定免征土地增值税等。

（3）改革内容

民办职业教育改革主要体现在学校管理体制改革、完善制度建设和提高人才培养质量方面。

一是改革学校管理体制，构建完备组织架构。①建立学校董事会（理事会），适应多元办学主体管理形式要求；②切实加强专业指导委员会建设，使之成为学校各专业教学指导机构，参与专业建设调整改造的决策；③改革"校务委员会"，选择一批企业专业指导委员会成员加入"校务委员会"，参与学校办学重要事项决策。通过不同层次的参与机制，使多元办学主体实质性地参与到学校的管理与发展中，提升了民办学校的生命力。

二是完善制度体系建设，提升教育教学水平。立足民办职业学校体制机制，围绕培养技术技能人才目标，紧扣关键特征，强化系统构建，完善制度建设，科学规划流程，细化实施方案，贯彻以人为本教育方针，从教学、科研、实习、培训等全方位入手，打造优质师资队伍，提升教育教学水平。

三是坚持市场导向目标，提高人才培养质量。坚持市场导向目标，坚持以人为本理念，坚持人才培养模式和人才培养标准的多样化，全力提高人才培养质量，提高职业技术技能人才的市场竞争力。

3. 运行状况

2002年以来，特别是新的民办教育促进法实施以来，民办职业教育在国家宏观政策支持下，充分发挥其"紧跟市场办教育，围绕就业抓质量"的灵活办学模式，在管理组织、内部治理、制度建设、机制保障等方面不断进行体制机制改革创新。近年来，民办职业教育规模有了大幅增长，从"有益补充"逐渐成长为我国职业教育的"重要力量"。

案　例

山东某技师学院，是20世纪80年代伴随《中共中央关于教育体制改革的决定》的出台，经人社部批准成立的民办技工学校。学校始终坚持"盯着市场办教育，围绕就业抓质量"的办学理念，在办学体制机制方面不断改革创新，坚持学制教育与短期职业技能培训相结合，激发多元化办学机制的活力。近年来，在内部治理改革中研发并执行"八统一"的教学系列文件，创新性地实施把"工厂"搬进学校的教学模式改革，学生毕业即就业。学校紧跟国家民办教育宏观政策，创新机制改革，逐步从一所民办培训学校成长为培养初、中、高级技工和预备技师人才的规范化职业学校，至2019年办学规模达到3万余人，学校自创办以来累计为社会培养各类技能人才40余万人。近年，先后被国家授予"全国先进社会组织""全国先进民间组织""全国民办职业培训机构先进单位"等荣誉称号。其成功经验，凸显了民办职业教育紧跟市场和政策灵活办学的优势，体制机制改革通过加强内部治理、提质增效，最终促进了学校的发展壮大。①

民办职业教育在快速发展的同时，也还面临一些困扰。虽然国家为推进民办职业教育发展，颁布了《民办学校分类登记实施细则》等政策，但制约民办职业教育高水平、高质量发展的因素依然存在。这些问题主要有以下几点：一是民办职业教育制度有待更加健全，地方政府对已有政策制度的落实也有不到位的情形；二是民办职业学校教育经费的来源渠道相对比较单一，一定程度上制约了学校的发展；三是学校管理不规范，教育教学质量有待进一步提高。因此，要促进民办职业教育更好地服务于国家职业教育事业，发挥其办学体制灵活和对人才市场适应性好的优势，仍须国家在宏观层面上加强引导，地方政府应将政策措施落到实处，为民办教育创造健康、良性、可持续的发展环境，激发更多优质的民营资源投身于职教事业。

4. 发展前景

民办汽车类职业院校，担负着为国家培养汽车职业技能人才的重任，坚持

---

① http://www.lxjx.cn/。

"市场主导、政府引导，自主发展、开放合作"的办学理念，依托国家政策、企业需求和自身发展进行体制机制改革。民办汽车类职业技术院校正朝着优质、特色、高水平方向发展，努力培养具有创新意识和工匠精神，能够适应新技术、新经济发展形势，面向生产经营一线的技术技能人才，为中国的汽车产业升级换代和可持续发展提供技能人力支持。

民办职业教育在国家"一主多元"办学体制中，虽然目前规模占比还相对较小，但是随着市场对技能人才的需求增加、国家宏观政策和职业教育政策调整，其办学机制和功能优势将更加明显，民办职业教育的地位将有所提升，作用将更加显著。

（二）企业办学体制机制改革

1. 背景

企业办学是指企业举办各级各类教育事业。1980 年，国务院批转教育部、国家劳动总局《关于中等教育结构改革的报告》（国发〔1980〕252 号），开始国家鼓励企业举办职业教育的探索；2005 年，教育部《关于加快发展中等职业教育的意见》（教职成〔2005〕1 号）对企业参与职业教育办学的相应权利和义务进一步明确要求；2014 年 6 月，《国务院关于加快发展现代职业教育的决定》（国发〔2014〕19 号）明确提出"研究制定促进校企合作办学有关法规和激励政策，深化产教融合，鼓励行业和企业举办或参与举办职业教育，发挥企业重要办学主体作用"；2017 年，国务院办公厅《关于深化产教融合的若干意见》（国办发〔2017〕95 号）提出要强化企业重要主体作用，"鼓励企业以独资、合资、合作等方式依法参与举办职业教育。鼓励有条件的地区探索推进职业学校股份制、混合所有制改革，允许企业以资本、技术、管理等要素依法参与办学并享有相应权利"。至此，企业参与职业教育逐步有了制度保障，并找到参与职业教育的通道。多年来，企业参与职业教育的实践表明，具有前瞻性和较强综合实力的企业为了培养出优秀人才，通过开办职业教育的方式，能够更好地提升学生的专业技能，能培养出更加适合企业发展需要的技能人才。

根据《国务院关于印发国家职业教育改革实施方案的通知》（国发〔2019〕4 号）精神，国家计划"经过 5 ~ 10 年的时间，职业教育基本完成由政府举办为主向政府统筹管理、社会多元办学的格局转变"，重点是发挥企业办学主体的重要作用，引导企业举办高质量的职业教育，形成多元办学格局。"发挥企业重要办学主体作用，鼓励有条件的企业特别是大企业举办高质量职业教育"已成为现阶段我国职业教育办学体制机制改革的重要方向和目标。

2. 主要内容

（1）改革目的

在"职教二十条"的推进下，引导企业举办高质量职业教育，充分发挥企业重要办学主体作用，促进企业生产与技能型人才培养深度结合，大幅度提升职业教育人才培养质量；利用企业资源优势，能够较好地解决职业教育发展资金和技术性难题（如专业实践问题等），降低国家教育成本，提高教育产出。

（2）体制机制改革方法和策略

一是改革学校管理体制和运作模式。在内部治理结构和管理体制上进行深入改革，弱化企业董事会在学校管理事务方面的控制权，增强学校自主研究、自主改革的决策权。数据显示，"学校管理体系及治理结构改革创新"和"学校政策保障机制改革创新"对提升学校的综合实力和治理能力的贡献度分别达到53%和72%（见图1）。由此可见，改革管理体制和管理模式是促进职业学校高质量发展的重要举措。

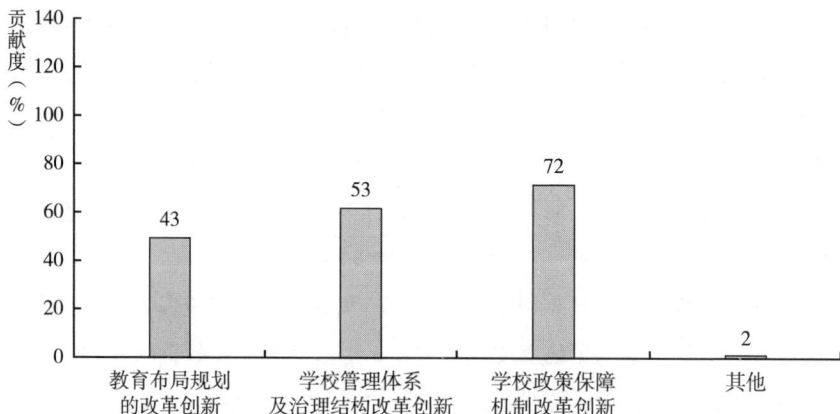

图1 企业办学体制机制改革创新情况

资料来源：中国汽车工程学会调研数据，2019。

二是改革办学主体投资体制。企业办学要解放思想，勇于创新，改革对办学主体的投资体制，有效争取国家教育资金支持，利用多渠道筹集资金，如与汽车制造企业、经销商集团、各品牌4S店等合作，合理利用资源，形成可持续发展的良好投资态势。

三是建立办学主体监督机制。当前，教育行政部门对民办职业学校建立了监督和评估机制，对企业办学却没有建立相应的机制。因此，迫切需要构建适合企业办职业教育实际的监督与评估体系，以便实现对企业办职业教育及其学校运行的有效监管，促进企业办学及其职业院校的良性发展。

3. 运行状况

综观国内企业参与职业教育、企业办职业学校的实践过程，特别是从汽车行业企业办学实践效果来看，企业办学具有多方面的优势：一是企业办学能够获得更多的自主权和管理权，可以保障学校的良好运转；二是依靠企业，学校可获得更多的行业信息，可针对企业的用人标准，制定相应的人才培养方案，更好满足企业的用人需要；三是企业可以利用其拥有的工厂和生产基地，建立"工学结合"的职教培养模式；四是能够较好利用企业文化创新职业教育理念，引领职业教育高质量发展。其中，企业文化与职业教育理念相融合最突出的代表就是"工匠精神"的提出并受到广泛认可。现代企业需要倡导工匠精神，工匠精神培育就逐步被纳入职业教育，成为职业教育的重要理念。

汽车产业体量大、链条长，作为办学主体的汽车行业企业，由于业务细分类型不同，对技术技能人才的需求差别也较大，因此它们在办学过程中的具体运作方式也就各具特色。在具体的实践当中，汽车制造企业办学、汽车销售企业办学以及具有综合实力的上市公司办学，发挥了各自的优势，探索出了多元主体办学的一些路子。

（1）汽车制造企业办汽车职业教育

汽车制造企业办汽车职业教育往往贯通汽车全产业链，涉及技术更加密集，岗位群覆盖面更广，囊括汽车研发、汽车制造、汽车服务等多种岗位，工种类别较为齐全，汽车制造企业对各类汽车技能人才的需求量也比较多。同时，汽车制造企业的技术、工艺、标准、规章、规范、设备等资源，可以直接转化为职教资源，特别是能够以实际工作岗位作为实践教学场景，为汽车职业教育提供了得天独厚的教育资源和条件。

案　例

　　湖北某汽车技师学院，主体办学单位为 XX 汽车公司。自办学以来，学校紧跟国家体制机制改革政策，不断创新办学模式，在国内率先引进被誉为德国经济迅速发展"秘密武器"的"双元制"职业培训模式，并与德国汉斯·赛德尔基金会签署合作办学协议，开启校企共育人才合作机制。学校通过成功引入 ISO9001 国际质量管理体系和 ISO14001 环境管理体系，激活学校深化管理改革内因，不断创新内部治理，优化保障机制，强化综合管理能力。同时，学校与母体企业直接对接，每年为母体企业开设订单班，并对母体企业每年招收的大学生提供短期技能强化培训等，较好满足了母体企业的用人需要；学校还依托母体企业，开辟了学生、教师和学校管理干部的实习实践基地，打造了职业教育的技能培训平台。学校以现代化的管理和超前的办学理念创造了多个全国第一，获得全国同行赞誉，成为企业办职教事业的示范窗口。[①]

　　类似的案例还有依托总部位于东北的某汽车集团建立的某汽车高等专科学校，该校是全国第一所面向汽车全产业链办学的专科学校、国家首批高职示范院校、中国特色高水平 C 档高职学校建设单位，可见其办学成效斐然。另有依托国内最大的民营汽车集团创建的湖南某汽车职业技术学院，是我国第一所民办汽车高职校，学校与母体企业很好地实现了产教融合和"双主体"育人格局（学校与企业共同育人），其汽车制造与装配技术专业入选所在省的高职一流特色专业群培育项目。[②]

　　（2）汽车销售企业举办汽车高职教育

　　汽车销售企业举办汽车高职教育往往更加聚焦汽车后市场，具有很大的职业岗位空间，通常比较关注学生的服务意识与技能、销售技能和沟通能力的培养。国家统计局数据显示，2019 年末全国民用汽车拥有量达25387.2 万辆，而且每年的新车销售体量尤其是乘用车销售市场依然表现强劲，汽车后市场人才需求呈现旺盛势头。

---

　　① http：//dfqcjs. peixun5. com/。

　　② www. hngeelyedu. cn/dlist. aspx？ id＝100100。

在汽车销售企业办汽车高职教育的案例中，哈尔滨某汽车销售有限公司在天津创办的某汽车工程职业学院①，成为全国第一所由汽车销售民营企业创办的民办汽车高职校。母体企业天然地成为该职业学校学生的社会和专业技能实习实训实践基地，为学生实践教学提供了包含新车销售、二手车交易、汽车维修、汽车保险、汽车信贷、汽车零配件管理、汽车美容与养护等广泛的实际工作岗位，体现了"企业办学，岗位培养"的办学特色，学校为汽车后市场技术和服务领域培养了大量的符合岗位要求的适用性好的技能型人才。②

（3）上市企业办汽车职业教育

上市企业资金雄厚，对市场反应灵敏，资源整合能力较强，它们办汽车职业教育无疑会极大促进汽车职业教育事业的发展。

上市企业举办汽车职业教育的典型案例，如在香港联交所成功上市的某教育集团③，在国内先后创办了四川某汽车职业学院、鹤壁某汽车工程职业学院。其中四川某汽车职业学院位于西部车城——四川省资阳市，已形成以汽车专业为核心专业群的专业体系；鹤壁某汽车工程职业学院坚持"立足汽车行业、服务汽车产业、培养汽车人才、打造汽车品牌"的办学定位，在全国高职学校中较早探索混合所有制办学模式，所办的汽车线束、汽车车灯专业等独具特色，形成了个性鲜明的汽车专业群。

以上各种形式的企业办的职业教育，是我国职业教育改革重要成果，对我国汽车职业教育做出了巨大贡献，但以企业为主体办学的学校也存在一些问题。一是容易以利益为重，比较追求办学的经济效益。有时为了节省办学成本而节约一些开支，导致一些教学条件或难达标。二是容易忽视教育规律。往往容易将企业追求高效率的思维和雷厉风行的工作作风带入职业教育中来，对教育教学理念和教育管理方法认识不足，管理粗放，与人才培养和教育规律相背离。三是教育监督与评估机制不够健全。教育主管部门应尽快对办学的企业主体及其举办的职业院校建立监督和评估机制，从国家职业教育宏观改革方向出发，结合企业办学的具体特点，构建行之有效的监督与评估体系，对办学企业主体及其举办的职业

---

① 根据 www. tqzyxy. com 相关信息整理。

② www. hngeelyedu. cn/dlist. aspx？id = 100100。

③ 根据 www. hopeedu. com/Home/List/gszl 及两所学校官网信息整理。

学校的办学行为进行指导、监督、评价和调控，促进办学企业主体和职业院校充分发挥企业和学校优势，推动职业教育高质量发展。

4. 发展前景

企业办职业教育实际上是实现企业使命的历史性"回归"，同时也是职业教育发展和行业、企业发展的共同需要。现阶段，实现企业办学体制机制的改革创新，重在重构内部管理结构，建立有效的办学决策机制以及监督机制；重在坚持企业与学校双赢的战略方针，建立行之有效的校企合作机制，使企业办学优势能最大限度地发挥出来；重在融入先进教育理念和企业发展理念，自觉维护对学校的投资力度，保障必要的运行经费，保持学校的可持续发展。

鉴于企业办学的特点及其独特优势，结合当今国家建设交通强国、制造强国战略和发展新能源汽车等战略性新兴产业等举措，汽车行业企业办汽车职业教育将会顺势而上。无论从产业发展角度看，还是从职业教育改革发展角度看，汽车企业深度参与汽车职业教育将是一条培养"汽车工匠"的成才之路，势必为中国的汽车产业输送更多、更好的新型技能人才。

（三）汽车职业教育集团化办学

1. 背景

2014 年全国职业教育工作会议召开后，国务院发布《关于加快发展现代职业教育的决定》（国发〔2014〕19 号），教育部印发《关于深入推进职业教育集团化办学的意见》（教职成〔2015〕4 号），鼓励多元主体组建职业教育集团。教育部要求到 2020 年，初步建成 300 个具有示范引领作用的骨干职业教育集团，建设一批中央企业、行业龙头企业牵头组建的职业教育集团，基本形成教育链与产业链高度融合的良好局面。

经过 20 多年的探索实践，截止到 2019 年，全国共建成职业教育集团约1400 个，覆盖 60% 以上的职业学校和近 3 万家企业。[①] 在汽车类职业教育领域，全国层面的职业教育集团有 2 家，省级层面的汽车类职业教育集团有若干，部分汽车产业相对发达的地区也组建了市州级的区域性汽车职业教育集团。

---

① 高靓：《教育部将建 300 个示范性职业教育集团（联盟)》，《中国教育报》2019 年 10 月 9 日。

2. 主要内容

中国汽车工程学会基于全国职业教育集团化办学统计与公共服务平台、全国职业教育集团化办学专题网站等集团化办学信息服务平台，对全国现有的汽车类职业教育集团的构成及治理模式等内容开展了调研，发现汽车职业教育集团化办学的典型类型包括以下三个。

（1）学会或协会牵头组建的汽车职业教育集团

全国现有两个学会及协会牵头组建的全国性的汽车类职教集团，分别是2014 年 11 月，在教育部职成司的指导下，由中国汽车工程学会牵头在柳州组建的全国汽车职业教育集团；① 2017 年 12 月，在全国交通运输职业教育教学指导委员会指导下，由全国交通运输职业教育教学指导委员会汽车技术类专业指导委员会牵头在杭州组建的全国汽车服务职教集团。② 部分地市的行业学会或协会也有类似的组建模式，如 2015 年 1 月东莞市汽车行业协会牵头组建了东莞市汽车职业教育集团。③

这类职业教育集团往往参与的学校数量较多，高层管理者素质较高，管理相对比较规范，业务协作能力强，对学校办学行为的指导功能和服务能力也更强。

（2）中职院校牵头组建汽车职业教育集团

由区域内汽车专业实力较为雄厚，办学示范效果好、辐射力强、影响力大的中职学校牵头，吸纳有志于振兴汽车职业教育的企业、科研院所和职业院校而组建的汽车职业教育集团。如重庆某职业教育中心汽修专业是国家示范专业，该校建有国家汽修实训基地，是重庆市教委、市教科院指定的汽修专业唯一的竞赛场地，在当地中职学校中居于"领头羊"地位。由该校牵头组建的重庆汽车职业教育集团，有近 200 家国内外著名汽车行业企业、科研院所和职业院校参与。④

这种模式的特点是名校牵头、名企加盟、科研融入、多校参与，有效聚集行业资源、企业资源、科研资源和教学资源，并使其得以聚集和共享，人才培

---

① politics. people. com. cn/n/2014/1114/c70731 - 26019646. html。
② www. zhejiang. gov. cn/art/2017/11/28/art_ 13104_ 2257681. html。
③ news. sun0769. com/DG/video/201501/t20150116_ 4959237. shtml。
④ www. nb3z. cn/ask/9809. html。

养标准和办学成效更贴近企业对人才的需求。但总体来看，由于牵头学校是中职学校，能够担负牵头人职责的学校不多，因此有实力、有影响力的大型职业教育集团在全国还为数不多。

（3）高职院校牵头组建汽车职业教育集团

这种模式是由一所高职学校牵头，"政校行企"多方参与，共同合作组建汽车职业教育集团，属于办学联合体。如 2011 年 5 月，湖南某汽车工程职业学院牵头组建某地汽车职业教育集团，后更名为湖南汽车职业教育集团。①

这种模式下的牵头学校，往往也是专业实力强、示范效应好、辐射影响大的高职学校，容易实现办学资源共享，办学经验和模式容易复制推广等。因此，由高职院校牵头组建汽车职业教育集团发展得比较充分，全国各省（区、市）基本都有这样的省级汽车职业教育集团，部分汽车产业相对发达的市州也成立有类似的职业教育集团。

3. 运行状况

职业教育集团化办学由于发展的时间短，积累的经验少，一段时期内还存在基础比较薄弱、行业企业参与积极性不高、成员合作关系不稳固、管理体制和运行机制不健全、支持与保障政策不完善等问题，集团化办学在促进教育链和产业链有机融合中的重要作用还没有得到充分发挥。②

但近些年来，随着相关鼓励政策措施的实施与落地，汽车行业组织、职业院校通过集团化办学，整合和共享社会资源和教育教学成果，使参与的各方共同受益。越来越多的汽车企业通过与职业院校合作招生、协同创新、师资共享、举办订单班、实施学徒制等方式，甚至直接在学校设立教学工厂或布局生产线等方式，构建汽车职业教育共同体，成为促进汽车职业教育办学体制机制改革的有效引擎。

4. 发展前景

2019 年，国务院印发"职教二十条"，明确提到至 2020 年初步建成 300个示范性职业教育集团（联盟），这为职业教育集团的发展在规模和速度上制定了明确规划，也给企业参与职业教育，尤其是中小企业参与职业教育提供了

---

① www. zzptc. com/xygl/ShowArticle. asp? ArticleID = 975。
② 《教育部关于深入推进职业教育集团化办学的意见》（教职成〔2015〕4 号）。

机会和可能。

国家实施全国示范性职业教育集团战略，已经成为驱动汽车类职业教育集团发展最重要的外部力量，而通过举办汽车职业教育集团更好地整合社会资源以促进汽车类专业群的发展及迭代升级，更好地为汽车产业输送更高质量的毕业生，则成为驱动汽车类职业教育集团发展的内部力量。

经过示范性职业教育集团（联盟）的创建和多年的运行，汽车类职业教育集团的发展基础被进一步夯实，行业企业有效参与程度更高，管理体制和运行机制更加健全，支持与保障政策更加完善，汽车集团化办学在促进汽车职业教育链和汽车产业链的有机融合中将发挥更加重要的作用。

二 汽车职业教育人才培养模式改革与创新

《国家中长期教育改革和发展规划纲要（2010～2020年）》第三十二条"创新人才培养模式"中提出，要适应国家和社会发展需要，遵循教育规律和人才成长规律，深化教育教学改革，创新教育教学方法，探索多种培养方式，形成各类人才辈出、拔尖创新人才不断涌现的局面。

《高等职业教育创新发展行动计划（2015～2018年）》强调深化校企合作发展，服务"中国制造2025"，开展现代学徒制培养，进一步深化创新型人才培养模式改革。

2019年1月，国务院发布"职教二十条"，提出促进产教融合、校企"双元"育人的模式，要求借鉴"双元制"等人才培养模式，充分总结现代学徒制和企业新型学徒制的试点经验，校企双方共同研究制定各专业的人才培养方案。

汽车职业教育通过贯彻国家相关政策，广泛开展了人才培养模式和课程体系的改革与创新。归纳起来，汽车职业教育人才培养模式主要有"政校行企"联合培养模式、专本联合培养与中高职衔接模式、现代学徒制人才培养模式、订单班人才培养模式、1＋X证书制度培养模式、生源差异个性化培养模式等。

（一）"政校行企"联合培养模式

1. 背景

《国家中长期教育改革和发展规划纲要（2010～2020年）》提出了"要调

动行业企业积极性，建立健全政府主导、行业组织指导、企业参与的办学机制，制定促进校企合作办学法规，推进校企合作制度化"的发展目标。

汽车行业"政校行企"深度合作办学是政府发挥主导作用、学校发挥主体作用、行业协会发挥指导作用、汽车企业发挥参与作用，以校企合作网络和区域共享实训基地为平台，通过构建共同利益驱动机制、资源共享机制和组织保障机制等，最终实现四方互惠共赢的一种可持续发展的汽车高职教育人才培养模式。汽车高职教育"政校行企"合作办学模式，在"政、校、行、企"四方参与者的有力推动下，联合培养汽车类专业技术人才的实践成效显著。

2. 主要内容

目前汽车行业"政校行企"合作办学主要分为政府主导和企业主导两种具体的办学模式。

（1）政府主导的合作模式

为了深化产教融合、校企合作，进一步转变政府职能，建立健全"行政搭建平台，校企自愿合作，行业指导监督"的校企合作项目建设机制，培育产教融合型企业，提高人才培养质量，更好地服务国家战略和区域经济社会发展。

教育部于2018年发布了《关于开展职业教育校企深度合作项目建设工作的通知》①，由政府主导开展职业教育校企深度合作项目建设。在首批公布的28个职业教育校企深度合作项目中有吉利汽车校企合作人"成蝶计划"建设项目、比亚迪新能源汽车技术技能人才培养基地共建项目、V－BEST新能源汽车全产业链校企深度合作育人项目、上汽通用汽车技术培训计划、丰田技术培训计划等5个汽车类项目。

（2）企业主导的合作模式

这种模式是汽车行业企业通过将自身的培训资源与国家教育资源高效整合，积极寻求与国内中、高职院校的合作，为企业培养适合自身需要的汽车相关技能型人才的一种职业教育方式。如上汽通用ASEP校企合作项目、一汽奥迪ACC校企合作项目、上海大众SCEP校企合作项目、戴姆勒铸星教育校企合

---

① 《教育部办公厅关于开展职业教育校企深度合作项目建设工作的通知》（教职成厅函〔2018〕号）。

作项目、林肯中国校企合作项目、丰田 T – TEP 校企合作项目、一汽马自达
FMCE 校企合作人才培养项目、博世中国汽车类高级人才培养校企合作项目、
东风风神校企合作项目等众多汽车类校企合作项目，都是这些品牌车企提供培
训资源（教材、教学设备甚至师资等），或向合作的职业院校捐赠建设培训资
源，共同打造人才培养基地，共同开展人才培养工作。

3. 运行状况

（1）政府主导的校企合作

政府主导的校企合作是以政府之力，推动和促成校企合作，促进新技术、
新标准、新规范及时融入教学内容之中，改造提升专业内涵，并以此解决汽车
企业的用人需求，同时将汽车企业的企业文化引入职业教育和教学中。在此种
校企合作模式中，政府主导作用很强，并注重发挥合作企业（往往是行业龙
头企业）的引领示范作用。

以某合作项目为例，在政府主导下，项目实施以来已有数十家跨区域的汽
车类职业院校与龙头企业签订了校企合作协议，合作专业包含汽车全产业链所
涉及的生产、装配、检测、维修、营销、服务等相关专业；而合作企业则要求
自己分布于全国各地的汽车制造基地及产业链相关企业积极投入职业教育，接
收汽车职业教育学生实习、实训，开展专业和社会实践。该企业通过这种模
式，既推动了职业院校与企业的密切结合，优化了院校的人才培养机制和培养
模式，较好履行了企业的社会责任，享誉社会；同时又培养和储备了许多优秀
的适合企业发展需要的汽车相关技能人才，实实在在地享受到人才利益。为
此，企业计划到 2022 年，在全国建成 100 个高水平"汽车人才培养基地"，为
企业输送 20000 名高素质技术技能人才。

出于发展民族汽车品牌的考虑，目前政府主导的汽车类职业教育校企合作
项目主要以国产自主品牌行业龙头车企为核心组建校企合作联合体，相信未来
将会有更多的汽车制造企业被纳入由政府主导的校企合作项目中去。

（2）企业主导的校企合作

众多以合资品牌为主的汽车企业，根据自身的人才需求纷纷与国内汽车类
高职院校开展"政校行企"合作，采用工学交替、校企共育的人才培养模式。
学生通过企业面试并与企业签订培养合同后进入校企合作项目学习，车企按照
员工工作需求及自身经验设计课程体系，坚持理论和实践并举，学习过程中学

生完成"在校学习—企业实习—在校学习—结业考试"等环节，毕业后直接进入合作企业及其旗下的关联企业就业。这种模式为汽车技能人才的培养提供了新的解决方案，符合现代职业教育对人才的培养规律。以上汽通用 ASEP 校企合作项目为例①，该项目是一个以专门培养和输送具有产品服务能力和专长的初、中级维修服务技工的教育培训体系。在"互信、互利、合作、共赢"的基础上，在上海通用汽车有限公司、汽车职业院校、上海通用汽车特约售后服务中心（企业）之间建立一种战略合作伙伴关系。自 2005 年上汽通用 ASEP 校企合作项目实施以来，经过严格选拔，100 多所职业院校加入，培养出了大量汽车类技术技能人才。

4. 发展前景

自政府主导的校企合作项目实施以来，推动了一批国有汽车龙头企业设立校企深度合作项目，与优质汽车类职业院校强强联手、资源共享、深度融合、互利共赢，在人才培养方案制订、汽车实训基地建设、教学模式改革、职业培训等方面实现了多元合作。由于这类项目相对比较正规，带有一定的政府影响力，比较容易受到企业（通常为国有企业）和学校（多为公办学校）的重视，未来仍然会是校企合作的重要模式。

企业主导的校企合作，经过多年发展已经成为众多合资汽车企业培养汽车技术技能人才的摇篮和人才储备的"蓄水池"。各主流车企主动与职业院校合作，共同开展汽车类技能人才的校企联合培养，在国内职业教育领域产生了广泛的影响力。由于这类项目合作双方自主意愿比较强烈，合作企业（通常为合资企业）和学校（多种所有制学校）都会自觉重视合作质量，合作内容和具体方式更加灵活，未来会有比较顽强的生命力。

（二）专本联合培养与中高职衔接模式

1. 背景

2011 年《教育部关于推进中等和高等职业教育协调发展的指导意见》（教职成〔2011〕9 号）指出，推进中等和高等职业教育协调发展，探索中等和高等职业教育贯通的人才培养模式。2015 年《中国制造 2025》（国发〔2015〕

---

① 根据 https：//baijiahao.baidu.com/s？id=1610838719579701988&wfr=spider&for=pc 整理。

28 号）指出要健全多层次人才培养体系，强化职业教育和技能培训，引导一批普通本科高等学校向应用技术类高等学校转型。2019 年国务院颁发"职教二十条"，进一步指出要完善职业教育体系，提高中等职业教育发展水平，打通技术技能人才的成长渠道，开展本科层次职业教育试点，鼓励具备条件的普通高校开办应用技术类型的专业或课程。

我国汽车职业教育主要分为中职、高职两个层次。随着汽车产业的不断发展壮大，全国各级院校纷纷开设汽车相关专业，并将汽车类专业列为学校重点建设专业。以高职为例，2019 年全国 1423 所普通高职院校中将近一半开设了汽车类相关专业，这些开设了汽车类专业的院校，57% 将汽车类专业列为重点建设专业，如表 1 所示。

表 1 2019 年全国高职院校开设汽车专业情况

单位：所，%

全国高职院校数量	开设汽车专业院校		以汽车为重点专业					
			校级		省级		国家级	
	数量	比例	数量	比例	数量	比例	数量	比例
1423	679	47.72	211	31.08	114	16.79	62	9.13

资料来源：根据职业教育诊改网高职数据中心（http://www.zyjyzg.org/）整理。

为了协同发展汽车中等职业教育和高等职业教育，完善汽车职业教育体系，多个省市的高职院校纷纷开展汽车专业中高职衔接贯通教育合作项目、"3 + 2"专本衔接联合培养应用型人才和"3 + 4"中职本科分段培养等多种衔接模式。

2. 主要内容

（1）中高职衔接

中高职衔接模式系指统筹中职和高职教育的教学环节，学生完成中职阶段的学习任务，经考核合格后直接进入高职阶段学习的一种贯通式人才培养模式。目前，汽车中高职衔接主要存在以下四种方式。①"技能高考"式。中职学生通过技能高考进入对口高职院校的相应专业学习，学生在中职阶段和高职阶段的学习时间均为三年。②"单招"考试式。中职学生通过"单独招生"① 考试方式进入高职阶段学习，学生在中职和高职皆就读三年。③ "3＋2"式。中职和高职联合贯通培养，由中职学校和高职院校联合办学招收相对优秀的初中毕业生，学制五年。前三年在中职学校学习，后经对口高职院校组织考试，成绩合格者转入高职学习两年，最终获得专科学历。④ "五年一贯制"，即初中毕业学生直接报考经批准的高职院校的相关专业，在五年内完成相当于中职和高职阶段的课程，考核合格达到毕业要求的获得专科毕业文凭。

汽车中高职衔接模式要求中职学校和高职学校在专业方向、人才培养目标定位、专业课程体系及课程内容、师资队伍等多方面做好对接，遵循人才培养和成长规律。汽车中高职衔接模式有利于创新人才培养，提高人才培养产出效率。例如，湖南某高职院校和同省某中职学校在中高职衔接的实践探索中，遵循能力递进原则，厘清中职培养"汽车护士"、高职培养"汽车医生"的衔接关系。通过中高职衔接，高职学校对中职学校的师资开展培训，院校联合开展教研活动，双方开展师资互派，共享共用实训场地（含校企合作基地）和课程资源，实现校校合作互通等。②

（2）中本贯通培养

"3＋4"中本贯通培养模式是由应用型本科院校和中职学校结对，共同设计培养方案和课程体系，学生前三年在中职学校就读，成绩合格者颁发中职学校毕业证书；之后经过统一的文化和技能考试，成绩合格者升入对应本科学校的对口专业继续就读四年，修完规定的本科课程且成绩合格者，获得全日制本科学历和学位证书。例如，江苏某本科院校车辆工程专业与南京某中职学校汽车运用与维修专业开展合作，确立 7 年衔接的人才培养体系和课程体系框架；将中职定位为操作技能型人才，培养目标是"素质＋技能"；将本科培养定位

---

① 即单独招生简称，概括而言，即高职高专层次学校的自主招生，国家授权高职院校独立组织考试录取的一种方式。单招是国家组织高考的组成部分，主要面向中等职业院校的学生和普通高中生，必须于高考前完成录取，考生参加单招若被录取，无须参加全国统一高考。

② 刘任庆、黎修良：《从"汽车护士"到"汽车医生"——汽车运用与维修专业中高职衔接人才培养的实践探索》，《当代职业教育》2014 年第 11 期。

为技术技能型人才，培养目标是"高素质+高技能"。[①]

（3）专本联合培养

"3+2"专本联合培养模式是由高职阶段与本科阶段打通培养的一种人才培养模式。它由高职院校与对口合作的应用型本科院校联合设计人才培养方案，共同组织实施人才培养计划，前三年在高职院校就读，执行高职收费标准，三年修业期满且成绩合格者，后两年直接到合作的本科院校同类专业就读，注册本科学籍，按本科高校标准缴纳学费。学生按规定年限修读本科课程，成绩达到毕业要求后，获得普通全日制本科毕业证书，符合学位授予条件的可以获得学士学位。例如，湖北某高职院校汽车工程学院与同省某本科院校机电工程与汽车服务学院统筹协作，积极探索和推动"3+2"专本一体化技术技能人才联合培养，探索实践汽车服务工程专业专本衔接、五年一体化贯通培养运行机制和工学结合人才培养模式。两校依托各自的教育资源优势共同探讨和制订"3+2"专本衔接培养方案，确保专业课教学符合汽车服务类人才培养要求。

3. 运行状况

汽车职业教育的中高职贯通衔接、中本贯通和专本联合培养，利用不同层级学校教育资源优势，打通了汽车专业人才提升学历层次、提高专业技能、激发职业潜力的通道，缩短了人才培养年限，提高了人才培养效率，实现了专业技能型人才"工匠"的练成。近年来，各级政府和教育主管部门纷纷出台指导性文件鼓励这类"衔接"模式发展，不少中、高职和应用型本科院校纷纷响应政策号召，联合开展"衔接"试点探索，汽车专业的中高职衔接、中本贯通和专本联合培养获得了很大进展。

当然，中高职贯通、中本贯通和专本联合培养等模式，在实际实施过程中要实现无缝对接，在专业方向、人才培养目标、课程教学、考评体系等方面仍然存在一些挑战，如中高职衔接与专本联合目前还存在学校与学校之间一对一的"对口"限制，学生尚不能宽口径地选择高一层级的学校和专业继续深造；而且不同层次的学校在人才培养方案、课程体系等方面有部分内容重合，也有

[①]　智淑亚、凌秀军：《基于"3+4"培养模式的课程体系构建研究——以汽车类专业为例》，《职教通讯》2015年第15期。

内容脱节等问题。如何做好不同层级教育教学体系的顶层设计和结构优化设计，使其系统化、系列化，做好高质量衔接和优化人才培养系统方案等，都是亟待解决的问题。

4. 发展前景

随着我国经济技术的发展与产业升级，汽车产业对人才的需求层次不断提高。中高职贯通、中本贯通和专本联合培养模式，建立了现代职业教育多种层级的对口衔接体系，开辟了应用型汽车技术与服务人才贯通教育和学历层级纵向提升的培养路径，为新业态下汽车工匠型人才提升学历开通了"直通车"。

中高职贯通、中本贯通和专本联合培养有利于整合优势资源，提高人才培养效率，为汽车专业人才接受中职、高职、本科多层级教育，打通了更有效率的"高速公路"，这类衔接模式将是汽车职业教育的重要发展方向。在政府和各级教育主管部门的政策指引下，未来的汽车职业教育将一定会实现更加畅通的衔接，汽车技术技能人才将能够根据自己的职业需求受得更好的教育。

（三）现代学徒制人才培养模式

1. 背景

汽车高职教育现代学徒制人才培养模式是深化产教融合，强化实践教学，推进校企一体化育人的高技能人才培养模式。《教育部关于开展现代学徒制试点工作的意见》（教职成〔2014〕9号）将现代学徒制试点作为构建中国特色职业教育体系的重要举措。

教育部分别在2015年8月、2017年8月和2018年8月，前后3批确定了共计562家现代学徒制试点单位，其中试点高职院校410所、中职学校94所，试点行业组织8家、牵头企业17家，试点行业牵头单位13家，试点地区20个。①

59所汽车类试点高职院校中，纳入现代学徒制试点的专业分布情况如图2所示。数据显示，试点专业首先集中在汽车制造与装配技术、汽车营销与服务、汽车检测与维修技术三个专业，涉及44所学校；其次是汽车整形与美容技术、新能源汽车技术、汽车电子技术专业等，共计15所学校。

---

① 教育部官网，http：//www.moe.gov.cn/was5/web/search？channelid=244081。

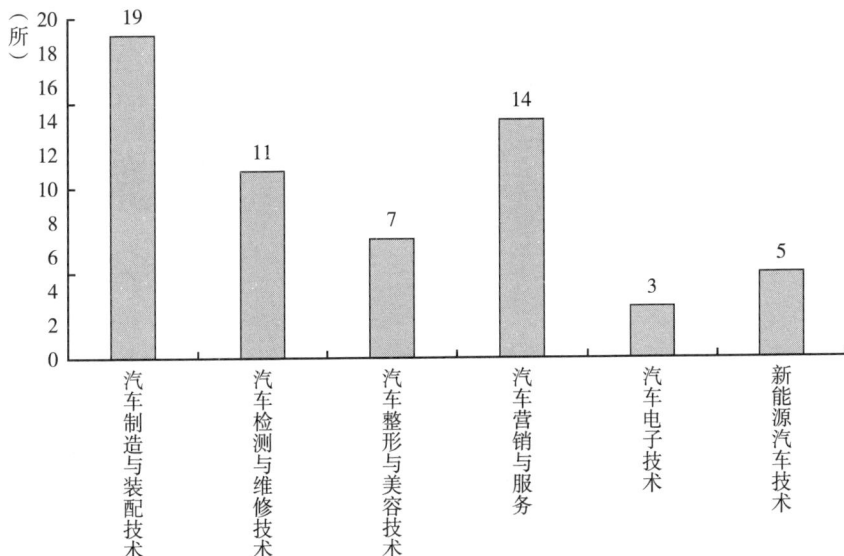

图2　汽车类高职教育现代学徒制试点专业分布情况

2. 主要内容

现代学徒制是通过学校、企业"双主体"深度合作，教师、师傅"双导师"联合传授知识和技能，学生、学徒"双身份"学习，以技能培养为主的现代技能型人才培养模式。该模式在政府的主导下，充分兼顾了政府、企业、学校和学徒四者的利益关系，能够充分激发企业及学校的活力，精准对接企业岗位需求。现代学徒制要求校企共同制订人才培养方案，专业课程内容实现与职业标准对接，教学过程与生产过程对接，以便不断提高这种人才培养模式的针对性和有效性，促进其顺利发展。

现代学徒制注重技能的传承，由校企共同主导人才培养，设立规范化的企业课程标准、考核方案等，体现校企合作深度融合。校企双方利用各自优势，把学校理论教室和企业生产车间相结合，学校教师与企业"师傅"相结合，把教学内容和生产任务相结合，细化培养目标与培养要求，结合行业需求确定现代学徒制教学实施方案。

职业院校探索实践现代学徒制，基于以下四个机制的建立，如图3所示。①招生机制：院校和企业必须联合招生，实现招生、招工一体化，必须保证学

员同时具有"学生"和"学徒"的双重身份；②教学机制：校企共同承担人
才培养工作，深化工学结合，在工学交替的过程中完成理论教学和实践教学，
二者不能分离；③教师选拔和聘用机制：实行双导师制，学校导师主要负责理
论教学，企业导师主要负责学生在企业生产实习实践中的指导，双导师实现紧
密协作；④考核评价机制：校企共同组成考核小组，共同负责教学管理和各个
教学环节的考核评价，共同确定考核成绩。凡是不满足上述运作机制的，均不
能称为现代学徒制。

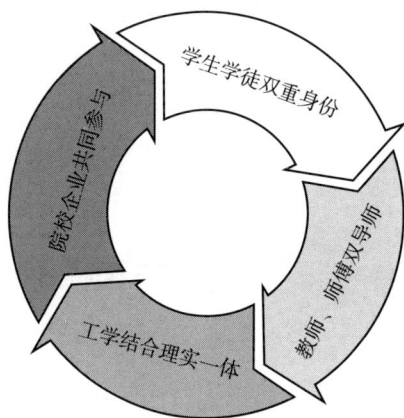

图3 现代学徒制的四个运作机制

汽车高职教育现代学徒制试点模式主要有依托汽车整车制造企业开展试
点、依托汽车维修连锁企业开展试点、依托汽车行业协会开展试点等多种具体
模式。

（1）依托汽车整车制造企业开展试点

汽车高职教育院校大部分开设了汽车制造与装配技术专业。现代学徒制汽
车制造与装备技术人才的培养主要是与汽车整车制造企业开展合作。例如，吉
林省某高职学院与某汽车制造厂合作开展现代学徒制试点，校企联合招生，双
导师合作教学，学生既可以获得理论学习指导，又可以获得企业师傅的技能学
习指导。

由于汽车整车制造企业规模相对较大，技术实力较为雄厚，岗位群覆盖面
广，能够为学生提供更大、更便捷的实习和就业平台。这种与汽车整车制造企

业合作开展试点的现代学徒制模式，由于学生入校即成为企业的一员，因此学员的归属感强、学习的稳定度高。通过企业真实的工作环境，对接实际工作流程、岗位操作规程和职业素质要求，使学生更早接受企业文化的熏陶，学习目的更加明确，学习成效更加显著，职业教育的成才率也就更高。

（2）依托汽车维修连锁企业开展试点

近年来，汽车维修与保养、汽车美容与装饰等汽车后市场企业蓬勃涌现，打破了整车制造企业4S体系垄断后市场的格局，各类连锁服务机构开始向社区扩张。截止到2019年末，全国规模以上的连锁维修企业（包括互联网连锁维修企业）品牌已有80个左右。因此，汽车4S店及其经销商集团、规模连锁服务企业等，成为汽车专业现代学徒制试点的重要合作企业，丰富了企业端资源。

广东省某高职院校通过与本地区域品牌连锁企业合作，充分运用连锁企业区域内布点密度高、岗位同质度高的优势，统一教学模式开展现代学徒制试点。

这种依托汽车维修连锁企业开展试点的模式，既满足了本地区域品牌连锁企业的用人需求，促进合作企业快速成长；同时，又为学生毕业后的就业创业提供了可以复制的经验，学生可以通过加入连锁模式，开办产权属于自己、业务和市场资源共享的连锁经营网点（企业）。

（3）依托汽车行业协会开展试点

汽车后市场的服务企业大多都是规模不大的中小型企业，单个企业容纳学生（学徒）的能力有限，相对制约了现代学徒制试点的规模与发展。而依托汽车行业协会如汽车经销商行业协会、汽车维修行业协会、二手车行业协会等开展现代学徒制试点，可以充分发挥行业协会在当地影响力大、会员企业多、容纳能力强等优势，也可以通过行业协会打通与当地政府、企业和学校的联系，让更多参与方加入现代学徒制模式的运作体系中来，让更多的中小型汽车后市场服务企业获得需要的技能型人才。如湖北省某高职院校依托当地汽车维修行业协会，充分发挥协会的统筹协调作用，遴选当地知名维修企业，并联合当地的总工会、劳动局等政府部门共同参与现代学徒制试点，取得良好的试点成效。

3. 运行状况

各汽车职业教育院校结合区域及学校的具体情况，积极开展了适合自身发展的现代学徒制探索试点。汽车制造与装配技术专业比较容易实施与汽车整车制造厂的合作试点；汽车检测与维修技术专业等服务于汽车后市场的专业则与全国连锁经营维修企业开展试点，或由行业协会牵头联合政府部门开展试点，这些做法探索出了汽车职业教育实施现代学徒制的有效途径，为汽车高职教育现代学徒制的试点推进积累了一定的经验，并取得较好成效。

现代学徒制有利于促进汽车行业、企业参与汽车技能人才培养的全过程，实现专业设置与产业需求对接、课程内容与职业标准对接、教学过程与生产过程对接，提升汽车职业教育的教学质量，培养高素质的技能人才；同时能让教师深入企业生产的实践当中，提升教师专业技能，培育出高素质的师资队伍。

现代学徒制作为实施时间不长的新生事物，在运行过程中一定程度上还存在企业参与面不广、教学与生产脱节、"学校热，企业冷"、政策滞后、教学标准和考核机制不健全等问题，制约了现代学徒制优势的发挥，需要在未来的实践中予以解决。

4. 发展前景

随着国家现代学徒制试点政策的不断落地与实施，在政府的主导下，处理好政府、企业、学校和学徒四者的利益关系是现代学徒制顺利发展的前提。充分调动企业及行业的活力，精准对接企业岗位需求，校企共同制订人才培养方案，实现专业课程内容与职业标准对接，教学过程与生产过程对接，不断调整办学思路和人才培养模式，正在成为解决现代学徒制落地生根问题、推进现代学徒制顺利实施的具体举措。我们完全有理由相信现代学徒制模式在我国职业教育中未来的生命力。

随着国家"职教二十条"的推进，实施汽车领域 1 + X 证书制度试点改革，推行书证融通、学分银行等相关政策，实现学历证书与职业资格证书对接，职业教育与终身学习对接。这些举措将助推汽车职业教育现代学徒制人才培养模式进一步发挥其优势。

（四）订单班人才培养模式

1. 背景

职业院校的专业人才培养通常以岗位能力为标准，课程设置通常包括通识知识课程和专业技能课程板块，学生经过规定学制时间的培养，获得一定的专业知识和专业技能。但职业院校根据岗位能力设置课程和培养环节时，往往不能充分考虑不同企业的文化特点和管理方式的差异。学生毕业和就业时，虽然在专业知识和专业能力上达到毕业要求和岗位要求，但对于企业文化与管理方式需要一个重新学习、认识和接受的过程。在这个转换过程中，那些不能适应新的环境的学生往往会选择离岗、离职或跳槽，造成企业新员工离职率高、学生就业稳定率低、学校毕业生就业质量差等不良局面。为改善这种状况，订单班人才培养模式应运而生。订单班人才培养模式是指企业根据自身人才需求、要求向合作的职业院校发出人才培养需求订单；学校接单后，按照企业的要求进行导入企业文化的教学并实施相应的人才培养过程，所培养的人才经企业考核合格后即被企业录用的一种人才培养模式。因此，各类订单班是应企业的实际需要而产生的，有利于毕业生缩短适应企业职场环境的时间。

2. 主要内容

订单班本质上是一种以人才市场和就业需求为导向的校企合作人才培养模式。学校和企业双方共同参与人才培养过程，共同确定培养目标、制订教学计划、确立课程体系、研发教学驱动任务，共同组织教学及培训过程，最终实现"校企文化共融、理论实践共长"，"快出人、出好人"的教育目标。

现实实践中，订单班的具体组织形式主要有两种，如图 4 所示。

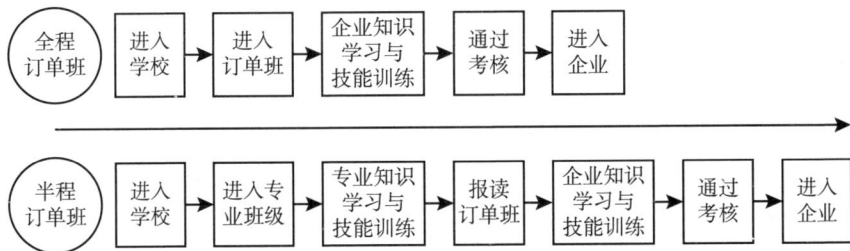

图 4　全程订单班和半程订单班培养流程

一是全程订单。指企业等用人单位根据自己业务发展需要，在确定专业领域和员工新增计划基础上，寻找合适的职业院校，并与学校一起联合制订人才培养方案，共同确定教学计划，确定考试科目和考试考核方式形式，共同进行考试考核组织、试题试卷评阅等工作，全面参与学校的教学过程。该模式下，学生进校时就可以知道将来的就业单位和大概的就业岗位，学习目标非常明确；同时，学生在就读期间也可以获得较多的来自企业的经济补助，解决了后顾之忧，有利于学生集中精力专心学习、练就本领。

二是半程订单。这种模式是学生在校正常学习一段时间后（通常是完成基础理论学习后），用人单位根据未来的用人需要，从对口学校和对口专业的在校学生中，经双向选择遴选出合适的学生组建订单班，再根据企业要求设置后续学习内容，开展有针对性的培训，学生毕业后可以直接进入合作企业工作。这种模式下，企业主要参与专业课程和实践环节的教学活动，针对性较强，有利于在一定程度上节约精力和经济成本，同时因为学生已经进校一段时间，有利于企业更好地考察和筛选到需要的学员。因此，半程订单模式往往是企业更为倾向的合作方式。

例如，2019年2月某企业"钣喷班"第1期开班典礼在浙江某学校举行。此前，经学生自愿报名、企业面试筛选，遴选出23位汽车服务系的学生成为订单班学员。这意味着他们还未毕业，就已经被企业提前锁定就业。针对这些学员，企业要组织为期4个月的专业培训。该"钣喷班"根据订单培养模式，全面采用某汽车服务有限公司钣喷技术员培训教程和方法，为对口企业4S店培养钣喷方面应用型技术人才。学生修完核心课程并经考核合格后，获得公司颁发的钣喷技术员岗位认证证书，在毕业时由公司和学院负责向各4S店推荐。学院负责"钣喷班"的理论教学和学籍管理，制订和组织实施教学计划，学校骨干教师和企业技能大师担任授课教师。

3. 运行机制与成效

订单班人才培养模式体现校企深度合作，实现招生和就业同步、产学研结合、校企生三方共赢。学校通过订单班获得来自企业在资金、设备、师资培养等方面的支持；企业通过订单班提前介入人才的培养和储备，节省人力培养成本和时间；学生通过订单班增强就业保障，获取一定的劳务收入，学习上更有目标和动力。

订单班是汽车职业教育具有典型意义的人才培养模式，对汽车行业的技能型人才培养效果显著。但订单班模式在实施过程中也存在一些需要解决的问题，如企业参与人才培养的积极性有待进一步提高；学校师资力量受限，特别是部分实操教学与企业要求有些脱钩；学生因为变更就业意向而中途退出，造成教学资源一定程度的浪费等。这些问题的解决需要政府制定更大力度的鼓励政策，进一步明确订单班人才培养中校企生三方的责任和权益，监督、指导合作各个环节的工作质量，及时协调合作中出现的相关问题。

4. 发展前景

订单班人才培养模式是面向基层一线培养高素质技能型应用人才的有效途径。订单班人才培养模式以精准就业为目标，强调强化学生专业技能训练，学生具有企业"准员工"身份，这一特点非常符合职业教育目标和规律。通过校企合作，订单班人才培养模式避免了人才培养的盲目性，缩短了学生进入企业的适应期，节约了人才培养的时间成本，是构建职业能力导向的人才培养新模式，是对培养汽车专业技能人才的新探索、新突破。订单班人才培养模式既为地方企业和地方经济发展培养了学以致用的应用型人才，也为职业院校的自身发展赢得了发展空间。我国近些年职业教育的改革实践已经证明订单班是一种有效的人才培养模式，未来必将获得更加广阔的发展。

（五）1 + X 证书制度培养模式探索

1. 背景

为落实国务院"职教二十条"，2019 年 4 月教育部、国家发改委、财政部、市场监管总局联合印发了《关于在院校实施"学历证书 + 若干职业技能等级证书"制度试点方案》（教职成〔2019〕6 号），部署启动"学历证书 + 若干职业技能等级证书"（简称 1 + X 证书）制度试点工作。同月，教育部公布了全国首批 1 + X 证书制度试点职业技能等级证书、评价机构和试点院校名单。

2019 年 11 月，教育部办公厅、国家发改委办公厅、财政部办公厅发布《关于推进 1 + X 证书制度试点工作的指导意见》，对培训评价组织、师资培训、证书考核成本核算、财政支持等方面情况进行了进一步规范。

2019 年 12 月，教育部职业技术教育中心研究所发布《关于参与 1 + X 证书制度试点第三批职业教育培训评价组织和职业技能等级证书的公示公告》（教职所〔2019〕341 号）。第三批 1 + X 证书制度试点的 77 个职业技能等级证书中有 7 个是汽车相关领域，其中 3 个与智能网联汽车相关，如表 2 所示。

表2 教育部1+X证书制度试点中汽车专业相关证书统计

序号	培训评价组织名称	证书名称
1	北京中车行高新技术有限公司	汽车运用与维修职业技能等级证书
		智能新能源汽车职业技能等级证书
2	国汽(北京)智能网联汽车研究院有限公司	智能网联汽车测试装调职业技能等级证书
3	中德诺浩(北京)教育科技股份有限公司	商用车销售服务职业技能等级证书
		智能网联汽车检测与运维职业技能等级证书
4	上海仪电(集团)有限公司	车联网集成应用职业技能等级证书
5	北京祥龙博瑞汽车服务(集团)有限公司	汽车油漆调色与喷涂职业技能等级证书

资料来源：根据中国职业教育与成人教育网教职所2019年141号文件整理。

其中，智能网联汽车测试装调职业技能等级证书由国汽（北京）智能网联汽车研究院有限公司（以下简称"国汽智联"）作为培训评价单位组织实施相关工作。国汽智联由中国汽车工程学会、中国汽车工业协会以及中国智能网联汽车产业创新联盟共同发起筹建，成立于2018年3月19日，由包括整车、零部件、信息通信等领域的领军企业和科研机构在内的23家股东单位组成。

为更好地帮助全国职业院校开展智能网联汽车领域1+X试点，国汽智联于2020年4月2日举办首场试点工作说明会，在线观看人数突破22万人次。截至2020年5月13日，国汽智联共举办4场说明会，邀请企业、试点院校专家围绕1+X证书制度试点及新产业背景下的人才培养和汽车专业建设转型、智能网联汽车测试装调职业技能等级证书等方面内容进行了深刻解读，为广大职业院校开展该证书的培训认证提供了充分支持。

2. 主要内容

《教育部关于职业院校专业人才培养方案制订与实施工作的指导意见》（教职成〔2019〕13号）第六条"促进书证融通"指出，鼓励学校积极参与实施1+X证书制度试点，将职业技能等级标准有关内容及要求有机融入专业课程教学，优化专业人才培养方案。国家将1+X证书制度同步纳入促进全民终身学习的国家学分银行试点建设中，探索运用区块链等技术记录学员学分等有关工作机制，对学历证书和职业技能等级证书所体现的学习成果进行登记和存储，计入个人学习账号，尝试学习成果的认定、积累与转换，达到一定学分要求的可以进入获得高一级学历证书阶段的学习，甚至直接兑换高一级的学历证书相关课程学分。

（1）专业群建设明确 1＋X 证书制度地位

《教育部、财政部关于实施中国特色高水平高职学校和专业建设计划的意见》（教职成〔2019〕5 号）第五条"打造技术技能人才培养高地"，强调率先开展"学历证书＋若干职业技能等级证书"制度试点。

在教育部、财政部正式公示的中国特色高水平高职学校和专业建设计划建设单位名单（简称"双高计划"）中，有汽车类专业群建设院校 10 所（含 1 所院校同时建设 2 个汽车类专业群），建设的专业群分别为 2 个汽车制造与装配技术专业群、2 个汽车检测与维修技术专业群、3 个汽车运用与维修技术专业群、3 个新能源汽车技术专业群和 1 个汽车智能技术专业群。

在汽车专业群建设中开发 X 证书培养体系，将 X 证书培训内容融入专业群人才培养方案，更好地实施 1＋X 证书制度。如湖南省某高职院校组建汽车智能技术专业群，将证书培训内容有机融入汽车智能技术专业群人才培养方案，优化课程结构和教学内容。学生在取得学历证书的同时，获得国家认可的职业技能等级证书。

（2）促进书证融通，梳理课程结构

参加汽车专业领域 1＋X 证书试点的院校，积极探索将技能等级证书标准融入专业人才培养方案，强化以技能培养为核心，强调在真实任务中的淬炼技能，针对现存的同一技能模块下课程组成的不同，以及不同技能模块之间迁移的需要，调整课程设置、教学内容和教学组织实施。[①]

湖北省某院校依托获批的全国首批汽车领域 1＋X 证书制度试点项目，组织行业专家和专业骨干教师调研论证调整人才培养方案，将 1＋X 汽车领域 1～8 模块技能等级证书技能要求融入《汽车美容》课程，将技能等级证书岗位能力要求对标课程教学目标，于 2019 年 12 月开展了首次考评，32 名学生全部通过考核，顺利拿到汽车美容装饰（初级）技能等级证书。

3. 运行状况

2019 年 11 月初到 12 月底，全国 31 个省（自治区、直辖市），相继启动

---

① 吴南中、夏海鹰：《基于 1＋X 证书制度的职业院校推进策略》，《教育与职业》2020 年第 8 期。

了近2500场次的汽车专业领域1＋X职业技能等级证书制度的考评，参与考评工作的师资达5万人次，同时每个考生在200分钟高强度的考评中，展现了中国特色汽车职业教育的巨大潜力。①

从第一批试点开始，全国汽车领域试点院校在人才培养方案调整、师资培训、书证融通、实训室建设改造、课程资源迭代、教学方法改革等方面取得了较大进展，为后续汽车职业教育领域1＋X证书制度试点积累了丰富的经验。但同时，在工作推进过程中也存在一些问题有待彻底解决，如考核灵活度不够、考核评价模式仍需优化、书证融通仍需进一步深化、学分银行建设需进一步完善等。

4. 发展前景

2019年12月，国务院总理主持召开国务院常务会议，决定分步取消水平评价类技能人员职业资格证书，推行社会化职业技能等级认定，强调职业院校开展1＋X证书制度试点，不断深化人才培养培训模式改革，提高X证书社会认可度和含金量。

同时，推进职业教育国家学分银行建设，有序开展汽车职业教育学历证书和职业技能等级证书所体现的学习成果的认定、积累和转换，依据学分银行的原则和宗旨，职业教育培训评价组织要研究确定X证书和学分认定的规则，探索建立技能等级证书和课程学分互认转换的机制，职业技能培训学习成绩可以折算为学历教育相应的课程成绩，从而拓宽汽车技术技能人才的持续成长通道。② 这些制度将从根本上打通学历教育、职业教育、在职培训和继续教育等教育形式，建立统一的学习和学分记录平台，实现不同学习方式学习成果的互认、共享，促进全社会终身学习习惯的养成。

（六）生源差异个性化培养模式

1. 背景

近年来，国家不断出台针对职业教育特别是高职教育的招生政策，汽车专

---

① 根据北京中车行高新技术有限公司官网信息整理。

② 《关于做好职业教育国家学分银行建设相关工作的通知》（教职成司函〔2020〕9号）、《关于发布〈职业教育国家学分银行建设工作规程（试行）〉的公告》。

业生源结构由过去的单一生源结构（普高）向多层次、多样化结构转变。表 3 为 2016 年与 2019 年全国汽车专业各类生源人数及占比统计。数据表明，传统的普高生源虽然仍然保持主流地位，但绝对人数和占比都在不断减小；而职高生源的绝对人数和相对占比均出现增长，包含退役军人、下岗失业人员、农民工和新型职业农民群体在内的其他生源占比保持相对稳定局面。

表 3 2016 年与 2019 年全国汽车专业各类生源人数及占比统计

单位：人，%

年份	普高生源		职高生源		其他生源	
	人数	占比	人数	占比	人数	占比
2016	533932	84.36	86579	13.68	12401	1.96
2019	279592	72.08	101197	26.09	7092	1.83

资料来源：高等职业院校人才培养工作状态与数据采集平台。

这种现象表明，以往的以普高生源为主渠道的状况正在发生转变，差异化生源（泛指普高生源以外的其他生源）在增加。这就要求职业院校在培养方案、培养模式和教学方式上，必须适应差异化生源的需要。特别是在专业课程体系上，通过对课程设置、课程内容、课程课时实施差异化策略，引入"定制化"和"目标管理"的理念，建立具有目标指向的差异化生源的人才培养体系架构。

2. 主要内容

（1）普高和职高生源的汽车专业课程体系

普高和职高两种生源有一个共同特点就是能够脱产学习，学习时间有保障。各个学校的汽车类相关专业针对这两类生源进行了多年的课程体系建设，并取得了一定的成果。

引进德国职业教育资源，构建基于工作过程系统化的汽车专业课程体系。该体系以德国汽车行动领域课程为基础，按照客户、实践和能力三导向原则，逐级划分为学习领域、学习情境和学习任务。以汽车行业典型工作任务为基础，结合学生基本情况以及提升综合专业能力所需的知识和技能等，将行动领域转换为学习领域，并按照工作任务的逻辑关系设计、序化学习领域。学习任务的选取区别于传统的直排式课程设计，由外围到核心，设计由浅入深、逐级提高。①

对接汽车职业岗位，建设符合企业需求的汽车专业课程体系。该体系将汽车企业的培训体系与学校专业课程体系有效融合，重点将汽车企业的技能培训模块与学院专业核心课程模块相融合，既保证学历教育课程体系完整科学，又能将企业的新技术融入正式教学环节，满足企业对学生的技能要求。②

根据生源特点，匹配差异化的汽车专业课程体系。③ 普高与职高生源由于中学阶段所受的教育类型不同，在技能基础、学习接受能力、自我约束管理能力等方面都存在着差异，因此需要构建有差异的课程体系。例如，湖北某高职院校结合1+X证书制度，针对普高和中职生源构建了差异化的汽车专业课程体系。依据1+X技能等级证书标准，整合模块化课程。以1+X证书中模块的职业技能要求为标准，对涉及的多门核心课程进行整合，将其开设为与1+X证书中模块对应的新课程。整合之后的课程分为初级、中级、高级三个难度级别，具体如表4所示。

表4　课程整合一览

原有课程	1+X证书模块	整合后课程
汽车发动机机械系统检修、汽车发动机电控系统检修、汽车故障诊断技术	汽车动力与驱动系统综合分析技术模块（M1）	汽车动力与驱动系统综合分析技术（初级、中级、高级）
汽车底盘机械系统检修、汽车底盘电控系统检修、汽车故障诊断技术	汽车转向悬挂与制动安全系统技术模块（M2）	汽车转向悬挂与制动安全系统技术（初级、中级、高级）
汽车电路与电气系统的检修、汽车故障诊断技术	汽车电子电气与舒适系统检修模块（M3）	汽车电子电气与舒适系统检修（初级、中级、高级）
汽车内饰设计、汽车车身整形技术	汽车美容装饰与加装改装服务技术模块（M8）	汽车美容装饰与加装改装服务技术（初级、中级、高级）

① 根据2018年职业教育国家级教学成果奖"重大项目引领，对接德国标准，汽车维修人才现代学徒制培养体系探索与实践"整理。
② 根据2019年河南省高等教育教学成果奖励项目"高职院校汽车运用与维修专业企业冠名团队负责制人才培养模式研究与实践"整理。
③ 马铮：《1+X证书制度下高职院校课程体系重构探析——以汽车检测与维修技术专业为例》，《武汉交通职业技术学院学报》2019年第4期。

依据学生技能水平，设置相应取证（选修）目标，对于不同的学生设置不同的取证目标。例如，在汽车动力与驱动系统综合分析技术模块（M1）中，取得中级证书是对学生本门课程学习的基本要求；在完成相关学习基本要求后，鼓励学有余力的学生学习更高难度的课程，取得更高层次的证书。中职学生因为基础动手训练较多，有些初步的实践环节可以免修，而理论课程则需要进一步加强。

（2）百万扩招生源的汽车专业课程体系

2019 年国家高职教育扩招的百万生源群体，主要为退役军人、下岗失业人员、农民工和新型职业农民等群体，他们入学时的科学文化水平参差不齐，且采取"不脱产"学习方式，因此针对他们的教育教学较为困难。最大的挑战就是他们缺乏集中的学习时间，对这部分生源需设计与其学习基础和学习规律相适应的汽车专业差异化课程体系，同时在教学方式上实施差异化教学。

采用弹性学制。在《高职扩招专项工作实施方案》中明确提出了对扩招生源采取弹性学制和灵活多元的教学模式，允许这部分生源 3 ~ 6 年完成学习计划，利用周末、寒暑假、农闲时节等时间进行教学，专业课程教学评价以 1 + X 证书为基础。

线上理论教学 + 线下 1 + X 模块教学。利用国家教学资源库等优质线上资源，通过网络平台在线完成理论知识的学习。利用少量的集中时间到校，完成 1 + X 模块教学并在达到规定的要求后取得相应证书。

3. 运行状况

多年来，依托德国的优质资源、对接企业的岗位需求，高职汽车专业建成具有一定先进性的课程体系。由于高职汽车专业差异化生源状况必将长期存在，需要在现有课程体系的基础上，通过对接 1 + X 证书，利用丰富的优质线上资源，重组汽车专业课程，构建适合差异化生源的汽车专业课程体系，以保障这类学员的学习效果，全面提高差异化生源的人才培养质量。目前参加 1 + X 证书试点汽车领域院校已经开始针对不同生源特点，结合 1 + X 证书要求，调整课程体系，为差异化培养探索出一条新的途径。

4. 发展前景

"职教二十条"提出的"推进资历框架建设，探索实现学历证书和职业技能等级证书的互通衔接"1＋X证书制，是一种满足差异化生源学习需求的有效形式。随着1＋X证书制度的不断推进，通过对接1＋X技能等级证书，利用线上优质资源重构汽车专业课程体系，不仅能使职业技能等级标准融入专业教学标准，在专业课程体系中融入职业技能模块中的职业技能点，同时还能满足不同生源的差异化需求，完成不同生源学习成果的差异化评价，是汽车专业差异化生源课程体系建设的可行之路。

三　汽车高职教育教学方法改革与创新

2019年1月，国务院发布"职教二十条"，提出深化教师、教材、教法等"三教"改革，打一场职业教育提质升级的攻坚战。2019年6月，教育部又发布《教育部关于职业院校专业人才培养方案制订与实施工作的指导意见》（教职成〔2019〕13号），强调推进信息技术与教学有机融合，适应"互联网＋职业教育"新要求，全面提升教师信息技术应用能力，推动大数据、人工智能、虚拟现实等现代信息技术在教育教学中的广泛应用，积极推动教师角色的转变和教育理念、教学观念、教学内容、教学方法以及教学评价等方面的改革。在国家政策指引下，各高职院校结合自身情况，用信息技术改造传统教学方式和教学方法，促进了教与学的全面互动，全面推进了"三教"改革，进一步提高了教学质量与人才培养质量。

（一）教学方法改革与创新

1. 背景

教育部发布的《教育部关于职业院校专业人才培养方案制订与实施工作的指导意见》（教职成〔2019〕13号），在实施要求中强调深化教师、教材、教法"三教"改革，建设符合项目式、模块化教学需要的教学创新团队，普及项目教学、案例教学、情境教学、模块化教学等教学方式，广泛运用启发式、探究式、讨论式、参与式等教学方法，推广翻转课堂教学、混合式教学、理实一体化教学等新型教学模式，推动课堂教学的革命。

为了解全国汽车类高职教育教学方法改革情况，中国汽车工程学会对全国汽车类高职院校进行了抽样调查，汇总数据如图5所示。调查显示，各学校依托信息技术，主要采用了项目教学、案例教学、情境教学等方法，开展了理实一体化教学、（线上线下）混合式教学、翻转课堂教学等教学模式的改革。

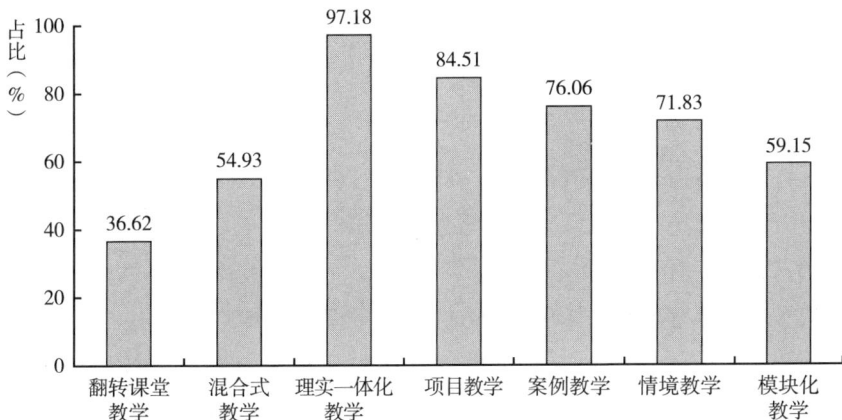

图5　汽车类专业主要教学改革与创新：汽车类专业教学方法

资料来源：中国汽车工程学会调研数据，2019。

2. 主要内容

汽车职业教育教学通过普及项目教学、案例教学、情境教学、模块化教学等教学方式，广泛运用启发式、探究式、讨论式、参与式等教学方法，推广翻转课堂、混合式教学、理实一体化教学等新型教学模式，极大地推动了课堂教学的革命。

（1）翻转课堂教学模式

汽车职业教育教学采用翻转课堂教学方式，强调的是教与学之间角色的转换，打破传统教学"满堂灌"的知识传授方式。角色的转换是翻转课堂与传统课堂最核心的标志性区别。

在翻转课堂上，学生必须按照老师课前布置的任务自主学习，强调培养学生基于互联网的自主学习能力；课堂上教学则以学生为中心，教师组织学生一起讨论或开展分组讨论，让学生充分交流对知识点及其应用的理解，完成学习项目或学习模块任务；最后由老师开展分析点评，带领学生一道进行课程内容的提炼和总结；课后再开展学习答疑，深度解决部分学生存在的疑问等。翻转课堂教学模式有利于调动学生学习的参与热情，可以让学生理解和记忆得更加深刻，提高学生的学习收获和成效。

（2）线上线下混合式教学模式

汽车职业教育教学将线上课程和课堂教学活动相结合，学生在线上教学平台观看视频、在线学习、在线讨论、在线完成作业和线上测试等，完成基础知识的学习；而在线下课堂上则通过师生互动等方式讨论问题，或由学生一起完成合作学习项目等，从而达成知识学习目标。线上线下混合式教学模式，有助于教师将教学精力和时间放在重点、难点内容讲授以及对知识正确应用方法的讲授上，而不必花在一般基础性、概念性的知识点上。

（3）理实一体化教学模式

汽车职业教育理实一体化教学方式体现了理论性和实践性的融合，它把课堂车间化，把车间课堂化，通过模拟真实工作场景，设置任务模块，采用"学中做、做中学"方式，实现"教、学、做"一体化的教学模式。这种教学模式精准对接汽车类企业职业岗位，融入职业标准，把理论与实践有机融合在一起，成为汽车高职教育普遍采用并行之有效的一种教学模式。

3. 运行状况

汽车职业教育采用的翻转课堂教学、线上线下混合式教学、理实一体化教学等教学模式，既可互为依存、综合运用，也可独立运作、单独实施。

汽车职业教育教学采用翻转课堂，强调以学生为中心，知识的内化通过项目训练、研讨、团队合作等课堂活动来实现，注重培养学生的学习自主性、团队协作精神和探索创新精神。

线上线下混合式教学模式作为最重要的教学辅助手段，集成了三种模式的部分优势，已经成为汽车高职教育教学改革的常态化手段。在这种模式下，依托线上优质资源库的建设成果，线下采用翻转课堂的教学模式组织教学，并通过理实一体化实现"学中做，做中学"的体验式的教与学。

理实一体化教学模式则强调学习模块的任务设置标准，特别是 1 + X 证书制度试点以后，为了对接职业资格证书，教师在对学习模块任务进行设置时应充分考虑对应 X 证书的任务要求。

作为强化和推进教师改进教学方法的一种途径，中国汽车工程学会举办的全国职业院校汽车专业教师能力大赛，从赛项的内容和形式上都有效地促进了教师对现代教学方式方法的运用。每两年举办一届的大赛，在推动汽车职业教育教学方法改革方面也起到极大的推动作用。

4. 发展前景

随着互联网的高速发展，在线教育走进了全日制教学课堂，开展线上教学已经成为高校教师的一项基本工作任务和应该掌握的基本教学能力。

基于信息化环境的汽车高职教育教学模式改革，在学校端必将改变教学运行管理方式，教学管理必须面向课堂教学过程；在教师端必将改变教师的课堂设计质量，提高课堂教学的效率；在学生端必将改变学生的学习形式，学生必须提高自己基于互联网自主学习的能力。总之，信息化教学有利于促进教与学的全面互动，进一步提高教学质量和人才培养质量。

信息化教学更加突出以学生为中心，强化学生的自主学习，可以点燃学生的学习热情，激发学生学习的主动性和创造性，提升学生的实践能力、创新意识和创新能力，翻转课堂教学、线上线下混合式教学、理实一体化教学等现代教学方法充分实现了这些目标。

（二）新技术在教学中的运用

1. 背景

2018 年中共中央、国务院《关于全面深化新时代教师队伍建设改革的意见》指出，教师应主动适应信息化、人工智能等新技术变革，积极有效地开展教育教学。[1] 2019 年教育部、财政部发布的《关于实施中国特色高水平高职学校和专业建设计划的意见》（教职成〔2019〕5 号）中提出，要提升信息化水平，加快智慧校园建设，综合运用大数据、人工智能等手段推进学校管理方式变革，提升管理效能和水平，以适应"互联网 + 职业教育"需求。

基于上述背景，中国汽车工程学会组织调研了职业教育院校汽车类专业运用新技术开展教学的情况。结果显示，新技术手段在汽车专业教学中的应用比较广泛，应用形式多样，促进了教学模式的改革，改进了教学效果。

由图 6 可见，信息化教学平台和手机 App 是比较流行的新技术教学手段，

---

① 沈雷：《高职教育与高新技术产业发展互动发展个案研究——以无锡科技职业学院为例》，《才智》2018 年第 34 期。

虚拟现实技术（VR）的应用次之，大数据、人工智能等更加先进的手段在现阶段并没有实质性地在教学中开展运用。

当今时代，推动各种新技术在职业教育教学中的更加广泛和更有深度的应用是未来教学方法创新的重要方向。

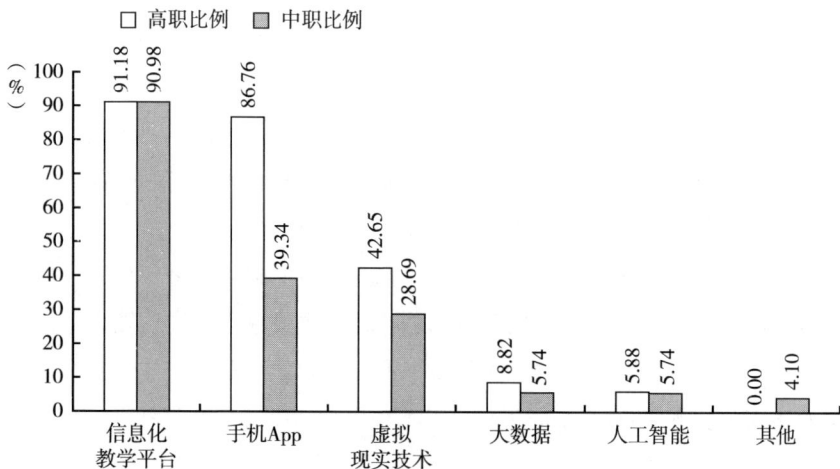

图6　汽车类专业主要教学改革与创新手段组成

资料来源：中国汽车工程学会调研数据，2019。

2. 主要内容

（1）信息化教学平台及手机 App 在汽车职业教育的应用

《教育部关于印发〈教育信息化2.0行动计划〉的通知》（教技〔2018〕6号）指出，因应信息技术特别是智能技术发展，积极推进"互联网＋教育"，坚持信息技术与教育教学深度融合这个核心理念，坚持采取应用驱动和机制创新的基本方针，建立健全教育信息化的可持续发展机制，构建网络化、数字化、智能化、个性化、终身化的教育教学体系，建设人人皆学、处处能学、时时可学的学习型社会，推动我国教育信息化整体水平走在世界前列，真正走出一条中国特色的教育信息化发展路子，是当前我国教育现代化工作中的亟须解决的紧迫任务。为此，各地各院校都加快了信息化教学平台的建设和信息化课程教学资源的开发与应用，移动学习的教学应用软件逐渐普及。

图 7 显示了全国中等职业学校汽车类专业信息化教学水平。数据表明，在全国范围内中等职业学校汽车类专业信息化教学已经非常普遍，信息化教学网络建设、信息化教学资源建设、教师信息化教学水平方面都有了较大发展，应用达到一定的深度。

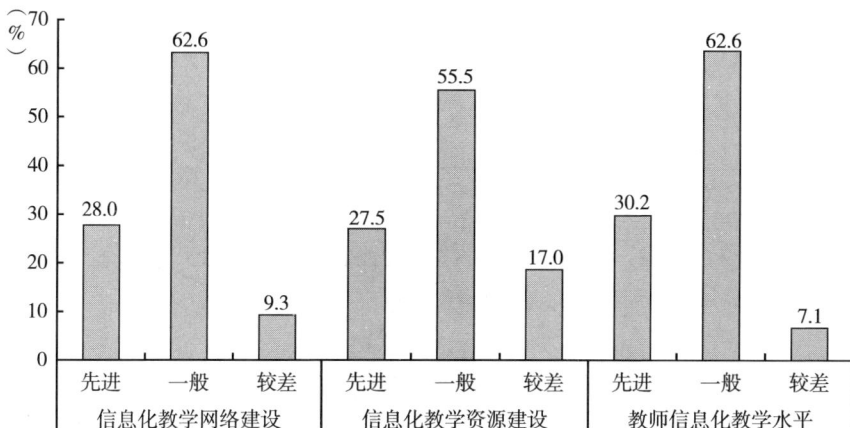

图 7　全国中等职业学校汽车类专业信息化教学水平

资料来源：中国汽车工程学会调研数据，2019。

图 8 显示了全国高职院校汽车类专业信息化教学水平。数据显示，高职院校汽车类专业信息化教学基本得到了普及，信息化教学网络建设、信息化教学资源建设和教师信息化教学水平方面都已全面发展，超过 1/3 的院校更是走到了发展的前列。由此可见，提升信息化建设水平是职业教育信息化发展的方向。

随着时代的进步，信息化技术辅助教学方式进一步丰富和发展。在这个发展过程中，移动化教学成为信息化教育教学的一个应用发展方向，许多移动教学应用软件（App）或程序日臻完善；同时，一些专业化的信息化教学平台快速发展，在教育界的应用越来越普及。这些平台和移动应用，直接促进了汽车职业教育的教学形式特别是课堂教学形式的变革。例如中国大学 MOOC、超星、智慧树、学堂在线、雨课堂、学校平台、云班课、钉钉、ZOOM、微信等 App 与信息化教育平台交叉融合，共生共长，相得益彰。一般来讲，平台汇聚的教学资源多，而 App 应用操作便捷，且使用成本低。平台和 App 使汽车专业理论课及实践课的教学信息化手段呈现立体化应用格局。

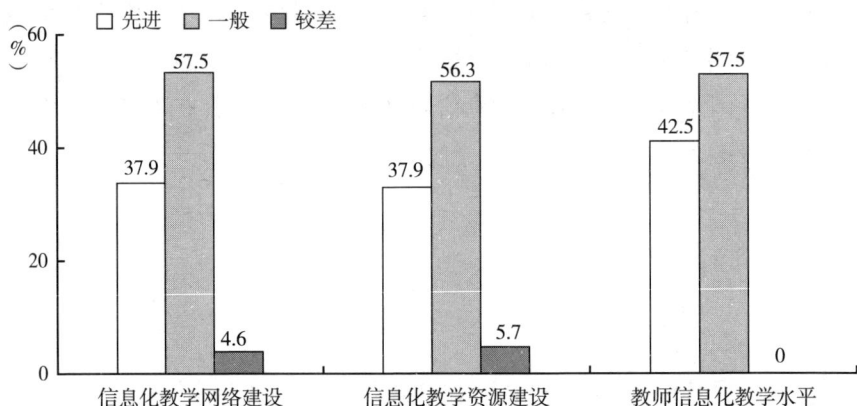

图 8　全国高职院校汽车类专业信息化教学水平

资料来源：中国汽车工程学会调研数据，2019。

（2）虚拟现实技术在汽车职业教育的应用

目前在汽车职业教育中应用的虚拟现实技术手段包括桌面 VR 系统、沉浸式 VR 系统和分布式 VR 系统。无论哪种 VR 系统，因为购置成本相对较高，应用程度不及信息化教学平台和移动 App 的应用普及。

VR 系统辅助教学比较适合应用于以下几种情况。①资源不足的情况。VR 系统可以打破部分高校汽车专业实验室实验实习设备落后、台套数不够、场地不足等教学条件的限制。运用虚拟现实技术模拟的生产实践环境，可以突破时间空间限制，改善教学实践条件。②危险操作的情况。VR 系统可以用于代替实践环节的危险操作，如焊机、高压电气系统的维修等。运用虚拟现实技术建设相应的工作环境，模拟实际操作，可以减少现实实物操作的触电事故、人身伤亡风险等，这对于解决《电动汽车结构原理与检修》《自动变速器构造与维修》《汽车碰撞安全》等课程实验场景的安全问题具有积极意义。③模拟真实工厂的情况。为了优化学生的真实职业体验，可以让学生通过虚拟化实训基地了解和接触真实的工厂工作环境，感知逼真的工作氛围。[①] 以《企业现场管理》课程为例，以汽车制造四大工艺为原型，模拟汽车生产制造企业的现场环境，运用虚拟工具在虚拟生产线上装配虚拟工件，开展汽车生产制造和装配

[①] 史丽燕：《虚拟现实技术在高职教学中的应用研究》，《无线互联科技》2018 年第 16 期。

调试等实践实训，并开展学习情况分析和教学效果评价。[1]

（3）大数据在汽车职业教育的应用

目前大数据在汽车职业院校的应用主要体现在对学生的学习状态评估与学生个体特性的研究方面。例如通过大数据分析监测学生对某个知识的感兴趣程度，进而构建学生的课程学习信息、作业信息、专业知识掌握信息、学生活动信息、职业规划信息等信息监控系统，并将其用于辅助教学和学生管理，形成较好的汽车职业教育模式。[2] 吉林省某院校就自主开发了适合汽车职业教育特点的教务管理系统，与工学云共同定制了蘑菇丁实习管理系统，引进了麦可思教学诊断系统及毕业生管理系统。[3] 应用大数据技术，加强教育教学和学生管理基础信息收集、了解、分析和应用，是推动职业教育精细化管理的有效路径。

（4）人工智能在汽车职业教育的应用

目前，人工智能（AI）在汽车专业教学中的应用主要体现在以下几方面。

①课堂监督方面。目前许多职业院校运用人脸识别技术监督学生的课堂出勤情况，分析学生上课过程的专注度和注意力，统计有效听课时间等，并将AI分析结果用于提升课堂管理质量，调控课堂教学效果。

②就业指导方面。基于汽车职业教育教学全过程数据，分析学生的个性特点和职业倾向，开展职业规划与预测研究，为学生就业提供更高质量的辅导。例如，有部分职业院校已经将人工智能运用于监测学生的学习成绩、学习表现、兴趣爱好等，通过长期的跟踪记录，最终通过数据对比和匹配，弄清学生的性格，以帮助学生更好地制定其职业规划和提供更好的就业辅导服务。

③设备管理方面。AI可以帮助学校更为方便地实现设备的智能化管理和一体化管理，结合现代通信技术，实现对教学仪器设备的远程操控、状态监控和自主维护，如提前帮助授课教师开机、预热设备等。

---

[1] 陈爽，长春汽车工业高等专科学校，2016年度职业教育与成人教育教学改革研究课题（2016ZCY269）。

[2] 张仁美：《大数据挖掘技术在高职教育教学过程中的应用研究》，《计算机产品与流通》2020年第1期。

[3] "全国职业院校教学管理50强案例"栏目，中国职业教育与成人教育网。

3. 运行状况

信息化、大数据、人工智能和虚拟现实技术的应用使汽车职业教育的教学效果、教学效率和教学体验得到了很大提升，尤其在打造汽车专业精品课程、克服教学难点障碍、提高信息化教学竞赛成绩等方面发挥了重要作用。各种信息化辅助教学技术迅速应用，在一定程度上也在倒逼汽车职业院校创新教学手段和方式。

目前信息化教学的应用还可以从以下两个方向予以改进。①继续加强教师的信息化教学技术培训。尽管现在的信息化技术辅助教学应用越来越普遍，但仍然有相当比例的教师不会运用新技术手段，或者不能充分了解和运用各教学平台、教学软件及网络资源的功能，因此开展教师信息化教学能力提升的培训就很有必要，以助力教学手段的革新及教学模式的变革。②继续丰富和拓展信息化教学资源。可以通过加强校企合作，构建众创、共享的汽车课程教学资源中心，鼓励大家开发富有个性的课件、VR 教学资源和学习资料等，让广大教师和教育教学服务机构广泛参与教学资源的开发、建设、维护和使用，建设和完善汽车职业教育信息化技术生态圈。

4. 应用前景

为响应国家政策和时代发展要求，很多信息化教学新技术还在不断发展，教学手段和方法还在不断革新。在职业院校汽车专业的教育教学中，在教学理念和新的教学技术手段应用方面，也一定会实现不断的创新。汽车专业的教育教学一定会很好地利用信息化教学平台、移动教学辅助 App、大数据、虚拟现实技术、人工智能等新技术等，推动课程建设与教学过程的创新，提升教学质量。

四 汽车职业教育专业课程改革与创新

近年来，国家关于职业教育改革与发展出台了一系列文件。2019 年 1 月，国务院发布"职教二十条"，2019 年 3 月，教育部、财政部又印发《关于实施中国特色高水平高职学校和专业建设计划的意见》，要求深化课程改革，遴选认定一大批职业教育在线精品课程，开发具有国际影响力的高质量课程体系和课程标准，全面推进高等职业教育的课程改革与创新。

在全面推进职业教育改革与创新相关政策的激励下，围绕职业教育进行精品在线开放课程的开发、汽车新技术领域新课程体系的建设，已经成为汽车专业课程改革与创新的重要途径之一。

（一）精品在线开放课程开发

1. 背景

自实施《教育部关于国家精品开放课程建设的实施意见》（教高〔2011〕8号）以来，我国高校课程建设先后经历了精品视频公开课、精品资源共享课等建设阶段，目前已经全面进入精品在线开放课程建设的历史新时期。"职教二十条"等文件明确提出要遴选认定一大批职业教育的在线精品课程，2017年教育部启动了国家精品在线开放课程的认定工作，2018年分两批共认定了1291门国家精品在线开放课程。

精品在线开放课程将信息技术与教育教学活动深度融合，打破了传统教育的时空限制，颠覆了传统大学课堂教与学的方式，真正推动了教学理念、教学方法、教学技术、教学方式、教学模式和学生学习方式的变革，为我国职业教育"变轨超车"、尽快赶上国际先进水平提供了保障。

相对于其他学科专业而言，汽车类专业的精品在线课程开发起步较早，建设速度较快，建设成果也较为显著。例如，各类教育教学平台建成的在线开放课程基本覆盖了汽车类专业的绝大部分专业课程，校企共建的课程资源非常丰富，线上线下混合式教学条件已日渐成熟。这些成果极大地促进了汽车专业人才培养效果的提升，推进了汽车类专业职业教育的发展。

2. 主要内容

（1）汽车类专业精品在线开放课程资源建设

汽车类专业精品在线开放课程的开发重在突出一个"精"字，必须以校企合作吸纳行业组织和企业专家参与课程建设为基础，将课程内容的知识性、专业性和职业性充分融合起来，使课程内容与职业工作内容对接、课程标准与职业标准对接，以保证精品在线开放课程资源的高质量特性，实现精品在线开放课程对于院校教学和企业培训的实用价值。

某高职院校开发的《汽车自动变速器》国家精品在线开放课程，以"全程参与、深度合作"校企联合培养汽车服务类人才的培养模式为基础，课程内容对接汽车维修岗位的实际需求和职业标准，建设"平台＋嵌入"项目化课程，全面、系统地介绍了关于汽车自动变速器的结构、原理、拆装、维护、检测和故障诊断的知识和操作。该课程资源不仅可用于高职院校汽车类专业的核心课程教学，也可广泛应用于汽车维修从业人员培训以及汽车爱好者自学。①

（2）汽车类专业精品在线开放课程教学应用

精品在线开放课程开发的目标是在实现优质教育资源共享的基础上，让学习者能够突破时间和空间的限制自主自由方便地开展课程内容的学习。基于汽车类专业课程"理实一体"的特点，其精品在线开放课程应以"金课"的"两性一度"（高阶性、创新性、挑战度）标准，充分优化课程资源，破解汽车类专业课程教学"理论难懂、操作难练"的问题，促进教学资源的优化，利于教学过程的组织，服务教学效果的提升，方便广大师生采用线上线下混合式教学模式，方能充分发挥现代教育技术在提升教学效能方面的作用。

根据前述的调研结果可以发现，汽车类专业课程教学采用信息化教学平台、手机 App 等信息化手段的比例较高，教学形式也主要采用翻转课堂、线上线下混合式教学和理实一体化教学。

3. 运行状态

汽车类专业精品在线开放课程建设是汽车高等职业教育教学微观层面改革的有效途径。大批职业院校汽车专业以开发的精品在线开放课程作为载体，实施"三教"改革，推进课程教学标准与 1＋X 证书制度标准对接，非常符合"以学生为中心、以结果为导向、持续改进"的现代职业教育理念，即国际工程教育认证理念。

汽车类专业精品在线开放课程在取得建设课程门数多、应用覆盖面广等巨大成绩的同时，也存在一些问题。例如课程仍然主要集中于传统汽车类专业（汽车检测与维修技术、汽车电子技术等）上，对于新兴的新能源汽车技术、汽车智能技术等专业，在线开放课程则非常少，如图9所示。

究其原因，主要还是新能源汽车和智能网联汽车技术涉及的知识跨度大、技术更新快、知识难度高，该领域高水平教师数量缺乏，所以课程开发困难。

---

① 南京交通职业技术学院，http：//qiche.njitt.edu.cn/。

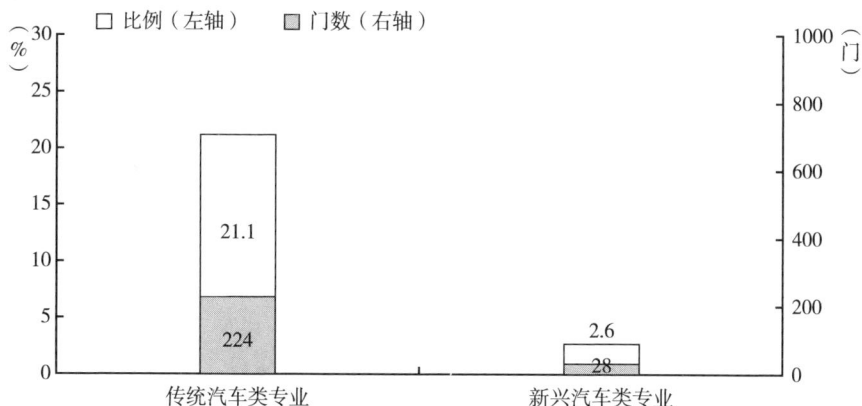

图9　汽车类专业精品在线开放课程开发情况

注：汽车类专业课程总数为1063门。
资料来源：中国汽车工程学会调研数据，2019。

因此，针对这些新兴专业，加大精品在线开放课程的开发力度，开发能够较好反映汽车科技进步的优质精品在线开放课程，是目前我国汽车职业教育界工作者需要齐心协力做好的事情。

4. 发展前景

现阶段，汽车类专业精品在线开放课程建设在促进专业课程的教学改革和创新、提升人才培养质量等方面，已经取得一定的成效。在职业教育深化改革的关键时期，汽车类专业精品在线开放课程开发能促进产教深度融合，使课程资源对接企业新技术、新规范、新标准，对接1＋X证书制度，继而扩大影响力和应用面。优质的在线开放课程，将更好地服务于我国的汽车职业教育，对汽车职业教育先进院校而言是锦上添花，而对教育资源相对匮乏的中西部地区和初创汽车专业院校而言则是雪中送炭。

（二）汽车类专业理实一体化课程开发与实施

1. 背景

理实一体化教学模式规避以往理论与实践相脱节的现象，强调在充分发挥教师的主导作用的同时，通过设定特定教学任务和教学目标，实现"边教、边学、边做"。在整个教学过程中，理论和实践交替进行，直观观察和抽象思维交错出现，"理中有实，实中有理"。理实一体化是一种突出学生动手能力和专业技能培养、充分调动和激发学生学习兴趣的教学模式。

调研数据显示，目前全国职业院校汽车类专业中，开展理实一体化教学的课程比例达83.3%，理实一体化是被广泛采用的一种教学方式。汽车类专业一体化课程体系开发，往往通过校企合作，以汽车企业工作岗位综合职业能力培养为课程目标，以企业具体工作任务为学习载体，按照职业能力标准，分解典型工作任务，构建课程内容体系，按照工作过程要求设计和安排教学活动。一体化课程体系建设，可以整合教学资源，实现优质教学资源共享，推动"双师型"教师队伍建设，加快校内、校外实训基地建设，有利于开展行动导向教学，引导学生开展主动式、协作式、探究式的课程学习，提高学生的综合职业能力。

2. 主要内容

（1）一体化课程开发

一体化课程要求课程开发者深入汽车行业、企业调研，明确汽车专业人才的培养要求，经过深入访谈技能专家后提炼典型工作任务，构建基于工作过程的课程任务体系，并以具体工作任务为学习载体，突出职业能力主线，设计教学内容。一体化课程特别重视学生动手能力的培养，以学生获取从事某种职业所需能力的程度为课程教学和学生学习效果的评价标准，充分体现了职业教育的特性特点。

（2）一体化课程教学

为了改变传统的教学模式中理论教学与实践教学的"串联式"教学方式，破解理论教学的内容与实践教学互不关联的问题，一体化教学模式通过明确工作任务、制定教学内容、审定课程大纲、设计实施方案、组织理实教学、开展课程检查和评价反馈教学效果等行动导向的教学环节，让学生在"学中做、做中学"，在学与练的交替活动中理解课程知识，以具体工作任务的"流程性""完整性""规范性""操作性""技巧性"，导入岗位技能，又通过进一步的"课堂"分析和得失总结，提升学生解决问题的能力，培养面向工作岗位的职业能力。

（3）一体化课程校内外实训基地建设

一体化课程将教学活动从校内延伸到校外，特别注重建立校内、校外实训基地。例如，汽车维修技术课程的一体化教学，就要求参照汽车维修生产工位，将企业文化和作业标准引入校园，建立真实的汽车维修实训教室；实现教学组织形式由"固定教室、集体授课"向"一体化教学工作站""实习基地"转变，教学手段由"口授、黑板"向"实物、多媒体、网络化、现代化教育技术、岗位实操训练"转变。同时，通过加强校企合作，建立汽车维修校外实训基地，实行工学结合和产教融合的培养模式，充分利用企业先进的设备、理念开展生产性实训，以保障学生获得课程目标设定的专业技能。

（4）一体化课程教师培养

承担一体化教学的教师应具有相关企业的实际工作经历，并具有工作岗位的操作能力，并获得相应的职业资格证书。要熟练掌握相应岗位的工作流程，成为具备汽车理论教学和实践教学能力的"双师型"教师。汽车类专业教师不仅要讲授理论课，而且要会操作、会示范；在指导学生实践操作的同时，能够给学生讲解知识原理和相关理论；能利用信息化教学手段辅助教学，解决理论教学和实践教学的难点。因此，承担一体化教学任务的教师必须将专业理论与实践操作合二为一，实现由单一型教师向"双师型"教师转变，否则就难以符合一体化课程教学的要求。

（5）一体化课程教学评价

一体化课程教学评价可以根据教学内容采用过程性评价或终结性评价两种方式，评价的主体可以是学生（学生之间互评）、教师（对学生进行考核评价）和企业专家（参与对学生学习效果的评价），评价的要素包括汽车相关的理论知识、操作技能和职业素养等。通过以上方式开展对学生的综合性评价，考查学生在完成学习任务后的综合职业能力是否获得提升，是否达到汽车企业相应岗位要求的工作能力。

3. 运行状况

汽车类专业一体化课程是按国家职业能力标准，通过分析汽车企业相应岗位典型工作任务，以汽车企业工作岗位综合职业能力为培养目标，构建的汽车类专业课程体系。教学的组织和开展的内核是"三个融合"，即理论教学和实践教学的融合、专业学习和工作实践的融合、能力培养和工作岗位的融合，按照工作过程安排教学活动，培养学生的专业能力、方法能力和社会能力。实践证明，理实一体化教学是适应职业教育人才培养目标的有效形式。

从汽车类专业职业教育一体化课程的开展状况来看，理实一体化教学模式的实施效果取决于两个"关键"和三个"具备"：关键要有企业工作经验的"双师型"教师，关键要有适应的理实一体化教学设计；具备与企业工作岗位标准相符的一体化教学场所和教学设施，具备与工作要求相符的一体化教材、学材，以及具备能更好地反映学生能力发展的考核评价体系。

4. 发展前景

汽车产业已经进入主要依靠科技谋求发展的新时代，汽车新四化是当前汽车科技最重要的发展方向。汽车从机电一体化产品向机电信息一体化产品跨越，产品和产业边界正变得模糊，由此带来汽车相关的职业、岗位、工作内容的巨大变化，对职业能力的要求也发生了根本性的改变，新汽车人才应具备较强的职业、岗位迁移和创新能力。

为了适应汽车产业及其对人才需求的变化，汽车类专业一体化课程在开发过程中，必须坚持课程内容源自汽车行业企业的典型工作任务分解，在适时性上能及时吸收行业企业的新技术、新工艺、新规范、新标准等，必须对教学内容进行科学凝练和认真编排，以保障专业课程内容的真实性、前瞻性和科学性。

理论教学与实践教学交互进行、二者融为一体的理实一体化教学模式，将是以培养技能型人才为主要目标的职业教育的主要教学形式，实践证明这也是汽车类专业技能型人才培养的有效教学形式。

（三）校企合作共建汽车类专业课程

1. 背景

要构建适应当今汽车人才岗位需要的课程体系，就要建立一个明确以动手实践为基本手段，以学习技能和培养职业素质为目标，融传授知识、培养能力、提高素质于一体的专业课程体系。近年来，汽车制造企业为了培养满足企业需要的技能人才，纷纷选择与职业院校合作共同开发课程的教学方式，如上海大众、一汽丰田、北京现代等合资汽车企业纷纷与相应职业院校合作开设订单班，共同制订人才培养方案、开发专业课程，为自己也为行业培养了大批高技能人才。

中国汽车工程学会对汽车企业参与职业院校课程开发的状况进行了调研，结果如图 10 所示。校企合作共建课程开发效果整体成效较差，尤其是中等职业院校的效果非常差。因此，提升共建课程效果是职业院校，尤其是中等职业学校校企合作共建课程的主攻方向。

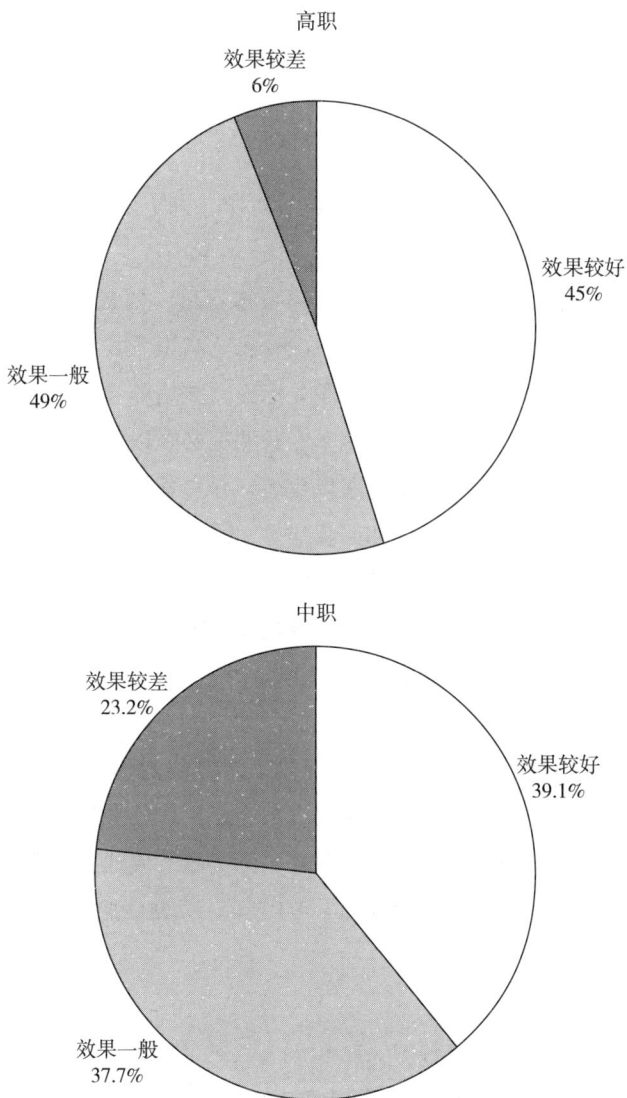

高职

效果较差
6%

效果较好
45%

效果一般
49%

中职

效果较差
23.2%

效果较好
39.1%

效果一般
37.7%

图 10　职业院校校企合作共建课程效果

资料来源：中国汽车工程学会调研数据，2019。

2. 主要内容

（1）课程开发前期调研

课程开发的前提和依据是弄清工位需求，为了查明企业的实际工作岗位或工位，必须开展翔实的实地调研，以为后续的课程开发奠定扎实基础。汽车专业课程开发者应深入汽车行业企业，对岗位或工位需求展开充分调研，了解行业企业的发展现状与趋势，调研汽车专业的技能人才数量、等级需求、能力构成，以及岗位工作内容和职责等；然后对照国家职业标准，分析各等级技能人才综合职业能力要求，摸清专业定位和人才培养的层次与方向，再将汽车企业的岗位/工位需求和职业课程体系进行有效对接，确定课程内容的初步设计。

（2）确定课程目标

当今社会，企业对员工的职业素养越来越看重，要求员工思想品德端正、吃苦耐劳、服从大局，有良好的服务意识、安全意识、规范意识。职业院校汽车类专业课程的培养目标是根据国家职业标准，在培养学生对应的岗位技能的同时，培养学生的综合职业能力。汽车专业课程必须以汽车专业知识和专业操作技能为基础，促成学生掌握相关岗位技能，并具备良好的综合职业能力。通过校企合作，企业参与课程设计和课程建设，除了有利于企业将需要的岗位技能导入课程外，还有利于将企业对员工要求的沟通能力、服务意识、团队协作精神和良好的职场礼仪、职场形象等综合素养植入课程之中，从而使课程的教学目标更加符合企业的实际需求。

（3）确定课程内容

遵循技能人才成长和职业发展的规律，课程内容应当由浅入深、由易到难、层层递进；课程内容在编排上应以汽车企业工作任务流程为主线，对接岗位生产过程，让课堂内容再现生产和服务实际场景；应通过校企专家共同分析和梳理，将岗位工作任务转化为课程学习内容，以动手能力为重点，以职业能力为目标，科学设定课程内容。

（4）课程教学设计

教学设计就是对课程内容的实施和展开，科学分配学时和分解教学环节，根据教学内容特性设计具体的理实交融的教学方式和形式。一门课程的内容往往可以设计开发若干个学习任务。学习任务一般应以企业岗位工作任务为载体提炼，是一个相对独立的岗位工作任务，通常具有完整的工作过程和任务目标。学习任务的设计内容包括"工作情境描述""学习任务描述""与其他学习任务的关系""学情分析""学习目标""学习内容""教学资源""教学组织形式""教学流程与活动""教学评价内容与标准"等。

（5）课程内容实施

以具体工作任务为学习载体，按照工作过程安排教学活动，教学组织形式可以参考汽车企业岗位作业组织方式，同时要结合教育教学规律、教学实际环境要求，采用灵活教学方法和教学手段进行教学化处理。教学流程与活动可按照工作过程的六步骤执行，即"明确任务—制订计划—做出决策—实施计划—检查控制—评价反馈"等（见图 11），也可以按照工作过程的实际情况，分为教学活动 1—教学活动 2—……—教学活动 N。合理组织课程内容实施，选用有效的教学手段将其应用在实际教学过程中，才能体现课程价值，实现课程内容效益的最大化。

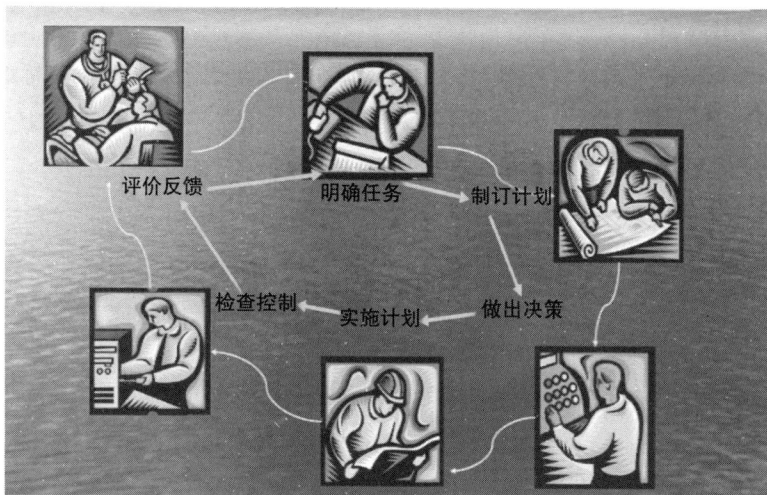

图 11　工作（学习）过程六步法

（6）课程效果评价

合理的课程评价有助于课程目标的实现，为完善和改进课程提供依据。汽车类专业课程可实行过程性评价与终结性评价相结合的方式，重点评价学生的学业成果和职业能力，可采用学生、教师和企业专家等多元评价主体，评价的要素要包括专业知识、操作技能和职业素养。在课程实施过程中，应及时根据学生的学习反馈调整课程的难度和深度，以便增强课程的实效，如图 12 所示。

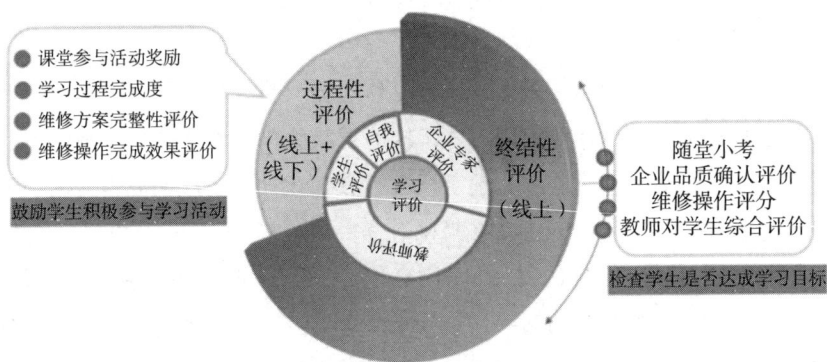

图 12　课程效果评价过程

3. 运行状况

企业参与职业教育课程共建，主要体现在由企业提出需求、确定标准、过程参与、评价反馈等环节上。校企合作共建课程，解决了汽车职业教育中长期存在的一些"教与学"及"学与用"脱节的问题。

企业参与课程建设，一是有利于实现课程目标与岗位要求对接，解决"为什么教"的问题。由于汽车职业教育必须服从和服务于汽车产业的发展，汽车类专业课程的目标设定必须直接面对工作岗位的能力需要。二是课程内容与职业标准能够更好对接，解决"教什么"的问题。汽车职业教育应根据汽车企业职业岗位标准要求来构建汽车专业课程标准和课程内容。三是教学过程与生产过程更好对接，解决"怎么教"的问题。通过校企合作，能够更好地促进汽车类专业课程的教学与企业实际生产过程相衔接，促进产教融合培养学生的综合职业能力。

企业是职业教育重要的参与主体，而课程则是职业教育的基本载体，职业教育课程建设离不开企业参与。但企业是以生产经营为主要任务，教育与人才培养对企业而言，更多地带有社会责任和公益贡献的属性。对这个问题认识程度的差异，导致不同企业在参与职业院校课程开发的积极性表现出了较大的差异。为更好地发挥企业在课程建设中的参与作用，需要构建校企合作双主体关系的制度化体系，《国务院关于加快发展现代职业教育的决定》提出，要研究制定促进校企合作办学的有关法规和激励政策。加快国家政策的完善和落实，有利于提升企业参与职业教育课程建设的积极性，进而促进整个职业教育的高质量发展。

4. 发展前景

在深化校企合作、产教融合的大背景下，企业参与职业教育课程建设，是深度参与职业教育的基本标志。校企合作共同开发汽车类专业课程，使汽车类专业课程内容更加"接地气"，将企业的岗位需求融入课程教学中，直接促进了汽车类专业学生对汽车企业文化、岗位要求的了解；真实的学习场景能够激发学生的学习热情和积极性，有利于学生尽快提高动手能力、增长专业才干、增加社会适应能力。校企合作、产教融合是职业教育高质量发展的必由之路，是培养符合汽车产业发展需要的高素质人才的必备之举。

（四）汽车新技术课程开发

1. 背景

当今汽车技术进入了加速进步和融合发展的新时期，低碳化、信息化、智能化成为汽车产业发展的主流方向。节能汽车、新能源汽车、智能网联汽车的出现带来了汽车技术的迭代升级，信息技术与汽车产业的加速融合，催生了大量的新职业、新工种、新岗位，需要越来越多高素质、复合型的技术技能人才。职业院校的人才培养，在内涵上要进行知识更新与升级，在方向上要从单一技能型转向复合创新型，以适应汽车产业新技术、新模式、新业态的需要。

2. 主要内容

职业院校课程体系的改革与创新必须适应汽车产业快速发展变革的需要，必须走在产业发展与变革的前面，这是当前汽车职业教育面临的艰巨任务。

（1）汽车新技术的涌现与课程体系的重构

汽车电动化、智能化、网联化、共享化带来了汽车新技术的快速涌现，碰撞预警系统、燃料电池、无线充电技术、智能巡航控制、智能感应控制、车联网技术等新型科技已经在汽车产品上得到广泛应用，像特斯拉 Model3、起亚（Soul EV）、雪佛兰沃蓝达（2019 款）等产品配备了行人噪声系统；宝马 i8 Mirrorless 概念车、特斯拉 modelX 概念车、凯迪拉克 CT6 等产品装备了电子

后视镜；本田思域（Civic）第 10 代产品配置了 Ring – Drive 车轮；大陆
（Continental）和 WiTricity 公司推出了无线充电底座；WaveSense 推出了超高频
透地雷达（groundpenetratingradar）等；这些都预示着汽车产业链正朝着多元
化、新技术等方向发展。

面对这样快速变化的形势和已经到来的产业变化，汽车职业教育需要重构
课程体系，彻底改变多年形成的以机械知识为主的课程体系，搭建集机械与材
料、电子与控制、信息与通信和计算机与软件等学科知识于一体的跨领域、跨
学科课程体系，开展系统、完备、科学的课程体系重构，建立适应汽车新技术
要求的课程群。

（2）汽车类专业群建设与新技术课程构建

汽车类专业群建设与发展的目的是密切跟踪汽车产业最新发展态势，全面
对接和深度融入汽车产业链，根据汽车新技术特点，设置和拓展新专业或专业
方向；而新技术课程构建则是在专业建设基础上，以精品在线课程、教学资源
库建设等为载体，对课程体系及课程教学内容进行再设计、再改造，旨在及时
跟进甚至超越汽车科技的现实发展。以湖南某职业院校从服务产业迈向引领产
业的转型模式为例，其以"覆盖前后市场、兼顾新旧能源"的理念，通过新
增智能交通技术运用等汽车类新专业（方向），重点建设新能源与智能汽车专
业群，突出智能化和车联网的汽车类专业集群建设，推动了汽车新技术和专业
群与课程内容改革之间的有机融合。①

（3）教师队伍知识体系升级与新技术课程开发

汽车新技术融合了汽车、电子、通信、计算机等多个领域的专业知识，技
术层面更深，跨度范围更大。传统专业教师缺乏跨越汽车、互联网技术、AI
等多领域、多学科的专业基础理论和应用实践能力，人才队伍知识体系需要围
绕智能汽车产业链在信息技术高速发展的大背景下不断升级，因此需要组织跨
学科、跨学校乃至跨地区的力量合作，共同开发面向汽车新技术、新职业、新
岗位的新型课程体系。例如某职业院校在构建汽车专业群时，特别注重教师队
伍汽车高新科技知识的更新，改造教师队伍的知识体系，为各高等职业院校教

---

① 《湖南汽车工程职业学院：从服务产业迈向引领产业》，中华人民共和国教育部官网，2017
年 2 月 21 日。

师培训培养提供了样板。①

3. 运行状况

汽车新技术体系正逐步向感知控制、网联技术、识别技术"三位一体"方向发展。② 这个变化过程不仅会促进相关政策法律创新、技术创新和商业模式创新，也会促进法律、技术和商业形式走向融合，更会促进汽车职业教育专业和课程的发展。数据显示，至 2019 年全国开设新能源汽车技术专业和汽车智能技术专业的高等职业院校数分别达到 379 所和 35 所，③ 新兴汽车专业已经呈现一定规模。而新技术课程开发一方面需要反映汽车、电子、通信、互联网等技术领域与汽车产品融合的最新技术成果，另一方面也需要反映政策法规、技术标准、汽车文化和汽车使用人文关怀等更大范围的学科交叉和融合趋势，否则学生就不能完整理解汽车科技给汽车产业、交通和老百姓生活方式带来的巨大影响。

长期以来，汽车类专业课程都是基于汽车学科单一发展成果开发，存在跨界融合不够、课程品质不高、新技术展现不够、科技人文脱节等问题。而现在的汽车新技术高品质课程开发，则需要以智能网联 + 新能源跨界融合为主线，以终端搭建、云控制、高精度动态地图、车载共享、材料轻量化、动力电驱化以及网络信息安全建设等专业知识为内涵，推动基于汽车新技术的课程创新，融合多学科知识，同时还要促进与 1 + X 证书制度的协同和融合，唯此方能成功实现新时代汽车职业教育的发展，为未来汽车产业发展提供合格的技术技能人才。

4. 发展前景

2019 年中央经济工作会议明确指出，加快我国"新基建"建设，其中就包括全面推进新能源汽车充电桩等新型基础设施的建设④，为未来打造智慧城市奠定基础。近几年，汽车的电动化、智能化、网联化、轻量化、共享化，智

---

① 王利鹤、赵永来、高伟、牛文学、张艺：《〈汽车新技术〉课程教学改革实践》，《职业技术》2018 年第 12 期。
② 唐怀坤、张森：《智能网联汽车产业发展现状与三大创新方向》，《通信世界》2019 年第 22 期。
③ 高职数据平台职业教育诊改网，http：//www.zyjyzg.org/。
④ 国务院国有资产监督委员会网站，http：//www.sasac.gov.cn/。

慧城市，智能交通等概念层出不穷，无疑都昭示着一场伟大的汽车产业创新和交通方式的变革正在向我们走来，汽车职业教育必须勇于拥抱和参与这场变革。

汽车职业教育新技术课程的开发就是参与这场变革的落脚点。职业院校要抓住历史机遇，并勇于接受技术革新带来的挑战，主动出击，密切与汽车企业合作，让汽车新技术课程在未来的人才培养中发挥更有力的保障作用。

五　汽车高等职业教育教学资源建设

教学资源作为支撑教学活动的基本要素和条件，它服从和服务于课程教学任务和教学目标，具有多样性、实践性、协同性、时代性、开放性和可开发性等特征。

"职教二十条"强调优化职业教育结构和培养大国工匠、能工巧匠的职业教育目标，强调产业升级和经济结构调整对技术技能人才的需求引领作用，对教育教学资源的建设和应用提出了新的要求。

针对目前日新月异的汽车产业态势，加快推进汽车类专业的教学资源库、教材、校内实践教学资源、产教融合企业与教学工厂等教学资源的建设与应用已然成为汽车职业教育强化课程教学质量提升的必然趋势。

（一）教学资源库建设

1. 背景

专业教学资源库是为了培养高技术人才以及推动终身教育而建立的教学网络资源系统。它有利于充分发挥网络教学的开放性和资源共享的优势，能够最大限度地满足专业教师教学准备和学生自主学习的需要。

专业教学资源库建设是一项由上而下的系统推进工程。国家级职业教育专业教学资源库是由中央财政立项支持建设的教育信息化重点项目，也是职业教育领域落实"互联网＋"战略，推进教育创新发展的综合改革项目。2010年5月，教育部高等教育司下发了《关于开展高等职业教育专业教学资源库2010年度项目申报工作的通知》（教高司函〔2010〕129号），开启了国家级专业教学资源库建设的序幕。汽车检测与维修专业成为第一批开展国家级职业教育专业教学资源库建设的专业。

目前，高等职业院校已建成 127 个国家级教学资源库，学习用户约 564.1 万人，教师用户约 33 万人，教学资源约 399.6 万条，累计访问数超过 15 亿次，90% 以上的资源库用户数超过 1 万人。这些资源库在扩大优质资源覆盖面、提升社会服务能力方面发挥了显著作用。①

汽车类专业教学资源库建设是国家职业教育专业教学资源库的重要组成部分，高等职业院校汽车类专业积极推动各级专业教学资源库建设，建成一批校企共建共享共用的教学资源，通过专业资源整合和结构优化，初步形成了高水平的汽车专业群课程资源体系。根据职业院校改革发展示范校建设的要求，通过验收的 1013 所国家级中等职业改革发展示范校均建有校级示范专业教学资源库。

2. 主要内容

根据《职业教育专业教学资源库建设工作指南》，立足"能学、辅教"的功能定位，遵循"一体化设计、结构化课程、颗粒化资源"建构逻辑，制订并实施适应"互联网 + 职业教育"发展需求的专业人才培养方案，优化专业课程体系，持续推进专业教学改革。

主要的资源类型包括以下三类。①基本资源，指汽车类专业各工种专业教学标准（或专业教学基本要求）规定内容，覆盖汽车类专业所有基本知识点和岗位基本技能点，其特点是颗粒化程度较高、表现形式多样，能支撑资源库结构化课程体系。②个性资源，指在汽车类专业各工种基本资源之外，针对汽车产业发展需要和用户个性化需求开发建设的资源。个性资源体现了汽车产业发展前沿技术和最新成果，并不断提升资源建设的普适性。③拓展资源。库内资源力求丰富多样，资源建设通常不以仅仅满足现实教学需要为前提，往往需要建设更加丰富的课程资源，例如汽车产业历史沿革、汽车产品更新换代、汽车发展未来概念等信息资源，形成丰富的"必要资源"以外的学习资源，这就是拓展资源。拓展资源在数量和类型上往往大大超出结构化课程所调用的资源范围，实现课程资源的冗余，以方便广大教师和学生自

---

① 缪桂根、蔡丽玲：《职业教育专业教学资源库建设与应用对策研究》，《物流工程与管理》2019 年第 10 期。

主搭建课程和拓展学习素材。

资源库通常采取分层建设方式。库内资源应包括素材、积件、模块和课程等不同层次的资源，其中素材是最基础、颗粒化的资源；积件是以知识点、技能点为单位，多个内在关联的素材组合形成的教学资源；模块是以学习单元、工作任务等项目为单位，多个知识点、技能点组合形成的学习资源；课程应包含完整的教学内容和教学活动，包括教学设计、教学实施、教学过程记录、教学评价等环节，支持线上或线上线下混合教学的课程资源。资源库提供的结构化课程体系应涵盖汽车类专业的全部专业核心课，课程资源建设的指导思想可参考大规模在线开放课程（如慕课）的建设理念。

资源类型的表现形式可以多样化。汽车类专业教学资源类型一般包括文本类素材、图形（图像）类素材、音频素材、视频类素材、动画类素材和虚拟仿真类素材等。应控制文本和图形（图像）资源在总资源中的比例，提高微课程、动画、虚拟仿真等资源比例。微课程以阐述某一知识点为目的，以短小的在线视频为主要表现形式，属易用易得适用实用的学习资源；动画通过变换视角、直观画面、形象阐述，将抽象概念具体化、微观概念可视化，将抽象逻辑思维与具体形象思维融为一体，使教学活动更加符合学习者自然思维习惯；虚拟仿真通过展现危险性高或难以安排现场实习的教学场景，如复杂道路试乘试驾、汽车碰撞实验等情景下的教学等，或展示现实教学中复杂结构、复杂运动等教学难点的理解情形，如发动机内部构造及其工作原理、电流运行轨迹等领域的知识教学场景等，十分有利于提高实际教学效果。

资源属性应按照资源内容和性质科学全面地标注，方便资源的检索和智能重组。资源的形式和规格应遵循汽车行业通行的网络教育技术标准。

资源库内容应包括专业介绍、人才培养方案、教学环境、网络课程、培训项目以及测评系统等。

建成的教学资源库有以下两种形式。

（1）校企共建汽车类专业教学资源库

汽车类专业资源库建设为校企合作搭建了合作平台。汽车相关行业组织、企业和职业院校通过资源库建设调配各自的资源，发挥各自优势，组建并不断扩大共建共享的资源建设联盟，深入参与汽车专业人才培养、技术创新、就业创业、社会服务和文化传承等。①

例如，湖南某高职院校"汽车技术服务与营销"国家职业教育专业教学资源库建设，秉持"立足汽车行业、服务汽车产业、培养汽车人才、打造汽车品牌"的思路，联合13所高职院校、16家行业企业，面向汽车销售顾问、汽车服务顾问等8类典型岗位，坚持教学资源对接职业岗位工作内容，服务教师、学生、企业员工和车友等四类用户，为各类用户提供资源检索、信息查询、资料下载、教学指导、学习咨询、就业支持、人员培训等服务。②

（2）汽车相关专业教学资源库建设

高水平汽车专业群建设要求有一批覆盖汽车专业群课程体系的优质教学资源。通过不同汽车类专业教学资源库的建设，形成了一批覆盖相关汽车专业群教学范围的教学资源（见表5），覆盖共建共享联盟内部院校的教学需要、企业的教学规范和技术标准，为高水平汽车专业群建设提供了比较完善、系统的课程教学资源体系和产教融合的资源库基础。

表5　高等职业教育国家级汽车专业教学资源库一览

序号	编号	名称	牵头单位
1	2010 – 02	汽车检测与维修	邢台职业技术学院
2	2015 – 11	汽车技术服务与营销	湖南汽车工程职业学院 四川交通职业技术学院
3	2017 – 08	新能源汽车技术	浙江工业职业技术学院 南通职业大学
4	2018 – 15	汽车车身维修技术	重庆工业职业技术学院 四川交通职业技术学院 烟台汽车工程职业学院

资料来源：根据国家职业教育专业教学资源库整理。

河北某高职院校于2010年牵头19所示范职业院校和20余家汽车企业完成了首批国家职业教育汽车检测与维修专业的教学资源库建设，形成了以校企

① 方灿林、张启明：《资源库：高水平专业群的建设基础、要求和表征》，《现代教育管理》2019年第8期。

② http：//www.zzptc.com/Article/ShowArticle.asp？ArticleID=22359.

共建、企业受用、学生受益、品牌塑造、长效发展为主旨的共享教学资源，依托资源库建成了校企合作的协同育人中心。汽车检测与维修专业教学资源库建设在资源建设、校企合作、课程改革等方面取得了显著成效，有效地促进了该校汽车检测与维修专业的建设，并因此获批为国家高水平建设专业群（A档）。[1]

3. 运行状况

在国家职业教育政策和汽车产业战略升级的推动下，汽车专业教学资源库的建设和应用，得到政府、行业组织、院校、企业等各方的重视和支持，汽车专业教学资源库在遵循"一体化设计、结构化课程、颗粒化资源"的建设思路下，创新校企联盟共建共享机制，凸显了汽车专业教学资源库建设与行业产业的同频共振，紧贴汽车产业发展，促进了汽车专业教育教学的改革和创新，为推动汽车职业教育的现代化起到了积极的促进作用，具体表现为以下几方面。

一是为汽车专业产学研训相关人员提供了丰富、高效、先进的学习、研究和岗位培训资源，为技能培训、信息查询、学习咨询、教学指导等活动提供有力的资源保障。

二是教学资源库建设过程中有针对性地结合了人才培养模式改革、工学结合课程改革、教学方法改革等方面的内容，对教学改革进行了积极有效的探索，形成了大量优质资源，并通过资源共享平台进行应用与推广，使全国同类院校、研究机构、企业培训同步获得资源更新。

三是校企合力开展资源库建设，集中展示了汽车各专业领域的国内外先进技术变革、技术标准、典型案例等资源，极大地满足了企业品牌宣传、客户沟通、员工终身学习、高技能人才岗位提升等多方面的需求，达到了校企双赢的良好效果。

汽车专业教学资源开发、运用及推广过程中仍存在一些问题，主要体现在：教学资源的开发速度滞后，与产业发展速度不匹配；资源开发整合技术要求越来越高，单靠学校力量实现自主开发难以跟上汽车技术发展的步伐；汽车专业教学资源开发周期较长，资金投入较大，基本保障与投入均需进一步加大力度；资源内容不够丰富，资源平台操作不够简洁，系统反应速度不够快速，

---

[1] http：//www.xpc.edu.cn/qc/zysz/qcjcywxjs.htm.

平台界面不够友好等；这些问题有待得到及时解决。

此外，调研发现汽车专业教学资源库的用户大多数还在学校，如何对企业和社会学习者进行宣传和推广也是资源开发者需要思考的问题。

4. 发展前景

汽车专业教学资源库建设起步早、覆盖面广、校企共建共享机制成熟，带动了汽车类专业的教育教学改革，为高水平汽车专业群的建设提供重要支撑。汽车专业资源库建设将以高水平专业群建设为契机，建设一批高水平专业群资源库，升级汽车教育服务供给模式，完善资源认证评价标准，应用质量保障机制，促进汽车类专业教育链、产业链、人才链和创新链的无缝对接，使汽车专业资源库成为增强职业教育社会服务能力的重要载体，为构建学习型社会贡献职业教育力量。[1]

（二）教材建设

1. 背景

《全国大中小学教材建设规划（2019～2022年）》中强调，职业院校专业教材开发要根据产业发展动态，融合行业发展新知识、新技术、新工艺、新方法，开发内容新且实用效果好的活页式、工作手册式教材，丰富教材形式，同时要加强与行业企业之间的合作，充分发挥富有经验的企业专家在教材建设中的积极作用。

2. 主要内容

（1）校企合作教材开发

汽车职业教育教材的开发与汽车行业企业的发展密不可分，校企合作开发教材能较好地解决教材与企业生产实际脱节的问题。目前，全国汽车职业院校相继与汽车企业建立校企合作关系，开设校企订单班，开展校企合作编写教材。这些合作项目直接促进了校企合作教材的开发。特别是在新能源汽车技术专业中，已经有多家行业企业与高等职业院校联合开发和出版了教材，例如《新能源汽车概论》《新能源汽车电气技术》等教材。这些教材的投入与使用

---

[1] 缪桂根、蔡丽玲：《职业教育专业教学资源库建设与应用对策研究》，《物流工程与管理》2019年第10期。

获得了良好的教学效果。

（2）新形态一体化教材开发

一是活页式、工作手册式一体化教材开发。活页式教材的特点是根据用户需求定制教材，融入新技术、新工艺、新规范、新标准等，其内容可以灵活拼装。工作手册式教材以实际项目为载体，详细描述项目的完成过程，指导读者规范化地实现具体教学项目。活页式教材和工作手册式教材可以紧跟企业的生产实际需求和行业的最新发展趋势，内容更新及时，可以较好地满足技术技能人才培养的需要。在全国汽车职业教育中，活页式、工作手册式一体化教材已经得到广泛使用。这种形式的教材可以较好地融入汽车 1 + X 证书培训，例如汽车运用与维修职业技能等级证书和智能新能源汽车职业技能等级证书配套教材，已经采取活页式、工作手册式出版并投入使用，获得了较好的教学效果。

二是资源库配套一体化教材开发。自 2010 年以来，教育部已对《汽车检测与维修》、《汽车技术服务与营销》、《新能源汽车技术》和《汽车车身维修技术》等四门汽车类专业课程教学资源库进行立项支持。在资源库建设过程中，形成了丰富的教学课件、微课程、动画及实操视频等教学资源，但是与资源库相配套的教材较少。目前，汽车职业教育教师利用资源库建设的资源成果，广泛采取线上线下混合式教学模式，并积极开发与之匹配的教材作为课程的辅导教学参考书籍使用，让学生更好地将教材文本资源与网络教学资源库资源有机结合，以达到更好的学习效果。

三是基于 AR/VR 技术的一体化教材开发。基于 AR/VR 技术一体化教材是"互联网 + 教育"背景下的产物，是基于 AR/VR 技术对教学内容进行虚拟展示的一种新型教材形式。可以充分发挥智能手机的作用，使课程知识点立体化，增加学生学习的趣味性。目前已有学校成功开发基于 AR/VR 技术的三相异步电动机教学演示系统，将 AR/VR 技术应用于汽车专业课程的教材开发中。

3. 运行状况

校企合作开发新形态的一体化教材已经成为目前职业教育教材开发的重点方向。在汽车职业教育中，全国已经有多所高等职业院校的汽车专业通过校企合作方式开发合适的教材及资源用于教学，特别是针对 1 + X 证书制度开发的汽车专业职业技能等级证书的配套教材，采取活页式、工作手册式的形式出版，并不断涌现与资源库配套的新形态教材。基于 AR/VR 技术一体化教材正在成为未来教材开发的重要方向，这些教材在汽车职业教育的专业课程教学中，已经得到了广泛应用。

4. 发展前景

2019 年 1 月，国务院发布"职教二十条"。文件把握社会发展方向，鼓励校企合作共同开发反映行业企业新技术、新工艺、新流程、新规范的新形态教材，并倡导使用活页式、工作手册式等新形态教材，积极支持教材配套的信息化资源。从发展角度看，未来校企合作开发教材和广泛采用新形态一体化教材将是汽车职业教育专业教材开发的新趋势，并将其中的经典内容逐渐实现电子化和词典化。

（三）校内实践教学资源建设

1. 背景

2016 年，交通运输部、教育部联合发布《关于加快发展现代交通运输职业教育的若干意见》，鼓励校企共建生产性实训基地，建成一批用于职业能力培养的虚拟仿真实训中心，确保工学结合人才培养模式改革的顺利推进。

"职教二十条"明确提出，"保护职业教育改革创新的积极性，带动各级政府、企业和职业院校建设一批资源共享，集实践教学、社会培训、企业真实生产和社会技术服务于一体的高水平职业教育实训基地。鼓励职业院校建设或校企共同建设一批校内实训基地"。

2018 年，高等职业院校校内实践基地数达 6.06 万个，平均每个专业点 1~2 个，比 2015 年略有增加；校内实践教学工位数达 504 万个，生均约 0.5 个，基本满足学校实践教学活动的开展。

根据中国汽车工程学会的调查，当前汽车高等职业教育校内实践基地的总体规模如表 6 所示。

表 6　全国汽车高等职业院校校内实训基地总体规模（抽样调查）

分布地区	校内实践教学基地		
	建筑面积（平方米）	设备总值（万元）	设备数（台套）
东北地区（4 份）	16030.0	4194.83	2139
华北地区（2 份）	6800.0	11780.00	5001

续表

分布地区	校内实践教学基地		
	建筑面积（平方米）	设备总值（万元）	设备数（台套）
华东地区（12份）	75881.0	13283.58	7167
华南地区（3份）	17500.0	5250.00	1748
华中地区（15份）	56040.0	21970.08	3763
西北地区（8份）	31767.7	11454.39	5193
西南地区（9份）	28490.0	9036.65	7929
总计	232508.7	76969.53	32940

资料来源：中国汽车工程学会调研数据，2019。

2. 主要内容

实践教学在职业院校教学过程中有非常重要的意义和地位，实践教学资源的建设、管理与应用对职业院校人才培养的质量发挥着至关重要的作用。

（1）公共实训基地建设

应奉行"集约建设、开放共享"的理念，集政、校、行、企各自的优势资源，共同投资建设公共实训基地，以满足区域内汽车专业共建发展的需要，以及社会培训和技术服务的需要。

例如，深圳某职业技术学院工业中心的汽车与交通实训中心（教育部优秀实践教学基地），由比亚迪、奥迪、博世等企业共同参与建设，是融职业技能训练、职业素质训导、职业技能鉴定、职业资格认证、职业技术教育师资培训以及科技开发、生产、新技术推广应用等多功能于一体的校内实践教学基地，[1] 面向学生和企业在职职工开放，其实习基地具有区域性公共实训基地性质。

（2）生产性实训基地建设

生产性实训基地建设通常是以汽车行业职业主题为轴心，以实践教学为先导和主线，以"做中学"为主要实践性环节学习形式的实践教学体系的建设。学生在完成企业生产任务中实现"学中做"，在实训教学环节的反复训练中实现"做中学"，以此培养出符合产业需要的技术技能人才。

采用多元投入模式，打造产学教研一体的实训条件，紧密结合一线汽车相

---

① 方灿林、张启明：《资源库：高水平专业群的建设基础、要求和表征》，《现代教育管理》2019年第8期。

关企业，建设"虚实结合"的生产性实训基地，并集教学、科研、社会服务等多功能于一体。

例如，四川某职业技术学院校企共建共享型校内生产性实训基地，就是与一汽丰田、华晨宝马等九大知名汽车品牌制造厂共建的技术培训中心，可以保证校内生产性实训与企业的生产一线同步，教学实训的关键工艺与生产现场的工艺同步；还聘用企业的一线骨干专业技术人员参与学生的实训指导，实训过程与生产过程完全保持一致，这样就保证了校内生产性实训的真实性、先进性和共享性。

3. 运行状况

在国家政策的支持和鼓励下，公共型及生产性实训基地建设成为现代汽车职业教育校内实践教学资源建设的新途径，其影响和成效日渐壮大。但受传统汽车教学模式、资金紧缺、区域经济等因素的影响，仍然存在多方面的问题。例如：①由于对职业能力目标内涵的认识不清、标准模糊，职业能力培养的主线尚未贯通实践教学全过程，实训中心的教与学的运行不能充分协调；②由于缺乏行业企业参与实训中心建设的激励和约束机制，企业的参与度取决于其意愿的大小，影响到实训中心教学效率的发挥；③部分职业院校校内实践教学基地建设存在功能单一、内外衔接不当、稳定性差、管理落后等问题，使其教学效果受到影响。这些问题有待在实训中心的建设过程中予以逐步解决。

4. 发展前景

关于职业院校校内实训基地建设，资金筹措无疑是重点和难点问题。在资金筹措方面，除了依赖政府拨款外，职业院校应当更加积极地探索院校自筹、社会融资、校企合作、股份合作等多种融资方式，实现实训基地建设的更大发展。

可行的建设方式包括以下几种。①充分利用国家"双高"建设的机遇。国家"双高"建设计划中一项重要的工作就是校内实训基地的建设，职业院校应该充分借助中央财政项目资金，实现校内实训基地的建设。②利用原有资源，营造真实职业教学环境。依靠院校的自筹资金，按专业建设的需要分期投入，通过精心设计、组织、实施建设计划形成规模适度的教学资源。这一措施或许是职业院校实训基地建设的常态方法。③引入企业的设备和资金。学校提供场地，合作企业提供实训中心的教学设备和建设资金。这种方式适合建立企业实验室、定向技能实训室等，以实现校企共建实训中心。

职业院校通过以上建设方式，可以有效建立满足汽车职业教育需要的校内实践教学基地，丰富实训基地建设成果。

（四）产教融合企业与教学工厂建设

1. 背景

深化产教融合已成为我国职业教育的一大方针政策，是办好汽车职业教育的关键所在。近年来，国家密集出台一系列政策，如《关于深化产教融合的若干意见》（国办发〔2017〕95号）、"职教二十条"、《建设产教融合型企业实施办法（试行）》（发改社会〔2019〕590号，以下简称《产教融合实施办法》）、《试点建设培育国家产教融合型企业工作方案》（发改办社会〔2019〕964号）等，明确了企业要发挥在职业教育人才培养中的重要主体作用，深化产教融合人才培养模式。这些政策措施为汽车职业院校与合作企业共同落实产教融合搭建了渠道，提供了政策保障，为破解当前汽车职业教育产教融合运作过程中存在的问题开具了解决良方。

在汽车职业教育改革中，源于新加坡南洋理工学院的"教学工厂"模式对汽车专业人才培养有很大的促进作用。"教学工厂"以学校为本体，以实践教学为中心，专业理论课程服务于实践课程，形成了独具特色的教学理念和教学模式。近年来，我国汽车职业院校引进了"教学工厂"模式，并开展了本土化转化工作，在产教融合、协同育人方面开展了卓有成效的探索，积累了诸多成功的实践经验。

2. 主要内容

（1）产教融合型企业建设

《产教融合实施办法》对"产教融合型企业"进行了定义并提出了6项产教融合企业建设培育的条件，明确了企业在产教融合、校企合作中的融合方式，从提高企业积极性的角度促进了产教融合的发展。

《产教融合实施办法》遴选了第一批培育的24家产教融合型企业，从企业性质看，主要集中在国有企业、大型企业和中型企业；办学形式主要采取直接举办职业学校深度参与校企合作模式。[①] 今后还要陆续遴选更多企业参与职

---

① 董树功、艾䀅：《产教融合型企业：价值定位、运行机理与培育路径》，《中国职业技术教育》2020年第1期。

业教育把"引教入企"和"引企入教"结合起来。通过加强政府引导、强化企业主导，把数以万计的产教融合型企业打造成为支撑高质量职业教育的"学习工厂"。由此可见，当前建设产教融合型企业面临十分有利的发展机遇，越来越多的企业顺应高质量职业教育发展潮流，主动参与到职业教育办学和人才培养过程中，推动了职业教育改革和企业自身发展的双丰收。

例如，湖南某汽车职业院校以新能源与智能汽车专业群为载体，主动跟踪汽车新技术的发展前沿，不断深化汽车专业方向的产教融合教学，与汽车行业大型名企共建产学研孵化基地，并将形成"基于智慧城市的车联网应用平台""基于校企共建的新能源汽车研发与试验基地"等标志性成果，极大地促进了这些新兴汽车专业的建设和发展。

（2）"教学工厂"建设

创新人才培养模式是我国职业教育目前面临的新课题，国外产教融合的典型范例和优秀实践案例（如德国的"双元制"、日本的"企业访问制"、美国的"契约合作制"、新加坡的"教学工厂"等模式）都对其职业教育和区域经济发展起到了支撑作用。

"教学工厂"在汽车职业教育中有其独特的可行性和优越性。我国职业院校"教学工厂"的运营通常由学校主导，企业参与办学，坚持"引教入企"和"引企入教"相结合，充分发挥企业办学的主体作用，最终实现人才培养质量保持较高水平。"教学工厂"实践教学模式要求校企联合设置专业课程、确定课程教材、修订培养方案、开展岗位资格认定等，重在充分调动企业参与职业教育的积极性，促进汽车职业教育与汽车产业发展有机衔接。"教学工厂"模式有利于将真实的汽车企业环境引进学校，并与学校的教学过程特别是实践教学环节相结合，形成学校、教学工厂、企业"三位一体"的综合性人才培养模式。这种培养模式可以使"产"和"教"充分有效融合，充分发挥校企融合优势，共同培养符合社会主义现代化建设需要的复合技能型人才。

3. 运行状况

产教融合是汽车产业变革对汽车职业教育人才培养提出的新要求，是解决长期以来人才供给与需求脱节的有效途径。随着汽车产业的转型升级和结构调整的纵深演进，传统的汽车职业教育模式已难以适应当今汽车人才就业市场对复合技能型人才的需求。较为突出的现象是，汽车职业教育发展遭遇瓶颈，生源数量和质量都出现了滑坡，受到了新经济、新业态的严峻挑战。

我国部分职业院校的人才培养过程脱离企业的人才需求，产教融合不够深入，企业参与职业教育的程度不高，校企合作出现学校"一头热"现象，这与世界职业教育先进经验相去甚远，如德国的职业院校多与相关产业集群为邻，设置高度相关的专业，服务于区域产业发展。

2019年4月，在中国汽车工程学会主导下，全国智能网联汽车产教融合创新联合体（以下简称"智能网联联合体"）得以成立。该联合体致力于搭建政产学研良性互动的融合发展创新平台，推动智能网联汽车产业新型专业人才培养，助力区域经济和汽车产业经济的转型升级。联合体承担并发挥着连接产业端和教育端的桥梁作用，通过产教融合的方式促进中国智能网联汽车产业的健康发展。

4. 发展前景

汽车产业变革对汽车职业教育带来了巨大挑战，新兴汽车产业蓬勃发展，新型技能人才在其中发挥着重要推动作用。这种人才必须是与产业对接，从顶层设计真正落实汽车产业与汽车职业教育深度融合才能培养出来的。现今，产教融合从过去的以教育部门为主搭建产业与职业教育融合平台，演变为从政府层面着手规划产教融合实质性合作的方方面面，不断推进职业教育与产业之间的精准对接，不断推进参与主体的多元化，不断完善"双师型"教师队伍的建设等，汽车职业教育正在迈进一个崭新的时代。[1]

产教融合是汽车职业教育的精髓和改革方向。虽然现阶段汽车职业院校和汽车企业各自都还有一些问题需要解决，但对深化产教融合，充分融合高等职业院校和汽车企业独特的教育环境和教育资源，促进双方优势的互补互利，更好地开展汽车技能人才培养，已经成为汽车企业和汽车职业院校的共识；将汽车人才培养与企业用人需求精准对接，促进汽车职业教育与汽车产业的有机融合，培养产业需要、企业需要、岗位需要的适用性、实用性、创新性人才，实现企业、学校、学生的"三赢"格局，已经成为汽车企业和汽车职业院校努力的方向。

---

[1] 李晖、罗燕、魏会超、邓玉婷：《四川省职业教育产教融合人才培养模式创新研究》，载《四川人才发展报告（2018）》，社会科学文献出版社，2018。

R.6
汽车职业教育国际化发展报告

冯志新　朱青松　周一平　张小飞*

一　汽车职业教育国际化发展沿革

随着全球经济一体化趋势的不断增强，作为我国国民经济重要支柱的汽车产业国际化步伐也在不断加快，汽车类国际化人才需求不断增长，汽车职业教育的国际化也因此获得了稳步发展。

在《教育大辞典》中，教育国际化被解释为"第二次世界大战后不同国家之间相互交流、研讨、协作以解决教育发展所面临共同问题的重要趋势。这种趋势强调以跨国界、跨文化和全球化视野来看待教育的主要功能、目标，并促使教育的多元要素彼此作用、相互融合，从而促进全球范围内教育的共同发展"。[①] 汽车职业教育国际化是在全球经济一体化宏观背景下，以国际交流与合作为媒介，并与汽车产业国际化发展相适应，围绕汽车职业教育人才培养目标，不断将教育理念和教育活动融入国际化的过程。

我国的职业教育国际化始于改革开放之后，大体经历了认知、成形、细化和升华四个阶段。[②] 汽车职业教育作为我国职业教育的重要组成部分，其政策国际化也大体走过了这样一个历程。

---

*　冯志新、朱青松，北京电子科技职业学院；周一平，常州刘国钧高等职业技术学校；张小飞，荆州职业技术学院。

①　联合国教科文组织　国际教育发展委员会：《学会生存：教育世界的今天和明天》，教育科学出版社，1996。

②　王忠昌：《改革开放 40 年我国职业教育国际化政策的变迁及展望——基于 42 份国家层面政策文本的分析》，《职业技术教育》2018 年第 21 期。

1. 职业教育国际化认知阶段（1978～1992年）

改革开放以来，教育的发展特别是职业教育的发展被置于优先发展的地位，尤其是中央领导人提出"教育要面向现代化、面向世界、面向未来"，为职业教育国际化奠定了理论和政策基础。1991年国务院发布《关于大力发展职业技术教育的决定》（国发〔1991〕55号），强调采取有力政策支持职业技术教育发展，特别是"要加强与世界各国和地区及有关国际组织的交流与合作"。这一阶段，国家在职业教育体制、机制、结构、规模等方面进行了大力调整，并提出了在职业教育领域加强与世界各国交流与合作的理念，提高了职业教育国际化的认知水平。

2. 职业教育国际化成形阶段（1993～2003年）

1993年，《中国教育改革和发展纲要》（中发〔1993〕3号）强调职业教育对于促进工业化、生产社会化和现代化的重要作用，并提出进一步扩大教育对外开放的要求。1994年，中德两国政府发表了《中华人民共和国政府和德意志联邦共和国政府关于加强职业教育领域合作的联合声明》，这是我国政府与外国政府专门就发展职业教育签署的第一个双边协议。2003年国务院颁布《中华人民共和国中外合作办学条例》（2003年国务院令第372号），明确指出："国家鼓励在职业教育领域开展中外合作办学"，并对中外职业教育合作办学机构的设立、组织管理、教育教学等进行了说明。这一阶段，国家政策从理念落到具体实践，对开展职业教育国际化具有极强的指导意义，职业教育国际化的相关政策基本成形。

3. 职业教育国际化细化阶段（2004～2012年）

《国务院关于大力发展职业教育的决定》（国发〔2005〕35号）提出"扩大职业教育对外开放"，并就借鉴国外职业教育发展的先进经验、引进国际先进职业教育资源，推动中外职业教育合作办学、鼓励职业院校毕业生到国外就业等作出了相关规定。《国家中长期教育改革和发展规划纲要（2010～2020年）》也提出"要开展多层次、宽领域的教育与合作，提高我国教育国际化水平，要培养大批具有国际视野、通晓国际规则、能够参与国际事务和国际竞争的国际化人才"。这一阶段，国家不断完善职业教育国际化的各项政策，强化政策对职业教育国际化各项活动的引导支持和服务保障，政策细节不断丰富。

4. 职业教育国际化升华阶段（2013年至今）

2013年，"一带一路"倡议的提出促使职业教育国际化政策理念、目标、价值和保障等全面升华。《关于加快发展现代职业教育的决定》（国发〔2014

19 号）提出，各职业学校要完善中外合作机制，支持职业院校引进国（境）外高水平专家和优质教育资源，鼓励中外职业院校教师互派、学生互换；探索和规范职业院校到国（境）外办学；推动与中国企业和产品"走出去"相配套的职业教育发展模式。此阶段突出中国职业教育质量提升，在参与或主导职业教育标准制定方面贡献了中国智慧，并通过在国外独立办学或合作办学提升了中国职业教育的国际影响力和产业竞争力，职业教育国际化得到升华。

二　汽车职业教育国际化的发展背景

汽车职业教育的国际化与世界经济一体化、我国教育乃至职业教育自身发展和汽车企业应对国际市场竞争等发展环境息息相关。

1. 世界经济一体化

世界经济一体化，或者说经济全球化，是持续推进我国职业教育国际化的基本环境力量。

二战后经济全球化获得高度发展，国际经济秩序也变得越来越规范。1947年 10 月，23 个国家签署了《关税与贸易总协定临时适用协定书》，从而搭建了一个旨在促进全球自由贸易、协调贸易规则、处理贸易纠纷的多边协定（GATT，以下简称《关贸总协定》），极大地促进了经济全球化的发展。1995年 1 月，世界贸易组织（WTO）正式成立，取代 GATT 成为国际贸易领域的最高协调机构，进一步推动了世界贸易的自由化。2001 年 12 月，中国正式加入WTO，这一举措直接促进了我国经济的持续、快速和健康发展。

党的十八大后，我国提出"人类命运共同体"构想，实施"一带一路"倡议，进一步强化了与"金砖国家"、中日韩和东盟国家的经济合作，积极巩固自由贸易成果，受到越来越多国家的欢迎和认同，相关主张多次被写入联合国相关会议决议。这些必然会推进教育国际化的未来发展。

2. 教育国际化

随着改革开放向纵深推进和经济全球化步伐加快，我国教育（包括职业教育）也必然要强化国际交流与合作，教育的国际化是教育自身发展的必然规律。在这个进程中，汽车职业教育的国际化也就成为必然趋势。

2019 年 2 月，国务院印发《中国教育现代化 2035》。该文件是我国第一个以教育现代化为主题的中长期战略规划，是新时代推进教育现代化、建设教育强国的纲领性文件。文件提出了推进教育现代化的十大战略任务之一就是要开创教育对外开放新格局，积极服务"一带一路"建设，全面加强与世界各国和国际组织的教育务实合作，提升我国教育国际影响力。推进教育现代化，必须扎根中国、融通中外、立足时代、面向未来。汽车职业教育国际化是教育国际化的重要组成部分，在高质量"引进来"的同时，更要高标准、上规模地"走出去"，为世界汽车职业教育贡献中国智慧、中国经验、中国方案。

3. 汽车产业国际化

从国际汽车职业教育这个细分领域看，汽车产业的国际化一般都会直接促进汽车职业教育的国际化。可以说，汽车职业教育国际化发展的快慢及国际化水平，总是与该国汽车产业国际化程度密切相关。例如德国、日本、美国一直是世界汽车工业大国、强国，其汽车工业的国际化程度很高，它们的汽车职业教育国际化的发展水平也是很高的。

未来，我国汽车产业的国际化无疑会继续得到稳步推进。当前，我国已有整车资质制造商 100 余家，涵盖了外资、合资与自主品牌等企业主体。① 本土品牌在与跨国品牌的竞争中，从产品研发、品牌推广到国际化战略等领域，竞争力获得不断提升。特别是在推进汽车产业电动化、网联化、智能化和共享化的进程中，我国的动力电池及其管理系统、氢燃料动力技术、汽车智能化技术、移动共享服务等领域快速发展，并形成一定优势，有可能会成为汽车产业国际化的重点领域。可以预计，在上述领域具备优势的整车企业（包括传统车企和新造车势力）和关键部件企业，将会成为未来我国汽车产业国际化的先锋。这些企业走向国际广阔市场的进程中，必然会带动我国汽车职业教育国际化的快速发展。

三　汽车职业教育国际化的现状

随着职业教育特别是近十几年的发展，职业教育国际化呈现从"个例"

---

① 谢睿萍：《奇瑞汽车国际化战略研究及对中国汽车产业的启示》，《商场现代化》2017 年第 4 期。

到"常态"的发展现象，从缓慢到快速的发展过程，国际化方式也从以引进为主发展到引进与输出并重。国际化已然成为我国职业教育的新"名片"。[①]

（一）汽车职业教育国际化取得的主要成效

如上所述，我国汽车职业教育国际化伴随改革开放向纵深推进而获得不断发展，尤其是党的十八大后，汽车职业教育坚持大力"引进来"和积极"走出去"战略，国际化视野由区域扩展到全球，合作内容由模式交流转向内涵融合，合作范围由教育互动转向产教联动，在整体上取得突出成果，并在国际化项目、规模体量、专业布局、覆盖区域等方面，成效显著。

1. 总体成效比较突出

一是国际化的战略意识普遍增强。职业院校在发展中逐渐融入国际化办学理念，将其作为转型发展、产教融合、质量提升的有效路径。二是国际化的发展环境日趋成熟。发展环境的完善为国际化合作项目的运行、专业优化调整、人才培养模式创新等提供了广阔的发展空间。三是国际化的成效日益显现。汽车职业教育在发展规划、教学体系、教育资源、学生交流等方面的国际化都取得较为突出的成果。四是国际化的影响力稳步提升。汽车职业教育高质量发展并逐步输出到其他国家，为国际同行们研究和发展汽车职业教育提供了参考。

2. 项目载体不断丰富

依据中国汽车工程学会调研数据和全国职业教育对外合作与交流网（https：//cevep. cn/index. shtml）公布的相关信息，至 2019 年末，我国汽车职业教育国际化较有影响力的项目有中德职业教育汽车机电合作项目（SGAVE）（25 个）、中德诺浩汽车教育项目（123 个）、宝马售后英才教育项目（18 个）、胡格教学项目（17 个）、上汽通用汽车 ASEP/AYEC 项目（94 个）、丰田汽车 T－TEP 培训项目（34 个）、英国汽车工业学会 IMI 项目（17 个）、悉尼协议项目（7 个）、鲁班工坊项目（5 个）、其他形式项目（10 个）等 351 个项目点，详见表 1。在表 1 中，序号1~8代表的项目属于国际化"引进来"项目，序号 9 则是"走出去"项目。这些项目有效地促进了教学改革，在培养人才方面取得了突出的成效，是目前国内汽车职业教育国际化的先进代表。

---

① 杨小燕：《职业教育国际化：使命、表征与升华》，《教育科学论坛》2019 年第 33 期。

表 1　汽车职业教育国际化代表性项目

单位：个

序号	项目名称	项目数量	项目简介
1	中德职业教育汽车机电合作项目（SGAVE）	25	教育部与德国五大汽车生产商（奔驰、奥迪、保时捷、大众、宝马）以及德国国际合作机构 GIZ 签署的合作项目。项目旨在提高中国汽车机电维修工的技术水平
2	中德诺浩汽车教育项目	123	中德诺浩与德国哈勒手工业协会、德国 F＋U 萨克森职业教育集团合作，引进德国汽车职业教育资源，培养高质量汽车技术技能人才
3	宝马售后英才教育（宝马 BEST）项目	18	德国宝马汽车为经销商规范化培养和储备汽车售后人才，开发的 BMW Education of Sales & Service Talent 项目，简称宝马 BEST
4	胡格教学项目	17	德国巴登符腾堡州托马斯·胡格团队的行动导向课程和教学模式，逐步实现专业理论和实践紧密结合，培养更高质量的专业人才
5	上汽通用汽车 ASEP/AYEC 项目	94	上汽通用汽车（SGM）公司将美国通用（GM）汽车教育培训项目 ASEP（Automotive Service Educational Program）等引进中国，与国内职业院校开展校企深度合作，培训高质量的汽车专业人才
6	丰田汽车 T‑TEP 培训项目	34	丰田汽车针对员工培训开发的 T‑TEP（TOYOTA Technical Education Program）课程和证书考核体系，提高汽车售后服务水平
7	英国汽车工业学会 IMI 项目	18	英国汽车工业学会（Institute of the motor Industry，IMI）在汽车工业领域的职业资格证书培训项目
8	悉尼协议项目	7	《悉尼协议》由多个发达国家的工程教育学会共同签署的国际工程教育资格互认协议，以达到人才培养的"实质等效"，促进工程类人才全球化流动的目的
9	鲁班工坊项目	5	鲁班工坊是我国职业教育国际知名品牌，以鲁班的"大国工匠"形象为依托，将我国优秀职业技术和职业文化，采用学历教育与职业培训的方式走出国门，与世界分享。鲁班工坊是我国现阶段最有特色的职业教育国际化的输出项目
10	其他形式项目①	10	汽车职业教育国际化有一定影响的合作项目，但合作形式较为复杂

---

① 因项目名称难以统一归类，整理为其他形式项目。

3. 体量规模不断扩张

历经多年特别是最近十余年的跨越式发展，汽车职业教育的国际化规模不断壮大。依据 2019 年中国汽车工程学会调研数据，上述 351 个汽车国际化合作项目分布在 313 所学校，合作学校占中高职院校总数的 3.4%。国际化项目分布的学校中，高职学校 137 所，占比 43.8%；中职学校 176 所，占比 56.2%。合作项目招生 11484 人，其中，高职 4794 人，占比 41.7%；中职 6690 人，占比 58.3%。2019 年汽车职业教育国际化项目在校生数约 31500 人（部分项目不是连续招生），接受国外留学生数约 240 人，留学在校生约 700 人。由此可见，中职汽车职业教育国际化的参与学校和学生规模均高于高职学校。中职占比略高的原因，主要是合作项目中涉及实践和动手能力方面的项目较多，中职学生更适合参与。

4. 专业分布相对集中

前述 351 个国际化合作项目中，高职院校参与专业主要为道路运输类的汽车运用与维修技术、汽车制造类的汽车检测与维修技术等专业（方向），中职学校项目合作专业主要是交通运输类的汽车运用与维修专业（方向），这三个专业（方向）覆盖了 92.2% 的合作项目，呈现合作专业分布比较集中的特点。之所以相对集中，主要是长期以来汽车后市场以检测维修服务为主体，汽车职业教育主要围绕检测维修领域培养服务人才。这些专业历史悠久、规模较大、模式成熟、资源丰富，因而在国际化合作中占据的地位就比较突出。

另外，随着新能源汽车产业的不断发展及国际汽车消费的日益增长，与此相关的技能服务人才需求开始增加。因此，近些年来，新能源汽车技术、汽车制造与装配技术、汽车营销与服务、汽车车身修复等专业的国际化合作也呈现加快发展态势，相应的国际化合作项目日益增多（2019 年项目占比达 7.8%）。

5. 合作伙伴日益广泛

由于德国等国家的汽车职业教育相对发达，我国汽车职业教育国际化在起步阶段，绝大多数职业院校都选择了引入德国双元制教育模式或其他的成熟课程认证体系。例如，前述的 351 个项目中，与德国有关的项目 184 项（含 1 个其他形式项目），占 52.4%；与美国有关的 95 项（含 1 个其他形式项目），占 27.1%；与日本有关的 34 项，占 9.7%；与英国有关的 18 项，占 5.1%。随着我国汽车工业水平提高、汽车产业不断向海外扩张以及汽车职业教育整体规模和水平的提高，教育国际化正向共建"一带一路"国家延伸，合作区域范围越来越广，合作伙伴已经发展到加拿大、法国、意大利、葡萄牙、巴基斯坦、尼泊尔、印度、马来西亚、印尼、泰国、韩国等十多个国家和地区，国际化呈现合作伙伴越来越多、合作区域越来越广的特点。

（二）汽车职业教育国际化的差距

与我国高等教育、基础教育的国际化以及发达国家的职业教育相比，我国的汽车职业教育国际化发展还存在一定差距，主要表现在以下几方面。

1. 汽车职业教育国际化的规模及其国际影响力不够

参与国际化的职业院校覆盖率偏低，国际化合作项目涉及的专业范围比较狭窄，国际化合作项目培养人数偏少，合作模式还是以引进德国双元制等模式为主，汽车主机厂联合职业院校在海外设立培训基地模式才刚起步，像"鲁班工坊"这样高质量的教学标准和人才培养模式的输出还较少。汽车职业教育国际化在推动汽车产业的国际化发展和促进职业教育改革创新等方面的贡献和引领作用还不够突出，影响力有待提升。

2. 汽车产业国际化带动汽车职业教育国际化的力度不够

在我国汽车工业早期阶段，长期注重载货汽车的发展，直到20世纪90年代中期，国家才提出汽车工业战略重心从卡车向轿车和零部件工业转变。这导致作为汽车市场主体构成的乘用车及零部件工业显现整体发展水平不高、技术积累不足、国际竞争能力不强等特点。经过近20年的努力和发展，商用车和劳动密集型零部件国际市场展现一定的竞争力。从区域市场看，国际化主要在亚洲、非洲和拉丁美洲等市场，部分能够进入东欧及俄罗斯市场；从产品车型看，主要集中于载货汽车和大中型客车等商用汽车领域。但相对欧美日汽车（主要为乘用车）产业的国际化程度而言，我国的差距较为明显，这样的格局也影响和制约了我国汽车职业教育国际化的发展。

3. 以汽车职业教育国际化师资为代表的核心资源建设不足

教育国际化需要相应的资源支持，汽车职业教育国际化尤其需要一批了解他国文化、外语沟通能力较好、专业理论基础扎实、实践能力突出的优质师资。目前，符合国际化要求的师资队伍建设较为滞后，具有国际化工作经历和教育背景的教师比较缺乏，限制了汽车职业教育国际化的快速和高质量发展。

四 汽车职业教育国际化模式

汽车职业教育国际化大体包括"引进来"和"走出去"两种模式，前者主要有德国"双元制"、美国通用 ASEP 课程、丰田 T – TEP 课程、悉尼协议等模式，后者主要是鲁班工坊模式。

（一）德国"双元制"模式

1. "双元制"模式的含义

德国"双元制"（Dual System）是世界最富特色的职业教育模式之一。它将传统的学徒培养方式与现代职业教育思想相结合，以职业为基础，联合企业和职业院校两个主体培养学生，把学生的理论学习与企业实践紧密联系在一起，并以就业为导向，实现学校和企业的无缝对接。[1]

"双元制"模式"双元"的含义包括七个方面：[2] 一是培训主体双元，培训主体由职业院校和合作企业构成；二是学生主体双元，既是学生又是企业临时员工；三是学习内容双元，学生既要学习专业理论又要开展技能实践；四是师资主体双元，教师队伍中既有学校专职教师又有企业培训师；五是培训教材双元，既有理论教材又有实训教材；六是评价方式双元，学生既要通过理论知识考核又要通过实训技能考核；七是证书双元，学生毕业后既可获得职业资格证书也可获得毕业证书。

2. "双元制"模式的运作方式

拟参加"双元制"学习的中学毕业生通过政府劳动部门的职业介绍中心选择一家企业，并同企业依法签订合同，得到一个培训位置；然后再到相关的职业学校登记取得理论学习资格，并享受政府对职业教育学生的补贴。[3]

"双元制"的学制为 2 ~ 3.5 年。教学活动在校企之间交替进行，学生每周 3 ~4 天在企业实践，由企业负责实际操作培训；1 ~2 天在学校学习，职业

---

① 吴伟：《德国双元制职业教育模式的特征、成因及发展趋势》，《财富时代》2019 年第 10 期。

② 孙长远、齐珍：《德国双元制及课程与教学模式分析》，《时空教育》2010 年第 3 期。

③ 贾燕燕：《德国"双元制"教学模式本土化的探索》，《科技论坛》2019 年第 4 期。

学校负责理论知识培训。

"双元制"毕业考试由德国工商协会（IHK）职业教育部负责组织与协调，设立考核委员会（由职业院校教师、企业培训师、企业雇主组成），实行全国统考，分为中期考试和最终考试。经过"双元制"培训的学生在考试合格后获得 IHK 职业资格证书和学校颁发的毕业证书。

"双元制"的教师需经过三个阶段的培训：第一阶段在大学学习基础知识、专业知识，必须修得技术专业和教育专业双学位；第二阶段参加实习，锻炼教学能力和学习教法，两年后参加全国统一考试，获得职业院校教师资格；第三阶段是教师在整个职业生涯中，不断参加培训，以便获得最新技术。

3. "双元制"的特点

"双元制"人才培养模式的主要特点如下。一是它是一种校企协同，并以企业实践为主的产教结合模式。[1] 德国政府通过立法，要求企业履行人才培训义务，解决了理论脱离实践的问题。二是政府重视投入，对职业教育学生给予生活补贴，同时要求企业给予一定工作报酬，学生不会在学习期间面临生活困难。三是特别强调教师的实践技能，并以法律形式对教师的技能、知识和能力做了明确的规定，学校注重从行业企业选拔兼职教师。四是培养出的学生具有较强的综合职业能力、跨职业能力和就业竞争能力。[2] "双元制"模式既适合中职教育也适合高职教育。

4. "双元制"模式在我国的发展

20 世纪 80 年代，我国开始引入德国"双元制"教育模式。经过近 40 年的发展，"双元制"为我国的职业教育发展提供了许多借鉴经验。特别是 2003 年之后我国在引进德国"双元制"的教学模式、培养标准及评价体系的基础上，成功地进行了本土化改造并进行了诸多成功的案例模式创新。

---

[1] 张宁新：《"双元制"人才培养模式的本土化探索与实践》，《中国职业技术教育》2015 年第 2 期。

[2] 车君华、曾茜、孟皎：《德国"双元制"职业教育本土化的"济南模式"创新实践》，《济南职业学院学报》2019 年第 5 期。

（二）美国通用 ASEP 课程模式

1. 通用 ASEP 课程模式的含义

美国通用 ASEP（Automotive Service Educational Program）课程模式，是专门培养具有通用公司产品服务能力或专业汽车维修服务技工的教育培训模式。美国通用 ASEP 课程是 1979 年美国通用（GM）汽车公司在北美地区首先创立的教育培训项目，采用校企合作、联合培养的方式，主要培训汽车维修技工。

2. 通用 ASEP 课程模式的运作方式

通用汽车公司与职业院校合作设立教学班，学生从三年级秋季学期开始采用项目教学法完成学习任务。授课模式主要由校内教学和顶岗实习两部分组成，采用校企交替结合方式。① 教学过程以实际任务为载体，注重基本功训练和课程的实效性，强调以学生为主体，理实结合，重视实践，关注操作规范和自主学习能力的培养。②

ASEP 教材编制通常由通用的售后服务管理和技术培训中心完成，教材内容与 4S 店的实际工作紧密结合。ASEP 学员完成学习任务之后，由售后服务管理和技术培训中心统一负责命题考核，学校教师负责批阅，学生考核合格后获得企业资格认证书。

参加通用 ASEP 课程授课的教师，必须经过通用维修手册查阅、通用汽车特点以及典型项目维护、维修操作等项目的培训，具备"双师"的素养，达到胜任 ASEP 课程的教学任务的能力。

3. 通用 ASEP 模式的主要特点

一是企业主导培训项目及内容的设计，并为学校的 ASEP 教学中心提供实训设备、培训规范、认证标准和模拟工作岗位等资源；二是校企共建 ASEP 教学中心，学校提供生源和培训场地，企业提供培训内容、培训设备、培训标准和培训流程等；三是就业的双向选择和定向录用，学生培训合格，毕业后拿到

---

① 涂家海、李祥富、王德良：《"引企入校，校企共育"校企合作模式的探索与实践——以襄阳职业技术学院汽车检测与维修专业与上海通用汽车公司 ASEP 项目合作为例》，《襄阳职业技术学院学报》2013 年第 1 期。

② 黄敏雄：《用企业文化元素推进高职品牌班级建设——以湖南汽车工程职业学院上海通用 ASEP 项目班级建设为例》，《读与写杂志》2017 年第 14 期。

学校的毕业证和企业资质认证，就业时经双向选择，定向进入通用体系的服务企业工作。通用 ASEP 模式既适合中职教育也适合高职教育。

4. 通用 ASEP 课程模式在我国的发展

2004 年末，上海通用汽车公司（SGM）将 ASEP 模式引入我国，并与国内高职院校开启校企合作，实施定向培训。2008 年 1 月，教育部与 SGM 在北京签署协议，宣布"上海通用汽车运用与维修专业校企合作项目"正式启动。[①]根据项目安排，2008 年到 2012 年上海通用累计提供了价值 3300 万元的资金和物资，在 50 所中职学校开展了校企合作。经过多年发展，该项目规模不断扩大，影响力和知名度不断提升，成为汽车维修服务行业培养技能人才的优秀典范。

（三）丰田 T–TEP 课程模式

1. 丰田 T–TEP 课程含义

T–TEP 是丰田技术培训计划（TOYOTA Technical Education Program）的简称，也是丰田服务人力资源开发体系的基础，最初是丰田公司为提高丰田汽车售后服务水平而开发的针对员工培训的课程和证书考核体系。目前该技术培训体系已导入职业院校的合作项目中，是一项专门从事汽车技术培训和教学的体系，其目的是为丰田公司提供汽车维修方面的人力资源。[②]

丰田 T–TEP 课程模式的主要内容包括四个方面：一是在合作学校中建立丰田班，提前导入丰田公司开发的汽车维修专业训练课程，节省企业新员工上岗培训时间；二是企业向合作的职业院校提供丰田自己开发的培训教材、教学设备和课程标准，企业和学校共同制订和实施教学计划；三是企业定期对合作学校的教师进行丰田最新技术的理论和实践操作培训；四是将企业的技术认证等级导入定向班学生的认证考试中，企业参与学生的技能考核，并安排学生到企业实习和就业，打通丰田汽车经销商与合作学校的人才供需通道。

2. 丰田 T–TEP 课程模式的运作方式

合作院校的学生完成第一学年的基础理论学习后，通过学生报名、笔试、

---

① 《教育部与上海通用汽车校企合作项目正式启动》，《中国职业技术教育》2008 年第 2 期。
② 温福军、王庆坚、张飞：《丰田 T–TEP 培训模式特点及启示》，《广东交通职业技术学院》2010 年第 3 期。

面试和实操考核选拔出学员，组建 T‐TEP 定向班。

丰田 T‐TEP 课程模式在教学内容上注重知识的系统化，课程的内容较为丰富，并根据人的职业成长规律，设置不同能力层次的分级培训内容；培训过程则以真实工作场景为依托，以具体工作任务为导向，注重规范化的操作培训和良好职业素质的养成，培训过程非常重视细节教育，培养严谨的工作态度。

丰田 T‐TEP 具有四级体系认证，对应四级资格证书。学员经过半年到一年的课程培训，经考核合格后可获得丰田的一级普通技术员或二级专业技术员认证证书，从二级考取三级诊断技术员则需要在丰田系企业工作 2 年及以上，从三级到四级诊断技师一般再需要工作四年及以上。

为了强化运作管理，丰田设立了 T‐TEP 事务局，专门履行合作学校选拔、课程导入、学员技能等级认证、招聘和就业管理、项目文化建设、组织 T‐TEP 联络会、教师培训、学校日常化运营支持和管理等职能。

T‐TEP 非常重视任课教师的培训，培训的内容主要包括丰田企业文化、导师教学应具备的素质、汽车发动机大修、汽车传动桥大修、丰田高级诊断技术。培训按照理论与实训交替进行，参加培训的老师考核合格后按丰田惯例，颁发丰田导师证牌，取得导师证牌的老师可以参加 T‐TEP 课程培训工作。

3. 丰田 T‐TEP 课程模式的特点

丰田 T‐TEP 课程模式的特点主要有以下三方面。一是注重理实一体的"双师型"教学团队建设。T‐TEP 专任教师必须通过丰田公司相应专业等级的证书培训，并在丰田维修企业参与生产实践一段时间后才具备授课资格。二是教学环境的情景真实。合作院校必须配备专门的多媒体教室、车间式实训场地、维修手册和专用工具存放柜；企业为合作学校提供丰田培训整车、配套设备、培训教材、维修手册和教学软件等真实教学资源。三是 T‐TEP 课程分级导入，学员只有在获得前一级证书并达到规定的工作时间后，才能申请下一级的培训，这种晋级机制要求员工必须不断学习，具有非常明显的终身教育特色。[①] 通用丰田 T‐TEP 课程模式既适合中职教育也适合高职教育。

---

① 裘玉平：《互利共赢的 T‐TEP 校企合作项目》，《汽车维修和保养》2012 年第 10 期。

4. 丰田 T‐TEP 课程模式在我国的发展

T‐TEP 课程模式起源于 1990 年，目前已在全球 50 多个国家（地区）的 400 多所职业学校实施。[①] 1994 年 T‐TEP 模式被导入中国，2006 年教育部与日本丰田汽车公司、丰田汽车（中国）投资有限公司和一汽丰田汽车销售有限公司共同签署《中华人民共和国教育部引进日本丰田汽车公司 TEAM21 一级、二级课程合作协议书》，这是丰田汽车公司在全球首次将汽车职业教育课程体系 TEAM21（Technical Education for Automotive Mastery in the 21st century）捐赠给外国政府，也是我国教育部首次引进世界著名企业的职业教育课程体系。2010 年，丰田公司在中国设立了 T‐TEP 事务局，专门负责合作院校的认定、教学督导、学生技能鉴定等工作。[②] 这些举措极大地促进了 T‐TEP 模式在中国的发展，2019 年 5 月中国 T‐TEP 大会在西安举行，会议提出 T‐TEP 项目将在进一步明确人才培养和业务推进方向的基础上，更加注重项目教师和学生的培养与考核，加强校企交流与沟通，强化合作院校绩效考核，积极试点中心校—卫星校模式，预计 T‐TEP 项目在我国将会更加得到健康的发展。

（四）《悉尼协议》模式

1. 《悉尼协议》模式的含义

《悉尼协议》是一个由多个发达国家（地区）的工程教育学会/协会共同发起并签署的国际工程教育同质等效的互认协议。它于 2001 年签订，是目前国际上学历互认的权威协议之一，主要针对国际上工程技术人员学历（一般为三年）资格的相互认可。《悉尼协议》的标准强调以学生成果（合格的毕业生）为导向，规范毕业生在工程相关领域的核心能力。目前，《悉尼协议》成员有美国、英国、澳大利亚、新西兰、加拿大、爱尔兰、南非、中国香港、韩国、中国台湾等 10 个国家（地区）。

2. 《悉尼协议》模式的运作方式

《悉尼协议》从培养目标、学生发展、毕业要求、课程体系、师资队伍、支持条件、持续改进等七个方面提出了标准与具体要求。这些标准与要求为各

---

① 孙连伟：《校企合作的"T‐TEP 项目"实证分析及对策》，《时代农机》2015 年第 42 期。
② 裴玉平：《互利共赢的 T‐TEP 校企合作项目》，《汽车维修与保养》2012 年第 10 期。

成员落实《悉尼协议》提供了基本遵循。

（1）培养目标。培养目标系指学生毕业一定时间所能够达到的职业能力，它必须与实际职业相吻合，且能够适应社会经济的发展需要。协议要求建立必要的制度以定期评价培养目标的达成度，建立定期修订培养目标和评价其合理性的机制。

（2）学生发展。协议要求具有吸引优秀生源的制度和措施，具有完善的学习与就业指导、职业规划、心理辅导等方面的措施且执行到位；建立对学生学习过程的跟踪与评估机制，以保证学生毕业时达到毕业要求。

（3）毕业要求。毕业要求是指学生毕业时所具备的职业能力，通常要求能够正确理解和运用技术技能知识及社会知识解决实际工程问题，应具备问题分析、设计与开发及提出解决方案等不同层次的能力。

（4）课程体系。课程体系系指保障毕业要求达成的教学环节，一般包含三类课程：一是符合本专业培养目标的工程基础类、专业基础类与专业类等理论课程（至少占总学分的30%）；二是包含工程实践与毕业设计的实践类课程（至少占总学分的20%）；三是包含人文社会科学类在内的通识教育课程（至少占总学分的15%）。

（5）师资队伍。要求教师具有足够的教学能力、专业素养和职业发展能力，能够开展工程实践问题研究；至少50%的师资须具备两年及以上的工程经验或具有相关资格证书；注重聘请企业与行业专家作为兼职教师；要求教师有足够的时间和精力投入教学和学生指导中，并积极参与教改研究；为学生提供包括就业在内的各类指导与咨询服务。

（6）支持条件。应有充足的教学相关软硬体设备、设施及空间，以及相应的教学经费（特别是实习经费）。

（7）持续改进。要求建立教学过程质量和教师质量反馈监控机制，以便不断地改进教学过程；建立对培训目标、毕业要求是否达成的定期检查与评价机制，包含毕业生跟踪反馈机制和社会需求调查机制，以便对培训目标和毕业要求实现持续改进。

3.《悉尼协议》模式的特点

主要特点有三：一是以学生为中心，从以教师的"教"为中心转向以学生的"学"为中心；二是以结果为导向，要求合理设定培养目标，从教育产出出发依次确定毕业要求、课程体系和考核标准；三是倡导持续改进，要求建立和实施动态的、开放的、持续改进的质量保证体制机制。《悉尼协议》模式主要适合高职教育。

4.《悉尼协议》模式在我国的发展

《悉尼协议》所代表的认证标准和专业建设范式，对中国当前高职教育的专业建设和教育教学改革具有重要的参考借鉴意义。2016 年 12 月，由中国职业教育质量保障与评估研究会牵头，南京信息职业技术学院联合全国 135 所高职院校成立"《悉尼协议》应用研究高职院校联盟"，运用成果倒推思维开展教学改革多次被高职院校提及，但如何有效利用《悉尼协议》模式加强职业院校内涵建设和质量提升，还有待进一步研究。[①]

（五）鲁班工坊模式

1. 鲁班工坊模式的含义

鲁班工坊模式是我国推出的以鲁班"大国工匠"为形象化身的一种职业教育国际化的"走出去"模式。该模式遵循平等合作、因地制宜、优质优先、强能重技、产教融合等基本原则，由我国的职教机构与海外教育机构合作，联合开展职业教育学历教育与技术培训，进而分享中国优秀的职业教育成果和职业文化。

2. 鲁班工坊模式的运作模式

鲁班工坊模式的实施主体是我国的职业教育机构或国际化的技术培训机构。它们按照一定的国际化专业教学标准，依托在海外开展经营活动的中资企业，在国外（中资企业开展经营活动的国家或地区）物色优质职业教育机构作为教育合作伙伴，共同开展职业教育行动。

鲁班工坊模式通常由中方职业教育机构负责教育合作项目的组织工作，依据中方企业的人才需求方向制定教学内容及实训标准，负责合作外方的教师培训，指导合作外方的教学活动并监控教学质量；海外的中方企业负责提供实训的机器设备和实习岗位，提供以工程实践创新项目为载体的教学场景；合作外方负

---

① 庄榕霞、周雨薇、赵志群：《高等职业教育开展〈悉尼协议〉专业认证的思考》，《中国职业技术教育》2016 年第 1 期。

责提供理论和部分实践训练的教学场地，具体承担教学工作，训练当地学生。

鲁班工坊模式重点面向东盟地区、中巴和中蒙俄经济走廊以及非洲和部分欧洲国家，输出中国的优质职业教育资源和先进产品技术，以建筑服务业、能源产业、交通运输业和现代制造业等为重点行业，为合作国培养培训熟悉中国产品、中国技术以及中国标准的本土技术技能人才。[①]

在鲁班工坊模式中，中方教师并不直接给学生上课，而是用中国标准培训当地教师，再由当地教师教授学生。鲁班工坊模式的学生来源于中方企业所在的目标市场区域，招生工作由合作外方会同中方企业共同进行，通过笔试、面试等方式录取基础较好的当地学员。

鲁班工坊模式往往会对接发达国家的职业资格标准，学员经过专业教学培训，通过考核审查及现场答辩后，即可取得符合当地实际和中国认可的资格证书，并优先面向在当地开展经营活动的中方企业就业。

3. 鲁班工坊模式的特点

一是专业的教学内容及标准，在参照同类国际标准和水平的基础上，主要依据中方企业的实际需求进行开发，凸显中国特色；二是体现理实结合、突出能力的工程实践创新项目教学模式，即通过创设工作的情景氛围，借助典型的工作项目，使学生能够在完成经过系统设计的、完整的、真实的工程项目过程中形成综合职业能力与创新能力；[②] 三是学生来源于当地，促进了当地青年的职业技能发展；学生毕业后也主要面向当地的中方企业就职，既有利于带动当地青年的就业，也有利于当地学习中方的先进技术和文化，促进当地经济社会的可持续发展。鲁班工坊模式是我国高职院校开展境外办学的主要教学模式。

4. 鲁班工坊模式的发展

鲁班工坊模式是天津市教委依据教育部与天津市政府签署的"共建国家职业教育改革创新示范区协议"，提出并重点推进的职业教育国际化项目，也是响应"一带一路"倡议、扩大共建国家职业教育合作要求，助力优质产能"走出去"的一种创新型国际化职业教育服务模式。

---

① 孙连伟：《校企合作的"T－TEP项目"实证分析及对策》，《时代农机》2015年第42期。
② 吕景泉：《鲁班工坊——中国职业教育国际知名品牌》，《天津职业院校联合学报》2019年第1期。

2016 年，天津渤海职业技术学院率先在泰国大城技术学院建立了首家鲁班工坊。该工坊依托"工程实践创新项目"，开展以职业教育和职业培训为主要载体的国际合作与交流，通过输出技术产品和技术服务，培养熟悉中国技术、中国产品和中国品牌的当地技术技能人才，以更好地服务于国内企业"走出去"。2017 年，该项目获批为教育部全国职业教育"走出去"试点项目。

2017 年，柳州城市职业学院联手印尼西爪哇省教育厅和 SMKN1 职业学校合作成立了"印尼 SGMW 汽车学院"，成为"一带一路"国际化项目，为印尼当地的汽车产业培养技能人才。

2018 年 7 月 18 日，天津现代职业技术学院与巴基斯坦旁遮普省技术教育与职业培训局（TE－VTA）合作共建"巴基斯坦鲁班工坊"。该鲁班工坊服务共建"一带一路"澜湄五国，实现功能多样化。[①]

2018 年 10 月 28 日，澜湄职业教育培训中心暨柬埔寨鲁班工坊揭牌。柬埔寨鲁班工坊的实训场地有 6800 多平方米，包括 3 个实训中心、18 间实训室，实训台和学习岛布局完全按照天津中德应用技术大学的"理训一体化"设计。

2019 年"鲁班工坊"与产教融合国际论坛在天津职业大学报告厅召开。来自泰国、印度、印度尼西亚等国家（地区）已建成鲁班工坊的院校代表及德国、肯尼亚、马来西亚等 15 个国家的嘉宾参会。论坛以分享"鲁班工坊"建设成果为主题，交流经验推进产教融合，扩大了"鲁班工坊"的国际影响力，充分展现了中国与世界同行、共创美好未来的开放姿态和大国担当。

自泰国鲁班工坊设立以来，英国、印度、印度尼西亚、巴基斯坦、柬埔寨、葡萄牙、吉布提等 7 个国家的鲁班工坊陆续挂牌，涉及建筑、自动化、新能源、铁道、通信等 20 多个专业，形成了包含技术技能培训和学历教育，全面覆盖中职学校、高职院校以及应用型本科院校的职业教育输出体系，使鲁班工坊模式成为我国职业教育服务"一带一路"倡议、与世界对话交流的重要桥梁。[②]

---

① 李名梁、贺珍珍：《"鲁班工坊"研究：内涵与发展路径》，《中国职业技术教育》2019 年第 12 期。
② 吕景泉：《"鲁班工坊"——职业教育国际化发展的新支点》，《中国职业技术教育》2017 年第 1 期。

R.7
汽车职业教育现状评价及分析

尹万建 蒋红梅 陈 标 肖 彬 袁学兵*

一 汽车中等职业教育现状评价

(一)汽车中等职业教育服务汽车产业发展

2014 年全国职业教育工作会议以来,职业教育系统改革加快推进,中等职业教育基础地位进一步夯实。"中国制造 2025"等国家战略实施后,汽车中等职业教育服务汽车产业变革的能力不断增强。

1. 汽车中等职业教育专业建设

(1)专业建设紧跟行业发展

随着汽车"新四化"的深入,新能源与智能网联汽车进入汽车中等职业教育体系,中等职业院校设立新能源汽车维修、新能源汽车装调与检修等专业,服务汽车产业转型升级,为汽车技术链和产业链相关的整车企业、零部件企业和汽车后市场服务企业,培养从事新能源与智能网联汽车的检测、试验、装配、调试、售前及售后预检、售后服务接待、客户服务、维护保养等工作的技术技能人才。

2016 年,教育部职成司委托中国汽车工程学会汽车应用与服务分会牵头开展"新能源汽车技术技能人才需求分析与职业院校专业设置"研究①,建议各地在开设新能源汽车相关专业时,要坚持省级统筹、顶层设计,建立职业院校、地方、教育部门、行业组织、企业共同参与的合作办学、合作治理机制,

---

* 尹万建,湖南汽车工程职业学院;蒋红梅,重庆市立信职业教育中心;陈标,湖南汽车工程职业学院;肖彬,重庆市立信职业教育中心;袁学兵,重庆市立信职业教育中心。

① 全国机械职业教育教学指导委员会:《新能源汽车行业人才需求与职业院校专业设置指导报告》,高等教育出版社,2017。

增强专业建设动力，为汽车中等职业教育可持续发展提供了指导意见。

（2）教学改革紧贴行业需要

汽车中等职业教育持续推进人才培养模式创新，深化"三教"（教师、教材、教法）改革，构建基于工作过程的课程体系，实践理实一体化教学，不断修订人才培养目标与方案以适应企业用人需求，获得了学生、家长、企业和社会各界的一致好评。以2018年国家级职业教育教学成果奖为例，汽车中等职业教育相关教学改革成果荣获一等奖1项、二等奖6项（见表1）。其中杭州技师学院聚焦汽修专业高技能人才培养突出问题，构建集产、学、研于一体的三级"汽车医院"平台，使人才培养标准与汽车维修实际工作有效耦合。① 重庆市立信职业教育中心实践探索了"双擎牵引，四轮驱动"人才培养模式，以产业人才需求和学生成才诉求为"双擎"牵引，推动专业课程内容与工作内容的统一、教学环境与工作场景的对接、评价标准与岗位能力要求的匹配、教学过程与工作过程的结合。

表1 汽车中等职业教育2018年国家级教学成果奖获奖项目统计

序号	成果名称	获奖等次	获奖单位
1	基于"汽车医院"的汽修专业高技能人才培养模式探索与实践	一等奖	杭州技师学院
2	"双擎牵引,四轮驱动"汽车运用与维修专业人才培养模式创新与实践	二等奖	重庆市立信职业教育中心
3	五年制中高职贯通汽车营销与服务专业技能复合型人才培养新途径	二等奖	上海交通职业技术学院、上海市交通学校、上海市汽车修理有限公司
4	校企协同共育汽车"售后英才"的创新与实践	二等奖	南京金陵中等专业学校、华晨宝马汽车有限公司
5	需求导向、分类分层、双线并进——中职汽修专业人才培养供给侧改革与实践	二等奖	四川交通运输职业学校、安莱（北京）汽车技术研究院、北京福田康明斯发动机有限公司
6	与汽车名企深度融合的品牌专业建设与创新	二等奖	武汉市交通学校
7	中职汽车专业"三面并建、五域融合"专业文化育人模式的探索与实践	二等奖	苏州建设交通高等职业技术学校

资料来源：《教育部关于批准2018年国家级教学成果奖获奖项目的决定》（教师〔2018〕21号）。

---

① 潘承炜、沐俊杰、陈金伟：《基于"汽车医院"的汽修专业高技能人才培养模式的探索与实践》，《职业教育（下旬刊）》2019年第1期。

（3）人才评价紧靠行业要求

我国汽车高技术人才培养评价体系中，行业评价发挥了主导作用，中国汽车工程学会面向会员在全国范围内开展的第三方社会化人才评价工作是典型代表，其中中职汽车类专业学生可以报考汽车维修工、汽车装调工等国家职业资格。2019年，国务院要求推动技能人员水平评价类职业资格分批调整退出国家职业资格目录，① 建立完善的职业技能等级制度，推动实现由用人单位和第三方机构开展职业技能等级认定、颁发职业技能等级证书。随着"职教二十条"的颁布和实施，教育部借鉴国际职业教育培训普遍做法，启动了 1 + X 证书制度试点工作。② 至 2019 年末，教育部先后公布了三批 1 + X 证书试点名单，汽车运用与维修职业技能等级证书、智能新能源汽车职业技能等级证书、智能网联汽车测试装调职业技能等级证书、汽车油漆调色与喷涂职业技能等级证书、商用车销售服务职业技能等级证书、车联网集成应用职业技能等级证书等参与了 1 + X 试点，同时颁布了证书职业技能等级标准，设定初级、中级和高级三个证书层次，针对不同等级标准制定了工作领域、工作任务和职业技能要求，为深化汽车中等职业教育人才培养模式改革提供了新路径。

2. 汽车技术技能人才培养

（1）以专业建设为契机，培养汽车技术技能人才

截至 2019 年底，全国汽车保有量约 2.6 亿辆，新能源汽车保有量也累计超过 350 万辆。汽车行业的快速发展，为汽车前后市场带来了新机遇，也为培养技术技能人才的职业院校带来了新挑战。根据全国中等职业学校人才培养工作状态数据管理系统的数据分析，全国有 3000 余所中职学校开设有汽车类相关专业，汽车中等职业教育在校生达 90 余万人（见表 2），汽车中等职业教育的人才培养体系基本建成。

---

① 《国务院办公厅关于印发全国深化"放管服"改革优化营商环境电视电话会议重点任务分工方案的通知》（国办发〔2019〕39 号）。

② 《关于确认参与 1 + X 证书制度试点的第三批职业教育培训评价组织及职业技能等级证书的通知》（教职所〔2020〕21 号）。

表 2　全国中等职业学校汽车类专业设置情况

单位：所，人

专业名称	全国开设该专业中职学校总数	全国该专业中职学生总数
汽车制造与检修	348	113250
汽车电子技术应用	76	9983
汽车运用与维修	2072	728160
汽车车身修复	101	11953
汽车美容与装潢	107	10964
汽车整车与配件营销	172	16305
新能源汽车维修	暂无数据统计	暂无数据统计
新能源汽车装调与检修	暂无数据统计	暂无数据统计

注：新能源汽车维修、新能源汽车装调与检修由于开办时间较短，数据暂未进入全国中等职业学校人才培养工作状态数据管理系统。

资料来源：全国中等职业学校人才培养工作状态数据管理系统。

（2）以技能大赛为载体，提升学生职业能力

2007 年国家正式启动全国中等职业教育技能大赛，通过"以赛促教、以赛促学、以赛促练、学练结合"，全面推动汽车职业教育质量提升，培养了一大批优秀的汽车类专业职业教育毕业生。以 2019 年全国职业院校技能大赛为例，中职汽车类赛项共设新能源汽车检测与维修、汽车运用与维修、汽车营销三个赛项（见表3）。

表 3　2019 年全国职业院校技能大赛中职汽车类赛项

单位：个

序号	专业大类/类	赛项名称	分赛项	获奖情况			
				一等奖	二等奖	三等奖	总计
1	加工制造类	新能源汽车检测与维修		17	26	40	83
2	交通运输类	汽车运用与维修	汽车机电维修	14	29	43	86
			车身修复（钣金）	11	21	32	64
			车身涂装（涂漆）	11	22	32	65
3	交通运输类	汽车营销		10	20	31	62

资料来源：《教育部关于公布 2019 年全国职业院校技能大赛获奖名单的通知》（教职成函〔2019〕12 号）。

3. 深化汽车产教融合和校企合作

（1）参与或牵头组建汽车职业教育集团

就全国层面而言，2014年，在教育部职成司的支持和指导下，中国汽车工程学会牵头成立了全国汽车职业教育集团，参建单位有38所中职学校，包括副理事长单位16所、理事单位22所。就地方层面而言，重庆、天津、安徽、广西等省（自治区、直辖市）均已由当地优质职业院校牵头成立了省（市）级汽车职业教育集团。以重庆为例，汽车制造业是重庆"6＋1"工业经济的支柱产业，本地中职学校发起成立了"校—行—企"协作会和重庆汽车职业教育集团。

（2）参与汽车企业牵头开展的校企合作项目

汽车职业院校参与汽车企业牵头开展的校企合作项目众多。全国中职学校参加较多的项目包括：上汽通用汽车ASEP校企合作项目，它通过企业技术培训资源与国家教育资源的高效整合，2007年启动至今，联合中职学校协同培养了14000余名汽修技师，其中24%的汽修技师已成为各自企业的技术骨干；教育部"中德诺浩高技能汽车人才培养助推计划"校企合作项目，2012年启动至今，通过引进德国汽车职业教育资源，深化专业和课程改革，参与汽车类中职学校达270所，参与学生超过2万人。

（二）汽车中等职业教育质量保证体系初步建立

为确保汽车中等职业教育专业人才培养水平和教学质量，教育部、人力资源和社会保障部分别探索建立了教学工作诊断与改进、ISO9000系列标准、中等职业教育质量年度报告制度，引导和促进中职学校不断完善内部质量保证体系建设。

1. 教学工作诊断与改进

2015年6月，教育部印发《教育部办公厅关于建立职业院校教学工作诊断与改进制度的通知》（教职成厅〔2015〕2号），逐步在全国职业院校推进建立教学工作诊断与改进制度。在中等职业教育方面，教育部出台《关于做好中等职业学校教学诊断与改进工作的通知》（教职成司函〔2016〕37号），在天津、河北、上海等9个省市27所中职学校中开展职业院校教学诊改试点工作（见表4），其中开设有汽车类专业的中职试点学校13所，试点工作为期3年。

表4 全国教学工作诊断与改进中职试点省份及试点院校名单

序号	省份	学校名称	是否开设汽车类相关专业
1	天津	天津市第一商业学校	否
2		天津市第一轻工业学校	是
3		天津市红星职业中等专业学校	是
4	河北	石家庄工程技术学校	是
5		唐山丰南区职业技术教育中心	是
6		保定女子职业中专学校	否
7	上海	上海信息技术学校	否
8		上海市群益职业技术学校	是
9		上海市贸易学校	否
10	浙江	宁波市鄞州职业教育中心学校	是
11		浙江信息工程学校	否
12		台州市三门县职业中专	否
13	福建	福州建筑工程职业中专学校	否
14		晋江职业中专学校	否
15		三明市农业学校	是
16	山东	山东省潍坊商业学校	是
17		烟台理工学校	是
18		鲁中中等专业学校	是
19	湖北	武汉市机电工程学校	是
20		武汉市财贸学校	否
21		武汉市新洲高级职业中学	否
22	广东	广州市旅游商务职业学校	否
23		佛山市南海区盐步职业技术学校	否
24		韶关市曲江职业技术学校	是
25	四川	宜宾市职业技术学校	是
26		成都市礼仪职业中学	否
27		泸县建筑职业中专学校	否

资料来源：《关于确定职业院校教学诊断与改进工作试点省份及试点院校的通知》（教职成司函〔2016〕72号）。

汽车中等职业教育教学诊断与改进的内涵在于以诊断与改进为工作手段，建立"五纵"（决策指挥、质量生成、资源建设、支持服务和监督控制）、"五横"（学校、专业、课程、教师、学生）的网络化内部质量保障体系，着力优化专业结构，紧密对接市场需求，促进职业教育专业链、人才链与产业链的有效衔接；推进工学结合的一体化课程体系建设，促使课程开发主体多元化，课程内容从知识本位向职业能力本位转变；运用现代教育技术，创新课堂教学方式，着力培养学生的创新精神和实践能力。

近年来，汽车中等职业教育分别围绕专业发展、课程建设、师资队伍、学生发展制定诊改目标，将诊改要素融入学校内涵建设，提升人才培养质量，最终形成了独特的汽车中等职业教育质量文化。

2. ISO9000系列标准

2002年，原劳动和社会保障部将ISO9000质量管理体系正式导入技工学校开展教育教学质量管理，出台了《关于推进国家级重点技工学校质量管理工作的通知》（劳社培就司函〔2002〕32号），通过借鉴ISO9000质量管理体系的原则和方法，在国家级重点技工学校中试行了《国家重点技工学校质量管理标准（试行）》。

汽车中等职业教育ISO9000系列标准以技工学校学生、家长和用人单位的需要为出发点，按照汽车前、后市场要求设置专业，确定汽车中等职业教育培养目标。建立健全汽车中等职业教育质量管理体系，完善ISO9000质量方针和质量目标、质量手册等质量管理体系文件。积极开展汽车专业建设，采取切实有效的措施创造良好的工作、学习和实习实训环境，合理安排招生就业、学生管理、教学管理、教学实施、就业推荐等工作，通过有效运作提高专业人才培养目标和教学质量，持续改进和完善汽车中等职业教育质量管理体系及工作内容。①

3. 中等职业教育质量年度报告

根据《教育部办公厅关于开展中等职业教育质量年度报告工作的通知》（教职成厅函〔2016〕2号）要求，已验收通过的国家中等职业教育改革发展示范学校、国家级重点中等职业学校自2016年起，其他中等职业学校自2017年起，编制质量年度报告，并及时面向社会公开发布，教育部同时印发了《教育行政部门中等职业教育质量年度报告编制参考提纲》。

---

① 《国家重点技工学校质量管理标准（试行）》。

全国中等职业教育教学改革持续推进，专业建设不断加强。[①] 2017 年，教育部组织遴选了交通运输大类、装备制造类等 83 个专业示范点，包括汽车运用与维修、汽车制造与检修等专业 22 个，其中中等职业汽车相关专业名单如表5、表6 所示。中等职业汽车类全国职业院校示范专业点的示范带动作用，全面推动了中等职业汽车专业建设，并形成中等职业汽车专业国家教学标准体系框架。

表5　全国职业院校交通运输大类示范专业点中等职业汽车相关专业名单

序号	省份	学校	专业
1	北京	北京市昌平职业学校	汽车运用与维修
2	上海	上海市交通学校	汽车运用与维修
3	江苏	南京金陵中等专业学校	汽车运用与维修
4		无锡汽车工程中等专业学校	汽车运用与维修
5	浙江	金华市第四中等职业学校	汽车运用与维修
6		杭州市交通职业高级中学	汽车运用与维修
7	安徽	安徽省汽车工业学校	汽车运用与维修
8	福建	福建工业学校	汽车运用与维修
9	山东	德州交通职业中等专业学校	汽车运用与维修
10	湖北	武汉市交通学校	汽车运用与维修
11	湖南	长沙汽车工业学校	汽车运用与维修
12	广州	广州市交通运输职业学校	汽车运用与维修
13		佛山市顺德区中等专业学校	汽车运用与维修
14		佛山市华材职业技术学校	汽车运用与维修
15	广西	广西交通高级技工学校	汽车运用与维修
16	重庆	重庆市立信职业教育中心	汽车运用与维修
17	四川	四川交通运输职业学校	汽车运用与维修
18		成都汽车职业技术学校	汽车运用与维修
19	贵州	贵州省交通运输学校	汽车运用与维修
20	云南	昆明铁路机械学校	城市轨道交通车辆运用与检修

资料来源：《教育部办公厅等五部门关于公布全国职业院校交通运输大类示范专业点名单的通知》（教职成厅函〔2017〕41 号）。

---

① 王扬南、刘宝民：《中国中等职业教育质量年度报告（2018）》，高等教育出版社，2019。

表6 全国职业院校装备制造类示范专业点中等职业汽车相关专业名单

序号	省份	学校	专业
1	安徽	安徽省汽车工业学校	汽车制造与检修
2	四川	成都汽车职业技术学校	汽车制造与检修

资料来源：《教育部办公厅 中国机械工业联合会关于公布全国职业院校装备制造类示范专业点名单的通知》（教职成厅函〔2017〕40号）。

（三）汽车中等职业教育教学取得显著成效

1. 现状评价的关注维度

为深入了解汽车中等职业教育现状，中国汽车工程学会专门设计了定量和定性、针对在校生和毕业生的调查问卷，对全国212所汽车类中职学校和校企合作企业进行了访谈，共收到有效问卷1691份（见表7）。

表7 "中国汽车职业教育发展报告"项目调研情况

单位：份，所

问卷类型		参与调研学校数量	定量问卷数量	定性问卷数量	在校生问卷数量	毕业生问卷数量
问卷数量		212	186	187	754	564
地域分布	东北地区	9	7	7	28	25
	华北地区	23	21	22	123	97
	华东地区	61	53	53	187	138
	华南地区	19	14	13	57	45
	华中地区	11	11	11	16	14
	西北地区	46	40	41	167	128
	西南地区	43	40	40	176	117

汽车中等职业教育现状评价指标体系重点关注四个维度：一是汽车中等职业教育的满足度，即中等职业专业设置和毕业生数量是否能够充分满足当地汽车产业发展的需要；二是汽车中等职业教育的满意度，主要是企业对毕业生在汽车专业技能和素质方面的满意程度，以及毕业生对专业教学质量的满意程度；三是汽车中等职业教育的达成度，主要是指学生毕业时所具有的知识、能力和素质是否达到专业的毕业要求和培养目标；四是汽车中等职业教育的保障

度，主要是指汽车专业实践基地、师资水平、课程设置等教学条件能否稳定满足教育教学要求，反映的是汽车中等职业教育的基础教学能力建设水平。

2. 汽车中等职业教育的成效分析

（1）从满足度看，汽车中等职业教育基本满足行业和社会需要[①]

调研数据表明，汽车专业设置能够满足所在地汽车产业发展需求的中职学校有 141 所，占调查学校总数的比重达 78%；2/3 以上的中职学校开展了本行业的劳动力市场调查，工作任务、工作过程和生产组织分析，自己或借助外力开发教学文件和教学材料，办学模式主要是中高本衔接、小班化教学、订单班、定向班等。满足度排序中，汽车中等职业教育集团化办学、现代学徒制、课程开发、学生实习实训等排列靠前。为更好地促进汽车中等职业教育发展，大部分中职学校还引进了德国"双元制"模式和日本产学合作模式，实施理实一体化教学，基本实现了"做中学、做中教"。

（2）从满意度看，汽车中等职业教育总体满意度和学生认可度较高[②]

2019 年全国中职毕业生逾 515 万人，升入各类高一级学校就读的占 20.02%，直接就业的接近 80%，在就业学生中，加工制造类专业毕业生数、就业人数、就业率均居首位，就业情况最好，就业率达到 97.30%。[③] 调查问卷显示，用人单位对汽车类专业毕业生的满意度在 96% 以上，其中专业知识和技能、责任心、主动性等排在用人单位关注要素前列。学生对学校的满意度在 90% 以上，其中对师德情况、课程设置及教学内容、教学方法与手段等要素的满意或十分满意比例最高；对教师专业水平、专业实训条件的满意度次之；对学习生活及后勤保障满意或十分满意的比例偏低（见图 1）。

（3）从达成度看，汽车中等职业教育达到毕业要求和人才培养目标要求[④]

92% 以上的毕业生就业基本或完全对口；90% 以上的毕业生认为在校期间所学专业知识和技能与岗位需求基本一致，76.49% 的毕业生工作后独立更换过 1 个或者多个工作单元，说明汽车中等职业教育培养的技术技能人才水平与企业需求的达成度较高。通过教师企业实践和汽车前后市场问卷调研发现，由于汽车技

---

① "中国汽车职业教育发展报告"项目中职定性问卷分析。
② "中国汽车职业教育发展报告"项目中职在校生、毕业生问卷分析。
③ 中新网，2019 年 2 月 25 日。
④ "中国汽车职业教育发展报告"项目中职在校生、毕业生问卷分析。

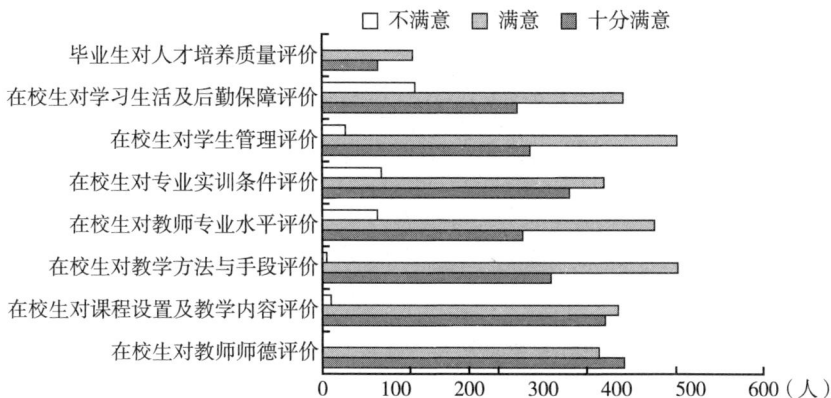

图1　全国汽车中等职业教育满意度调研结果

术不断更新和变化，汽车中等职业教育专业建设与行业新技术、新工艺、新设备、新方法仍有一定差距，需要进一步深化产教融合、校企合作，提升人才培养质量。

（4）从保障度看，汽车中等职业教育教学条件能够满足教学需求①

调查显示，95%的汽车中职学校师资专业能力和教学胜任能力能够满足教学需要；90%的汽车中职学校设施设备条件、教学资源条件、企业实习条件、教学研究条件和教学经费保障条件均较好地满足了汽车中等职业教育的教学要求。近年来，随着职业院校教师素质能力提升计划的实施，汽车专业教师通过国培、省培以及下企业锻炼，专业实践能力稳步提升；随着国家及省级职业院校奖补资金的逐步增加，各级各类中职学校教学保障水平持续提升。

二　汽车高等职业教育现状评价

（一）汽车高等职业教育有效服务汽车产业发展

1. 技能人才培养有效支撑汽车产业发展

（1）人才培养快速响应产业需求变化

汽车产业的"电动化、智能化、网联化、共享化"新趋势对汽车高等职业

---

① "中国汽车职业教育发展报告"项目中职定量问卷分析。

教育影响明显。例如，2019年与2016年对比，汽车高等职业人才培养规模有明显变化（见表8），汽车类各专业毕业生虽然总体规模变化幅度不大，但各专业之间的增减幅度差异明显，汽车营销与服务专业的毕业生人数急剧减少，而新能源汽车技术毕业生人数却急剧增加。受汽车产业规模增长降速的影响，[①] 汽车行业人才需求总量虽然变化不大，但呈现向新兴细分产业集中的特点，新能源汽车技术、汽车智能技术、智能网联汽车成为汽车高等职业教育的新热点。

表8 2016年和2019年汽车类专业毕业人数对比

单位：人

序号	专业名称	毕业生人数	
		2019年	2016年
1	汽车制造与装配技术	9127	7868
2	汽车检测与维修技术	69522	53756
3	汽车电子技术	10805	10206
4	汽车造型技术	42	49
5	汽车试验技术	88	99
6	汽车改装技术	241	95
7	新能源汽车技术	5155	181
8	汽车运用与维修技术	16674	11431
9	汽车车身维修技术	2821	2202
10	新能源汽车运用与维修	552	288
11	汽车智能技术	242	117
12	汽车营销与服务	19598	61468

（2）人才培养服务区域汽车经济发展

从全国高等职业汽车类专业设置看，开设装备制造大类专业学校679所、交通运输大类251所、电子信息大类33所、财经商贸大类508所，学校的分布与汽车产业布局基本匹配，特别是市州地区高等职业学校开设的汽车类专业往往跟当地拥有的汽车相关产业特点有关，如长春、上海、广州、武汉等地的汽车高等职业院校多、专业大类完整，呈现明显的汽车高等职业教育与区域汽车产业特点匹配度高的特点。

---

① 《汽车工业发展年鉴》（2016～2019）。

2. *产教融合深化助推校企共同发展*

（1）*校企合作常态化提升人才培养质量*

企业和高校以"共享"和"联动"等举措为核心，加快构建科学、完善的网络化社会人才培养服务体系，让从业者通过入职前的工程教育和入职后的继续教育跟上时代前进的步伐。汽车高等职业教育"共享"措施主要聚焦在构建学科发展新理念、师资队伍建设、教材建设、实训基地建设，以及对未来人才需求趋势的分析、预判等方面。"联动"措施主要包括国家、行业组织与企业、学校的联动，企业与学校、社会培训机构的联动，企业工程师与学校实训教师双重身份的建立等。

（2）*多元化办学模式解决企业用人"痛点"*

为提高汽车高职人才培养的针对性，有效吸纳社会力量参与汽车高职人才培养，汽车高等职业教育领域已经实施学校牵头组建汽车职教集团、企业直接举办汽车类高职院校、校企合建汽车类院系、校企合作共建专业或班级等举措，解决企业用人难题。

3. *社会服务扎实推进促进产教融合*

（1）*汽车产业转型给汽车职业教育提供外在赋能*

汽车"新四化"浪潮推动汽车产业发展，互联网＋汽车、新能源汽车、自动驾驶辅助系统、共享出行等新概念、新技术推动产业转型升级。汽车高等职业教育在做好传统汽车专业的同时，需统筹兼顾汽车新兴产业门类（技术）的发展，如新能源汽车产业及充电桩、汽车新型储能技术、动力电池梯次利用产业、智能网联汽车产业及车联网产业等，汽车高等职业教育办学也应随着产业发展而不断调整专业及其办学规模。

（2）*多样化培训助推技能人才梯队建设*

通过数据分析，目前高职学校的社会服务大多集中在对外培养方面,[①] 贴近企业生产实际需求的技能人才培训体系及实时更新的培训资源是吸引企业委托高职学校开展技能人才培养或技能鉴定的主要原因。

（3）*人才培养模式创新与时俱进*

随着《高职扩招专项工作实施方案》（教职成〔2019〕12 号）的发布，

---

① 高等职业教育人才培养状态平台数据统计。

面对农民工、退役军人、下岗职工、新型职业农民等 4 类人员百万扩招的新形势，各高职院校根据培养对象及培养目标的特征，不断创新人才培养模式。当前归纳起来主要有现代学徒制人才培养模式、"政行校企"联合培养模式、专本联合培养与中高职衔接模式、1＋X 模式等。在这些模式中，现代学徒制人才培养模式试点范围最广，影响最大，[①] 截至 2019 年底共有 562 家单位试点，其中涉及试点专科高职院校 410 所、试点行业组织 8 家、试点牵头企业 17 家、试点行业牵头单位 13 家，汽车类专业中试点现代学徒制人才培养模式的专业覆盖比已经高于 50%，并呈不断增加的态势。[②]

（4）以资源库为代表的线上学习平台有助于培养汽车人才

教学资源作为支撑教学活动的基本要素和条件，具有多样性、实践性、协同性、时效性、开放性和可开发性等特征。对于高速发展的汽车产业，教学资源建设的创新与改革是一种必然趋势，更是"互联网＋职业教育"发展的需求。截至 2019 年底，全国已建成 127 个国家级资源库，注册用户达 304 万余人，包括 26 万余社会学习者，年访问量超 6 亿人次，优质资源共建共享取得显著成效。

汽车类专业教学资源库建设是国家职业教育专业教学资源库的重要组成部分，近年来各院校主动适应职业教育大改革、大发展要求，引领汽车专业职业教育教学改革方向，以深化校企合作，校企共建共享共用教学资源，不断扩大专业优质资源的覆盖面，通过专业资源整合和结构优化，初步形成高水平的汽车专业群课程资源体系（见表9）。[③] 例如，"汽车技术服务与营销"国家职业教育专业教学资源库建设秉持"立足汽车行业、服务汽车产业、培养汽车人才、打造汽车品牌"的思路，对接职业岗位工作内容，服务教师、学生、企业员工和车友等四类用户，为各类用户提供资源检索、信息查询、资料下载、教学指导、学习咨询、就业支持、人员培训等服务，很好地发挥了资源库的作用。

---

① 教育部官网，http：//www. moe. gov. cn/was5/web/search？channelid＝244081。
② 教育部高校招生阳光工程指定平台，https：//gaokao. chsi. com. cn/。高职数据平台 职业教育诊改网，http：//www. zyjyzg. org/。
③ 高职高专教育网资源库专题网站。

表9 汽车类专业教学资源库一览

序号	资源库名称	主持学校
1	汽车电子技术	山东科技职业学院、杭州科技职业技术学院、安徽机电职业技术学院
2	汽车技术服务与营销	湖南汽车工程职业学院、四川交通职业技术学院
3	汽车检测与维修	邢台职业技术学院
4	汽车制造与装配技术	湖南工业职业技术学院、芜湖职业技术学院、襄阳职业技术学院
5	新能源汽车技术	浙江工业职业技术学院、南通职业大学
6	汽车车身维修技术	重庆工业职业技术学院、四川交通职业技术学院、烟台汽车工程职业学院
7	汽车智能技术	湖南汽车工程职业学院、芜湖职业技术学院、烟台汽车工程职业学院

（二）汽车高等职业教育质量保证体系初步建立

1. 诊断与改进有效推进汽车职业教育改革与发展

汽车类高等职业院校的诊断与改进工作主要依托教育教学信息化和大数据分析，有目标、有成效地推动汽车高等职业教育的快速发展。就汽车高等职业教育诊断与改进而言，其工作流程可归纳如下。

（1）建立诊改机构

成立诊改工作委员会（校级）和职能部门（二级学院）两级质量保障机构（见图2），明确校、部（院）质量保障职责。组建校内诊改专家团队，分析需要诊改的问题，提出诊改方向和思路，制定诊改目标和方案，对诊改工作实施指导和监督，针对性地解决诊改运行中的障碍。在此基础上，进一步细化二级单位的诊改任务，实现质量保障体系全覆盖，为诊改工作分层分类有序开展提供保障。

（2）构建质量保障体系

以全面质量管理理论、目标管理理论、绩效管理理论为指导，以国家质量保障体系框架为基础，以人才培养工作状态数据平台、内部质量体系监控平台、大数据诊断与改进平台为支撑，分层建设、上下衔接，打造"目标链""标准链"，推动"实施"、"条件"、"制度"和"信息"的系统化，形成全要素、全覆盖、网络化、即时性的"五纵五横一平台"内部质量保障体系框架

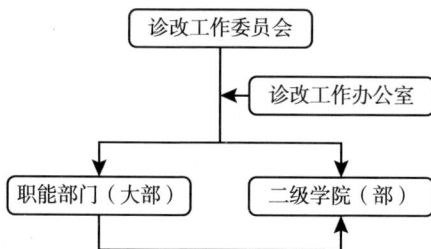

图 2　两级质量保障机构

（见图 3），即纵向涉及学校、专业、课程、教师和学生等 5 个教育教学要素，横向涉及决策、生成、资源、支持和监控等 5 个相互协作的职能，以及大数据分析平台组成的框架。

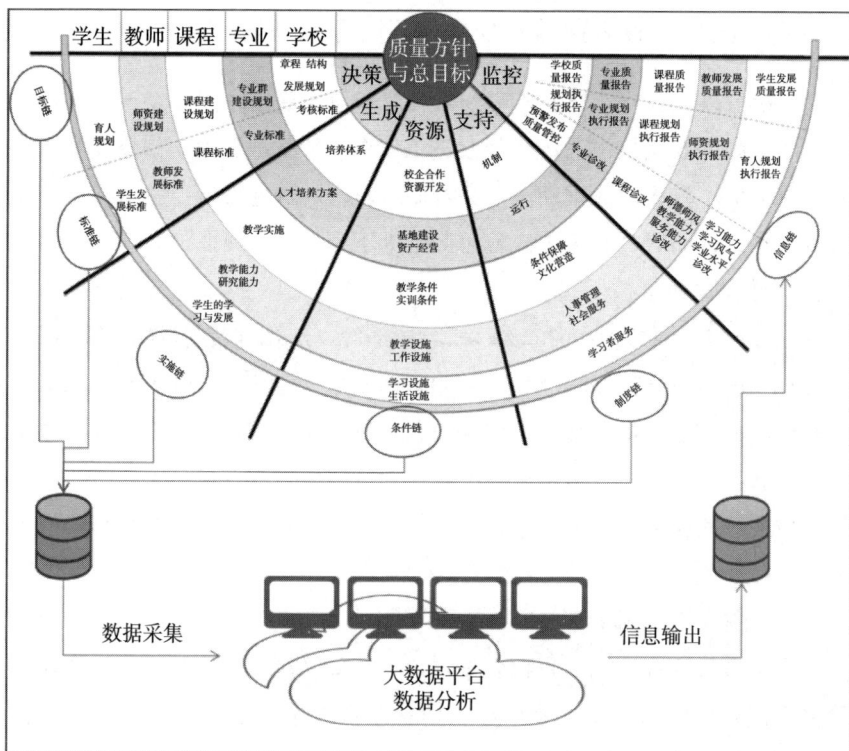

图 3　质量保障体系框架

以某汽车专业诊改为例，围绕专业设置、培养模式、教学资源、教学改革等关键质控点开展专业分级分类认定和重点诊改，每年开展专业自我诊断，按照专业诊改的总体要求，对照年度专业发展规划，从 42 个质控点对专业的建设情况进行基于数据的分析（见表10），以评价其目标达成度。

表 10　专业诊断量化指标完成情况列

序号	质控点（指标）	标准值	年度目标值	诊断值	达标情况
1	在校生人数（人）	300	600	674	是
2	第一志愿填报率（%）	80	140	98	否
3	新生报到率（%）	92	95	95.74	是
4	专业总学时	2640	2700	2764	是
5	专业实践学时占专业总学时比重（%）	40	50	46	否
6	选用国家规划教材或者校企合作特色教材比例（%）	60	80	80	是
7	省级以上专业教学资源库	0	1	0	否
8	省级以上课程项目	1	1	1	是
9	生师比（专任专业教师）	24	18	16	否
10	专任专业教师高级职称占比（%）	30	40	35	否
11	专任专业教师正高级职称人数（人）	1	1	2	是
12	专任专业教师硕士以上占比（%）	50	50	45	否
13	专任专业教师博士数量（人）	0	1	1	是
14	专任专业教师"双师"占比（%）	70	70	75	是
15	专任专业教师累计人均获市级以上奖励（荣誉）数（个/人）	0.2	0.4	0.5	是
16	兼职教师担任专业课时比例（%）	30	35	36	是
17	生均工位数（个）	0.5	0.5	0.1	否
18	生均仪器设备值（万元）	1.2	2.5	2	否
19	实训室使用率（%）	92	95	92	否
20	校外实训基地数量（个）	8	15	16	是
21	市级以上基地项目数量（个）	0	1	1	是
22	合作企业数量（个）	8	10	12	是
23	现代学徒制（订单班）培养占比（%）	40	60	54.7	否
24	累计联合开发课程数量（门）	2	5	5	是
25	累计联合开发教材数量（册）	5	5	5	是
26	合作企业接收顶岗实习学生占比（%）	40	60	80	是
27	累计捐赠设备总值（万元）	20	100	100	是

序号	质控点（指标）	标准值	年度目标值	诊断值	达标情况
28	专任专业教师人均省级以上课题（个/人）	0.2	0.3	0.2	否
29	专任专业教师人均高水平论文（中文核心及以上）（篇/人）	0.2	0.2	0.1	否
30	专任专业教师人均获得国家专利数（个/人）	0.2	0.2	0.3	是
31	累计省级以上教学与科研成果奖（项）	0	0	0	是
32	专任教师人均技术服务（到款额）（万元/人）	1	2	2	是
33	专业团队年度科研工作量完成率（%）	100	160	180	是
34	非学历培训人数/在校生人数（倍数）	0.5	0.6	0.5	否
35	国际交流项目数（个）	0	1	0	否
36	留学生数（人）	0	10	0	否
37	学生技能大赛获奖数（省级、国家级）（项）	5	5	6	是
38	学生参与创新创业项目覆盖面（%）	5	10	8	否
39	技能抽查成绩合格率（%）	100	100	100	是
40	毕业设计抽查成绩合格率（%）	100	100	100	是
41	就业率（%）	92	92	87.7	否
42	对口就业率（%）	70	70	75	是

2. 社会评估有效推动教育质量发展

除政府及相关主管部门的评价外，职业教育院校及其发展相关成果的评价还包括社会评价，如有关高校的职业教育研究所发布的评价报告、金苹果职业教育年度报告、麦可思研究报告、部分数据咨询公司发布报告等，它们每年发布相应评价数据参考，如教学资源50强、国际合作50强、社会服务50强等信息。这些权威的社会评价机构提供的数据往往能够很好地推动学校办学质量的提升。

3. 质量年度报告工作常态化开展

2012年7月，我国高等职业教育人才培养质量年度报告"国家版"首次面向社会发布，标志着高等职业教育努力贯彻落实《国家中长期教育改革和发展规划纲要（2010~2020年）》，迈进全面质量提升的历史新阶段。质量年度报告通过"省级年报""院校年报""企业年报"等方式，重点展示办学绩效。它通过学生发展、教学改革、政策保障、国际合作、服务贡献、面临挑战等六个方面的内容，以及"计分卡""学生反馈表""资源表""落实政策表""国际影响表""服务贡献表"等项目评价表格的方式实施，已经成为我国高等职业教育发展保障体系中的重要监督环节。

（三）汽车高等职业教育迈入高质量发展新时代

1. 汽车高等职业教育迎来更加广阔的改革空间

汽车高等职业教育通过专业群打造、课程建设、师资团队建设、"三教"改革、实训基地建设，发挥了国家专业教学资源库和"金课"的示范引领作用，展现了产教深度融合等方面的系列成果。随着"职教二十条"等政策落实的深入推进，汽车高等职业教育的改革发展目标越发明确，提升汽车职业教育教学质量的各项举措力度将会更大。

2. "双高计划"促进学校苦练"内功"

2019 年 3 月，教育部、财政部发布《关于实施中国特色高水平高职学校和专业建设计划的意见》（教职成〔2019〕5 号），2019 年 4 月，教育部、财政部印发《中国特色高水平高职学校和专业建设计划项目遴选管理办法（试行)》（教职成〔2019〕8 号），2019 年 12 月，教育部、财政部发布《关于公布中国特色高水平高职学校和专业建设计划建设单位的通知》（教职成函〔2019〕14 号），随后教育部针对高等职业教育共立项"中国特色高水平高职学校和专业建设计划"（以下简称"双高计划"）建设单位 197 个。

"双高计划"在财政投入模式上有了新的变化：一是投入周期长，建设周期通常不短于 5 年，这非常有利于持续跟踪高职学校的人才培养质量和办学成效；二是分阶段实施，通过设定中期和远期目标，持续建设到 2035 年，这一举措非常有利于引导学校制定较为长远的发展目标，杜绝短期办学行为；三是投入力度大，每一年中央财政的奖补支持达到 20 亿元左右，以 C 档学校和 A 档专业群为例，平均每个建设点投入的力度相当于示范校、骨干校一轮建设周期的总投入。国家通过强有力的财政投入，引导高职学校立足长期定位办学、专注内涵建设发展、办出特色优势，真正实现我国高等职业教育的现代化、在国际上总体处于先进行列。

3.1 + X 试点持续推进

"职教二十条"要求把学历证书与职业技能等级证书结合起来，探索实施1 + X 证书制度。"1"为学历证书，"X"为若干职业技能等级证书。

《国家职业教育改革实施方案》提出在职业院校启动实施1 + X 证书制度，鼓励学生在获得毕业证书的同时，积极考取多类职业技能等级证书，实现学生多元化成长。全国各院校积极开展1 + X 职业技能等级证书制度全国试点工作，加快教育部1 + X 证书制度试点建设工作在各地落地，加快构建现代职业教育体系，推动复合型技术技能人才培养，为区域经济社会发展做出更大的贡献。截止到2019年，全国有30个省、自治区、直辖市共27983名学生参与考核认证。

（四）汽车高等职业教育取得显著成效

1. 评价的关注维度

本报告对我国汽车高等职业教育现状的分析，主要依据中国汽车工程学会的调查数据和高等职业教育状态数据平台的数据。为了便于分析，学会专门制定了定量、定性、在校生、毕业生四类调查问卷，并针对全国187所汽车类高职学校和合作企业进行了访谈，共收到有效问卷1051份（见表11）。

表11 "中国汽车职业教育发展报告"项目调研情况

单位：所，份

项目		参与调研学校数	定量问卷数	定性问卷数	在校生问卷数	毕业生问卷数
问卷数量		187	78	90	540	343
地域分布	东北地区	6	4	3	11	8
	华北地区	5	3	4	30	22
	华东地区	20	14	18	164	81
	华南地区	9	7	8	26	22
	华中地区	26	23	24	102	71
	西北地区	19	13	18	102	81
	西南地区	16	14	15	105	58

资料来源：中国汽车工程学会调研数据，2019。

为确保分析评价的科学性和有效性，学会组织设计了汽车高等职业教育现状评价指标体系，跟中职教育一样，重点关注的四个维度仍然是满足度、满意度、达成度和保障度。

2. 现状成效分析

在国家相关政策指导下和上级主管部门统筹规划下，经过多年建设发展，以产教融合为抓手，汽车高等职业教育突出满足度、满意度、达成度和保障度等要素达成，取得了以下显著成效。

一是紧跟产业发展，人才培养德技并重，汽车高等职业教育满足度较高。调查显示，90 所代表性高职院校[1]认为高职汽车专业设置能够满足所在地域汽车产业的发展需求，通过现代学徒制、校企合作订单班等形式创新人才培养模式，能够较好地满足产业对技能人才的需求。一些学校紧跟汽车产业发展新趋势，纷纷新增新能源汽车技术和智能汽车技术等新专业，不仅受到产业界欢迎，而且也让专业获得快速发展，仅新能源汽车技术职业毕业生规模 2019 年相较于 2016 年就增长了 28 倍，并还保持持续增加态势。

汽车高职院校基于质量年报平台和各汽车专业发展实际，每年定期开展行业人力资源市场调查，分析工作任务、工作过程和生产组织实情，独立或借助外力合作开发教学资源，更新实践教学条件等。大部分汽车类高职院校都有深度的汽车类校企合作项目，合作覆盖率不断提高，结合具体实际开设了订单班、定向班等多种人才培养模式。从评价的结果看，汽车高等职业教育集团化办学、现代学徒制、课程开发、学生实习实训等方面的社会满足度较高。通过与企业的深度校企合作，近年来大部分学校在产教融合方面取得了显著成效，在师生技能竞赛水平、毕业生就业质量、科研社会服务等方面不断取得新的硕果。

二是外强合作，内强建设，汽车高等职业教育满意度逐年提升。[2] 总体来看，用人单位对汽车高职毕业生的满意率在 98% 以上；汽车高职师生对汽车高等职业教育的平均满意率在 90% 以上，其中 99% 以上的在校生对本专业教

---

① 中国汽车工程学会调研数据，2019。
② 中国汽车工程学会调研数据，2019。

师的师德师风情况表示满意或十分满意；90%以上的在校生对学校汽车专业课程设置及教学内容表示满意或十分满意；92%以上的在校生对本专业教师的教学方法与手段表示满意或十分满意；92%以上的在校生对本专业汽车专业教师的专业教学水平表示满意或十分满意。但相对而言，学校自评时仅有38%的教师对汽车高职专业教师的结构及教学水平表示满意或十分满意，57%表示基本满意，还有5%表示不满意，这表明汽车专业群教师队伍的结构和教育教学水平有待提升；92%以上的在校生对汽车专业实训条件表示满意或十分满意；95%以上的在校生对学校的学生管理制度及模式表示满意或十分满意；94%以上的在校生对学校在学生学习及生活的后勤保障环境方面表示满意或十分满意；91%以上的毕业生对学校本专业人才的培养质量表示满意或十分满意。

2019年高等职业教育质量年报数据显示，高职毕业生半年后就业率持续稳定在92%左右，毕业三年后月收入增幅达到76.2%；毕业生本地就业率接近60%，到中小微企业等基层服务的比例保持在60%以上；1/4的毕业生到西部地区和东北地区就业，高等职业教育对于扩大就业和促进学生发展的作用日益显现。中国汽车工程学会调研数据显示，汽车特色高职院校及汽车类专业学生就业稳定率接近92%，毕业生三年后月收入增幅达81.2%；毕业生本地就业率接近80%；汽车毕业生就业与区域汽车产业分布联系紧密。综上所述，我国现阶段汽车高等职业教育的社会满意度较高。

三是质量年报等机制对汽车高等职业教育目标的达成起到监督作用。[1]95%以上的在校生对就读的汽车专业比较了解或十分了解，92%以上的在校生对就读的汽车专业比较有兴趣或十分有兴趣，90%以上的在校生对自己的毕业去向比较清楚或十分清楚，85%以上的毕业生就业基本或完全对口，90%以上的毕业生认为在校期间所学专业知识和技能与岗位需求基本一致。为更好地促进汽车高等职业教育发展，产教融合理念已经深入各大汽车高职院校，专业合作度趋近100%，国际交流合作已经初显规模，汽车高职院校教改科研项目受重视程度明显提高，专利论文数量增加明显，质量也越来越受到重视。社会服务、职业培训成为汽车高职院校的特色服务方向。

---

[1] 中国汽车工程学会调研数据，2019。

学生成长成才、学校办学实力、学校发展环境、学校国际影响力和学校服务贡献力构成"五维质量观"。[①] 50 强榜单也成为重要评价指标，其中育人成效 50 强榜单，增加了学生反馈表，重视学生在校期间的获得感，引导高职院校注重全面落实立德树人的根本任务，2019 年设立汽车类专业的学校榜单入选率达到约 66%；教学资源 50 强指标，体现了职业教育类型特征，从硬件资源、教师资源、课程资源、校企合作资源等四个维度 11 个指标项目对院校的办学资源进行评价，2019 年具备汽车类专业学校的榜单入选率约 60%；国际影响力 50 强评价指标，更加强调专业课程标准水平、国（境）外服务与影响，2019 年具备汽车类专业学校的榜单入选率不足 30%，汽车高职院校国际交流合作有待加强；在服务贡献 50 强方面，2019 年具备汽车类专业学校的榜单入选率约 72%。总之，汽车高等职业教育为汽车产业发展提供了有效支撑，目标达成度较高。

四是职业教育重大专项实施促进汽车高等职业教育保障条件日趋完善。[②] 汽车专业教学条件方面，90% 以上的问卷结果显示汽车高等职业教育的专业师资队伍、设施设备条件、教学资源条件、企业实习条件、教学研究条件和教学经费保障达到了一般或满意水平；92% 的问卷结果显示汽车专业的师资专业能力和教学能力能够保障人才培养需要。

近年来，职业院校教师素质能力提升计划的出台，资源库、精品课程、教师技能大赛、教师职业能力大赛等重大专项的实施，很好地推动了教学资源库和师资队伍的建设。根据《教育部办公厅关于开展〈高等职业教育创新发展行动计划（2015～2018 年）〉项目认定的通知》（教职成厅函〔2019〕8 号）可知，骨干专业、生产性实训基地、优质专科高等职业院校、"双师型"教师培养培训基地、虚拟仿真实训中心、协同创新中心、技能大师工作室等关键指标创建方面，具备汽车专业元素的各项指标占比都在 5% 以上。这些成效表明，高职汽车专业实践基地、师资水平、课程资源等办学条件日趋完善，汽车高等职业教育的基础教学能力建设水平不断攀升，能够为汽车高等职业教育提供有效保障。

---

① 2019 年中国高等职业教育质量年度报告。
② 中国汽车工程学会调研数据，2019。

三　汽车中等职业教育面临的问题与挑战

（一）汽车中等职业教育基础地位有所动摇

1. 现状概述

根据本报告调查结果，从汽车中等职业教育专业发展的基本现状来看，传统的规模最大的汽车运用与维修专业和汽车营销与服务专业，虽然开设院校数有所增加，但增幅趋缓，而且这些传统专业的在校学生规模呈现一定幅度的下降，导致中等职业教育汽车类专业的整体学生规模呈现下滑趋势。这个结论与近年发布的《中国中职教育质量年报》中等职业教育基础地位有所动摇的判断一致，表明汽车类专业在中等职业教育中有被削弱的倾向，其基础性地位有所动摇。

2. 原因剖析

汽车中等职业教育的基础地位有所动摇，究其原因，主要有以下几点。

一是受计划生育和人口政策影响，适龄学生人数的绝对规模逐年减少，加之学生及家长对升学的意愿提升，导致中职学生生源的相对比例也在减小。一方面，我国自20世纪90年代初加大计划生育管控力度后，人口出生率逐年下降，受教育适龄青少年的绝对人口数逐年下降。近些年来，国家虽然实行了放开二孩的生育政策，但适龄青年的生育意愿不高，生育率并没有明显回升，且这项政策实施时间不长，新生儿尚未达到初中毕业阶段；另一方面，学生和家长追求高学历的意愿日益增强，随着普通高中、高职和大学扩招政策的实施，初中毕业进入中职学校的人口相对比例趋于减小。以上两种效应叠加，使中职教育各个专业普遍面临生源不足的窘境。

二是汽车技术的发展和全社会对人才学历的要求越来越高。进入新时代，汽车正由百余年前典型的机械产品，逐步演变为机电一体化、智能网联化的高科技产品，汽车产业新科技、新工艺、新方法、新模式的不断涌现，呈现与能源、材料、电子、信息等相关产业紧密相连、交融发展的趋势。这些变革势必会导致汽车企业对汽车专业人才的学历、技能等的要求越来越高。显然，在这个变化过程中，中职汽车专业的吸引力就会下降，招生规模逐渐呈现萎缩态势。

3. 对策建议

面对汽车中等职业教育基础性地位被动摇的严峻形势，有关方面特别是广大中职学校要切实加强对策研究。在此，提出以下对策。

一是稳定并扩大生源。目前，尚有一定省份在中考时依然按照"职教—普高比例大体相当"的原则实施分流，中职学校应该加大生源基数较大地区的招生力度，增加招生计划数，建立中职学校和普通高中统一招生平台，努力扩充中等职业教育的生源。中职学校也可以联合一部分初中学校，及时深入开展招生宣传，从而积极主动地争取生源。

二是努力深化专业建设，提升专业办学水平。加快对传统汽车类专业的内涵改造，深化校企合作，不断提高专业的办学水平，提升教育教学质量，使毕业生成为汽车行业企业抢手的"香饽饽"，以高质量就业带动专业招生；积极推进汽车类专业的"职教高考""3＋2""3＋4"等中高本衔接培养模式，打通专业的升学渠道，增强专业的吸引力，满足学生和家长对高学历的要求；与企业深度融合，积极申报与汽车产业新发展、技术新进步相适应的汽车类新专业，以适应汽车产业"新四化"的要求；重视汽车类专业学生综合素养的提高，培养学生终身学习的能力和岗位迁移能力，以应对汽车科技、汽车产业和社会用人市场的快速发展。

（二）汽车中等职业教育办学水平参差不齐

1. 现状概述

中西部汽车中等职业教育整体办学水平和人才培养质量与沿海发达地区有较大差距，实训设备和基础条件与满足汽车新技术教育教学要求的差距较大。部分中职学校的教学质量标准意识有待提高，尤其是对专业教学标准、课程标准、实习标准、实训条件建设标准（仪器设备配备规范）等内容的建设上还存在一定差距。

2. 原因剖析

一是由于部分省份的经济发展水平有限，地方财力不足，对汽车中等职业教育办学经费投入不足；二是当地的汽车产业发展不足和汽车使用比例相对不高，汽车产业链整体水平较低，规模不大，导致对汽车类职业教育的需求不足；三是办学能力和师资水平有限，导致汽车专业与产业的联系紧密度不够，专业课程内容与典型工作任务不对应，学校实训基地与企业工作环境不一致，教学评价标准与岗位能力标准不适应，教师职业能力与职业岗位要求不匹配，与汽车职业教育发达地区同类学校的交流互访不够等。

3. 对策建议

一是加大职业教育经费投入。特别广大中西部地区的教育行政主管部门要积极争取中央或省级财政加大对教育转移支付的力度，以及本地财政的投入，改善中职学校的基本办学条件。各类中职学校也要根据本地汽车产业发展的实际情况，做好专业建设，增强专业对地方汽车产业链和地方经济的服务能力，努力培养出符合当地经济社会发展需要的优质技术技能人才，争取汽车行业企业对合作办学、校企融合的支持。

二是以实施国家级高水平中职学校和专业群建设为契机，整合优化汽车类相关专业资源布局，积极建设新能源与智能网联汽车专业群，提升汽车中等职业教育办学内涵，落实职业教育东西协作行动计划，办好内地少数民族中职班等，采取多方措施促进汽车职业教育的稳定和发展。

（三）企业参与汽车中等职业教育动力不足

1. 现状概述

当前产教融合、校企合作发展还面临不少瓶颈和制约因素，汽车中等职业教育在人才培养和产业需求上存在"两张皮"现象，即学校培养的人才不能满足企业需求，企业需求的人才学校培养不出来，汽车专业人才培养的层次、类型与汽车产业链布局和发展需求不相适应；校企协同育人的人才培养模式尚未根本形成，校企合作存在"学校热、企业冷"的现象，学校的技术技能积累还不够，能够提供给企业的有价值服务还不多；而企业更多地关注自身的生产状况和经济效益情况，将参与职业教育视为"非本职"工作，单纯认为这是在履行社会责任，在具体的参与教学的工作组织实施中也存在惧怕麻烦和担心安全隐患等心理。这些因素使汽车行业企业参与中等职业教育的内生动力不强，积极性不高。

2. 原因剖析

一是对校企合作企业优惠的相关财政政策未得到根本落实，导致企业参与职业教育的积极性不高，产教融合、校企合作在企业端的内生动力不足。

二是由于汽修专业与生产实践的紧密结合程度非常高，且汽车技术的发展非常迅速，学校的软、硬件条件始终处于滞后状态，再加上传统的教学模式的影响，学生理论与实践不能紧密结合，最终导致学校培养的人才质量和标准不能满足企业需求，在一定程度上影响了企业参与校企合作的成效和积极性。

3. 对策建议

一是中职学校要牢固树立"以贡献求发展"的办学理念。汽车中等职业教育必须实现培养的人才要能够充分满足产业企业的人才需求，以优质人才支持和促进当地汽车产业的转型升级，特别是应当根据学校自身能力和当地汽车产业链的特点，主动与具备条件的汽车前后市场企业在人才培养、技术创新、就业创业、社会服务、文化传承等方面开展对接；广大教师要积极开展科学研究，为当地汽车企业提供更多的适用成果。如此，从教育和科技服务两个方向增强对当地汽车产业的贡献，企业受益了当然就会增强教育合作的积极性，提升对校企合作的认识。唯有此，方可以将产教融合、校企合作打造成为汽车产业转型升级的"助推器"、促进中职汽车专业学生就业的"稳定器"、汽车技术技能人才红利的"催化器"。

二是要强化政策激励。开展产教融合型企业试点，在全国范围内遴选一批汽车类产教融合型企业，并给予"金融＋财政＋土地＋信用"的组合式激励，并按规定落实相关税收政策，推动行业企业与汽车中等职业学校形成"教育命运共同体"。

汽车中等职业教育是汽车职业教育的"基本盘"，必须巩固好其战略发展地位。进入"十四五"时期后，汽车中等职业教育必须坚持对接汽车产业，服务中职汽车专业学生发展，健全"德技并修、工学结合"的育人机制，构建德智体美劳全面发展的人才培养体系，突出汽车中等职业教育的特点，深化产教融合、校企合作，推进"三教"改革，规范汽车技术技能人才培养全过程，加快培养企业需要的复合型高素质汽车技术技能人才。

四 汽车高等职业教育面临的问题与挑战

（一）汽车高职教育办学水平参差不齐

1. 现状概述

根据汽车高等职业教育现状相关数据，汽车高等职业教育由于受地方汽车产业特点，学校办学规模、办学资源及发展速度的影响，在发展现状上呈现一定的差异性。各汽车高职学校在教育思想理念、人才培养模式、教师团队实力、社会服务能力、文化传承成效等方面，均表现出差异，出现办学水平参差不齐的现象。

2. 原因剖析

随着汽车产业的高速发展，汽车产业的生产规模和汽车产品的使用规模均快速扩大，汽车产业链不断延伸，各个环节非常需要不同层次的技术技能人才。然而，调研发现，人才短缺，人才培养体制滞后，人才结构极不合理，企业留不住人才，这些问题都成为制约企业乃至整个产业发展的难题。其中深层的问题是传统培养机制没有被根本打破，汽车职业教育的供给侧改革不够深入。

当前中国汽车产业发展呈现新态势，由过去较长时期的高速增长转向现阶段的高质量增长，尤其是随着新能源及智能网联汽车产业的快速发展，产业界现有的技术技能人才和职业院校教师的知识结构，都未能很好地跟上产业发展的步伐。特别是一些学校的教育教学体系建设不够完善，职业技能实训基地建设不够充分，教学标准和质量监控制度不够健全，未能主动深化校企合作，教师知识和技能更新步伐缓慢，鼓励技术技能教师成长的配套政策不够完善等。这些原因使不同的汽车高职院校及专业的人才培养质量水平参差不齐。

3. 对策建议

一是构建产教融合机制。创新产教融合、校企合作制度和具体运作方式，探索校企共建特色二级学院和专业群、校企联盟制、集团化办学等发展模式，形成校企互融、专业建设与产业发展同步协调的运行机制。以重点建设专业群为依托，整体推进与行业龙头企业或骨干企业的合作，将企业资源、标准等融入学校人才培养全过程，实现专业建设与产业需求、课程内容与职业标准、教学过程与生产过程的对接。校企共建应用技术研发机构、产品开发中心、高水平生产实训基地和产业孵化基地，实现校企协同创新，将重点建设的专业群建成为相关产业高端技术技能人才培养培训中心、重要的应用技术技能的积累基地。

二是动态调整专业定位。成立产业技术创新战略联盟等政行企校高端对话平台，健全专业建设指导委员会机构。瞄准汽车产业发展前沿，定期深入国际国内知名企业，分析国内外汽车产业的新技术发展趋势，了解新能源与智能汽车类专业技术技能人才需求，形成调研报告，及时调整群内专业人才培养规格定位，优化人才培养目标和毕业要求，带动汽车职业教育资源优化配置。

在服务好传统汽车产业基础上，进一步发挥新能源汽车及其零部件产业技术创新战略联盟在新能源汽车、智能汽车等领域的引领作用，发挥新能源、智能化、车联网等优势明显的本土龙头企业优势，根据新能源与智能汽车前沿技术及高端技术技能人才需求，实时把握产业发展新业态与前瞻性技术热点，并将其纳入专业的课程之中，将企业的新产品、新技术、新工艺、新标准、新规范引入专业群的课程体系，适时更新课程教学内容，进而提升专业的教育教学水平。

三是改革人才培养模式。全面构建"人才共育、过程共管、责任共担、成果共享"的校企合作长效机制。采取建立"董事会""理事会"等形式的校企合作方式，实现"合作办学、合作育人、合作就业、合作发展"。探索"品牌企业订单、前沿技术定向、员工培训订制"的人才培养模式，与新能源汽车相关产业领域内拥有最前沿技术、最强综合实力的企业合作，共同确定人才培养规格、共建实习实训基地、共建校园文化与职业文化、共管毕业生就业，共同开展应用技术研究，实现专业教师与企业技术人员互培互聘，合作企业参与人才培养全过程。

探索评价主体多元化，实现学校、企业、学生及家长、第三方评价机构四方共同参与评价；评价内容更加全面化，专业能力、方法能力、社会能力统筹兼容；评价方法多样化，形成性评价与终结性评价相结合，自评与他评相结合。通过对评价结果以及毕业生跟踪调查等数据的系统分析为教学质量管理、人才培养规格的调整、人才培养方案制订、课程调整创新等提供依据，促进专业建设和发展形成新机制。

四是强化专业内涵建设。第一，加强师资队伍建设。改革教师管理办法，形成与现代职业教育管理相适应的教师管理制度。创新教师成长和激励机制，以"双师型"教师队伍建设为核心，加强教学名师、专业带头人、骨干教师培养和兼职教师队伍建设，形成"名师领衔、骨干支撑、数量足够、结构合理、业务精湛、师德高尚"的专业教学团队。加强教师职业道德建设，引导教师树立正确的世界观、人生观和价值观，增强教师爱岗敬业、乐于奉献、责任担当的意识和品格。第二，加强学习资源建设。以优质数字化资源建设为载体，以课程为主要表现形式，以素材资源为补充，利用网络学习平台建设共享型专业教学资源库，开展数字化教学。通过先进技术支撑、开放式管理、持续更新等方式，为职业院校师生、企业和社会学习者提供资源检索、信息查询、资料下载、教学指导、学习咨询、就业支持、人员培训等服务。建立网络互动交流平台，教师上传教学资料，学生上传学习资料，实现教学和学习资料共享。第三，加强实训条件建设。在既有实训实验室的基础上，探索实训基地开放，按照"共建、共享、共赢"的原则，创新生产性实训基地建设模式，建设"校中厂""厂中校"等新型教学场景，让专业核心技能的训练项目都有对应的生产性实训基地，人才培养面向的岗位都有对口的顶岗实习岗位；根据专业特点，按照"理实一体"原则，积极探索教学型实训基地的建设模式，建设真实、仿真的项目教室、现场教室等，使专业技能训练项目都有对应的实训室；提高实习实训设施设备技术含量，基本达到合作企业现场生产设备的先进水平；坚持校企合作系统设计与实施实践教学体系，使实践教学时间达到专业课时总数的50%以上；在校内实践教学基地的管理与建设中，引入企业先进的管理理念、管理方法与职业文化。

（二）企业参与汽车高等职业教育动力不足

1. 现状概述

职业教育是为企业培养高素质的技术技能人才，是推动经济社会发展的重要力量。产教融合、校企合作是职业教育的基本办学模式，是办好职业教育的关键所在，职业院校的人才培养离开了企业这一重要主体的参与就会脱离职业教育的办学宗旨。

汽车高等职业教育主要涉及前市场和后市场两个方向。从现阶段来看，汽车高等职业教育在前市场的校企合作开展得不够，还没有探索出一条较好的合作模式，无论是主机厂，还是汽车零部件企业，与学校的合作还有很大的提升空间。在汽车售后服务维修方面的校企合作开展得相对较好，各大汽车品牌与高职院校开展了较多的项目基地建设，利用项目基地开展学生的订单培养和企业的员工培训，如宝马的 BSET 项目、上汽大众的 STWP 项目、上汽通用的 ASEP 项目等，订单培养实现校企共同育人，为企业培养了合格的人才。

从整体上来看，汽车高等职业教育中校企合作还存在诸多问题，学校习惯于按自己的方式培养人才，企业这一重要主体参与不深，从而产生"合而不深""两张皮"现象，主要表现在：缺乏健全的校企合作政策法规与管理机制、职业院校适应企业需求能力不强、企业参与职业教育动力不足，未形成校企合作的有效模式等。

2. 原因剖析

在校企合作中企业发挥着至关重要的作用，而企业是以赢利为目标。从目前来看，由于校企合作、工学结合的政策法规不够完善或者执行不到位，校企合作运行机制、模式未能真正建立起来。在这种情况下，校企合作对人才培养的针对性不足，没有发挥出应有的效应。部分汽车企业还未认识到校企合作的好处，认为参与职业教育会使其产生利益损失，无法提高企业的效益。

激励政策与法规机制的缺乏，导致企业无法通过职业教育来获取优质的人力资源。鉴于这种情况，企业缺乏合作意识，未将人才培养纳入企业价值链。企业之所以不愿意参与院校合作，基本原因有三：一是校企合作使企业管理成本增加，特别是汽车产业链前端制造类企业，学校安排学生在企业实习，企业则需对学生的吃住等后勤保障提供条件，导致企业的费用成本增加；二是校企合作还会使企业增加安全风险，如若学生在实习中发生伤亡事故，企业不可避免地要承担一定责任；三是企业与学校之间没有做好沟通与交流工作，在相关专业的课程建设以及培训、实习等方面，都无法进入深度合作，这也导致学生参加实习的积极性不高，难以提升学生的综合实践能力，不利于职业教育的健康发展。

3. 对策建议

一是寻求政府政策支持。政府应该整合社会资源支持职业教育发展，激发行业企业主动参与职业教育的内生动力；加快出台规范行业企业参与职业教育的法律、法规，出台鼓励企业参与职业教育的相关税收政策，最大限度地调动社会各方面力量参与职业教育的积极性；促进社会各方增加对职业教育的资金投入，创造校企合作有效开展的环境。

二是深化校企合作落实。在校企合作中企业作为重要的参与方，具有不可替代的作用。为了确保校企合作的有效实施，企业应充分参与其中，并在校企人才合作培养中优先获得所需人才。人才是促进企业发展的关键因素，需要校企共同努力培养方可实现人才优势，企业家应积极转变对参与职业教育的认识，对技能人才培养加强合作，通过校企合作得到更优质的智力资源，实现企业自身更好的发展。

为确保校企合作的有效落实，企业应办好"企中校"，这也是校企合作实施的主要形式。"企中校"可充分拉近职业院校学生与企业的距离，使学生零距离参与生产制造或售后维修，促进技术型人才的培养，确保学生学有所长、学以致用。校企合作的实施不能仅仅停留在校企实训基地建设、技能培训、学生顶岗实习上，还应在产品研发、工艺研究、专业建设、课程建设等方面加强合作。

三是加强学校内涵建设。在校企合作中学校发挥着核心作用，为了确保校企合作的有效落实，学校应积极更新自身观念，提高教师能力。首先，教师应提高对校企合作必要性的认识和理解，明确校企合作教育教学的目标。职业院校技术技能人才不仅应具备理论知识，而且应具备实操和管理技能。据此院校应加强对人才技能的培训与组织管理，通过与企业的合作来提高所培养人才的技术技能水平，使其更好地满足企业发展需求。基于这一理念，学校还应加强对校企合作长效机制的建设，设立专门的校企合作管理部门，并通过强化管理确保校企合作能够有序开展。

（三）汽车高等职业教育国际化程度还有待提高

1. 现状概述

职业教育十多年的发展，呈现国际化的范畴从零星合作到普遍开展，国际化的进程从缓慢到突进，国际化的方式从以输入为主到输入输出并重的发展特点，职业教育的"中国名片"逐渐被擦亮。目前，汽车高等职业教育国际化交流已经全面展开，如湖南某职业学院2018年不仅迎来第一批留学生，而且为服务当地企业做了国外人员的属地化技能培训，对外输出了中国的职业教育。又如浙江某职业学院在海外共建汽车学院，开展了人才共培。①

但是，我国现阶段职业教育国际化培养的国际学生人数在中高等职业教育总体规模中的占比还不高，国际化合作涉及的专业以汽车检测与维修技术、汽车运用与维修技术等传统专业为主，而更能满足未来人才需求的智能网联、新能源汽车等专业的国际化合作发展得很不充分，还有较大拓展空间。在国际化合作模式上，特别是在"引进来"模式上还是以引入德国"双元制"等模式为主，而在"走出去"模式上主要依靠鲁班工坊形式，高质量的教学标准和人才培养输出模式还偏少，汽车职业教育国际化总体规模及国际影响力还不够大。

2. 原因剖析

目前，我国汽车职业院校开展国际交流与合作总体上还处于幼稚阶段，对于学校发展和专业办学的影响不够大，大多数高职院校在加强国际交流与合作方面的动力和能力均显不足。

部分高等职业院校对国际化的认识不足，认为自己长期培养的学生是满足国内行业企业和社会发展的需要，对经济全球化及其对国际性人才需求认识很不充分，重视程度不够，观念滞后，理念陈旧，严重阻碍了高等职业教育国际化的发展。

部分省份和地区的高职院校受地理位置和政策的限制，合作渠道和平台有限，国际交流与合作工作困难。还有部分高职院校，由于自身在汽车领域的硬实力和软实力不够，缺乏与国外交流合作的载体和手段，"走出去"底气不足，也就难以在国际化进程中取得明显成效。

3. 对策建议

一是加强对于国际交流的认识。高职院校国际化是职业教育发展的必然趋势，高职院校要提高认识，统一思想，用国际化的视野和战略思维开展高职办

_____

① 2020年高等职业教育质量年报。

学，根据高职院校现状和自身的特色，确定战略发展方向，制定自己国际化办学的长期和短期发展规划，把高等职业教育国际化上升到高等职业教育办学的战略方向，在全校师生员工中达成共识，并以此引领学校教育教学改革。明确高等职业教育国际化的发展目标，要以发展的、动态的、国际化的眼光开展高职院校的教育教学各项工作，提高高职院校国际办学水平。

二是搭建国际化院校交流合作平台。充分利用"一带一路"倡议机遇，建立与海外企业或同行产教协同的信息交互机制，优化国内外企业、职业院校信息沟通的渠道。高职学校可以依托现有资源，"以点带面"地拓宽国际合作范围，充分利用各种海外学习和考察机会，积极建立与海外院校的联系，为本校教师后期赴海外研修打通渠道、争取资源。

三是创新国际交流工作模式。各高职院校还可以积极探索职业教育国际化办学的新模式、新途径，提升自身的国际化交流能力和办学水平，创造更多的有中国特色的鲁班工坊模式。

展望与行动建议

ℝ.8

新时代汽车职业教育机遇与挑战

李志伟　季玲莉　甘 伟　张启森*

　　《中国教育现代化2035》和《国家职业教育改革实施方案》（国发〔2019〕4号）（以下简称"职教二十条"）对加快职业教育发展做出整体规划和具体部署。职业教育是国民教育体系和人力资源开发的重要组成部分，肩负着培养多样化人才、传承技术技能、促进就业创业等重要职责。新时代的国家职业教育政策、汽车产业转型升级、国家开放战略和信息化技术发展，分别从不同侧面给汽车职业教育带来了机遇与挑战。

一　国家职业教育政策带给汽车职业教育的机遇与挑战

（一）国家职业教育政策调整背景

　　我国职业教育变迁大体可以分为职业教育办学发轫（1949～1977年）、职业

---

* 李志伟，浙江工业职业技术学院；季玲莉，无锡汽车工程高等职业技术学校；甘伟，浙江工业职业技术学院；张启森，无锡汽车工程高等职业技术学校。

教育体系初步确立（1978～1994年）、职业教育规范日臻完善（1995～2004年）、职业教育迈向内涵式发展（2005年至今）等四个发展阶段。① 在各阶段国家都会发布相应的政策（见图1），以引导职业教育的健康发展。

现阶段，党和国家把职业教育摆在经济社会发展中更加突出的位置。2014年，国务院出台《关于加快发展现代职业教育的决定》（国发〔2014〕19号）、《职业技能提升行动方案（2019～2021年）》（国办发〔2019〕24号）以及"职教二十条"等多项政策，明确职业教育要"形成适应发展需求、产教深度融合、中职高职衔接、职业教育与普通教育相互沟通，体现终身教育理念，具有中国特色、世界水平的现代职业教育体系"。

2019年4月，教育部、国家发改委、财政部、市场监管总局联合印发了《关于在院校实施"学历证书＋若干职业技能等级证书"制度试点方案》（教职成〔2019〕6号），部署启动"学历证书＋若干职业技能等级证书"（以下简称1＋X证书）制度试点工作；教育部、财政部出台《关于实施中国特色高水平高职学校和专业建设计划的意见》（教职成〔2019〕5号）（以下简称"双高计划"），提出"集中力量建设一批引领改革、支撑发展、中国特色、世界水平的高职学校和专业群，带动职业教育持续深化改革，强化内涵建设，实现高质量发展"；同年5月，教育部等六部门印发《高职扩招专项工作实施方案》（教职成〔2019〕12号）的通知，贯彻落实高职大规模扩招100万人的有关要求；等等。这些政策给汽车职业教育带来新的发展机遇，但也可能会在一些局部工作领域给某些办学主体带来挑战。

（二）职业教育政策带给汽车职业教育的机遇

近年来，为了让我国职业教育更好地履行新时期的历史使命，国家相继出台了系列促进职业教育发展的政策。这些政策给包括汽车职业教育在内的整体职业教育带来极大的发展机遇。

1. 国家高度重视职业教育为汽车职业教育提供政策机遇

习近平总书记在2014年全国职业教育工作会议期间指出，职业教育是国

---

① 刘文杰：《新中国成立70年我国职业教育发展回顾与前瞻》，《内蒙古社会科学》2019年第3期。

职业教育迈向内涵式发展
（2005年至今）

2006年11月
《关于实施国家示范性高等职业院校建设计划加快高等职业教育改革与发展的意见》
2008年4月
《高等职业院校人才培养工作评估方案》
2010年5月
《国家中长期教育改革和发展规划纲要（2010-2020年）》
2012年6月
《国家教育事业发展第十二个五年规划》
2015年6月
《教育部关于深入推进职业教育集团化办学的意见》
2016年7月
《推进共建"一带一路"教育行动》
2017年12月
《关于深化产教融合的若干意见》
2018年4月
《职业学校校企合作促进办法》
2019年1月
《国家职业教育改革实施方案》
2019年2月
《中国教育现代化2035》
2019年4月
《关于实施中国特色高水平高职学校和专业建设计划的意见》
《关于在院校实施"学历证书+若干职业技能等级证书"制度试点方案》
2019年5月
《高职扩招专项工作实施方案》

职业教育规范
日臻完善
（1995~2004年）

1996年5月
《中华人民共和国职业教育法》
1998年8月
《中华人民共和国高等教育法》
1999年6月
《中共中央国务院关于深化教育改革全年推进素质教育的决定》
2000年1月
《关于加强高职高专教育人才培养工作的意见》
2002年8月
《国务院关于大力推进职业教育改革与发展的决定》
2004年2月
《2003~2007年教育振兴行动计划》
2004年4月
《关于以就业为导向深化高等职业教育改革的若干意见》

职业教育体系
逐步确立
（1978~1994年）

1985年5月
《中共中央关于教育体制改革的决定》
1991年1月
《关于加强普通高等专科教育工作的意见》
1991年10月
《关于大力发展职业教育的决定》

职业教育办学
的发轫
（1949~1977年）

20世纪50年代，中国学习苏联开始工业化进程，探索发展中等职业教育，"文革"期间戛然而止，职业教育的再度恢复是改革开放以后

1978年　　1995年　　2005年

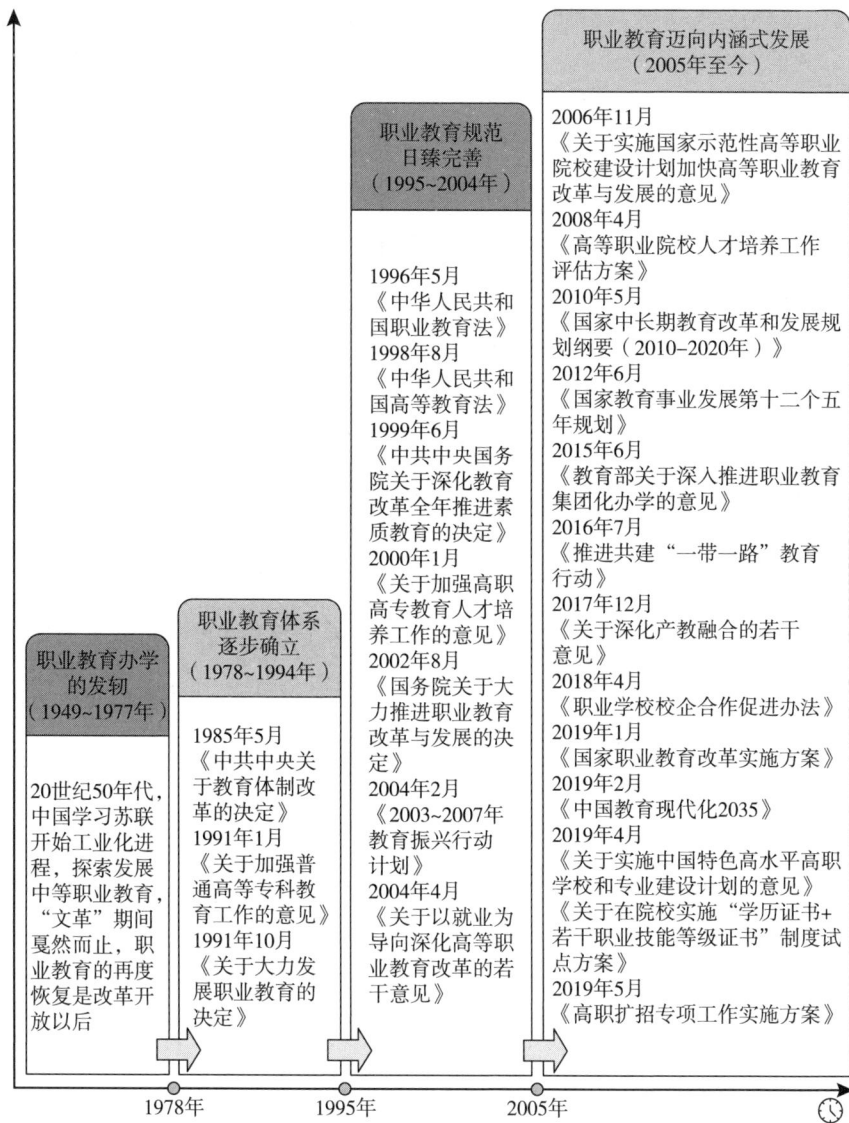

图1　我国职业教育的变迁

资料来源：中华人民共和国教育部政府门户网站（http：//www.moe.gov.cn/），中国政府网_中央人民政府门户网站（http：//www.gov.cn/）。

民教育体系和人力资源开发的重要组成部分，是广大青年打开通往成功成才大门的重要途径，肩负着培养多样化人才、传承技术技能、促进就业创业的重要

职责，必须高度重视、加快发展。

党的十九大报告提出，职业教育要建设知识型、技能型、创新型劳动者大军，弘扬劳模精神和工匠精神，营造劳动光荣的社会风尚和精益求精的敬业风气。让各类人才的创造活力竞相迸发、聪明才智充分涌流。阐明了新时代职业教育的使命和职责，就是要为经济高质量发展培养更多大国工匠、提供人力资源支持，推动中国制造向中国创造转变、中国产品向中国品牌转变。

党的十九大以后，国家开始从教育现代化、支撑现代经济体系建设的高度重视和发展职业教育，密集地出台了一系列政策，尤其是国务院印发的"职教二十条"指出"职业教育与普通教育是两种不同的教育类型，具有同等重要的地位"，将职业教育摆在更加突出的位置，明确了新时期职业教育的新使命、新任务、新地位，为新时期职业教育发展做好了顶层设计。

2. 国家绘制职业教育蓝图，为汽车职业教育发展指明方向

"职教二十条"提出的现代职业教育改革落实的路线图、时间表、任务书和一系列改革举措，是现阶段我国职业教育的顶层设计和施工蓝图，给包括汽车职业教育在内的职业教育指明了发展方向。

（1）以内涵发展为核心，提升汽车职业教育办学实力

职业教育迈入内涵发展阶段。在此阶段，高职院校的"双高计划"是国家职业教育领域的重要制度设计，中职学校"品牌专业建设"也在不断推进专业结构的调整和优化，职业教育发展将赢来欣欣向荣的局面。

具体到汽车职业教育领域，在从传统汽车前后市场人才培养布局，向"覆盖前后市场、兼顾新能源、瞄准智能网联"人才培养格局转变的背景下，需要学校抓好与产业集群、产业链条相呼应的专业群、专业链发展，打造在国内外有较高知名度的汽车职业教育专业，以内涵发展为核心，围绕"1个加强"、"4个打造"和"5个提升"[①] 科学制定建设方案，健全责任机制，持续深化复合型技术技能人才培养培训模式改革；健全"德技并修、工学结合"

---

① 即加强党的建设；打造技术技能人才培养高地、技术技能创新服务平台、高水平专业群、高水平"双师"队伍；提升校企合作水平、服务发展水平、学校治理水平、信息化水平、国际化水平。

的育人机制，真正发挥带动区域职业教育改革发展的龙头作用。在高水平目标引领下，找准自身发展定位，持续深化改革，强化内涵建设，办出特色水平，实现高质量发展。

（2）以社会服务为导向，构建校企协同育人机制

深化产教融合，提升社会服务能力，建成高水平职业院校、高质量品牌专业是新时期国家职业教育政策指导下的一系列新的系统工程。

在政策蓝图框架下，汽车职业教育将携手世界职教院校联盟、汽车制造商、汽车经销商或其他服务商等开展协同育人合作，引进国内外先进汽车职业教育理念，借鉴企业优质培训体系，扎实推进"双主体、多元化"的育人模式，引入企业教育资源和培训模式，不断探索课程改革和教学模式创新。在国家大力倡导多元办学的政策引导下，汽车行业、企业以各种方式参与汽车职业教育将成为未来汽车职业教育新常态。

（3）1+X证书制度的试点将创新汽车职业教育人才素质新规格

1+X证书制度是国家职业教育制度建设的一项基本制度，也是构建新时期中国特色职业教育发展模式的一项重大制度创新。其中，"1"为学历证书，"X"为若干职业技能等级证书。"1"是基础，代表综合素质的基本规格；"X"是"1"的补充、强化和拓展，代表专业技能的基本水准。1+X证书制度的实施将有利于推进职业院校坚持学历教育和培训并举，激发社会力量参与办学的内在动力；有助于院校及时将新技术、新工艺、新规范、新要求融入教育教学，提高职业教育适应经济社会发展需求的能力。

1+X证书制度的实施使职业教育和社会实际的联系更加紧密，鼓励学生成为"一专多能"的复合型技能人才，有利于提高学生就业的适配度，为汽车职业教育创新发展带来新的机遇。

（4）以"百万扩招"为契机，职业教育将面临广泛生源

2019年3月，在党的十三届全国人大二次会议上，国务院领导明确提出"职业院校扩招100万人"，鼓励更多的应届高中毕业生、退役军人、下岗职工和农民工、新型职业农民报考职业院校。2019年高职院校共扩招116万人，并在当年的夏季如期完成扩招任务。

高职院校扩招，有助于打造民众求知的终身学习体系，满足民众对高质量就业和职业能力提升的需求。知识的更新、技术的换代、技能的升级，这些要

素促使社会民众有越来越强的再教育需求。接受继续教育有利于民众提升职业技能，适应产业升级的发展形势。当然，在这个发展过程中，职业院校的生源基数将不断得到扩大。

（三）职业教育政策带给汽车职业教育的挑战

进入新时代，职业教育在一次次应对变化中实现蜕变。国家系列职业教育政策释放的诸多红利，为职业教育发展带来巨大机遇的同时，也给那些教育理念落后，办学实力不强，不适应职业教育新要求、新标准的学校，以及部分不思进取、技能水平差、教育教学方式落后的教师带来压力和挑战。

1. 扩招背景下汽车职业教育高质量发展面临的挑战

一般来说，高质量生源将有利于职业教育质量的提高，但在百万扩招背景下的职业教育，数量巨大，生源情况更为复杂，年龄、背景、经历、文化层次更为差异化的人员进入职业学校学习，生源质量参差不齐，已经成为职业教育不得不面临的一个重要挑战。

针对质量参差不齐生源的培养问题，职业院校应该加强学情分析，做好教育教学方式转变，以使教育教学能够适应多类型生源的特征。比如分类制定培养方案，为学生量身定制"选学菜单"，根据生源不同，实施"一类型、一方案""一人一计划"，构建"通用文化课＋公共专业课＋企业特色课"课程体系。同时，帮助职业院校多类型生源协调好学习与工作、家庭的关系，也是必须做好的工作。为此有些学院采取了弹性学习模式，如"送教入企"，根据企业生产规律设计"小课程体系"，实施"旺工淡学、淡工旺学"的错峰教学等。

扩招背景下职业教育师资配置问题，尤其是教师数量不足的矛盾更加突出。表1展示了2014～2018年高职高专院校的师生结构。可以看出，师生比（教师人数与在校学生人数之比）一直低于1∶18，师资力量长期处于不达标状态（教育部要求师生比不低于1∶16），高职教育规模的扩大进一步加大了师资短缺的压力。为了解决这个问题，职业院校需要横向联合行业企业、纵向对接其他中高职院校，建立健全师资队伍及师资共享机制，持续优化和改善职业院校教师的知识和能力结构，注重增加"双师型"教师人数，提高其教师队伍占比。

表1　高职校院师生结构

单位：所，万人

年份	高职院校学校数	高职院校专任教师数	普通高职在校生数
2014	1327	44	1007
2015	1341	45	1049
2016	1359	47	1083
2017	1388	48	1105
2018	1418	50	1134

资料来源：中华人民共和国国家统计局（http：//data. stats. gov. cn/index. htm）。

2. "类型教育"发展面临的挑战

"职教二十条"指出职业教育与普通教育是两种不同的教育类型，培养技术技能人才是职业教育的基本定位，并要求职业教育办学要"由参照普通教育办学模式向企业社会参与专业特色鲜明的类型教育转变"。职业教育作为不可替代的"类型教育"，在办学过程中，还存在完善职业教育和培训体系，优化学校、专业布局，深化办学体制改革和育人机制改革，以促进就业和适应产业发展需求为导向鼓励和支持社会各界特别是企业积极支持职业教育等方面的挑战。

为此，"职教二十条"给出了解决策略，即到2022年职业院校教学条件基本达标，一大批普通本科高等学校向应用型转变，建设50所高水平高等职业学校和150个骨干专业（群）；建成覆盖大部分行业领域、具有国际先进水平的中国职业教育标准体系；企业参与职业教育的积极性有较大提升，培育数以万计的产教融合型企业，打造一批优秀职业教育培训评价组织，推动建设300个具有辐射引领作用的高水平专业化产教融合实训基地；职业院校实践性教学课时原则上占总课时一半以上，顶岗实习时间一般不少于6个月；"双师型"教师（同时具备理论教学和实践教学能力的教师）占专业课教师总数比重超过一半，分专业建设一批国家级职业教育教师教学创新团队；从2019年开始，在职业院校启动"学历证书＋若干职业技能等级证书"制度试点（1＋X证书制度试点）工作等。

3. 社会认可对职业教育发展的挑战

虽然国家政策大力号召职业教育发展，但职业教育受传统观念的影响仍然很大，一些地方对职业教育在解决民生、促进就业、服务产业、构建和谐社会等方面的地位和作用还缺乏足够的认识。尤其是一些家长把职业教育看作给学习困难学生找出路的"差生教育""末流教育"，再加上技术工人总体社会地位不高，整体收入水平偏低，很多家长不愿让自己的孩子进职业院校就读。此外，职业院校毕业生进入就业市场首先被学历所限制，诸多企事业单位招聘将本科毕业作为最低门槛，甚至有很多单位的招聘更倾向于"双一流"大学毕业生。

教育部职成司在发布的《关于进一步深化职业教育教学改革的若干意见》中明确指出，教育教学改革是职业教育改革的核心，是实现职业教育又好又快发展的关键环节。我国职业教育教学改革经过不断深化，探索并积累了丰富的经验。但从总体上看，职业教育教学在思想观念、人才培养模式、教学内容和方法等方面还不能很好地适应经济社会发展对高素质劳动者和技能型人才培养的要求。深化职业教育教学改革，提高教育质量和技能型人才培养水平，是当前和今后一个时期职业教育工作面临的一项重要而紧迫的任务。

二　汽车产业转型升级带给汽车职业教育的机遇与挑战

（一）汽车产业转型升级的背景

汽车产业作为新一轮科技革命和产业变革的重要载体，具有强大的产业拉动力和就业吸纳力。国家信息中心的统计数据显示，汽车产业每增加 1 个就业岗位，就会带动相关产业增加 7 个就业岗位。汽车产业作为制造业的集大成者，从研发、制造到后市场、出行服务等，一直是技术创新和科技进步的重要领域，也是市场新模式探索和创新创业的重要领域。特别是近年来智能制造、新能源、智能网联、人工智能、大数据、云计算等新技术的应用，带动了汽车产业生态的变迁、升级。

当前，受经济发展周期、产业自身规律、产品结构调整等因素影响，我国汽车产业正在谋求转型升级，主要体现为以下几方面。

一是中国汽车产业进入理性调整期。我国汽车产业已由高速增长向高质量增长阶段转变，速度或数量上的低增长、微增长将成为新常态。

二是汽车产业由规模效益增长转为质量效益提升，将逐渐迈向产业成熟期。在整体需求规模放缓的情况下，汽车需求结构将发生较大变化，增换购用户比例快速上升，汽车消费或营销服务出现新模式（消费升级、对网络依赖增加，网上订车和预约服务、重视用户网上舆论等），消费升级趋势加速，共享化、个性化需求推动汽车产业向高质量发展迈进。

三是汽车技术向"新四化"发展，已经成为业界共识。汽车"新四化"必将刷新汽车产品的固有概念，颠覆汽车产业的传统业态，也必将对汽车职业教育的内容革新产生决定性的影响。

（二）汽车产业转型升级带给汽车职业教育的机遇

1. 汽车产业政策调整，为汽车职业教育带来机遇

汽车产业政策主要包括产业结构政策、产业组织政策、产业技术政策、产业布局政策等。[①] 2004年5月，国家发展和改革委员会发布第8号令，宣布实施新一轮汽车产业发展政策（见图2），同时停止执行1994年颁布的汽车工业产业政策。

十多年来，新一轮汽车产业政策的实施，极大地促进了我国汽车产业结构和布局向智能化和网联化方向的快速发展，也促进了汽车产业链条向环保类、税费类、保险类、售后维修类等细分行业门类的延伸和协同发展。显然，汽车产业政策对产业发展的引领方向，必然也是汽车职业教育谋求发展与人才培养的方向。

从汽车产业技术政策看，国家相继出台了汽车维修、汽车通信系统、汽车内饰等方面的技术政策，主要集中在新能源汽车和智能网联汽车上，旨在推进电动汽车的研究和开发，加快代用燃料汽车的推广与使用，重点发展高效发动机技术、乘用车车身开发技术、乘用车排放控制技术、乘用车关键零部件技术，提高汽车产品应用电子、信息等水平，这也必然为我国汽车职业教育"三教"改革提供发展方向。

2. 汽车技术快速变革，为汽车职业教育带来机遇

随着3D打印、VR、智能机器人、物联网等相关技术被运用到汽车行业领域，汽车行业企业对于综合技能型人才的需求更加迫切，汽车人才培养需先于行业而变。据中国人才研究会汽车人才专业委员会在2016年底至2017年6月底对全国具有代表性的91家企业的相关调研，目前汽车行业相关技能从业人员的专业理论、技能水平及创新能力状态等均落后于汽车产业结构升级的步伐。

---

① 刘吉发：《产业政策学》，经济管理出版社，2004。

产业结构和布局政策	产业组织政策	产业技术政策
2010年6月《关于扩大公共服务领域节能与新能源汽车示范推广有关工作的通知》 2012年6月《节能与新能源汽车产业发展规划（2012~2020年）》 2014年7月《关于加快新能源汽车推广应用的指导意见》 2016年7月《推进"互联网+"便捷交通促进智能交通发展的实施方案》 2017年7月《新一代人工智能发展规划》 2017年12月《产业结构调整指导目录（2007年本）》 2018年5月《汽车产业投资管理规定（征求意见稿）》 2018年12月《车联网（智能网联汽车）产业发展行动计划》	2011年11月《中华人民共和国车船税法实施条例》 2012年9月《关于支持汽车企业代理保险业务专业化经营有关事项的通知》 2012年11月《关于完善机动车整车出厂合格证信息管理系统加强车辆购置税征收管理和优化纳税服务工作的通知》 2012年12月《机动车强制报废标准规定》 2013年1月《缺陷汽车产品召回管理条例》《家用汽车产品修理、更换、退货责任规定》 2013年9月《关于继续开展新能源汽车推广应用工作的通知》 2018年4月《乘用车企业平均燃料消耗量与新能源汽车积分并行管理办法》	2010年10月《电动公共汽车通用技术条件》 2017年8月《新能源汽车生产企业及产品准入管理规则（修订征求意见稿）》 2018年1月《〈中国制造2025〉重点领域技术创新绿皮书》 2018年4月《智能网联汽车道路测试管理规范（试行）》 2018年6月《国家车联网产业标准体系建设指南（总体要求）》 2018年11月《车联网（智能网联汽车）直连通信使用5905–5925MHz频段管理规定（暂行）》

图 2　国家汽车产业相关政策

资料来源：中国政府网_ 中央人民政府门户网站（http：//www.gov.cn/）。

（1）新能源汽车发展给汽车职业教育发展带来机遇

我国作为全球最大的新能源汽车生产国和消费国，新能源汽车产业发展迅速，呈现产品、服务、标准全面发展的良好势头，国际竞争力显著提升。根据公安部交管局统计，截至 2019 年底，全国新能源汽车保有量达 381 万辆，占汽车总量的 1.46%，与 2018 年底相比，增长了 46.05%。从近五年新能源汽车保有量统计结果看，新能源汽车保有量处于持续快速增长状态，如图 3 所示。

《中国汽车工业年鉴》统计显示，截至 2018 年，十大重点领域之一的节能与新能源汽车人才为 35 万人，需求预测数据表明 2020 年该领域人才需求要达到 85 万人，缺口有 50 万人；2025 年人才需求要达到 120 万人，人才缺口将

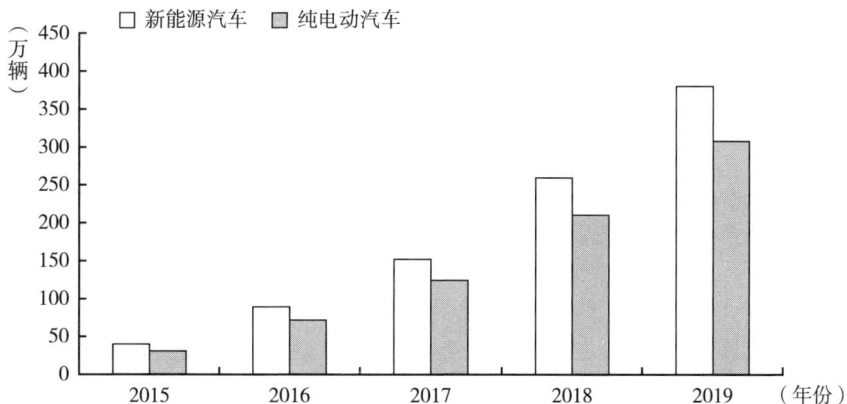

图3 2015～2019年新能源汽车保有量

达到95万人。① 伴随新能源汽车的迅速发展，新能源汽车人才的需求量与日俱增，部分稀缺人才成为企业技术发展的瓶颈。据《新能源"三电"人才研究报告》分析，② 新能源汽车紧缺型人才主要集中于动力电池回收、充电桩换桩及故障维修、事故车辆估损、新能源汽车整车维保和检测等专业方向。新能源汽车细分产业的发展和上述相关研究数据与报告表明，新能源汽车技术技能型人才培养和相关职业教育将大有可为。

（2）智能网联汽车技术发展给汽车职业教育带来机遇

全球智能网联汽车产业链分成三个层次：上游包含感知系统、决策系统、执行系统、通信系统；中游包含智能驾驶舱方案、自动驾驶解决方案、整车方案；下游包含出行服务、物流服务、数据增值服务等。面对高科技特点十分鲜明的智能网联汽车产业崛起，从基础理论研究人才，到设计制造应用型人才，再到应用服务型技能型人才，都显得特别缺乏。针对整个产业链的人才需求分析，在智能网联汽车技术技能人才培养上，汽车职业教育面临巨大的发展机遇。

结合2015～2020年汽车产业调研数据分析及锐观咨询机构整理数据，智能网联汽车发展将进入市场规模化阶段，图4为2015～2019年智能驾驶市场规模及预测。

---

① 中国汽车工业协会、中国汽车技术研究中心：《中国汽车工业年鉴》（2018年版），2018。
② 中国人才研究会汽车人才专业委员会：《新能源"三电"人才研究报告》，2019年6月10日。

（亿元）

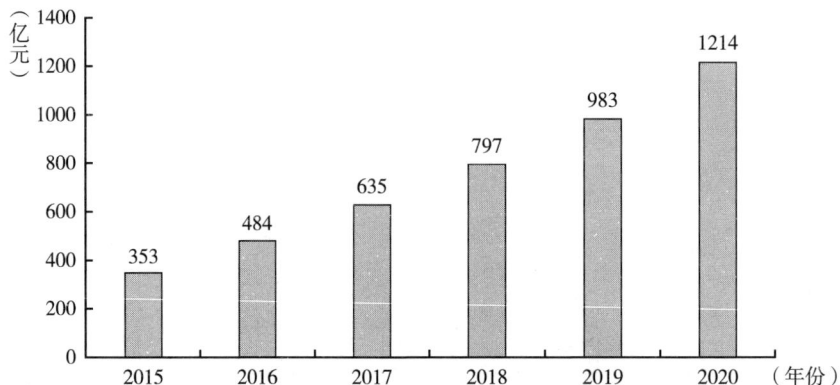

图4　2015～2020年中国智能驾驶市场规模及预测

根据我国《汽车中长期发展规划》（工信部联装〔2017〕53号）、《智能汽车创新发展战略》（发改产业〔2020〕202号）的要求，到2020年，L2～L3级自动驾驶新车装备率将达50%。按照汽车从业人数与汽车销量比例估算，到2020年将会有600万的汽车从业人员接触到智能网联汽车。根据中国汽车工程学会调研，未来5年，我国智能网联汽车技术人员缺口为每年10万人左右①，人才需求远远大于现有的人才供给，涉及的主要技能型工作岗位有智能网联汽车传感器标定测试、车辆改装、道路测试、智能网联汽车传感器安装调试等，2018年智能网联汽车职业教育方向典型工作岗位及需求见表2。

表2　2018年智能网联汽车职业教育方向典型工作岗位及需求

单位：万人

序号	岗位名称	需求人数
1	车联网管控系统辅助研发	2.0
2	车联网管控系统调度	0.5
3	汽车智能电子系统辅助研发	5.0
4	智能网联汽车检测与维修	0.5
5	智能电子系统装调与测试	2.0

资料来源：中国汽车技术研究中心·数据资源中心。

---

① 王斌：《智能制造背景下的应用型汽车专业人才培养研究》，《职教论坛》2018年第4期。

中国汽车工程学会 2019 调研对智能网联汽车技术方面的人才培养统计数据显示，仍有 31.6% 的高职院校没有开展相关专业及课程，而中职学校智能网联专业和课程建设尚处于起步阶段。可见，我国汽车职业教育在智能网联专业人才培养上大有可为。

新能源汽车和智能网联汽车的发展，对汽车职业教育的专业拓展（或专业方向拓展）、增强专业技术含量和保持对学生的吸引力、专业招生数量增加和保持专业学生不流失、学生的就业空间增加等促进作用是显而易见的。汽车职业教育工作者必须把握好时代机遇，紧跟汽车技术的变革步伐。

（三）汽车产业转型升级带给汽车职业教育的挑战

汽车产业转型升级，体现为技术进步和技术创新，需求的是技术技能人才。而目前职业院校汽车类专业大多仍然停留在浅内涵发展阶段，专业教学还广泛存在低水平重复和简单化操作的现象，汽车职业院校在专业建设、课程设置、人才培养质量等方面与汽车产业发展的要求还相距较大。

1. 汽车人才结构性变化，正加大汽车职业教育人才培养难度

现阶段，我国汽车职业教育在专业的调整上，普遍未能跟上汽车产业发展的步伐，导致人才供给结构与产业需求结构不匹配。汽车"新四化"带来的技术技能变革，使汽车产业人才需求呈现多元化趋势。当前，全世界汽车行业人才都存在一个共性问题，即传统汽车人才培养不能满足目前汽车产业实际需求。2018 年汽车人才研究会发布的《中国智能网联汽车人才发展报告》显示，2025 年智能网联汽车和节能与新能源汽车领域人才缺口将高达 100 万人，汽车职业人才培养同样需要一场变革。①

对汽车生产制造人才而言，最大的变化来源于智能制造设备不断向工厂渗透而导致的汽车制造体系的智能化水平持续提高。在此情况下，生产制造人才的工作对象将发生变化，由原来对生产设备的操作与维护转变为对生产系统的管理和监控。目前生产制造人才的主要工作是进行汽车产品及其附属配套产品的生产制造，具体工作包括生产制造任务的管理、安全生产目标的保障、汽车

---

① 中国人才研究会汽车人才专业委员会：《中国智能网联汽车人才发展报告》，2018。

生产工艺的改进、产品的质量管理和机械化生产设备的操作及维护等，而中高职学生目前大部分从事的是机械化生产设备的操作及维护（汽车整车组装流水作业环节）。

面向未来，服务于智能制造体系的生产制造人才，其工作必将增添以下内容：掌握智能制造等先进生产技术，完成生产过程中数据的收集、处理和分析，对信息化平台进行管理、监控和维护等。与此同时，智能工厂中非信息化机械生产设备的比例将不断下降，这些机械生产设备的操作和维护工作将逐渐从汽车生产制造人才的工作内容里消失，而这部分工作恰恰是目前多数汽车中高职学生在汽车生产制造业中所从事的。

对汽车后市场而言，未来汽车产业必将产生众多全新的商业模式，这将促使汽车营销服务人才的工作内容发生重大转变。同时服务、设计和制造一体化工程将使汽车营销服务人才的工作与设计研发、生产制造等工作紧密相连，部分工作内容相互重合、难分彼此。目前营销服务人才的核心职能是进行汽车产品及其附属配套产品的销售及售后服务工作，具体包括汽车产品的推广销售、二手汽车的回收处理、汽车售后保养及维修服务、汽车故障诊断和处理、汽车使用数据的收集分析等多个领域。

面向未来，新型商业模式将带来汽车营销服务的全新升级，将以车联网为媒介催生更加生动、更加增值的客户服务和更加精准、更加高效的金融保险等，这些新变化将为汽车营销服务人才提供新的工作内容。设计、制造与服务的一体化使汽车营销服务直接连接客户及企业业务部门，因此营销服务人才需要具备对营销服务平台进行管理、监控和维护的能力，同时还要具备对汽车大数据（主要包括车主数据、车辆使用数据、汽车后市场数据等）进行收集、处理和分析的能力。此外，未来的智能制造体系同样会涵盖销售和服务端，唯有如此才能真正实现C2B的"大规模＋定制化"经营，因此营销服务人才还要负责与智能工厂有效衔接并输入需求的工作。[①]

中国汽车工程学会调研数据发现，目前国内中高职院校汽车类专业基本都有汽车检测与维修、汽车营销与服务、汽车整形等，招生人数也大量集中

[①] 中国汽车工程学会、中国人才研究会汽车人才专业委员会：《中国汽车产业中长期人才发展研究》，北京理工大学出版社，2018。

在这 3 个专业，而汽车"新四化"加速了汽车电子技术、信息技术、互联网技术的应用，未来的汽车将成为"轮式电脑"。就汽车新型人才的培养而言，职业院校需要迫切进行汽车专业（方向）设置及人才培养内容的调整。

2. 汽车复合型人才培养给教师能力和师资建设带来新挑战

要使汽车职业院校人才培养紧跟汽车产业发展步伐，必须加大对紧缺型及复合型人才实用性及实效性培养，提高教师的复合型综合实践能力。在 2019 年《深化新时代职业教育"双师型"教师队伍建设改革实施方案》（教师〔2019〕6 号）新闻发布会上，教育部教师工作司表示，截至 2019 年，全国职业院校专任教师中"双师型"教师比例远未达到 50% 的要求，如图 5 所示。根据中国汽车工程学会调研数据，职业院校汽车类专业教师引进情况如图 6 所示。

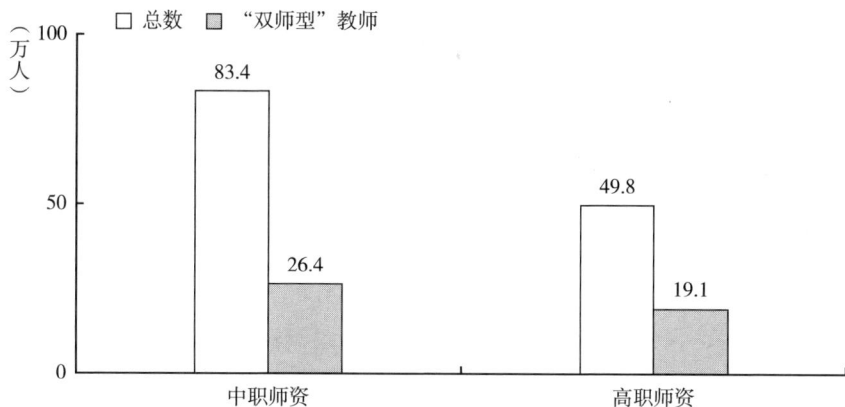

图 5　职业院校师资情况

从上述数据可知，当前，职业院校具有复合型综合实践能力的教师缺口还很大；职业院校教师企业经历不够丰富，应届毕业生从学校毕业直接到职业教育讲台，存在"理论强、实操弱"等问题，这与汽车职业教育的要求不相适应。

对照汽车职业教育要求，当前汽车类专业师资学科背景也不够合理，特别是交叉学科背景的师资还非常稀缺。教师的大数据分析能力、信息化处理能力

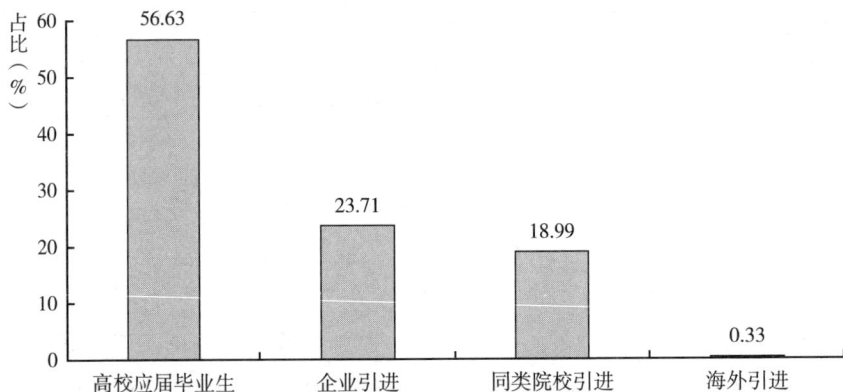

图6　职业院校汽车类专业专任教师引进情况

及智能化编程能力等新时代智能化、信息化专业能力仍然不足。究其原因，主要还是因为学校教师大多毕业于传统汽车专业，对汽车当前的新技术掌握不够，专业知识的复合程度不够。对这些教师的培训任务重，其中部分教师的转型难度大；从企业聘请教师也面临困难，那些具备新能源汽车和智能网联汽车研发经验的工程技术人员不仅人数少，而且往往工作任务重，没有精力投入职业教育上来；这种状况对汽车复合型技术技能人才师资建设来说，无疑具有一定挑战。

三　国家开放战略给汽车职业教育带来的机遇与挑战

（一）国家开放战略和汽车职业教育国际化发展背景

中国的发展离不开世界，世界的发展也离不开中国。开放战略是指国家以及企业面向世界、面向未来，立足优势，坚持全球配置资源，谋求全球经营，制定的目标合理的发展战略。随着世界经济一体化进程的推进，教育国际化和汽车产业国际化必将向纵深推进，并给汽车职业教育带来巨大机遇和一定挑战。

汽车职业教育国际化在过去十多年的发展进程中，呈现国际化范畴从个例到常态，国际化进程从缓慢到快速，国际化角色从以引进（输入）为主到引进与输出并重的发展特点①,在国际化项目、规模体量、专业布局、覆盖区域等方面,均收获显著成效。但与国际上职业教育发达国家相比,我国汽车职业教育在国际化的总体规模、影响力、产业带动汽车职业教育国际化的力度及国际化的师资水平等方面均显不足。

近年来,国家先后出台《中华人民共和国中外合作办学条例》、《国务院关于大力发展职业教育的决定》、《关于加快发展现代职业教育的决定》、《关于做好新时期教育对外开放工作的若干意见》及《教育现代化2035》等一系列政策,有力地推动了职业教育国际化的进程。

我国职业教育国际化主要有"引进来"和"走出去"两种模式。"引进来"模式表现在各级教育主管部门和相关院校,通过引进合作项目、合作办学、招收留学生、从海外招募教师和引进课程(含课程互换)等方式,开展国际化试点班、国际化订单班、国际留学生班,或与国际行业协会、产业集团、高校等深度合作,积极借鉴吸收 CDIO 工程教育模式、AHK 考试标准和BBSI 教育体系等国际标准,将其植入我国的职业教育。

"走出去"模式主要指我国在海外开展职业教育的方式,目前鲁班工坊模式是我国职业教育"走出去"的最主要模式。近些年来,我国职业教育"走出去"的发展也相当迅速,尤其是在"一带一路"倡议的带动下,汽车职业教育成绩凸显。2017 年和 2018 年的《中国高等职业教育质量年度报告》数据显示,与我国交通和汽车类职业院校进行汽车国际发展合作的主要有德国、加拿大及共建"一带一路"国家、中国—东盟自由贸易区等多个国家(地区)及联合体,涉及的专业中汽车维修相关专业覆盖了 92.2% 的合作项目,主要的合作模式有伴随汽车制造企业"走出去",为其在当地培养一线生产技能型职业人才;与海外教育机构合作,联合开展职业教育、学历教育与汽车技术培训等。随着这些项目的推进,我国汽车职业教育在国际上的知名度和美誉度不断提高。

(二)国家开放战略带给汽车职业教育的机遇

中国作为潜力巨大的汽车消费市场,吸引了大众、通用、本田、宝马和奔

---

① 孙涛:《中国汽车制造业国际化道路》,北京工业大学硕士学位论文,2006。

驰等世界知名企业广泛参与与中国汽车产业的合作；企业重组加速、经营方式国际化、资本国际化、生产方式国际化、贸易国际化，加快了汽车职业教育国际化进程。

伴随着中国汽车自主品牌的崛起，中国汽车产业也稳步走向国际。奇瑞汽车在海外拥有 16 家生产基地，吉利汽车进军海外开设七大工厂，长城汽车在全球布局 11 个生产基地，还有一批商用车也在海外建立了生产基地。汽车产业的这些国际化项目在向世界展现中国汽车品牌实力与自信的同时，也给汽车职业教育国际化带了巨大机遇。

1. 国家开放战略助力拓展办学路径

职业教育国际化是汽车职业院校拓宽办学路径，以国际视野培养高素质技术技能人才的重要举措。汽车职业院校要充分承担主动服务国家开放战略的责任，遵循共商、共建、共享原则，利用各种国际交流机会，学习先进的国际化办学理念，实现由"引进优质教育资源"向"输出特色教育资源"的转型发展。通过与（境）内外职业院校、国际行业协会、产业集团、教育机构深度合作，开展独立办学、合作办学，或依托与中国企业和产品"走出去"相配套的职业教育发展模式，携手企业办学，拓展办学路径，加快我国汽车职业教育国际化进程。

2. 国家开放战略助力改革办学模式

我国职业教育院校以中外合作办学模式来迅速提升自身办学能力与教学实力，是一种合乎国情的教育领域对外开放新模式，也是一种经济实用的引进国外智力的新方式。

德国"双元制"、美国 ASEP 课程以及丰田 T – TEP 课程等中外合作办学模式在我国职业教育系统的广泛推行，促进了职业教育生源组织形式的改革，让职业教育学员拥有企业员工与在校学生的双重身份；教学内容的改革，直接对接企业的真实工作任务；教学方式的改革，对接岗位需求、工学一体；考核方式的改革，对接国际标准统一评价；就业方式的改革，对接订单培养和学以致用等。以上职业教育改革举措，极大地提高了人才培养质量，有力促进了职业教育事业更快更好地发展。

3. 国家开放战略助力提升职业教育品牌形象

中国汽车职业教育在"开放、融合、引领"的国际化视域下，引进发达国家先进职业教育理念、教育教学模式、教学技术装备、国际化专业教学标准以及高水平师资培训内容，如英国 IMI 认证模式、宝马售后英才教育模式、胡格教学法等，将国外发达国家汽车专业人才培养模式、职业能力标准、职业资格证书、培训包、师资培养模式本土化，并通过课程传递、辐射培养到教育教学质量提升和专业品牌建设中去。

同时，伴随汽车产业"走出去"，中国汽车职业教育成果被带到相关国家，促进了国际间教育、文化与经济的合作和交流，彰显了中国汽车职业教育标准对世界汽车产业与经济的贡献，全方位打造专业品牌，为汽车职业教育专业品牌建设和高质量发展提供助力。

4. 国家开放战略助力扩大国际影响

国家开放战略让"中国汽车"日益成为世界制造的标识，尤其是"一带一路"倡议在我国现阶段国家开放战略中地位非常重要。"一带一路"涉及近70 个国家和地区，这些国家的总人口约 44 亿人，约占全球总人口的 63%；经济总量约 21 万亿美元，约占全球经济总量的 29%。[①] 跨度之广、发展潜力之大，空前未有。

沿着"一带一路"，中国的长城、吉利、奇瑞、长安、广汽、比亚迪等一批具有独特优势的自主品牌汽车企业走出国门，已经受到越来越多国家的欢迎。这必将为我国汽车职业教育协同汽车相关企业"走出去"提供了绝佳的机遇。中国汽车职业教育成果也将为沿线国家职业教育发展贡献智慧，使中国汽车职业教育在国际上的影响力不断提升。

（三）国家开放战略带给汽车职业教育的挑战

1. 汽车职业教育国际化面临文化融合与发展的挑战

鉴于"一带一路"在我国现阶段开放战略中的重要地位，以此为例，汽车职业教育"走出去"面临语言情况复杂、经济发展水平参差不齐、政治生态各异等因素干扰，面临品牌建设、教师交流、教学能力、文化融合等方面的挑战。

[①] 王优玲、陈炜伟：《构建对外开放新格局推进"一带一路"战略》，《光明日报》2014 年 12月 7 日。

语言的多样性和宗教信仰的复杂性是我国汽车职业院校进行海外专业交流的障碍之一。"一带一路"倡议涉及 70 多个国家和地区，有 50 余种官方语言，且绝大部分国家还是单一语种，不同区域官方语言的选择也有显著特点，使教育交流与合作难度加大。此外，宗教信仰也是一大难题，不同国家的宗教问题错综复杂，往往导致政治关系的不稳定性。这些问题都将对我国汽车高职院校"走出去"造成困扰。

针对上述现状，考虑到英语是国际上官方认可的通行语，在"走出去"战略中，不论是教师还是学生都应该加强英语学习，同时兼顾汽车整车出口相对较多且建有中国汽车工厂的国家，还需要加强小语种培训和当地宗教礼仪、习俗信仰等相关知识的培训。如此才能培养出具有国际竞争力的人才，进一步推进我国汽车职业教育"走出去"的发展进程。

2. 目标国政治与经济的复杂性使职业教育"走出去"风险加大

共建"一带一路"国家和地区，无论是政治体制还是经济发展水平都存在较大差别。这些国家中存在君主制、议会共和制以及主席团制等多种不同政体，有至少 22 个国家在近十年出现过大规模政治冲突，有些国家甚至长期处于战乱之中，政局不太稳定。各国的经济发展程度也不同，有处于前工业化时期的（如尼泊尔），也有处于发达的后工业时期的（如新加坡），最多的还是处在工业化中期的国家（如印度、哈萨克斯坦、乌克兰等）。不同的工业化程度决定了合作发展需要的技术技能人才的差异。

上述原因让职业教育"走出去"的难度与风险增加。因此，在我国职业院校进行海外职业教育事业推广时，一定要对各个国家和地区政治、经济的特性有总体把握。

3. 汽车职业教育国际化对教师的综合素质能力提出挑战

汽车职业教育的国际化是对汽车人才培养目标的重新定位。要对接国际上先进的办学模式、教学标准或范式，就必然要求教师拓展国际视野，熟悉汽车技术变化，能够应对教学对象与教学环境的变化；必须提升教师的专业能力、教学能力、语言表达和沟通能力，增强教师对汽车产业和职业教育相关的国际法律和行业惯例的了解，并以此全面整体提升推进教师的能力和素质，以满足汽车职业教育国际化发展的需求。

四 教育信息化带给汽车职业教育的机遇与挑战

（一）信息技术高速发展的背景

教育是信息技术应用最广泛的领域之一，教育信息化旨在于教育过程中提高师生信息素养，在教学过程中更好地运用信息技术手段。新时代赋予了教育信息化新的使命，教育信息化是顺应智能环境下教育发展的必然选择，是加快实现教育现代化的有效途径。2018 年 4 月 13 日，教育部印发《教育信息化2.0 行动计划》（教技〔2018〕6 号），提出 2022 年基本实现"三全、两高、一大"的发展目标。"职教二十条"明确提出，要"适应'互联网＋职业教育'发展需求，运用现代信息技术改进教学方式方法"。

由此可见，新时代汽车职业教育教学方法的改革应基于互联网的大资源观，加强信息化教学环境与资源建设；同时，注重将教育信息技术融入学习系统中，着力运用现代信息技术改进学习方式方法。

目前，从汽车职业教育信息化层面来看，信息化资源建设成效明显，教育部立项建设的国家职业教育专业教学资源库中汽车类占比达 3.44%。从信息化教育手段来看，信息化平台及手机 App 如 MOOC、超星、智慧树、学堂在线、雨课堂等在汽车职业教育领域得到广泛应用，虚拟现实技术、大数据、人工智能等信息化技术也在汽车职业教育领域开始探索性应用。

通过教育部高等教育司发布的在线课程资源平台数据可知，当前各职业院校选择的大规模在线学习平台已超过 30 个。信息化平台完全支持汽车专业学生在线学习，信息化技术的高速发展为大规模线上学习与教学方法改革提供了强有力的支撑。

（二）信息技术带给汽车职业教育的机遇

以人工智能、大数据、物联网等新兴技术为基础，依托各类智能设备及网络，积极开展智慧教育创新研究和示范，可助推新技术支持下汽车职业教育的模式变革和生态重构。

1. 信息化、智能化产业发展，促进专业改革

随着互联网技术、通信技术、人工智能、计算机技术的快速发展，教育智能化已经成为一种趋势和潮流。从智能手机、智能家电，到企业的智能制造、智能物流等，智能化已经渗透到整个社会的各行各业。而在"工业4.0"、"智能交通"、"智慧城市"和"互联网＋"等大背景下，汽车智能化、信息化已经成为汽车产业发展最重要的潮流和趋势。[①] 集云端、大数据共享、信息技术、区块链、人工智能为一体的数字经济时代，信息技术将互联网与传统行业深度融合，电子元器件在汽车总成本中所占比重不断变大，如图7所示。

汽车产业智能化发展，促使汽车专业的变革，职业教育人才培养应具有前瞻性，及时开展智能网联汽车专业建设，培育相关高端技能型人才，才能保证在未来的发展中人才需求与供给的平衡，促进智能汽车产业稳定发展。

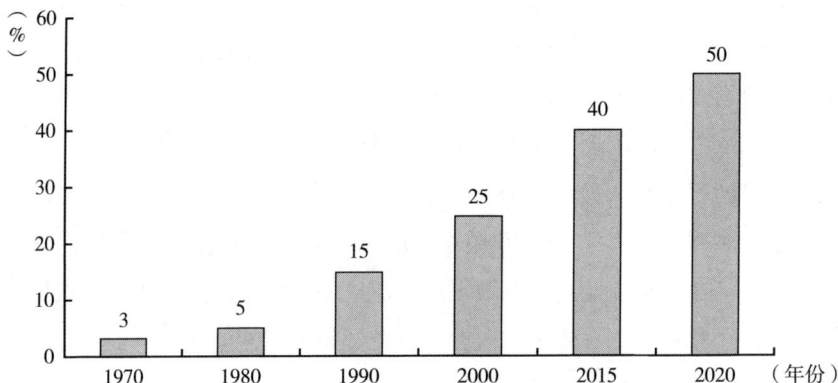

图7 汽车电子元器件在汽车总成本中所占比重

2. 教育信息化建设，推进课堂教学创新与发展

教育信息化的核心内容是教学信息化。教学是教育领域的中心工作，教学信息化就是要使教学手段科技化、教育传播信息化、教学方式现代化。不仅汽车专业"教与学"的方式发生了改变，而且汽车职业教育的理念、文化和生

---

① 陈虹、郭露露、边宁：《对汽车智能化进程及其关键技术的思考》，《科技导报》2017年第11期。

态都在变革之中。

汽车职业院校使用信息平台、精品课程网站、资源库等信息化教学资源，打破传统"满堂灌"的知识传授方式。翻转课堂教学、线上和线下混合式教学等课堂教学模式的应用，现代教学小程序、App 的广泛应用，促使学生们能够打破时间、空间限制，随时随地地学习。教师能够更好地对于学生学习过程进行监督和引导，适时把握学生的学习情况，精准了解学生的学习需求，突出学生的自主学习地位，改进课堂教学成效，满足和适应学生发展需求。

根据中国汽车工程学会 2019 年调研数据分析，目前信息化教学平台在汽车中高职教育教学中的应用率高达 90%，即 90% 以上的课程教学应用信息化手段或信息化教育教学资源，可见信息化教学在汽车职业教育中已经实现常态化。

此外，各类汽车虚拟仿真教学软件的运用，可通过三维动画视频、3D 虚拟原理、VR/AR 等，实现模拟仿真教学、自动考评、课件系统等功能。同时为教师与学生提供汽车仿真教学的工具，可以缩短汽车零部件的拆装实训课时，减少对真实车辆实训拆装的磨损，提高汽车实训设备的生均比例，降低学员实训事故风险，提高教学效率，促进了课堂教学的创新。

（三）信息技术带给汽车职业教育的挑战

1. 汽车专业人才的信息技术培养亟待加强

在人工智能、无人驾驶、5G 通信技术支持下，汽车产业将与信息技术不断融合，从而发生本质变化，汽车将从机电一体化产品，演变为智能网联化的计算机终端。在汽车产业急剧变革背景下，产业人才需求也发生了变化。

就以汽车产业人才需求状况分析，所需人才以机械制造及其自动化、车辆工程、机电一体化等专业人才为主。

信息技术变革给汽车行业带来用人需求的明显变化。2019 年 12 月底，"e 成科技研究院"在百度文库上发布的《2018 年汽车制造业人才数据报告》显示，对"智联招聘"网上关于汽车行业对专科以上汽车人才招聘需求数据不完全统计，汽车行业招聘条件除需要掌握汽车专业知识外，还要掌握计算机、软件等相关知识与应用。其中，对计算机软件技术有要求的岗位需求达 2.6 万个，如图 8 所示，占比达 31%。

由此可见，现代汽车企业人才招聘对计算机软件等相关专业技术与能力要求明显提升。培养适应企业需求，具有信息化能力的复合型技术技能人才，是汽车专业人才培养面临的重大挑战。

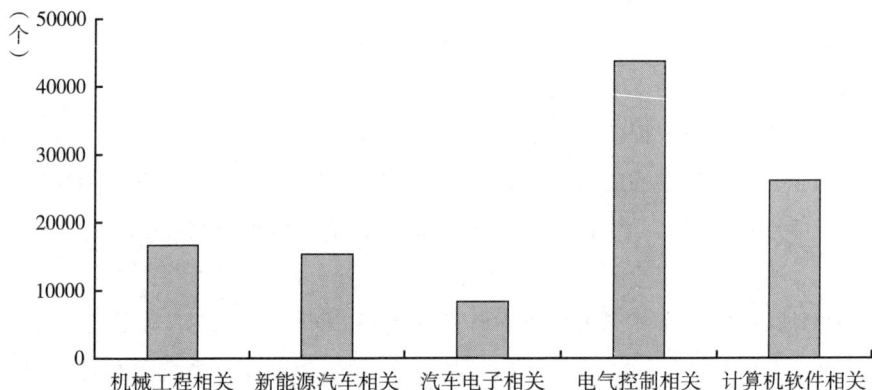

图 8　汽车相关领域招聘所需岗位数

资料来源：2019 年 12 月网络招聘岗位技术要求数据。

2. 师资队伍的信息化教学能力亟待提升

教育信息化是国家信息化建设的重要基础，由信息技术带来的多媒体教学和网络教学在内容手段、质量效益及管理方面都有无法替代的优越性。提升教师教育信息化水平既是教育信息化的重要组成部分，又是推动教育信息化建设的重要内容。

《教育信息化 2.0 行动计划》指出，要大力提升教师信息素养。贯彻落实《中共中央　国务院关于全面深化新时代教师队伍建设改革的意见》，推动教师主动适应信息化、人工智能等新技术变革，积极有效地开展新方式、新手段的教育教学。启动"人工智能＋教师队伍建设行动"，推动利用人工智能开辟支持教师治理、教师教育、教育教学、精准扶贫的新路径，推动教师更新教学观念、重塑师生角色、提升教学素养、增强教学能力。

为此，汽车专业教师要结合产业发展现状，明确信息技术学习成长路径，着力信息素养培育和信息化教学能力培养。积极参与信息化教育教学改革与发展，开发汽车专业教学资源库，创新智慧课堂的组织与实施，运用信息化教学手段与方法，提升课堂效率及信息技术应用能力，加强精准测评，不断提升人才培养质量，勇于面对汽车职业教育信息化技术应用技能提升的挑战。

ℝ.9
新时代汽车职业教育创新发展
目标与路径分析

魏垂浩　张红伟　董　刚　高宏超*

一　汽车职业教育创新发展的目标分析

（一）落实立德树人根本任务，打造新型汽车工匠

1. 立德树人是新时代教育大计的根本任务

2019 年 8 月，中共中央办公厅、国务院办公厅印发《关于深化新时代学校思想政治理论课改革创新的若干意见》。文件指出，各地区各部门和各级各类学校需解决好培养什么人、怎样培养人、为谁培养人这个根本问题，坚持不懈地用习近平新时代中国特色社会主义思想铸魂育人。一直以来，我国职业教育都是以培养与社会主义现代化建设要求相适应，德、智、体、美、劳全面发展，具有综合职业能力，在生产、服务一线工作的高素质劳动者和技术技能人才为宗旨。新时代职业教育更要坚持这一培养宗旨，汽车职业教育也不例外。

从个体成长方面来说，中高职学生正处于"拔节孕穗"的关键时期，学校不应只传授其谋生的技能，更应注重其人格、自我学习、遵纪守法、团队合作等方面综合素养的全面提升，为其今后可持续发展奠定基础。

然而，现实中职业教育一定程度上存在"重技能轻素质，重专业学习轻职业

---

* 魏垂浩，江苏汽车技师学院；张红伟，广州科技贸易职业学院；董刚，江苏汽车技师学院；高宏超，广州科技贸易职业学院。

素养"的现象①，汽车职业教育也存在类似问题。因此，落实立德树人根本任务，全面增强中高职汽车专业学生综合素质，仍是新时代汽车职业教育的首要目标。

2. 传承工匠精神是汽车职业教育立德树人的重要抓手

党的十九大报告指出，要培养知识型、技能型的人才，继承与弘扬工匠精神，营造良好的社会风尚。所谓"工匠精神"是指工匠对自己的产品独具匠心、精益求精的价值追求，在工作中恪尽职守、耐心专注、专业敬业的精神品质。②工匠精神的价值内核与汽车产业的价值理念高度契合。作为一种精密制造的机电一体化产品，汽车对品质的要求本来就很高，从诞生那刻起便关乎生命安全，使汽车人对品质的追求趋向极致，通过100多年来的代代传承，"精益求精"的汽车工匠精神已成为这个行业的重要标志。在新时代，传承汽车工匠精神应该作为汽车职业教育立德树人的重要抓手。

3. 融合汽车人才新要求内涵，培养"新型汽车工匠"

全球汽车技术进入加速进步和融合发展的新时期，并呈现低碳化、信息化、智能化三大发展趋势。在我国，电动化、智能化、网联化、共享化的发展趋势已成为业内共识，向节能汽车、新能源汽车、智能网联汽车以及绿色制造、智能制造等方向发展已成必然。汽车新技术的迭代升级、信息技术与汽车产业的加速融合，使汽车产业正从传统的"垂直线性产业价值链"向"交叉网状出行生态圈"演变③，产业结构、企业结构正在颠覆性重构，由此催生了大量新职业、新工种、新岗位，需要越来越多高素质、复合型人才支撑。对职业院校学生的要求越发不是只针对某一具体岗位的硬性技能，而是具有能够适应就业市场变化的职业迁移能力与职业创新能力。

新的汽车产业对新的汽车人才提出了全新的能力要求，也赋予了"汽车工匠精神"新内涵。"厚基础、宽口径"的高素质技术技能人才在传承"老汽车工匠"精益求精精神的基础上，还需要具备适应新时代的跨界学习、融会贯通、持续创新的"新工匠精神"。培养"新汽车工匠"要求汽车职业教育在产教融合机制、人才培养方案、课程体系、教材教法、师资能力、资源支撑等

① 《职业教育既要重技能也要重职业素养》，《中国青年报》2018年6月24日。
② 童剑峰：《浅谈职校汽车专业"工匠精神"的培育》，《职教园地》2017年第6期。
③ 中国汽车工程学会：《中国汽车产业中长期人才发展研究》，2018年10月。

方面深化改革创新。

综上所述，无论是从政策导向、学生个体发展，还是汽车产业的人才需求出发，坚持"立德树人"的人才培养目标，注重学生的综合素养与自我发展能力，培养"德技双馨"的劳动者和技术技能人才都是汽车职业教育人才培养的出发点和归宿。"立德树人"在汽车职业教育中着重体现为人才培养过程中不断弘扬、传承和丰富"工匠精神"，将"德技融合"的理念贯穿人才培养的全过程，培养适应汽车产业发展需要的"新汽车工匠"，使汽车"新工匠精神"成为职业信念和追求，引导学生树立为国奉献、为民服务的远大志向，成为工匠精神的自觉传承者和弘扬者。

（二）服务新时代汽车产业发展需求，培养新汽车人才

1. 新时代汽车产业正在发生颠覆性变革

如前文所述，当前，新一轮科技革命和产业变革引发了新一代信息技术与制造技术的深度融合，节能与新能源技术、智能网联汽车技术等新技术推动着汽车产业向电动化、智能化、网联化、共享化（"新四化"）方向加速变革，我国汽车产业进入了转型升级、由大变强的战略机遇期。

据前文分析，2018 年中国汽车产销量出现了自 1991 年以来的首次下滑，结束了多年连续增长的态势。但与此同时，新能源汽车产销量得以高速增长，产销规模连续 3 年居全球首位，少数新能源汽车新兴企业开启规模化交付模式。

在汽车零部件制造方面，虽然 2018～2019 年新车产销量有所下滑，但汽车保有量保持稳步增长，到 2019 年底达到了 2.6 亿辆，汽车后市场对零部件的需求不断增加，促使零部件市场总体规模呈现稳定增长态势。而且，随着新能源汽车和智能网联汽车技术研发的加速，零部件领域的新技术发展迅速，在动力电池、智能电驱系统、插电混动技术方面取得突破性进展。

随着汽车保有量的持续增长，2019 年中国汽车后市场规模已超 1.33 万亿元，成为仅次于美国（规模达 2410 亿美元）的全球第二大市场。同时，中国汽车平均保有车龄达到 4.9 年（呈缓慢增长态势）。"保有量 + 保有车龄"的双向驱动为我国汽车后市场的繁荣奠定了基础。

汽车新技术的加速发展还催生了汽车后市场业态的急剧变革，汽车营销与服务网络化、数字化发展态势显著，线上与线下相结合已成为后市场的业务常

态模式，汽车共享服务、汽车美容与改装、汽车旅游与文化等新兴汽车消费领域也进入快速发展阶段。

2. 汽车产业转型升级呼唤新汽车人才

"新四化"背景下的汽车产业边界正变得越来越模糊，与其他产业之间、汽车前后市场间、汽车后市场各领域间的跨界交融越来越快。汽车人才类型的分界也随之日渐模糊，职业、岗位、工作内容正在发生重大变化，从而对从业者能力要求有了根本性的变化。以汽车维修等汽车后市场人才需求为例，据前文分析，企业对汽车维修类人员的技术技能要求，除了掌握汽车机电类专业知识外，还要懂得通信传感技术、数据传输技术以及新材料、新工艺等方面的知识，并且会使用、维修新设备。

新时代汽车产业发展需要有别于传统汽车人才的新汽车人才。新汽车人才需顺应发展趋势，跨产业链，软硬兼备，具备较强的职业、岗位迁移和创新能力。因此，汽车职业教育的培养目标必须由机械对接岗位转换为自主衔接产业需求，提升学生的自我迁移能力和创新能力，使学生拥有更强的就业市场适应能力，以更好地服务于汽车产业的转型升级。

（三）推进汽车职业教育高质量发展，建设新汽车专业

1. 汽车职业教育高质量发展是时代使命

近年来，国家对职业教育改革高度重视，特别是自 2019 年 2 月国务院印发《国家职业教育改革实施方案》（国发〔2019〕4 号，以下简称"职教二十条"）以来，我国职业教育进入了改革发展的战略机遇期。"职教二十条"提出"优化教育结构，把发展中等职业教育作为普及高中阶段教育和建设中国特色职业教育体系的重要基础，保持高中阶段教育职普比大体相当，使绝大多数城乡新增劳动力接受高中阶段教育。改善中等职业学校基本办学条件"。"高等职业教育是优化高等教育结构和培养大国工匠、能工巧匠的重要方式。高等职业学校要培养服务区域发展的高素质技术技能人才，重点服务企业特别是中小微企业的技术研发和产品升级，加强社区教育和终身学习服务。启动实施中国特色高水平高职学校和专业建设计划，建设一批引领改革、支撑发展、中国特色、世界一流的高等职业学校和骨干专业（群）。"

高质量发展是新时代职业教育的历史使命，内涵丰富。从宏观看，这是解

决人民日益增长的美好生活需要和职业教育发展不平衡不充分矛盾的需要；从中观看，衡量高质量发展的指标是行业区域发展需求与职业教育人才培养供给的匹配度即结构性质量；从微观看，具体落实在每一所学校、每一个专业的人才培养和教育教学质量上。因此，推进职业教育高质量发展既要着眼全局，又不能脱离院校的具体实际。

2. 建设新型汽车专业推动汽车职业教育发展

汽车产业发展新趋势呼唤"新汽车工匠"和"新汽车人才"，汽车职业教育也需要以开创性思维重构汽车专业，建设"新汽车专业"，以满足新时代汽车产业转型升级的迫切需求。新汽车专业的建设应以专业群建设为路径，充分发挥专业群对应岗位与技能覆盖范围广、群内各专业组合灵活、知识口径宽等特点，建设能够满足汽车新技术与新兴业务发展需求、课程与教学资源先进、师资队伍能力强素质高的新汽车专业。

新汽车专业的建设应充分利用院校现有汽车专业课程、师资、实训基地等资源，将新设汽车专业与现有汽车专业有机组合为汽车专业群，最大限度地虚化汽车专业边界，培养知识范围口径宽、技能迁移能力强，能够适应汽车行业交叉融合后新岗位、新工种要求的技术技能人才。

二　汽车职业教育创新发展的路径分析

（一）以产业结构布局为依据优化汽车专业布局

据前文分析，汽车职业教育仍然存在着汽车专业设置与汽车产业结构布局不相适应的问题，既不能满足产业发展的人才需求，又造成教育资源的严重浪费，客观上还造成了学生的对口就业难。因此，以产业结构布局为依据优化汽车专业布局，必然成为汽车职业教育创新发展的首要路径。

1. 汽车产业转型升级对汽车专业布局影响分析

以高等职业教育为例，从前文汽车类专业设置基础数据统计情况看，目前高职院校汽车类专业共开设 13 个，在校生数量庞大、就读人数比较多的主要集中在汽车检测与维修技术、汽车运用与维修技术、汽车制造与装配技术和新能源汽车技术几个专业上。教育部"高等职业院校人才培养工作状态数据采集与管理系统"数据显示，2016~2019年，全国开设新能源汽车技术专业的高职院校数量从27所猛增到344所，开设汽车智能技术专业的院校也由5所增加到33所，这与我国近年来新能源汽车和智能网联汽车加速发展密切相关。

与此同时，职业教育具有明显的区域服务特征。汽车产业比较集中、技术发展比较快、产业优势比较明显的区域对汽车"新四化"人才的需求相对比较旺盛，因此这些区域职业院校开设汽车新技术专业的数量和增长速度就明显比其他区域多和快。这种情况表明，无论是全国还是区域，汽车产业的发展对职业院校的专业设置始终有较大影响。这一方面说明职业院校通过21世纪以来近20年的改革发展，已经树立了强烈的市场意识，对市场的敏感度较高，并且反应较快，这些都是值得肯定的变化；另一方面，从前文的分析来看，各院校开设汽车新技术专业的规模、结构特别是专业内涵建设与产业结构布局、精准能力需求间的匹配并不尽如人意，存在盲目跟风倾向，这是值得关注的新问题。

2. 立足区域产业转型升级，优化汽车专业布局

如前文所述，我国的汽车产业正经历着前所未有的重大变革。从市场角度分析，一、二线城市汽车市场刚需趋于饱和，换购成为新车消费的主流；而三、四线城市乃至县乡汽车市场刚需消费潜力正在释放，由此已经带来制造业布局从"长三角""珠三角""京津冀"向中西部梯度转移。从技术角度分析，汽车"新四化"已经彻底突破传统产业边界，除了传统汽车企业正在加速调整布局外，造车新势力纷纷入场，而且会和新一轮由地方政府主导的区域产业升级结合，彻底改变传统汽车产业布局。从汽车后市场来看，一方面随着汽车保有量的不断增长，各区域后市场的容量都在不断扩大，产业规模持续增长；另一方面各区域后市场的结构差异会越来越大，比如一、二线城市的换购必然促使二手车市场越来越活跃，而换购升级的主流方向除了新能源外，智能化、网联化应该是首选。总之，汽车产业的结构布局正在而且会持续调整，由此带来各区域汽车产业布局的持续变化，汽车职业教育界必须高度重视这些变化。

从汽车产业的整体转型升级着眼，职业院校汽车专业的布局必须跟上汽车"新四化"的发展趋势，将"新四化"的内容及时纳入专业课程。但在进行汽车专业的具体布局调整时，必须从服务于区域产业转型升级的角度进行细致研究，不可一哄而上。应深入分析院校所在区域的主要行业分布、汽车产业结构、职业岗位分布、能力需求细节等基本情况，结合院校自身专业基础与优

势，确定新建汽车专业或专业方向。汽车专业人才培养目标一定要符合区域汽车人才发展需求，按区域汽车企业需求培养相应人才，最大限度地避免脱离区域产业发展实际盲目兴办新专业等问题。

另外，必须看到，面对汽车"新四化"时代的到来，一个专业很难培养出满足汽车产业发展需求的创新复合型人才，应该通过汽车专业群建设，通过"宽口径、厚基础"的跨学科交叉型人才培养，提升学生的岗位迁移能力与创新能力，使学生拥有更强的市场适应能力。在汽车专业群建设过程中，应坚持按照"专业基础相通、技术领域相近、职业岗位相关"的三原则进行专业群的组群，同时发挥群内专业教学资源共享、就业渠道共通、专业协同发展的优势。①

（二）以1+X证书制度为导向重构专业课程

1. 1+X证书制度是培养复合型技术技能人才的重要途径

在培养复合型技术技能人才成为当前产业转型和行业发展对职业教育人才培养新要求的背景下，1+X证书制度应运而生。"职教二十条"明确提出，探索实现学历证书和职业技能等级证书互通衔接……深化复合型技术技能人才培养培训模式改革，启动1+X证书制度试点工作。随后，教育部等四部委在联合发布的《关于在院校实施"学历证书+若干职业技能等级证书"制度试点方案》（教职成〔2019〕6号）中，提出1+X证书制度"试点工作将按照高质量发展的要求，坚持以学生为中心，深化复合型技术技能人才培养培训模式和评价模式改革，提高人才培养质量，畅通技术技能人才成长通道"。由此可见，1+X证书制度作为国家职业教育改革的重大举措之一，为提升职业教育人才培养质量，满足市场对复合型技术技能人才的需求，提供了重要途径。

2. 以课程改革为起点，实现学历证书与技能证书融通

1+X证书制度实质是学历证书和各个职业技能等级证书互通衔接。课程作为专业人才培养的基石，无疑是实现学历证书和各个职业技能等级证书融通，培养"宽口径、厚基础"新汽车人才的重要载体和基础。

---

① 侯建军：《对接汽车产业培训汽车专业群——以湖南汽车工程职业学院为例》，《河南科技学院学报》2015年第2期。

在四部委联合发布 1 + X 证书制度试点方案后的短短一年间，教育部已经先后批准了三批培训评价组织参与 1 + X 证书制度试点工作，先后发布了 76 个职业技能等级标准。2020 年 3 月，由国汽（北京）智能网联汽车研究院有限公司制定发布的《智能网联汽车测试装调职业技能等级标准》，明确定义了智能网联汽车、智能网联汽车智能传感器、智能网联汽车计算平台、智能网联汽车底盘线控执行系统、智能网联汽车智能座舱系统、车联网、智能驾驶等 7 个智能网联汽车关键概念，分别给出了中职院校、高职院校、应用型本科院校相对应的专业和证书所面向的企业岗位群。《智能网联汽车测试装调职业技能等级标准》还明确了初级、中级、高级的职业技能等级划分及相应的工作领域、工作任务和职业技能等级要求。这为以 1 + X 证书制度为导向，重构汽车职业教育专业课程体系、更新教学资源等提供了有力支撑。

（三）以"三教"改革为中心提升汽车专业建设内涵

"职教二十条"的发布实施，进一步明确了"三教"改革是推进职业教育高质量发展的重要抓手。如前文所述，当前汽车专业"三教"改革仍存在许多突出问题。

例如教材方面，虽然近年来面对汽车产业技术变革，出现了很多新编写的新能源汽车教材，一定程度上缓解了新教材使用的压力；但由于缺少标准和规范，教材质量参差不齐，内容更新更是远远跟不上产业发展的实际步伐。

教法方面，虽然近年来职业教育教学模式改革创新取得了显著成绩，教学方法有了很大改进，如理实一体化、工作任务导入、项目教学等新教法在汽车专业教学中得到了普遍应用；但面对新时代汽车产业对技术技能人才能力要求的提高、信息化技术应用的挑战，现有教学方法仍然不够丰富，仍然不能满足专业改革创新的需求。

教师方面，面对汽车技术发展的日新月异，教师整体知识结构和实践能力明显滞后。目前汽车专业教师基本来自传统汽车专业，所学所授都是传统汽车相关内容，缺乏电子信息、互联网、大数据、人工智能等方面的专业知识，"双师型"教师非常缺乏。

以上问题严重制约着汽车职业教育的高质量发展。随着时代的变化，职业院校汽车专业的生源也呈现新的结构特点，各类生源在年龄结构、文化知识、教育经历、社会阅历及入学前学习生活环境状态等方面都存在较大差异。这些变化对汽车职业教育的"三教"改革提出了空前挑战。

针对汽车职业教育"三教"改革的现存问题，建议打通教材、教法、教师"铁三角"内涵建设的核心路径，形成"教材先进、教法灵活、教师质优"的良性互动，稳步提升汽车职业教育人才培养质量，具体改革与发展路径详述如下。

1. 活化教材，建立教学内容动态更新机制

教材改革的核心目标应该是能对接汽车产业转型升级，在内容上及时融入产业发展新知识、新技能。在教材开发方法上，一是开发新型活页式、工作手册式特色教材；二是配套开发多层次、多维度、高质量的多媒体资源，打造移动数字化、立体化特色教材。而后者可以将课内教学延伸至课前和课后，为开展线上线下混合教学、促进自主个性化学习提供支撑。[①] 为达到以上目的，必须建立专业课程教材与教学内容动态更新机制。

改革教材建设机制。建立教材建设工作小组，统筹职业学校汽车专业教材建设规范；建立由行业企业专家、同类院校骨干教师等组成的教材建设团队，建设过程中充分吸纳行业企业在汽车新知识、新技能方面的最新成果，以保障教材内容更新与产业技术升级同步。

完善教材选用机制。成立教材审定委员会，建立健全教材开发、选用、更新和退出机制，建设完善教材开发、教材质量评价、教材使用反馈、教材更新退出等重要制度。

优化教材开发模式。在教材开发团队组建时就注意引入信息化教学、教具开发等方面的专家，以纸质教材、数字化资源、教具"三位一体"为基础，精心设计教学内容，合理编排内容主题，同步开发教材、教具和教学资源。

推进新形态专业教材运用。提高职业院校信息化教学硬件条件，同时提高专业教师的信息化教学水平，并鼓励专业教师充分利用信息化技术手段，推进新形态专业教材的应用。

2. 优化教法，构建多元化混合式教学模式

教法是工具和手段，是教学活动传递知识和技能的桥梁。职业教育改革创

---

① 何文明：《把"三教"改革作为提高职业教育质量的突破口》，《江苏教育》2019年第76期。

新的不断深入，对教学模式和教学方法的改革提出了新的要求。

激励专业教师开展教法创新。行业组织和学校要定期组织汽车专业教师集中学习现代职业教育教学理论，并对教师开展教学研究特别是对教学模式及方法的创新探索给予充分激励；为教师结合一线教学开展教学方法创新创造有利氛围，并对其成效成果及时给予肯定和推广。

建立分类组合教学模式库。针对全日制中职、中高职贯通培养、社会人员等不同生源特点，采取灵活多样的教学方法，并建立分类组合的教学模式库。专业群基础课程主要采取问题导向和案例教学等教学方法，注重启发式教学，引导学生发现问题、分析问题、思考问题，发挥学生的学习主体作用。专业核心课程与实训技能教学课程、1＋X模块化培训课程主要采取任务驱动和项目导向教学方法，将企业的真实工作内容和工作环境植入教学。

构建理实一体化教学模式。以"理实一体化"教学模式为基础，引入虚拟仿真教学资源，构建"知识学习＋虚拟训练＋实操训练"的体验式教学模式。围绕汽车专业教学内容，结合学生的认知特点和规律，创造"虚实结合"且能重复经历的认知情境和实训机会，呈现或再现、还原教学内容，使学生在亲历过程中理解汽车知识，掌握汽车专业实操技能。在理实一体化教学模式中，灵活运用项目教学法、案例教学法、情境教学法、仿真教学法和角色扮演教学法等多种教学方法，构建课内课外、线上线下混合式教学模式，促进学生自主学习、个性化学习和体验式学习。

3. 突出能力，打造"双师型"教师成长平台

构建"双师型"教师队伍是职业教育师资队伍建设的重要任务。教育大计，教师为本，建设一支具有先进职业教育理念，及时掌握行业新知识、新技能，能授课会操作，熟练运用多元教学方法，爱岗敬业的"双师型"教师队伍是汽车职业教育内涵建设和"三教"改革取得实质成效的关键所在。

实施师德师风建设工程，将师德塑造摆在更加突出位置。实施师德师风建设工程，建立健全职业学校汽车专业教师师德建设长效机制；创新师德培育方法，开展"德艺双馨教师"评选等活动，树立师德典型，并分层次、成系列地加强典型宣传，讲好师德故事，营造尊师重教氛围；强化师德考核，将师德情况作为教师业绩考核、聘任和评价的"一票否决"内容。

分层次培养，打造橄榄型师资结构。据前文分析，目前汽车职业教育的师

资结构呈现金字塔型。汽车中职教育方面，2019 年中等职业学校汽车类专业教师学历结构中，本科学历占比最大，达到 76.07%；专科学历占比超过10%；研究生学历占比较小。汽车高职教育方面，从专业教师学历结构分析，本科占据一半，硕士研究生占比明显高于中职，还有少量博士和专科学历；从职称结构分析，近年来中级职称和高级职称增加较多，但仍有不少初级职称和无职称人员。从中职和高职专业教师整体来源看，基本不具备企业实践经验的高校应届毕业生居多，而在企业引进、同类院校引进和海外人才引进方面较弱。金字塔型的师资结构表明了当前汽车专业师资质量仍有很大的提升空间。

汽车职业教育"双师型"师资建设应该始终坚持内培外引原则。内培方面，应该根据当前师资结构状况，针对不同层次的教师制定相应的培养培训机制，有计划、分层次、有针对性地培训培养，通过培训提升初级层次教师各方面的能力与素养，使其成长为中级层次教师，大幅提高中级层次教师比例。外引方面，根据"职教二十条"精神，大力从企业引进师资，同时推进校企共建、教师成长平台建设，为教师自我成长、实践能力提升等提供平台，不断提升"双师型"教师的占比，以此促进金字塔型师资结构向橄榄型师资结构转变，如图 1 所示。

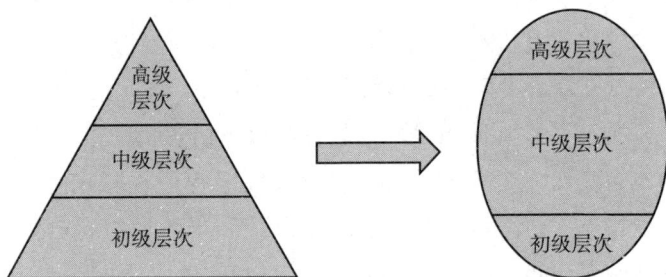

图1　金字塔型师资结构向橄榄型师资结构转变

总之，面对汽车产业转型升级对技术技能人才提出的更高要求，职业院校应以"三教"改革为中心，提升汽车专业内涵，打造新汽车专业。通过新汽车专业的教学，一方面提升学生的专业技能，让"技能上天"，满足汽车"新四化"的需求；另一方面强化学生对技能背后大数据、云计算、人工智能等深、难专业知识的理解，让"知识落地"，真正实现培养新汽车人才的目标。

（四）以产教融合为主线，构建育人新机制

《国务院办公厅关于深化产教融合的若干意见》（国办发〔2017〕95号）指出，深化产教融合，促进教育链、人才链与产业链、创新链有机衔接，是当前推进人力资源供给侧结构性改革的迫切要求，对新形势下全面提高教育质量、扩大就业创业、推进经济转型升级、培育经济发展新动能具有重要意义。《教育部等六部门关于印发〈职业学校校企合作促进办法〉的通知》（教职成〔2018〕1号）指出，校企合作应当实行校企主导、政府推动、行业组织指导、学校企业双主体实施的合作机制。

如前文所述，汽车职业教育在产教融合、校企合作方面已经有许多成功案例，但从整体上看仍然存在很多问题，与新时代职业教育的使命要求和产业发展需求仍有较大差距。具体表现在产教融合深度不够，职业院校应用技术研发与企业技术革新缺乏协同，企业对深化校企合作的积极性不高，相关政策法规不完善，相关协调机制不健全等方面。

由此可见，解决产教融合和校企合作在实践中存在的诸多问题，构建产教融合协同育人新机制是新时代汽车职业教育改革与发展的迫切需求。

1. 完善校企合作运行机制，构建校企共同体

完善校企合作组织架构和管理制度。建立校级校企合作理事会，制定校企合作管理办法，明确各方职责、权利和义务，在人才培养、技术创新、社会服务、就业创业、文化传承等方面加强深度合作，探索中国特色的"双元制"技能人才培养机制。在此基础上，完善学院、专业、教师等层面与行业企业、科研院所密切合作的机制，形成学校、二级院系、专业教师等多层面校企深度交流的长效机制。

完善专业与产业共享发展机制。学校应促进专业主动对接汽车产业，在人才培养、技术创新、社会服务、就业创业、文化传承等方面积极与企业互动，引进企业资本、师资、技术、知识、设施设备和管理等要素融入新时代职业教育，建立和完善校企合作、成果共享的共生共长发展机制。

2. 完善政校行企协同创新育人机制，实现资源共建共享

政校行企协同创新育人模式是职业教育界积极探索并已初见成效的一种模式，其内涵是在政府部门指导和政策支持下，围绕合作办学、育人、就业和发展目标，科学融合政府、学校、行业组织、企业等多方资源，在工学交替的基础上实施"共建、共培、共育、共管、共评"机制，不断强化专业建设的品牌意识、科研工作的精品意识和研究成果的应用意识，实现对专业学生全过程、全方位、全视角的培育。① 如前文所述，这种模式在汽车职业教育界也已得到了广泛实践。在新时代，应该从以下两方面完善这种育人机制。

第一，推进职业教育集团实体化运作，实现资源共建共享。目前汽车职业教育界已经存在的职业教育集团多是一个或若干个发展较好的职业院校，联合相关的政府主管部门、行业协会和优质企业，以扩大办学规模、提高教育质量为主要目的，以资产联结或契约合同为纽带，以集团章程为共同行为规范而构建的多法人联合体，且被实践证明是一种成效较好的职业教育模式。在新时代，应该更好地推进职业教育集团实体化运作，完善集团内部治理结构，充分发挥人力资源合作、教育培训合作、产学研合作、基金管理等职能作用，加强集团各成员间的联系与沟通。

第二，合作共建区域人才储备调剂中心。针对毕业生就业与行业、企业用工需求双向信息发布机制欠缺或脱节的问题，职业院校应与区域汽车企业建立校企联合招生、共同培养、全程育人、协同就业的长效机制，探索建立区域人才储备调剂中心，健全人才、技术、项目、设备等校企科教资源与信息供需对接机制，为企业持续提供有效的人力资源支持。

（五）以信息化建设为抓手，打造专业教学新生态

2017 年 9 月，教育部发布的《关于进一步推进职业教育信息化发展的指导意见》（教职成〔2017〕4 号）指出，全面提升信息技术支撑和引领职业教育创新发展的能力，加快推进职业教育现代化，进一步优化职业院校信息化教学环境，推动优质数字教育资源共建共享，深化教育教学模式创新，加快管理

---

① 陈辉：《"政、校、行、企"协同创新育人模式研究》，《济南职业学院学报》2019 年第 4 期。

服务平台建设与应用等。信息化时代背景下，职业教育教学与信息化融合是必然趋势，教学资源数字化便是典型领域。然而，如前文所述，目前汽车职业教育领域在信息化教学方面仍然存在缺乏高水平的信息技术资源和有效课程资源，现有教学资源无法支撑汽车新技术相关教学内容实施，职业院校教学资源平台管理与运行水平有待提升等问题。

汽车职业教育创新发展需要顺应时代趋势，以信息化建设为抓手，加强教学资源建设，为职业教育汽车专业人才培养提供丰富有力的资源支撑。针对职业教育教学信息化资源建设问题，提出以下创新发展路径。

1. 坚持"一体化设计、模块化课程、颗粒化资源"建设原则

教育部办公厅发布的《职业教育专业教学资源库建设工作手册（2019）》提出，专业教学资源库应遵循"一体化设计、模块化课程、颗粒化资源"的建构逻辑。以用户需求为导向，结合专业特点和信息化特征，完善专业人才培养方案，统筹资源建设、平台设计以及共建共享机制的构建，形成整体系统的顶层设计；资源库的标准化课程要纳入专业人才培养方案，覆盖专业核心课程，展现教学内容与课程体系改革成果，融入思想政治教育与创新创业教育，满足网络学习和线上线下混合教学的需要；库内资源的最小单元须是独立的知识点或完整的表现素材，单体结构完整、属性标注全面，方便用户检索、学习和组课。因此，应该以上述资源库构建逻辑为原则，指导汽车专业教学资源的开发与建设，解决数字化教学资源无法有效利用的问题。

2. 聚焦汽车专业新技术教学难题，开发高品质虚拟资源库

节能与新能源汽车技术、智能网联汽车技术的发展与应用给汽车职业教育教学带来新的挑战。汽车新技术涉及的学科领域更为广泛，而且多是电子信息、"互联网+"、大数据、人工智能等方面的技术，"看不见，摸不着"，这一定程度上增加了教师教学设计和课堂教学等一系列教学活动的难度。

教育部《关于进一步推进职业教育信息化发展的指导意见》（教职成〔2017〕4号）提出"在全国遴选推广一批示范性虚拟仿真实训基地，重点解决实训教学中'进不去、看不见、动不了、难再现'的难题"。由此可见，虚拟仿真技术是解决汽车新技术教学难题的重要方法。职业院校应积极主动地联合汽车相关科技企业，面向危险程度高、场景再现难、实验成本高等教学难题，利用仿真或AR、VR、MR等虚拟现实技术，开发面向新能源汽车、智联

网联汽车、汽车安全性能等课程的虚拟仿真教学资源。此外，数字化资源丰富的院校要争取建设汽车专业虚拟实验实训室，建成系统化的汽车专业虚拟仿真教学资源库，提升教学特别是实验教学的效能。

3. 引入第三方参与，提升资源库管理与运营水平

在专业教学资源库建设过程中，鼓励职业院校与用人企业、第三方科技企业紧密合作，其管理与运营也应如此。第三方科技企业拥有专业的技术、规范化的平台管理流程和完善的管理机制，能够及时更新各类教学资源，实时维护资源平台与技术系统的稳定性，有利于提升职业院校教学资源库管理与运营的水平，充分发挥职业教育专业教学资源库在教师教学、学生学习中的积极作用。

总之，信息化技术与教学的深度融合将从根本上改变专业教学资源的呈现与运用方式，并以此为基础，撬动教学方法和教学方式的改革。职业院校应高度重视汽车专业教学资源库的建设，从资源开发与应用、资源平台管理与运营等各个方面完善汽车专业教学资源的建设，为新时代汽车专业教学打造一个崭新生态。

R.10
新时代汽车职业教育发展对策与建议

刘学军 李丕毅 黄云奇 谢军 房殿风*

一 政府部门行动建议

（一）完善产教融合机制，真正形成汽车产业发展需求与职业教育供给对接互动体系

1. 完善产教融合组织机制，确保行业企业的话语权

建议对教育部行业教学指导委员会的组织原则进行改革，设定学校、行业组织、企业等多元主体在行业教学指导委员会中的人员构成比例和决策机制，确保行业、企业的话语权。改革后的行业教学指导委员会主要负责专业（群）发展的宏观决策、发展规划和政策建议，推进解决产教融合过程中的重大问题，协调校企成员之间的分工合作，搭建行业组织、企业与职业院校交流合作平台，把处在同一个产业链上不同层次的院校及行业组织、科研机构、企业组织起来，建立促进供给和需求信息双向流动的机制；而在涉及专业设置研究、教学标准设计等相对微观的工作中导入市场机制，以"课题招标"的形式吸纳各方面力量参与，并鼓励行业组织、企业参与，以充分体现行业企业需求，进而保障行业企业在专业设置和专业办学重大问题上的话语权。

2. 完善职业教育第三方评价机制，强化需求方评价主体地位

目前对职业院校实行的评估报告制度，难以从根本上激发院校开展产教融合的热情，需要自上而下建立职业教育新型评价体系和评价机制。评价体系应

* 刘学军，广西交通职业技术学院；李丕毅，上海交通职业技术学院；黄云奇，广西交通职业技术学院；谢军，广西交通职业技术学院；房殿风，教育部职业技术教育中心研究所。

以市场需求为导向建立相应评价标准，明确行业组织、企业作为第三方评价主体的作用，鼓励行业组织、企业承担第三方评价工作，并将评价结果与职业院校的绩效考核挂钩。

3. 完善企业参与职业教育激励机制，从根本上激发企业主动性

在激励机制设计上鼓励企业主动参与职业教育，是顺利推进产教融合的关键环节。一方面要明确职业教育在国家人才培养体系中的战略地位，通过建立长效机制，强化企业参与产教融合的信心，使推进产教融合的理念逐步转化为企业的自觉行动；另一方面要制定参与企业获得职业教育培养优秀人才优先权的机制，把通过校企合作培养高素质技术技能人才变成企业参与产教融合的内生动力。此外，通过制定财政、金融、人才等优惠政策，引导、激励各种性质的企业投资职业教育，形成以政府投入为主的职业教育经费多元筹措机制。同时将企业参与职业教育的情况纳入企业社会责任报告，作为企业信用等级评估的重要依据。

（二）扩大汽车职业院校办学自主权，增强职业教育发展活力

1. 深化汽车职业教育"管、导、办、评"体制机制改革

按照"政府负责管理教育""行业负责指导教育""学校负责举办教育""社会负责评价教育"的思路加快政府职能转变，依法依规监督和管理职业教育，切实减少对职业院校具体事务的干预。

通过强化相关政策，推动汽车领域正规行业组织积极开展汽车职业教育发展战略、规划、标准等的研究制定与实施，推动汽车领域优势企业积极与院校对接，以此引导职业院校通过与人才需求方的融合发展提高汽车类专业的人才培养质量。

2. 引导职业院校完善治理结构，形成现代职业院校治理体系

引导职业院校完善治理组织机构，建立健全职业院校理事会制度，组建由汽车行业组织、科研机构、企业、社区等利益相关方参与的理事会、专业建设指导委员会等，把各利益相关方充分吸纳到学校决策体系中来，有效发挥各利益相关方咨询、协商、议事、服务和监督作用。

敦促职业院校不断健全内部管理制度，完善以学校章程为核心的现代职业学校管理体系，形成"自我管理、自我约束、自我激励和自我发展"的长效机制，推进职业院校治理能力的现代化。指导职业院校建立基于大数据的常态化、周期性内部质量诊断与改进机制，构建网络化、全覆盖、具有较强预警功

能的内部质量监控体系，不断提高办学水平和人才培养质量。

3. 指导职业院校用好人、财、物方面的自主权，提高运营水平

在给予职业院校经费筹措、管理、使用等方面更多自主权的前提下，指导职业院校提高预算编制水平，优化经费支出结构，不断提高经费的使用效益。

允许职业院校自主确定教学、科研、管理、社会服务等职能部门设置及人员配备；鼓励职业院校采取各种措施吸引汽车行业企业相关人员担任汽车专业专职或兼职教师；鼓励职业院校积极探索符合汽车职业教育特点的教师技术职称评审和聘用办法。

支持职业院校在核准的工资绩效总量内采取协议工资、专项工资、项目工资、年薪制等灵活分配办法，并允许职业院校动态调整工资绩效总量；支持职业院校绩效分配向关键岗位人员、高层次人才、业务骨干和贡献突出人员倾斜；支持职业院校利用自身资源和优势，通过依法从事汽车科技成果转化、提供汽车技术服务等经营活动取得合法收入，并从中提取一定比例用于绩效分配。

（三）设立汽车职业教育发展国家项目，发挥示范作用

1. 设立汽车"产教城"融合发展专项，发挥统筹职业教育布局示范作用

依据"产业、教育、城市"一体化建设和发展思路，针对汽车产业和汽车职业教育体量较大的特点，遴选汽车产业和汽车职业教育相对集中的城市（区域），开展汽车"产教城"融合发展模式试点。指导地方政府策划汽车产业"产教城"融合发展专题项目，编制融合发展专项规划，将促进汽车产业规模发展、高质量发展和升级发展的各个环节都融入专项规划中。

依据融合发展专项规划，统筹区域汽车职业教育的布局，合理确定应用型本科、高职、中职院校汽车类专业的设置比例、专业方向、培养目标等，同时引导职业院校根据区域产业需求错位发展、特色发展，形成与区域汽车产业发展相适应、质量水平高、特色鲜明的汽车专业布局。

与此同时，结合《国家产教融合建设试点实施方案》，研究制定确保融合发展专项规划有效实施的配套政策，探索产教双方人、财、物的有效融合方式；根据区域汽车产业发展需求，确定产教融合型汽车企业种类和规模，制定产教融合型汽车企业认证标准和评价办法，开展产教融合型汽车企业的培育和遴选；对纳入产教融合型企业信息储备库的汽车企业进行逐年、分批认证，符合要求的企业

要给予"金融＋财政＋土地＋信用"组合式激励，并按规定落实相关税收政策；引导汽车企业和职业院校共同建立示范性混合所有制汽车产业学院，深度开展汽车类技术技能人才协同培养、汽车应用与服务技术的研发及其他合作。

2. 设立汽车职业教育集团化办学专项，发挥产教深度融合协调发展示范作用

发挥政府对职业教育集团化办学的统筹规划、综合协调、政策保障和监督管理作用，遴选符合条件的汽车行业协（学）会或业内龙头企业开展汽车职业教育集团化办学试点。由符合条件的汽车行业协（学）会或业内龙头企业牵头，联合汽车产业内各类行业组织、各类企业、科研机构、职业院校等多元化主体，设立有汽车专业特色、成规模、运作效果明显、影响广泛的国家级汽车职业教育集团，探索建立集团内部各主体资源共享、优势互补、合作育人、合作发展的有效机制。

政府方面则应探索建立汽车职业教育集团规范运行的外部保障机制，促进汽车职业教育集团全面提升服务产业的综合能力。支持各利益相关方以"利益链"为纽带，建设集生产、教学、研发、培训、服务等功能于一体的生产性实训基地（产教融合型实训基地）和汽车技术创新平台，在汽车职业教育集团内部开展跨区域服务，深化招生就业、专业建设、课程开发、资源共享、学校管理等方面的合作，共同全面提升服务产业发展的能力。

3. 设立汽车职业教育国际化办学专项，发挥职业教育深化国际合作示范作用

支持汽车行业、企业根据产业国际化发展的人才需求，联合高水平职业院校共同开展汽车职业教育国际化办学试点。遴选符合条件的汽车行业协（学）会或业内龙头企业，与高水平职业院校联合设立汽车职业教育国际化办学专项，探索深化职业教育国际合作的路径与方法，为我国汽车产业"走出去"提供技术技能人才支撑。一方面可以在"一带一路"倡议下，紧密结合业内龙头企业的国际化布局，积极开展在海外建立汽车技术技能人才培养基地的探索，在实现技术技能人才本土化培养与供给的同时，也协助并引领当地发展汽车职业教育，带动当地就业，促进当地社会和谐发展，不断扩大我国汽车职业教育的国际影响力。另一方面也可以通过导入行业相关人才标准，优化职业院校汽车专业人才培养方案和课程体系，培养具备国际视野和国际工作能力的高素质复合型技术技能人才。

政府方面应探索建立汽车职业教育国际化办学专项规范运行的外部保障机制，从政策层面激励各利益相关方的主动性，促进各方能力的提升；从操作层面应充分发挥政府职能部门的国际协调能力，为此专项的海外开展保驾护航。

（四）营造有利氛围，切实提高技术技能人才的待遇

1. 加快推进人事制度改革，提高技术技能人才的政治待遇和社会地位

将全国劳动模范、全国技术能手以及享受省级以上政府特殊津贴的汽车技术技能大师等领军人才纳入官方认定的专家库，给予专家待遇；建立技术技能领军人才在各级工会、共青团、妇联等群团组织挂（兼）职制度；提高技术技能领军人才的党代表、人大代表、政协委员的比例；取消各类限制性政策，确保高技术技能人才在落户、子女入托入学等方面与其他专业人才享受同等待遇。

2. 加快推进薪资制度改革，不断提高技术技能人才经济收入水平

制定相关指导办法，推动完善基于业务素质能力、岗位生产价值、工作业绩等指标的薪资分配制度，鼓励企业参照高级管理人员标准设立特聘岗位津贴、带徒津贴等，不断提高技术技能人才经济收入水平。

积极推动企业完善与经济效益增长挂钩的技术技能人才薪资增长机制，高技术技能人才平均薪资增幅不应低于本单位行政管理人员人均薪资增幅。鼓励企业对高技术技能人才实行技术创新成果入股、岗位分红等激励方式，长期稳定地提高技术技能人才经济收入水平。

3. 加快推进人才评价模式改革，畅通技术技能人才职业成长通道

构建职业资格评价、职业技能等级认定和专项职业能力考核相互衔接的多元评价体系。对从事职业资格目录以外工作的技术技能人才，支持企业参照国家职业标准、技术技能等级标准等实施自主评价，参照国家职业资格或技术技能相应等级给予待遇。

建立企业竞赛、省级竞赛、国家竞赛与国际竞赛相衔接的职业技能竞赛体系。落实汽车企业职工培训制度，要求企业必须足额提取教育培训经费，确保一定比例教育培训经费用于技术技能职工培训，将不按规定提取和使用教育培训经费并拒不改正的行为记入企业信用记录。建立职业资格、技术技能等级与专业技术职称比照评定的制度，完善汽车高技术技能人才参加工程系列专业技术职称评定的政策。对于解决汽车生产重大质量问题、工艺技术难题、获得省部级以上技术创新成果、"师带徒"培养业绩突出的技术技能人员，降低或取消学历、年限等资历限制，破格晋升技术等级。鼓励引导符合条件的汽车高技术技能人才到车间一线管理岗位任职，逐步打通高技术技能人才转为管理人才的通道。

4. 加快推进资历框架建设，激励技术技能人才提升职业素养和技术技能

以建设国家资历框架为目标，以推进国家 1 + X 证书制度实施为抓手，建设满足企业、院校和个人需要的职业教育公共服务平台，存储学习人员、从业人员有关学习成果，形成具有高公信力的质量保证体系，确保全部信息的真实性、有效性、可追溯、可查询。

根据接受学历教育、汽车类"X"证书培训考核等所获各类学习成果性质、特点和培养培训实际等制定学时学分记录规则，面向职业院校汽车类学生、汽车企业在岗职工、社会人员等按理实一体类、实训类、培训类等不同学习类型明确其学时和学分记录标准。

指导汽车类"X"证书培训评价组织等有关机构依据学时学分记录规则，结合汽车行业职业技能等级标准等依据，制定成果的认定和转换标准，对符合标准的个人学习成果进行认定和转换，激励汽车技术技能人才不断提升职业素养和技术技能水平。

二　汽车行业组织行动建议

（一）积极承接政府部门转移职能，在深化汽车职业教育产教融合方面发挥推动作用

1. 积极推动汽车职业教育产教融合组织机制改革

通过一切渠道建言献策，推动汽车职业教育产教融合组织机制的改革。行业组织除了自身主动参与外，还应动员业内龙头企业参与到改革后的教育部行业教学指导委员会的工作中，为职业教育宏观决策、发展规划和政策建议提供智库支持。主动搭建行业组织、企业与职业院校交流合作平台，把处在同一个产业链上不同层次的院校及企业组织起来，促进供给和需求信息双向流动机制的建立与完善。

2. 积极承担汽车职业教育的第三方评价工作

以行业企业用人需求为导向，组织研究制定相应的职业教育评价标准，依托自身的力量和影响推动建立相应的评价机构，积极承担对院校汽车专业办学质量和服务经济社会发展水平的第三方评价工作，并将评价结果向政府主管部

门报告，同时向社会公布，以此促进汽车职业教育与产业同步发展，提升人才培养质量和水平。

3. 积极推动建立有利于校企合作的生态环境

一方面，建立相应途径，在政府制定有关产教融合校企合作的激励政策方面积极建言献策，并推动各项政策落实；另一方面，建立多元主体沟通协调机制，形成行业企业对职业教育的心理认同和责任意识，营造全行业热衷职业教育的良好氛围。

4. 积极探索组建国家级汽车职业教育集团

聚焦汽车产业跨界复合型技术技能人才培养，积极联合汽车产业内各类行业组织、企业、科研机构、职业院校等多元化主体，组建有汽车专业特色、成规模、运作效果明显、影响广泛的国家级汽车职业教育集团，探索建立集团内部各主体资源共享、优势互补、合作育人、合作发展的有效机制。

（二）积极参与国家职业标准和相应专业教学标准的制定，在汽车职业教育标准体系建设方面发挥主体作用

1. 积极参与两个标准的制定

根据国家关于汽车产业的一系列政策规划，定期组织相关人才发展规划的研究制定，从宏观上为汽车职业教育改革发展提供战略引领和指导。积极参与国家职业标准和相应专业教学标准的开发，从源头上保证国家职业标准的制定符合产业人才需求，同时从源头上保证国家职业标准和相应专业教学标准的一致性。

根据新时代汽车产业技术更新换代快的特点，推动加快汽车职业标准和相应教学标准的更新频率，促使两个标准与产业变革同步。

2. 借力国家1+X证书制度试点，推动两个标准对接

在《国家职业教育改革实施方案》框架下，按照职业教育改革发展"五个对接"的要求，充分发挥自身优势，整合政、校、行、企各方资源，推动汽车专业与职业岗位对接、专业课程内容与职业标准对接、教学过程与生产过程对接、学历证书与职业资格证书对接、职业教育与终身学习对接。借力汽车专业领域1+X制度试点工作，加强与培训评价组织的沟通，推进职业标准与教学标准对接，将企业需要的真正有价值的技能，通过1+X制度准确地传递给学习者；同时对标准的执行和市场的反馈开展公平、有效和持续的评估。

（三）建立企业履行社会责任评价体系，在督促企业履行社会责任方面发挥主体作用

1. 建立企业履行社会责任评价体系，推动企业主动承担人才培养社会责任

建立汽车企业履行社会责任评价体系，对企业参与职业教育的工作计划、教育者资格、教学材料规范性等工作成效进行评价，以此促进企业在职业教育或继续教育方面能力的提高。

与此同时，建立汽车企业履行社会责任宣传平台，为较好地履行社会责任的汽车企业提供宣传渠道，同时联合职业院校为之提供更多的优秀人才，形成校企合作共育人才良性循环，节省企业人力资源建设成本，让企业切实体会到参与职业教育的好处。

2. 建立企业参与职业教育信息披露制度，提升企业社会认可度和品牌影响力

建立企业参与职业教育信息披露制度，方便政府、行业组织、学校及社会大众了解企业参与职业教育、履行社会责任的情况。建立行业信用评级制度，对企业履行人才培养的社会责任开展动态检查，对人力资源管理混乱或通过不正当手段开展人才竞争的企业亮牌警告，调低其信用等级，对表现优异的企业通过各种媒体进行宣传，营造积极向上、稳定有序的人才培养竞争氛围。

发挥大型企业履行社会责任"领头羊"作用，挖掘整理大型企业培育人才的成功案例，带动其他企业履行社会责任。推动将企业参与职业教育、履行社会责任写入公司法，让企业参与职业教育从慈善责任、道德责任上升到法律责任。

3. 协调规范企业参与职业教育的行为

组织制定汽车行业中企业参与职业教育的相关条例，规范企业参与职业教育的行为，保障教育教学的多元参与主体在人才培养上步调一致。

三 汽车企业行动建议

（一）增强认识，充分发挥企业的人才培养主体作用

1. 充分认识产业转型升级对高素质复合型技术技能人才的迫切需求，强化人才培养主体责任意识

技术技能人才作为汽车产业人才队伍中的重要组成部分，在推动企业技术

创新和产业升级方面发挥着不可替代的作用。一直以来，汽车产业高素质技术技能人才数量和质量都明显不足，已经成为制约产业发展比较关键的问题。在汽车产业向电动化、智能化、网联化、共享化"新四化"迈进的关键时期，能够适应新汽车产业多学科交叉、跨界融合需求的复合型新汽车技术技能人才显得尤为紧缺。

面对人才紧缺的客观局面，用人企业应该切实树立并强化自身在人才培养上履行主体责任的意识，摒弃人力资源工作中"等、靠、要"的思想和恶意"挖人"行为，除了做好在职员工的培训工作以外，积极参与校企合作，从源头上促进人力资源开发。

2. 借鉴人才培养典型经验，响应政府、行业组织号召，在校企合作育人方面切实发挥主体作用

国际职业教育的发展历史以及跨国汽车企业的成功经验都充分彰显了汽车职业教育中企业的主体作用。德国"双元制"模式中，企业作为职业教育的教学主体、经费主体和法律主体，承担职业能力培训课程开发和职业技能培训主体责任，与职业学校交替实施理论和实践课程。英国产业指导机构负责职业资格标准制定，企业以加入职业学校教学团队、独立开发等形式参与职业教育课程开发。丰田汽车公司在全球50多个国家开展 T－TEP 项目，与学校合作进行汽车售后技术技能人才培养，设立独立部门开发培训标准、教材、教具，支援学校师资队伍培养、实训基地建设，在全球市场提供标准化的技能培训服务。

伴随中国汽车产业的快速发展，部分国内汽车企业也在积极探索校企合作育人，并取得了一定成效。但相对于中国汽车产业的规模和发展速度，汽车职业教育校企合作无论从规模还是质量上都有待提高，校企合作的深度和广度都存在较大发展空间，特别是校企合作中学校"剃头挑子一头热"的现象仍未从根本上得到改观，汽车企业参与职业教育积极性不高依然是比较普遍的现象。

面对新时代汽车产业转型升级对高素质技术技能人才的迫切需求，汽车企业应该积极行动起来，借鉴国内外成功经验，响应政府、行业组织的号召，依法履行参与和承担职业教育的义务，积极利用资本、技术、知识、设施设备和管理等要素参与校企合作，探索更为科学有效的合作育人机制，充分发挥职业

教育主体作用，建立更为稳固的人才培养基地和高素质技能型人才的纳募基地。

（二）推动专业群对接产业群，深入推进校企合作协同育人

在政府与行业组织的引领与推动下，企业深度参与职业院校人才培养，同职业院校共同分析专业群与产业群的内在联系，探索专业群服务产业群的路径，引导职业院校的专业设置、课程内容、教学过程与产业需求、职业标准、生产过程对接，深入推进校企合作协同育人的"七个共同"。

共同完善专业设置。根据区域企业发展及人才需求，共同确定专业人才培养方向、完善专业设置，为专业组群及专业（方向）调整提供企业建议。

共同制订人才培养方案。共同制定人才培养目标、培养规格，坚持工学结合，借鉴"双元制"培养模式，积极开展现代学徒制、企业新型学徒制人才培养模式的实践。

共同开发课程标准。利用企业在技术研发、生产制造、工艺改进方面的优势，及时将新技术、新工艺、新规范纳入课程教学标准和教学内容中，实现课程内容与职业标准紧密对接。共同开发职业技能等级标准，推进学历证书与职业技能等级证书的融合。

共同编写教材。共享培训资料、技术手册等资源，"双元"合作开发国家规划教材、新型活页式工作手册或教材，并配套开发信息化教学资源。

共同建设师资队伍。共同制定教师能力标准，利用企业员工培训体系，开展对职业院校教师的技术培训、实践锻炼以及技术水平认证。推动企业工程技术人员、高技能人员和职业院校教师之间的双向流动，与院校老师组建教师教学创新团队或名师工作室，共同开展分工与协作相得益彰的模块化教学。

共同打造实训实习平台。利用企业设备、教具开发优势，参与校内实训基地建设，融合企业文化元素，打造与企业真实环境相同的实验实训教学场所；鼓励企业联合职业学校设立产业学院、企业工作室、实践基地等；依托企业生产设备及场地，建立校外实训基地，满足职业教育学生顶岗实习、工学交替的实训条件。

共同确定人才评价标准。依据企业人才需求，共同确定毕业生质量评价指

标、权重和评价方法；共同实施课程考核；根据工作要求，动态修订评价标准等。

（三）完善薪酬分配体系，落实技术技能人才待遇

1. 切实落实国家有关技术技能人才政策

中共中央办公厅、国务院办公厅于 2018 年 3 月印发了《关于提高技术工人待遇的意见》，这是党中央立足新时期产业工人队伍建设改革的又一重大战略决策。汽车企业应根据文件精神，持续提高技术工人待遇水平，增强技术工人获得感、自豪感、荣誉感，这样不仅可以留住技术技能人才的"人"，更能留住他们的"心"。

2. 建立适合本企业的技术技能人才薪酬体系和分配机制

科学设计薪酬体系，创新技术技能导向的激励机制，优化基本工资与可变薪酬比例，增强技术技能人才队伍的安全感，降低流动性，搭建稳定的技术技能人才成长梯队。同时，建立多元化薪酬考核制度，增加诸如培训学习、团队建设等非经济性薪酬激励因素，制定本企业高技能人才标准，配套高技能人才职业发展规划、年薪制或股权期权激励，设立特殊贡献奖、安家补贴、特评特聘岗位津贴、带徒津贴等。设立技能大师工作室或工匠人才创新工作室等，创造良好的工作环境，切实提升高技能人才的经济待遇和社会地位。

建立技术工人工资增长机制，实施技术工人长效激励机制，实行技术创新成果入股、岗位分红等激励方式，长期稳定提高技术工人收入水平。

根据国家对技术技能人才等级标准，结合汽车行业特点，建立健全企业内部技能等级层次，促进优秀人才脱颖而出。创造条件让技术技能人才参加行业国家级、世界级的技能大赛，鼓励技术技能人才参与各种进修、培训、考察，畅通成才通道。

通过制作和设立宣传纪录片、海报、企业网站、企业公众号等媒体，宣传技术技能人才在技术创新、岗位技能等方面的贡献，树立典型，弘扬工匠精神，营造崇尚技术、学习技术、创新技术的氛围，使技术工人获得更多职业荣誉感。

（四）定期发布企业社会责任报告

1. 强化社会责任意识，建立相关部门专司社会责任工作

汽车企业可以通过加强对员工的教育、培训等，使企业员工深刻认识到参与职业教育是企业应尽的社会责任，从而让员工能够正确对待和积极参与到职业教育活动中来，将其视为自己的本分。同时，在企业内部建立社会责任部门（非营利事业部门），统筹推动企业社会责任工作。妥善处理好经济责任与社会责任之间的关系，实现自身经济利益与社会共同利益的"双赢"。

2. 推动完善企业社会责任法律法规体系

企业应该通过行业组织推动完善相关法规建设，统一社会责任信息披露模式，规范企业参与职业教育信息披露内容，加强企业之间信息披露的横向可比性，提升企业履行社会责任的公平与效率，使企业履行社会责任有章可循。

积极参与政府或行业组织开展的企业社会责任评价与监督行动，根据评价体系和考核指标，落实企业参与校企合作专业建设、人才培养、课程开发、师资培训等方面的责任和义务，并通过新闻媒体等宣传企业的职业教育品牌形象和良好的企业声誉。

3. 建立企业社会责任报告定期发布制度

企业社会责任报告作为企业与利益相关重要的沟通桥梁，目前还存在定期发布企业较少、人才培养信息披露较少、报告质量参差不齐等问题。企业应该以人力资源建设作为切入点，加强与政府、行业组织、学校等利益相关方之间的联系与互动，根据《教育部等六部门关于印发〈职业学校校企合作促进办法〉的通知》（教职成〔2018〕1号）的要求，明确参与校企合作是企业的社会责任，将校企合作的理念、战略、方式方法、企业经营活动对人才培养和人力资源建设的作用影响、取得的成效及不足等信息，进行系统的总结梳理，写入企业的社会责任工作报告；并通过企业网站、记者招待会以及行业组织平台等，定期发布企业社会责任报告，向社会宣传企业以人为本的发展理念，让公众、投资者、监管者等通过企业披露的信息更深入地了解企业，以吸引更多优秀人才到企业工作，实现企业人力资源建设的良性发展。

四　汽车职业院校行动建议

（一）关注学生综合素质的培养

1. 加强课程思政建设，以校企合作为契机挖掘企业思想政治教育资源

明确思想政治课程和课程思政在人才培养中的重要性，加强思想政治课程和课程思政建设。在内容上，融入贴近生活的思想政治案例，增加课堂趣味性，激发学生学习兴趣；在教学方法上，建立以学生参与为主体的教学模式，注重与学生的感情沟通，有效引起其情感上的共鸣，达到良好的教学效果；在教学资源上，同步完善纸质版教材和数字化教材，利用计算机辅助教学手段，在原有思政教材基础上融入与时俱进的学习素材，制作精品课程。

积极开展有针对性的人文社会实践活动，促进学生了解世情、国情，甚至省情、市情等域情，增强社会责任感。建立学生社会实践保障机制，把人文社会实践纳入学校教育教学总体规划和教学大纲，划定学时学分，保证相关经费，鼓励和引导学生走入工作和生活；进一步探索和建立社会实践与专业教学相结合、与服务社会相促进、与勤工俭学相呼应、与择业就业相对接的管理体制机制，突出人文社会实践活动的效果，培养职业院校学生"劳动光荣"的观念和健康的职业道德品质。

利用校企合作契机，结合企业厚重的发展史充分挖掘企业的思想政治教育资源。坚持"以服务为宗旨，以就业为导向，走产学研相结合之路"的办学方向，充分利用企业文化理念、竞争意识、团队精神等方面的素材影响和教育学生；通过开展"订单"培养实用人才的合作办学模式，充分发挥企业在学生思想政治教育方面积极而又不可替代的潜移默化作用，在"订单"培养协议书中增加合作开展学生思想政治教育的内容，并将这些企业纳入学生思想政治教育基地的范围，使校企联合全方位育人的模式制度化。

2. 加强基础文化教育，拓展选修课类型，为学生全面发展提供丰富课程资源

加强基础文化课程建设，使其在内容上服务于专业课程学习的需要，并围绕职业活动来组织课程内容。在内容建设上，可以一方面根据课程的功能性、专业普适性、社会需求及时代的先进性等选择教学内容；另一方面按照汽车行业对文化类课程的需求划分任务型模块，重组教学内容，根据学生特点，按照从易到难的方式编排。在教学方法上，可以采用围绕职业情境来组织教学的方式，也可以在普通文化课基础上突出其在专业课程中的应用，在教学模式中融入实践要素，打破课堂和非课堂的限制或割据状态，让知识文化教育走进学生的生活。

充分发挥选修课程的作用，为学生提供不同的学习项目（课程），以学生兴趣为出发点，全面激发学习热情和求知欲。采用启发式、问题讨论式、自学辅导式等先进的教学方法；利用现代多媒体技术的形象、直观、高效的优势，尽量采用现代化的教学手段，提升课堂教学的效率和效果，将教师的授课内容上网，便于学生利用课外时间自主学习。

3. 以1+X证书制度试点为抓手，完善专业技能与职业素养"双线递进"的培养模式，将职业素质训练融入专业教学中

以1+X证书制度试点为抓手，鼓励学生在获得学历证书的同时，积极取得多类职业技能等级证书，拓展就业创业本领。试点院校相关专业在确定对接"X"证书后，升级改造原有专业课程配置，根据初、中、高三级"X"证书的技术技能培训考核内容，开发相应的三级接口课程，同时与同专业领域（或同一专业群）内的其他专业合作开发初、中两级的宽口径共享型接口课程，为学生获得其他专业领域的"X"证书提供多元选择。

发挥企业的引领作用，让学生通过参观企业或到企业实习等方式，明确职业发展方向，激发学习动力与学习信心，培养正确的职业道德观念。把职业素养训练有机地融入专业教学中，通过实践教学中的合作与分工培养学生团结协作的精神；通过综合性、创新性的训练项目，培养学生刻苦耐劳、一丝不苟、不怕困难的勇气和毅力；通过岗位工作流程训练，开设安全与质量教育的课程或讲座，培养学生的安全和质量意识；通过严格的企业"顶岗"实习，强化学生职业素养的养成。

4. 发挥"第二课堂"的教育功能，全面提高学生的身心健康和文化修养水平

"第二课堂"以学生成人成才为目标，以个体兴趣为基础，以培训基本技能、提升综合素质为重点，促进个性发展和健全人格形成，帮助学生获取"第一课堂"以外的学问。通过"第一课堂"和"第二课堂"相结合、专业职业教育和综合素质培养相结合，融社会主义核心价值观教育、人文教育和科学

教育于人才培养的整个过程，并落实到教学的各个环节。坚持将职业岗位胜任特质作为制定"第二课堂"活动的原则，具体可通过邀请企业家主持讲坛、举办职业礼仪或技能大赛、评选企业实习先进典型等活动来进行。

创新教学方法，加强学生在表达沟通、自主学习、尽责抗压、协同创新、信息应用等方面能力的培养，使学生具备终身学习及适应社会发展变化的能力。为学生提供探讨问题的平台，引导学生探究、求异、质疑、互动，从而调动学生的思维，在思考中学习，在学习中思考，既培养了表达沟通、自主学习、解决问题、信息应用的创新思维能力，又使学生在探讨问题中形成积极向上的学习态度和尽责抗压的能力，为以后事业的成功和不断创新打下良好基础。

（二）优化师资结构，不断提高师资队伍整体素质

1. 畅通校企人员双向交流合作渠道，多措并举选培教师，优化教师团队

职业院校应主动与具备条件的企业在人才培养、技术创新等方面开展合作，借助企业的资金、土地、设备、技术、人才、管理等要素，助力教师能力建设和资源配置。持续深化产教融合，开展区域化产学研合作，畅通校企人员双向交流合作渠道，优化专兼职教师队伍结构，强化业务素质。

在国家大力推动教师教学创新团队建设的背景下，职业院校要创造条件激励教师进修、到企业参与专业实践、参加科研活动等，多措并举打造"双师型"教师队伍。根据汽车专业教学特点，探索组建高水平、结构化教师教学创新团队，合理配置团队成员的年龄结构、学历结构、职称结构、学科结构、职业素养和实践经历等，以便分工协作进行模块化教学。此外，在团队建设制度设计中积极引导教师从事技术研究与创新，建立促进教师创新能力提升的长效机制，提高教师教研水平。

2. 创新考评机制，激励专业教师不断提升教学水平

职业院校应根据汽车专业培养规划，合理确定师资规模，统筹师资结构，确保教师团队符合专业高质量发展需求；应健全相关体制机制，规范教师资格准入和聘用管理；创新考核考评机制，针对不同学科教师细化考评指标，同时调整绩效考核分配制度，适度向关键（重要）岗位、一线教学岗位、高层次人才、业务骨干和贡献突出人员倾斜；积极响应国家政策，针对性地出台实施

措施，完善教师培养培训体系，鼓励教师到企业挂职，积极参与企业的技术研发和创新项目，不断提升汽车专业技术能力，以此激励教师不断提高教学水平，保障教师队伍持久的成长性和竞争力。

（三）建立教学质量保障体系，不断提高教学质量

1. 以国际化为目标，制定教学质量方针与质量目标

以培养具有国际化视野的汽车专业高素质技术技能创新人才为目标，实现学生职业技能评价与国际标准贯通，满足汽车专业人才培养目标对接国际和市场要求，促进我国汽车职业教育的国际化、标准化。

以汽车专业与汽车行业企业的职业岗位对接为前提，开发专业教学标准，体现教学标准的职业特性和教育特性，建立课程目标体系、课程标准体系、建设实施体系，实现课程内容与职业标准对接、教学过程与生产过程对接。

2. 建立以内部激励为主的全员、全过程、全面教学质量闭环监控体系

建立基于大数据的常态化、周期性内部质量诊断与改进机制，构建网络化、全覆盖、具有较强预警功能的内部质量监控体系，不断提高办学水平和人才培养质量。

建立科学合理的日常教学管理与教学评估有机结合的教学质量保障体系，营造良好的教学环境。成立专业教学督导小组，负责专业管理督导、教学方法改革与推广、教学质量评价等；不断健全内部管理机制，完善以学校章程为核心的现代职业学校制度体系，形成"自我管理、自我约束、自我激励和自我发展"的长效机制；建立健全教学质量保障组织机构和评价体系，为提高人才培养质量提供坚实保障。

图书在版编目（CIP）数据

中国汽车职业教育发展报告.2021／中国汽车工程
学会等主编．－－北京：社会科学文献出版社，2021.12
　ISBN 978－7－5201－9126－5

　Ⅰ.①中…　Ⅱ.①中…　Ⅲ.①汽车工程－职业教育－
研究报告－中国－2021　Ⅳ.①U46－4

　中国版本图书馆 CIP 数据核字（2021）第 200370 号

中国汽车职业教育发展报告（2021）

主　　编／中　国　汽　车　工　程　学　会
　　　　　教育部职业技术教育中心研究所
　　　　　国汽（北京）智能网联汽车研究院有限公司
　　　　　上　海　景　格　科　技　股　份　有　限　公　司

出 版 人／王利民
组稿编辑／邓泳红
责任编辑／吴云苓　张　超
责任印制／王京美

出　　版／社会科学文献出版社·皮书出版分社（010）59367127
　　　　　地址：北京市北三环中路甲 29 号院华龙大厦　邮编：100029
　　　　　网址：www.ssap.com.cn
发　　行／市场营销中心（010）59367081　59367083
印　　装／三河市龙林印务有限公司

规　　格／开　本：787mm×1092mm　1/16
　　　　　印　张：23　字　数：384 千字
版　　次／2021 年 12 月第 1 版　2021 年 12 月第 1 次印刷
书　　号／ISBN 978－7－5201－9126－5
定　　价／158.00 元

本书如有印装质量问题，请与读者服务中心（010－59367028）联系